TESI GREGORIANA
Serie Teologia
─────────── **211** ───────────

MARCOS ACEITUNO DONOSO

LAS «PROMESAS DE DIOS» EN SAN PABLO
Estudio exegético-teológico
de Gál 3,19-22 y 2Cor 1,15-22

EDITRICE PONTIFICIA UNIVERSITÀ GREGORIANA
ROMA 2014

Vidimus et approbamus ad normam Statutorum Universitatis

Romae, ex Pontificia Universitate Gregoriana
Die 17 mensis Junius anni 2014

REV. P. SCOTT BRODEUR
REV. MONS. ANTONIO PITTA

© 2014 Gregorian & Biblical Press
Piazza della Pilotta, 35 00187 - Roma
books@biblicum.com - www.gbpress.net

ISBN 978-88-7839-**295**-3

RECONOCIMIENTOS

Manifiesto mi agradecimiento en primer lugar a la Pontificia Universidad Gregoriana por su disponibilidad a la hora de acompañar mi formación académica en el doctorado, tarea ímproba, no siempre fácil para el docente ni para el estudiante. Creo no equivocarme al afirmar que, tanto para el Rvdo. P. Scott Normand Brodeur, *sj*, moderador de esta disertación como para el autor de la misma se ha cumplido una grata excepción. Ha sido un gozo inmenso y un estímulo haber podido disfrutar de su acompañamiento diligente y delicado, de su guía providencial y absolutamente insustituible. Él ha acompasado con sabiduría y experiencia académicas la encomiable tarea de sostener el entusiasmo de los doctorandos. Agradezco igualmente las observaciones que el Rvdo. Mons. Antonio Pitta, pbro., ha realizado sobre la disertación. Su pericia contrastada y su capacidad de análisis exquisita y concienzuda son una verdadera invitación a tomarse en serio la disciplina teológica y el rigor académico de la misma.

Dentro del mismo ámbito educativo, deseo mencionar a los compañeros de estudio con quienes hemos compartido caridad cristiana, sed de sabiduría teológica y afán evangelizador.

Una singular mención merece el Excmo. y Rvdmo. D. José Ángel Saiz Meneses, Obispo de Terrassa (España). En su persona se aúna la *sollicitudo pastoralis* por la Iglesia Católica y por las almas que dirige a Dios *suaviter in modo sed fortiter in re*, en un siglo XXI que requiere una evangelización renovada en los métodos pastorales. A él le debo la posibilidad que me ha sido concedida de ampliar estudios en los centros educativos romanos. A él va dirigida mi gratitud y mi afecto, a él y a la Iglesia de Terrassa.

Mi más sentido reconocimiento a la entera comunidad sacerdotal del Pontificio Colegio Español de San José en Roma. Fundado por el beato

D. Manuel Domingo y Sol, ha afianzado no sólo mis estudios sino también mi mirada espiritual en los firmes pilares de san Juan de Ávila, presbítero y Doctor de la Iglesia universal, y de san José, Patrono de la misma. Tanto al equipo directivo como a los colegiales, miembros del Orden sacerdotal, mi más calurosa y afectuosa salutación y agradecimiento.

Finalmente, no puedo sino expresar mi gratitud a la Fundación «Amparo del Moral» por la ayuda material que me ha brindado para poder culminar este itinerario académico en Roma. Piden ser hoy justamente reconocidos su generosidad y el servicio que presta a la formación espiritual e intelectual de aquellos que estamos llamados a ser imagen de Jesucristo, el Buen Pastor, en virtud del Sacerdocio ministerial.

Sit ergo opus hoc ad maiorem Dei gloriam, Christi humanitati honorem, Virginique Matri laudem, Ss. Iosepho, Paulo et Ioanni de Avila devotionem. Amen.

Marcos Aceituno Donoso, pbro.

INTRODUCCIÓN

1. Una teología «retórica»

Acceder al Nuevo Testamento es entrar en el μυστήριον de Dios[1]. El Apóstol aborda esta temática desde la conversión de los gentiles a Cristo. Éste irrumpe de modo paulatino pero eficaz por la ἀποκάλυψις de Cristo, a través de la palabra evangelizadora del Converso de Damasco. Nuestro estudio se sitúa en esta misma tesitura: cuando se escucha, reflexiona, medita y acoge a Pablo y a su predicación, se escucha, reflexiona, medita y acoge a Dios, en virtud de la voluntad divina que lo ha escogido como heraldo de Jesucristo (cf. 1Tim 1,1; 2,7; 2Tim 1,1.11)[2].

1.1 *Dos disciplinas diferentes pero cotejables*

Afrontar la teología neotestamentaria paulina en nuestro siglo supone un reto. La bibliografía es tan extensa y ubicua que concentrarla, en términos absolutos, es una labor casi materialmente imposible. Esto se vuelve más arduo si pretendemos ofrecer un discurso teológico y científico competente, con la pretensión de aportar luz en un ámbito teológico-bíblico paulino. Para proceder a ello hemos decidido afrontar la

---

[1] Cf. Rom 16,25-27; 1Cor 1,18–2,10; 4,1; 13,2; 14,2; 15,51; Ef 1,9-10; 3,3-4.9; 6,19; Col 1,26-27; 2,2; 4,3; 2Tes 2,7; 1Tim 3,9.16. Cf. J.-N. ALETTI, «Mystère et sagesse chez Paul», 369-378; ID., «Paulinienne (théologie)», *DCT*, 1051; ID., «La raison d'être de l'Église», 390-392; J.-N. ALETTI – N. DERREY, «Mystère», *DCT*, 929-930; R. PENNA, *Lettera ai Romani*, 1113-1121; F. HAHN, *Studien zum Neuen Testament*, II, 449-451; G. BARBAGLIO, *Gesù di Nazaret*, 94.

[2] Así lo confesó la escuela deuteropaulina. Además, nuestra temática se coloca en el amplio espacio de preparación tanto del discurso como de la teología del Tarsiota en lo que se refiere a Dios y a Jesucristo. Sirva este pequeño preámbulo de disposición para una lectura armónica, unitaria y enriquecedora de la teología paulina.

cuestión desde dos disciplinas: la teológico-bíblica y la retórica. Cada una tiene su metodología, sus objetivos y sus principios fundamentales que además no se ignoran, sino que durante tiempo han ido de la mano y se han retroalimentado mutuamente.

1.1.1 La disciplina retórica: *The New Rhetoric*

Podríamos remontarnos al mismo Agustín de Hipona, que ya en el siglo V abordaba esta temática[3]. No obstante, daremos un salto en el tiempo acudiendo a autores de épocas más recientes, concretamente a aquellos que revivieron este campo comunicativo después de la crisis romántica del siglo XIX[4]. Nos referimos a C. Perelmann y L. Olbrecht-Tyteca, que con su obra *The New Rhetoric: A Treatise on Argumentation* (1958) re-proponen la retórica más allá de una mera aplicación decadente de normativa oratoria, situándola en el marco del ámbito lingüístico-comunicativo[5]. En el campo bíblico nos encontramos con H.D. Betz que ofrece su lección sobre composición literaria y función en Gálatas, publicada en 1975, como después veremos en la primera parte de nuestro estudio.

Dicha lectura novedosa ha sido continuada por otros autores en el resto del epistolario paulino. En el caso de Romanos, destacamos la aportación de J.-N. Aletti. En su estudio ha aplicado los criterios de composición retórica a la misma. Asimismo ha remarcado la importancia de detectar su *propositio* y, en consecuencia, ha acentuado cómo el género deliberativo muestra el argumento persuasivo de la misma[6]. Otros exegetas han continuado esta tarea prolongando el acercamiento retórico y profundizando aspectos nuevos y complementarios. En 1992, A. Pitta parte de la insuficiencia del criticismo retórico para afrontar el texto de Gálatas. La línea fundamental que sostiene en su trabajo es prevenir los excesos de la *Rhetorical Criticism*. Dicho método antepone el *genus rhetoricum* al texto mismo, imponiéndole una estructura previa a su

---

[3] Agustín afronta la cuestión retórica en sus principios básicos, ejemplos de la Escritura, los tres estilos de oratoria, las diez reglas para la oratoria cristiana, finalizando con una oración (cf. *Doctr. Chr.*, IV). Cf. E. HILL, *Teaching Christianity*, 12-13.

[4] Una visión panorámica interesante sobre la cuestión nos la ofrecen: cf. J.D. HESTER, «Epideictic Rhetoric», 183; R.A. BRYANT, *Risen Crucified Christ*, 30-34.

[5] Cf. R.A. BRYANT, *Risen Crucified Christ*, 34.

[6] «La visée communicationnelle n'est pas seulement mise en oeuvre au plan de l'énonciation, elle l'est aussi dans l'agencement des énoncés, autrement dit par la *dispositio*. Pour faciliter la compréhension de ses développements, qui annoncent les différentes étapes ou les différents thèmes d'une argumentation, mais aussi les *propositiones*, qui permettent au lecteur de savoir ce que Paul entend montrer» (J.-N. ALETTI, «La rhétorique paulinienne», 49).

lectura y estudio. De este modo, se distancia de H.D. Betz y la inclusión de Gálatas en el género forense[7].

1.1.2 La teología paulina: campo de aplicación retórica

La aplicación retórica no ha sido extraña a la teología paulina contemporánea. Igualmente, el esquema teológico-cristológico denominado «promesa-cumplimiento», como clave de interpretación de la unidad de la Escritura, ha conocido un desarrollo en épocas relativamente recientes. Notamos a modo de ejemplo cómo en el trieno 1841-1844, J.C.K. von Hofmann trabajó esta temática y publicó *Weissagung und Erfüllung im Alten und im Neuen Testamente*. Ahora bien, han coexistido otros sistemas hermenéuticos, como por ejemplo: «palabra de promesa-bien prometido», y también: «teología de la historia-teología de la existencia»[8].

1.2 *El objetivo de fondo: un ejercicio de teología «retórica»*

Nuestro interés consistirá en seguir la intuición indicada por J.-N. Aletti: avanzar en una «investigación retórica de segunda generación», que tiene en cuenta no sólo la *dispositio* en el epistolario paulino, sino también la argumentación, las pruebas y los modelos particulares[9]. En este sentido afrontaremos la importancia del discurso alegórico de carácter teológico y la detección del entimema, sobre todo en lo referente a 2Cor 1,20a[10]. Estudiaremos Gálatas y Segunda Corintios siguiendo fun-

---

[7] Para ello también tenemos en cuenta dos aportaciones: la de I. Dugandžić, que en 1977 ponía de manifiesto la continuidad que se daba entre Cristo y el AT en la teología del Apóstol. A este efecto, trabaja con perícopas como 2Cor 1,15-22 y Gál 3,19-22. En esta misma dirección, G.M. Sass publicó en 1995 *Leben aus den Verheißungen*, un trabajo verdaderamente minucioso y exhaustivo, ciñéndose al ámbito temático de ἐπαγγελία. Por otro lado, acogemos la relectura del aristotelismo filosófico-retórico de C. Perelman–L. Olbrecht-Tyteca, por medio de instrumentos como el manual de H. Lausberg o la aportación interesante de B. Mortara Garavelli, con la novedad de C. Rapp y M. Burnyeat al señalar aspectos aristotélicos como el entimema. Aprovecharemos en nuestro estudio los elementos que él no desarrolla como es la relación entre promesa y evangelio paulino, y el valor netamente «teológico» de dicha categoría. Cf. M.A. SEIFRID, «Leben aus den Verheißungen», 148-149; C. RAPP, «Psychology of Persuasion», 589-611; M. BURNYEAT, «Enthymeme: The Logic of Persuasion», 3-55; ID., «Rationality of the Rhetoric», 88-115.

[8] Cf. G.M. SASS, *Leben aus den Verheißungen*, 22-26.

[9] Cf. J.-N. ALETTI, «Presentación», 7.

[10] Disentimos de L. Thurén que abogó por un *derhetorizing* del texto paulino para descubrir el contenido teológico. Nosotros, por el contrario, apostaremos por una in-

damentalmente el estudio y la *dispositio* que realiza A. Pitta[11]. Tendremos en cuenta que el texto sagrado, por su propia naturaleza, permite una pluralidad de lecturas y de acercamientos hermenéuticos[12]. Así pues, nos ayudaremos de las aportaciones que han ofrecido otros exegetas con sus acercamientos hermenéuticos, evidenciando la riqueza que supone la complementariedad de diversos métodos a fin de favorecer una teología «retórica». Ésta consiste en descubrir cómo pueden brotar las categorías de fondo que hacen referencia específicamente a Dios, Padre de nuestro Señor Jesucristo y dador del Espíritu Santo, desde la *compositio* y la fuerza retórica del texto paulino.

2. Un argumento *ad hoc*: ἐπαγγελίαι θεοῦ

2.1 Status quaestionis

Proponemos como argumento la necesidad de estudiar el sintagma ἐπαγγελίαι θεοῦ, ya que hemos constatado la múltiple presencia del término ἐπαγγελία en el epistolario neotestamentario, principalmente en Hebreos, aunque también en Pablo. Con todo, destacamos una triple frecuencia de la secuencia genitival ἐπαγγελία θεοῦ en Rom 4,20, 2Cor 1,20 y Gál 3,21. Acotando aún más al campo de trabajo, detectamos felizmente que al interno de este elenco coinciden tanto en número plural como en construcción gramatical 2Cor 1,20 y Gál 3,21: ἐπαγγελίαι θεοῦ. Adquirió mayor solidez la propuesta cuando descubrimos que sendas perícopas, dentro de un marco teológico más amplio, ya habían sido estudiadas teológicamente por I. Dugandžić en su tesis doctoral, dirigida por el exegeta R. Schnackenburg[13].

En este estudio se puso de manifiesto la continuidad que se daba, en la teología del Apóstol, entre Cristo y el Antiguo Testamento. A este efecto, trabajó con diversas perícopas, entre ellas 2Cor 1,15-22 y Gál 3,19-22. En 1995 G.M. Sass profundizó en el sustantivo ἐπαγγελία y en su valor teológico pregnante[14]. No obstante, no se ha tenido suficiente-

---

vestigación teológica *ex rhetorica* e *in rhetoricis*. Partiremos de la retórica como el módulo de comunicación con el que se efectúa la comunicación humana y abordaremos los expedientes concretos que Pablo usa en su actividad epistolar. Sobre el *derhetorizing*: cf. M.M. MITCHELL, *Paul and the Rhetoric*, 165-166.

[11] Cf. A. PITTA, *Disposizione*; ID., *Lettera ai Galati*; ID., *La Seconda Lettera ai Corinzi*.

[12] Cf. J.A. FITZMYER, *Biblical Commission's Document*, 50-53.

[13] Cf. I. DUGANDŽIĆ, *Das «Ja» Gottes in Christus*.

[14] También detectó el aspecto cristológico: Cf. G.M. SASS, *Leben aus den Verheißungen*, 242-246.

mente en cuenta el valor «teo-lógico» del mismo, a saber: la presencia explícita de (τοῦ) θεοῦ, este será nuestro punto de partida. Así pues, nos hallamos ante un término fundamental que ha pasado desapercibido[15].

Pasado el límite del siglo XXI, encontramos reflexiones *tangenciales* entorno a la cuestión de dicho valor «teo-lógico». En 2002 F. Hahn ofreció una imponente teología del Nuevo Testamento donde aborda la *quaestio* de las promesas dentro del marco de la revelación de Dios[16]. Con todo, no se da una dedicación específicamente «teo-lógica» a partir del *enganche léxico* entre Gál 3,21 y 2Cor 1,20[17]. G. Barbaglio hizo dos aportaciones que nos sirven de apoyo. Por un lado, describe ideas y relaciones referentes a la teología paulina, y presenta una σύγκρισις entre Jesús y Pablo. Por otro lado, aborda la cuestión de las «promesas de Dios» esbozando un discurso que con él denominaremos «teo-logía»[18].

Finalmente en 2009 S.W. Hahn afirma la relación que se da entre esta categoría y el Antiguo Testamento releído cristológicamente, apoyándose en Gál 3–4 y Heb 1–9, pero eludiendo un contacto directo con 2Cor 1,20[19].

2.2 Las «promesas de Dios»: un valor «teo-lógico» pregnante

2.2.1 El método exegético-retórico aplicado

El método básico de nuestro estudio es el método histórico-crítico, fundamental para un conocimiento preciso del sentido literal del texto. Con él tenemos acceso a la intencionalidad del autor apostólico en su epistolografía. A ello añadimos las aportaciones de la lectura retórico-literaria, desarrollada sobre todo a partir de la escuela de J.-N. Aletti. El redescubrimiento de la retórica clásica sobre todo en su contexto nativo, así como el desarrollo de la misma a partir de autores como A. Pitta o

---

[15] Ciertamente aparece la mención *genérica* netamente teológica, que en griego se expresa con el genitivo (τοῦ) θεοῦ, pero no viene desarrollado. Cf. I. DUGANDŽIĆ, *Das «Ja» Gottes in Christus*, 32-56.198-217; G.M. SASS, *Leben aus den Verheißungen*, 40-49.

[16] Creemos que es un ámbito muy acertado. Además presenta la categoría *Verheißung* como clave de interpretación de la relación de continuidad–discontinuidad que se da entre sendos Testamentos, bajo el esquema fundamental «promesa–cumplimiento» unido a la *interpretatio christiana* de la que Pablo es el primer exponente. Cf. F. HAHN, *Theologie des Neuen Testaments*, II, 144-167.

[17] Su aportación al respecto lo encontramos genérica aunque no injustificada. Cf. F. HAHN, *Theologie des Neuen Testaments*, II, 91-110.

[18] Cf. G. BARBAGLIO, *Gesù di Nazaret*, 49-52.195; ID., *Il pensare dell'apostolo Paolo*, 31.

[19] Cf. S.W. HAHN, *Kinship by Covenant*, 31-33.

S.N. Brodeur, nos invita a aplicar dicha combinación metodológica en vistas a una mayor precisión del texto en su literalidad y en una visión de conjunto integradora como es la retórica postaristotélica[20].

2.2.2 El sintagma ἐπαγγελίαι θεοῦ en concreto

Podemos proponer un doble ámbito de estudio con respecto a las «promesas». El primero remite a una consideración genérica de las mismas, cuyo estudio ha sido progresivamente puesto en mayor relevancia[21]. El segundo se refiere al mundo epistolográfico paulino y al resto del Nuevo Testamento, moviéndose entre la continuidad con la tradición veterotestamentaria y la novedad protocristiana[22], siendo éste su tema fundamental y teológicamente fructífero[23]. Nos disponemos a mostrar la importancia del sintagma y la necesidad de una monografía que aborde el valor teológico importante y significativo del genitivo (τοῦ) θεοῦ, levemente enunciado pero no oportunamente desarrollado[24].

2.3 *Aportación de nuestra monografía*

Ofrecemos los siguientes enunciados que presentan y glosan sintéticamente los logros que, a nuestro juicio, justifican esta disertación. En primer lugar, renovaremos el acercamiento teológico-académico a la teología bíblica paulina desde el acceso que estudia las líneas teológicas del

---

[20] Cf. J.-N. ALETTI, «La présence», 1-24; ID., «La *dispositio* rhétorique», 385-401; J.D.G. DUNN, «Paul's Epistle to the Romans», 2842-2890; A. PITTA, *Lettera ai Romani*, 17-38; ID., «Nuovi metodi di analisi letteraria», 146-153; F. BIANCHINI, *L'analisi retorica*, 67-72; F. BIANCHINI – S. ROMANELLO, «Jean-Noël Aletti», 7-13.

[21] Más allá de las divergencias criteriológicas de los exegetas, una base común se da en cuanto a la temática veterotestamentaria (la paternidad de Abrahán y la colación de la ley). Una sucinta presentación de la misma nos obliga a dibujar algunos grandes frentes donde reina la divergencia de opiniones, como son: los diversos planteamientos metodológicos y la diversa fuerza semántica, sea la de la palabra misma de la promesa sea la del bien prometido. Para mayores informaciones: cf. I. DUGANDŽIĆ, *Das «Ja» Gottes in Christus*, 1-19; G.M. SASS, *Leben aus den Verheißungen*, 13-25.

[22] Sobre este campo específico: cf. I. DUGANDŽIĆ, *Das «Ja» Gottes in Christus*, 43; G.M. SASS, *Leben aus den Verheißungen*, 31-33.

[23] F. Hahn ha expuesto más recientemente y con mayor profusión, sobre todo al describir complementariamente el método de la tipología, el cuadro hermenéutico «histórico-salvífico», y lo que él denomina «otras metodologías de interpretación (*Interpretationsverfahre*)». Cf. Rom 4,1-25; 9,1-5; 2Cor 1,18-22; 7,1; Gál 3,6-29; 4,21-31; *Pace* G.M. SASS, *Leben aus den Verheißungen*, 33.35; I. DUGANDŽIĆ, *Das «Ja» Gottes in Christus*, 41; F. HAHN, *Theologie des Neuen Testaments*, II, 116-128.

[24] Cf. A. PITTA, *La Seconda Lettera ai Corinzi*, H. FRANKEMÖLLE, «Paulinische Theologie», 334-335.

Antiguo Testamento que llegan al Nuevo desde un concepto teológico importante: ἐπαγγελίαι θεοῦ[25] Seguiremos dicha estela en vistas a detectar su potencial «teo-lógico», no sólo en lo referente a su contenido eminenentemente divino sino también en sus consecuencias. En segundo lugar, accedemos al texto y a su contenido desde una concepción singular de la «teología paulina», en el sentido de discurso teológico que muestra y desarrolla las ideas y conceptos integrados en el λόγος evangélico del Apóstol, tal como dimana de la lectura directa del epistolario de Pablo, leído histórico-críticamente, pero evitando un acercamiento excesivamente histórico-reconstructivista del pensamiento del autor histórico[26]. En tercer lugar, aportaremos dos consecuencias exegéticas en el tratamiento de Gálatas y Segunda Corintios; justificaremos este orden histórico, no canónico[27], y presentaremos dos criterios científicos de lectura exegética que, con el análisis retórico, juzgamos importantes para el apoyo de nuestra tesis.

Nos centraremos en el estudio de la «teo-logía» de Gálatas y Segunda Corintios teniendo como telón de fondo la exégesis histórico-crítica. Partiremos del sintagma ἐπαγγελίαι θεοῦ en los contextos donde aparece para desarrollar el contenido directamente referido a Dios en dichas cartas de Pablo. Consideraremos también cómo la literatura paulina entiende la relación del Antiguo Testamento con Jesucristo[28], poniendo el acento en un aspecto esencial que consideramos desatendido. Para ello, fijaremos la atención teológica en Dios para construir un discurso científico que lo tenga por objeto fundamental y definidor, lo cual no es una obra absolutamente *ex novo*[29].

A ello cabe añadir que complementariamente haremos una aportación a partir de las «promesas de Dios»: reflexionar cómo dicho sin-

---

[25] Para mayor información sobre esta orientación teológica práctica y sus principales ejecutores, así como otras posibilidades que se han presentado: cf. I. DUGANDŽIĆ, *Das «Ja» Gottes in Christus*, 5-17.

[26] Cf. F.J. MATERA, *God's Saving Grace*, 6-10.

[27] En nuestro caso apostamos por un ordenamiento sensiblemente diverso. Aquí hallamos una visión sinóptica de la cuestión cronológica del epistolario paulino y las dos grandes propuestas insertas en la doble reconstrucción cronológica de la vida de Pablo: cf. R.E. BROWN, *Introduction*, 422-437.

[28] Cf. G.M. SASS, *Leben aus den Verheißungen*, 30.

[29] De hecho deseamos dar un paso adelante en la reflexión teológica contestando un género de discurso que apostaba por una impostación cristológica obviamente justa, pero quizá excesivamente cristocéntrica. Proponemos como objetivo un discurso teológico sobre Dios, pese a la eventual contradicción sobre nuestro enfoque y la tractación del tecnicismo «teo-logía». Cf. G. BARBAGLIO, *Gesù di Nazaret*, 184-186.

tagma ilumina la teología paulina desde la relación entre el Antiguo y Nuevo Testamento. Si bien es verdad que en este ámbito habitualmente se parte del esquema «promesa-cumplimiento» y de un estudio sutil del sintagma ἐν Χριστῷ, en nuestro caso desarrollaremos el contenido netamente «teo-lógico» del discurso sobre las «promesas de Dios». Atenderemos al criterio de continuidad entre teocentrismo y cristocentrismo, releyendo el discurso evangélico de las «promesas de Dios» como un punto de llegada en la teología paulina.

Un elemento importante de nuestra reflexión es la unidad y armonía esencial y radical entre la centralidad cristológica del mensaje del Apóstol y el designio histórico-salvífico de Dios. Como ya indicara A. Pitta, «misterio» y el binomio «gracia-llamada» son dos categorías valiosas para describir la actividad divina en el evento pascual de Jesucristo[30]. La confesión cristológica de Pablo tiene un punto de partida que va más allá de su propia conversión religiosa a Jesucristo: su fe en el único Dios. Ésta no es sustituida ni renegada por aquélla, sino que es «redefinida» de modo sencillo y admirable[31]. Los signos de la revelación de este Dios único indican que su iniciativa salvífica tiene múltiples manifestaciones, cuya cúspide y clave hermenéutica definitiva es el evento pascual de Jesucristo y sus frutos[32]. Nuestro punto de llegada presupone a su vez el punto de partida de la teología del epistolario paulino: el monoteismo hebraico[33]. Desde el círculo hermenéutico de su fe en el Dios único, añadiremos y profundizaremos en el alcance de otro término también importante para el Apóstol: «promesas de Dios»[34].

3. Descripción de la presente monografía

3.1 *Recorrido argumental*

Ofrecemos los motivos de la distribución del presente estudio. En efecto, seguiremos en nuestra reflexión la aportación de la *Formsgeschichte*: el género epistolar. También prestaremos atención a los crite-

---

[30] Cf. A. PITTA, *Paolo*, 47-49.
[31] Cf. R. FABRIS – S. ROMANELLO, *Introduzione alla lettura di Paolo*, 190-191.
[32] Cf. R. FABRIS – S. ROMANELLO, *Introduzione alla lettura di Paolo*, 191-192.
[33] Cf. R. FABRIS – S. ROMANELLO, *Introduzione alla lettura di Paolo*, 192.
[34] Es significativo que el uso de ἐπαγγελία κτλ en Gál se concreta estadísticamente 11x en singular (cf. Gál 3,14.17.18 [*bis*].22.29; 4,23.28). En plural aparece solamente en Gál 3,21. En suma, siempre lo emplea Pablo en contexto probatorio referido al desarrollo metafórico-midrásico de la historia de Abrahán. Cf. G.M. SASS, *Leben aus den Verheißungen*, 269

rios retóricos que el Apóstol ha empleado en vistas a dilucidar cómo influyen en su reflexión teológica.

3.1.1 Parte primera: Gálatas 3,19-22

La primera parte de nuestro estudio abordará la relación teológica existente entre las «promesas de Dios» con la Ley y la fe de Jesucristo que el Apóstol propone en Gál 3,19-22. Para ello, propondremos tres capítulos, cuyo contenido detallamos a continuación.

a) *Capítulo I: el contexto de Gál 3,19-22*

Estudiaremos en un primer epígrafe («El "pre-texto" de Gálatas») el contexto de la perícopa aprovechando el elemento perteneciente al género epistolar, a saber: consideramos a Pablo en cuanto remitente; a los gálatas en cuanto destinatarios y finalmente estudiamos la unidad entera de la carta. Tendremos en cuenta su actividad en Galacia, culminando en la fundación de dichas iglesias en la región, y la actividad epistolar del mismo cuando compone la carta, objeto de nuestro estudio. A continuación presentaremos la difícil cuestión de la identidad de las iglesias gálatas, ofreciendo de modo sucinto las dos hipótesis con las que actualmente se trabaja. Después traeremos a colación la ocasión que indujo al Doctor de las gentes a redactar Gálatas, deduciendo dos: la «re-proposición» del Evangelio en Galacia, con una clara intención teológica, eclesiológica y apologética, y la identificación de los opositores a la verdad del Evangelio[35], sus actividades y una hipotética reconstrucción de su doctrina. Asimismo estudiaremos la *dispositio* de la carta con la ayuda de los exegetas A. Vanhoye, A. Pitta y M. Rastoin, realizando una aproximación retórico-literaria, para luego presentar el texto íntegro retóricamente dispuesto.

En el segundo epígrafe («Estudio de Gál 3,19-22 en su contexto») atenderemos al estudio de Gál 3,19-22, con el *status quaestionis* de su delimitación, procederemos a una lectura atenta de la perícopa desde la retórica-literaria y, desde el contenido argumental, detectaremos la *distributio* de la misma así como las variantes textuales más significativas.

b) *Capítulo II: Lectura detallada de Gál 3,19-22*

En este capítulo haremos una lectura detallada de Gál 3,19-22, examinando el texto por sintagmas breves para lograr una atención más

---

[35] Cf. Gál 1,6.7.9; 4,17; 5,7-12; 6,12-13.

precisa desde una aproximación semántica y retórica. Nuestro interés se centrará especialmente en la presencia vacilante de (τοῦ) θεοῦ, que toca directamente el argumento de nuestra tesis. Creemos que el sintagma debe mantenerse, apoyándonos en varios argumentos de naturaleza crítico-textual. El Apóstol se dispone a declarar en modo directo y positivo la situación universal de sometimiento al pecado por decreto divino, y cómo la promesa tiene una manera nueva de revelarse: por la fe de Cristo Jesús a los creyentes.

c) *Capítulo III: Síntesis teológica de Gál 3,19-22*

En este capítulo, llegaremos a la conclusión de la parte primera de nuestra disertación donde elucidaremos algunos principales argumentos teológicos del texto, agrupándolos bajo tres epígrafes.

En el primero («La revelación de Dios, uno y fiel») tendremos en cuenta que este factor es un elemento central de toda la carta paulina. En efecto, se concreta de manera específica en el desarrollo de la economía de las «promesas de Dios», con un neto carácter «teo-lógico», esto es: Pablo está hablando de Dios mismo que actúa conforme a la tradición bíblica de la relación de Éste con Abrahán. Para ello interpreta por una alegoría tipológica la actualización de dicha realidad divina a la situación posterior al evento pascual de Cristo. Igualmente, debe resolver cuestiones abiertas en su *probatio* II (cf. Gál 3,1–4,7) como son la relación de la ley con esta economía de salvación y el significado de la unidad ontológica y económica de Dios.

En el segundo («Jesucristo, la "descendencia" de las "promesas de Dios"») describiremos el contenido teológico-retórico que se desprende de la «descendencia» releída a la luz del expediente teológico-retórico anterior para dilucidar su contenido y cómo el Apóstol descubre su aplicación concreta a la vida de los creyentes.

Finalmente, trataremos el aspecto pneumatológico («El Espíritu Santo es quien da la vida») teniendo en cuenta que la actividad del Espíritu Santo, que realiza la justicia en los fieles y los conduce a la vida. seguidamente mostraremos las consecuencias de dicha vivificación, recapitulándolas en dos apartados: el eclesiológico y el escatológico.

3.1.2 Parte segunda: 2 Corintios 1,15-22

La segunda parte funciona de modo especular con la primera. En este caso al estudiar 2Cor 1,15-22 detectaremos una función eminentemente teológica de las «promesas de Dios» con Jesucristo.

a) *Capítulo IV: El contexto de 2Cor 1,15-22*

Abordaremos la materia desde la historia de las formas, con la *dispositio* que impone el género epistolar a nuestra perícopa y a toda la carta. En el primer epígrafe («El "pre-texto" de Segunda Corintios») abordaremos la actividad paulina en Corinto. En este caso nos centraremos en la información que Hechos, Primera y Segunda Corintios ofrecen al respecto. Incluiremos la información sobre la destinataria, Corinto, y la coyuntura histórica que da origen a la redacción de la carta en cuestión, con cuatro aspectos: una austeridad financiera no bien comprendida, una agenda de viajes que se complica, una oposición creciente en Corinto y una respuesta apologética del Apóstol.

En el segundo epígrafe («Estudio de 2Cor 1,15-22 en su contexto») delimitaremos la perícopa con su *distributio* retórica. El éxito de la misma se cifrará en la adecuada identificación de las *partes orationis*. Una vez dibujada la delimitación exegética, demostraremos la relación retórica de la misma con el resto del contenido canónico y procederemos a un análisis crítico detallado, evaluando las variantes textuales. Dada la dificultad sobre la cuestión del carácter unitario o compósito de este escrito paulino, procederemos a suponer su unidad redaccional, como después se enunciará.

b) *Capítulo V: Lectura particularizada de 2Cor 1,15-22*

Como en el capítulo II, realizaremos una lectura atenta del fragmento bíblico, más largo y denso que el anterior, fraccionándolo por sintagmas más breves para poder detectar la riqueza y el alcance del conjunto y de sus partes, atendiendo a una lectura semántica y sintáctico-retórica.

c) *Capítulo VI: Síntesis teológica de 2Cor 1,15-22*

A continuación atenderemos a los elementos contextuales y exegéticos para elaborar una síntesis teológica. En el primer epígrafe («Dios, fiel a "sus promesas"») trataremos tres elementos básicos de la materia específicamente «teo-lógica»: la coherencia e interrelación entre la fidelidad y la misericordia de Dios, la categoría fundamental de βεβαίωσις como horizonte referencial de las «promesas de Dios», y la finalidad doxológica de la confirmación de esta metáfora.

En el segundo epígrafe («Dios confirma en Jesucristo, el Hijo de Dios, "sus promesas"») abordaremos cómo se ejecuta dicha confirmación y detectaremos cómo el protagonismo teológico de la misma no excluye, ni entra en colisión, con su desarrollo histórico-salvífico en Cristo Jesús. Reflexionaremos sobre la relación entre el λόγος de las «promesas de Dios» y el λόγος del Evangelio paulino en Corinto.

Concluiremos con un tercer epígrafe («La "prenda del Espíritu": consecuencia de la confirmación») dedicado a la prenda o anticipo escatológico del Espíritu, colofón de una serie de actividades propias de la acción teológico-cristológica de la βεβαίωσις. Estudiaremos la actividad propia del Espíritu en Cristo y en los fieles, así como de una descripción antropológica y de una eclesiología pneumatológica.

3.1.3 Parte tercera: Conclusión

a) *Capítulo VII: Teología sobre las «promesas de Dios»*

En primer lugar cotejaremos Gál 3,19-22 y 2Cor 1,15-22 recogiendo y ordenando toda la información obtenida de sendas perícopas y procediendo a una comparación que pondrá a la luz cómo Pablo diseña el alcance del sintagma ἐπαγγελίαι θεοῦ. También trabajaremos las diferencias entre ambas. En estas dos perícopas es notorio y fundamental el protagonismo de Dios. Él es el actor fundamental y concreto de la ejecución de su propia voluntad tal como la revela el Antiguo Testamento, sobre todo a la luz de la *interpretatio christiana*.

A continuación definiremos una serie de rasgos que conducirán a un discurso «teo-lógico» y propondremos una teología sobre las «promesas de Dios». Partiremos de la constatación de que Pablo está trabajando su teología desde el Antiguo Testamento, con una doble línea, teologizante y cristologizante, para componer un discurso que tiene en cuenta dos aspectos: la existencia de Dios (*Deus quoad se*) y su actividad en beneficio de los hombres (*Deus quoad nos*). Efectivamente las consencuencias antropológicas que se deducen complementan y dan respuesta a la tendencia paulina de relacionar la existencia y el obrar de Dios con la incidencia en la vida y la misión de los hombres, individual y eclesiológicamente.

Elaboraremos finalmente un discurso «teo-lógico» articulado sobre las «promesas de Dios». Las definiremos bajo diversas perspectivas que se fundamentan en el cotejo previamente realizado. Propondremos una teología sobre las «promesas de Dios» teniendo en cuenta el horizonte escatológico en el cual y desde el cual el Apóstol reflexiona sobre la fe cristiana y su valor actual, a la luz de la interpretación alegórico-tipológica de la Escritura. Dicha perspectiva que mira al futuro no excluye el presente, sobre el que incide por medio del amor. Finalmente presentaremos los criterios teológico-retóricos que el Tarsiota ha empleado en su discurso, constatando la importancia vehicular de la disciplina retórica y el carácter de progresiva profundización que revela su teología. Para concluir ofreceremos nuestro opinión sobre los expedientes retóricos que han servido de apoyo al Apóstol para conceptualizar la experiencia del evento pascual de Cristo con la mirada de continuidad y plenitud desde la Escritura.

3.2 *Consideraciones metodológicas*

En primer lugar, destacamos la opción de estudio y reflexión que hemos hecho: seguimos principalmente las aportaciones que creemos sugerentes del exegeta italiano A. Pitta. Procuraremos no ser servilistas, aportando algunas modificaciones personales con respecto a dicho autor.

En segundo lugar, hemos modificado levemente la nomenclatura de la aproximación retórico-literaria. Hemos mantenido los nombres latinos, si bien añadiendo los adjetivos «mayor» o «menor» en las diversas subdivisiones en vistas a distinguir el radio de acción retórica de los mismos. Así, por ejemplo, sabremos que la «*propositio* mayor» de Gálatas se encuentra en Gál 1,11-12 y se refiere a todo el escrito paulino, mientras que la «*propositio* menor» es una de las subproposiciones referidas más directamente a un sector de la misma.

En tercer lugar, seguiremos la *BHS* para los textos hebreos, incorporando la *BHQ* cuando ya hay edición a la mano de los estudiosos. A su vez, emplearemos NA^{28} para la edición crítica neotestamentaria. Las eventuales traducciones que se ofrecerán serán de producción propia.

En cuarto lugar, ofreceremos en apéndice un «Glosario de términos técnicos», distribuido en cuatro epígrafes, que facilitará al lector una definición suficiente para identificar aquellos vocablos técnicos más significativos que encontrará a lo largo de la lectura. De este modo, creemos que se facilita el seguimiento de la misma, sin necesidad de acudir a instrumentos externos para la comprensión de nuestro texto.

Finalmente, las siglas y abreviaturas para los textos bíblicos y literatura concomitante en el presente estudio se tomarán de S.M. Schwertner, mientras adoptaremos las propuestas de P.H. Alexander para los textos de la Antigüedad cristiana.

PARTE PRIMERA

GÁLATAS 3,19-22
LAS «PROMESAS DE DIOS»
Y SU ECONOMÍA TEOLÓGICA

Capítulo I

El contexto de Gál 3,19-22

1. **El «pre-texto» de Gálatas**

1.1 *Pablo, remitente de Gálatas*

1.1.1 Pablo, fundador de las iglesias gálatas

Gálatas es el testimonio básico de la fundación por parte del Apóstol en la zona de Galacia. Los dos primeros datos que nos revela su lectura son que Pablo es apóstol por obra de Dios Padre y de Cristo Jesús (cf. Gál 1,1) y que se dirige a las iglesias de Galacia (cf. Gál 1,2)[1]. Dentro de los cánones de la epistolografía clásica, el Apóstol se presenta en nominativo mientras que el destinatario aparece en dativo, manteniendo un tono lacónico al presentar a estas comunidades.

En el interior del *corpus* paulino hay algunas referencias a la creación y fomento de iglesias en Galacia. El primer dato seguro es que la relación de las comunidades gálatas con Pablo no siempre fue idéntica, ya que hubo fracturas. En 1Cor 16,1 tenemos que el Maestro de los gentiles nombra a estas iglesias sin ninguna referencia a la disidencia interna contra su persona y su misión entre ellos. Esto significa que hubo momentos de serenidad. Sin embargo, no hay un consenso entre los exegetas a la hora de situarlo en la cronología de las cartas[2].

---

[1] Sorprende dentro del conjunto de los *praescripta* del epistolario paulino que es la única vez en que Pablo se dirige a más de una comunidad. Apunta que ello se percibe por el método de la «lectura alargada». Ciertamente existe la cuestión de la conciencia que tenía de que otras comunidades leerían esa misma carta (cf. Rom 1,7.15; 1Cor 1,2; 4,17; 7,17; 11,16; 14,33; 16,1; 2Cor 1,1; 6,11; Gál 1,2; Ef 1,1; Col 2,1; 4,13.15.16. Flm 1b-2). Cf. A. PEREIRA DELGADO, «Segundas audiencias», 100-106.

[2] La reconstrucción de manera precisa muchas de las actividades que él mismo desempeñó. En Gál, cobra más viveza. Cf. G. BARBAGLIO, *Le lettere di Paolo*, II, 13.

Un segundo dato que nos aporta el autor en sus escritos es el motivo de su visita a Galacia: una enfermedad grave[3]. No baja a concreciones sobre en qué consistió, pero sí indica que ello le sirvió de ocasión para evangelizar a los gálatas paganos (cf. Gál 4,13). No tenemos certeza sobre la ubicación de Gálatas con respecto al resto del epistolario, en relación con Primera y Segunda Corintios[4]. Solamente podemos concluir que la actividad misionera de Pablo fue impresionante, puesto que en el 47 d.C. no existían iglesias en la provincia de Galacia, Asia, Macedonia o Acaya, y en el 57 d.C. las hallamos constituidas, habiendo sido evangelizadas por él[5].

Una fuente de información la tenemos en Hch 13,16-41, que debe leerse en continuidad con lo que el Apóstol explica en la carta a los Gálatas, a saber: que fue él quien predicó allí el Evangelio de la gracia de Cristo por medio de la cruz (cf. Gál 3,1-14). No obstante, no entra en detalles muy específicos de cómo procedió a ello[6].

En definitiva, la principal consecuencia que podemos deducir de las premisas dadas es que el género epistolar es importante en la comunicación del Evangelio paulino[7]. La carta en cuanto género nos da un marco de referencia importante que debemos tener en cuenta a la hora de abordar la teología según Pablo. Una segunda consecuencia es la cuestión cronológica. Nuestro autor no es un historiador, como tampoco lo fue Lucas al redactar su doble obra neotestamentaria. Pero a la hora de recoger la información y de ordenarla, tanto Pablo como el autor de Lucas-Hechos, utilizan elementos históricos que armonizan según su proyecto redaccional[8]. El estudio histórico en las cartas paulinas ayuda a ubicar el mensaje de Gálatas en relación con los hechos acaecidos en dichas comunidades.

---

[3] No es la única vez que el Apóstol presenta una debilidad de su cuerpo, también habla en las otras dos cartas donde presenta y defiende su ministerio (cf. 1Cor 12,7; 2Cor 12,7). J. SÁNCHEZ BOSCH, *Escritos paulinos*, 255, hace hipótesis sobre cuál fuera su enfermedad, sin convencerse de que sea un dolor ocular.

[4] Cf. W.G. KÜMMEL –P. FEINE – J. BEHM, *Einleitung in das Neue Testament*, 197-198; F. HAHN, *Theologie des Neuen Testaments*, I, 180; A. PITTA, *Lettera ai Galati*, 30.

[5] Cf. F.F. BRUCE, «Paolo», *DPL*,1145.

[6] Para una más detenida atención al problema: cf. R.J. DILLON, «Acts of the Apostles», *NJBC*, 748; J.A. FITZMYER, «Paul», *NJBC*, 1330-1332; R. FABRIS – S. ROMANELLO, *Introduzione alla lettura di Paolo*, 150-151.

[7] Cf. S.N. BRODEUR, *Il cuore di Paolo*, I, 34-36.

[8] Sobre el proyecto histórico-teológico, el género de Lc–Hch y el modelo que sigue Lucas: cf. R. AGUIRRE MONASTERIO – A. RODRÍGUEZ CARMONA, *Evangelios sinópticos*, 305-307.

1.1.2 Pablo, autor de Gálatas

Es un hecho generalmente indiscutido que Pablo ha escrito Gálatas. Ésta incluye en su *incipit* el nombre del autor: Παῦλος ἀπόστολος (Gál 1,1). Podemos afirmar con bastante grado de probabilidad que es obra del mismo Apóstol de los gentiles, no siendo lo suficientemente consistentes las objeciones a dicha tesis[9].

a) *Datación de Gálatas*

Es ya conocida la ausencia de evidencias directas sobre la fecha de composición de Gálatas. Falta el lacrado y el exterior del documento original donde iba escrito el nombre del remitente y la datación[10]. Esta ausencia ha dado pie a diversas posturas acerca de dónde hay que colocar esta carta dentro de la cronología paulina.

Gál 4,13 informa de una primera visita: δι' ἀσθένειαν τῆς σαρκός εὐηγγελισάμην ὑμῖν τὸ πρότερον[11]. Describe cómo se realizó tal evento. Según la cronología tradicional, esta visita se situaría en el segundo viaje (50-52 d.C.), mientras se dirigía a Macedonia[12]. Hay argumentos de la situación gálata que coinciden con el relato lucano de la asamblea de Jerusalén (cf. Hch 15,1-35): la semejanza no sólo de temática sino también de características del disenso y de la resolución del conflicto, la aparición importante de Pablo y Bernabé en ambos relatos, y la decisión final a favor de los miembros helenocristianos[13]. Este supuesto hace que Gálatas deba situarse en el tercer viaje, durante los años 54-55 d.C.[14]. El

---

[9] Cf. J.H. ROPES, *The Singular Problem*, 27; J.A. FITZMYER, «Galatians», *NJBC*, 780; R.N. LONGENECKER, *Galatians*, lviii.

[10] Cf. P.L. SMITH – H. NEUMANN, «Brief», *DNP*, II, 772.

[11] A. Pitta en cambio ofrece una interesante lectura del sintagma cuando lo coteja con Rom 6,19 sobre todo para interpretar el pasaje y su relación con una eventual enfermedad física vergonzante en Pablo. Cf. ID., *Lettera ai Galati*, 264-265.

[12] Cf. E. OLSHAUSEN, «Roads», *BNPSup*, III, 194; R.J. DILLON, «Acts of the Apostles», *NJBC*, 756; J.A. FITZMYER, «Paul», *NBJC*, 1136.

[13] Las objeciones también son importantes. El papel que juega el Apóstol en ambos encuentros no es el mismo —aun siendo conscientes de la diferencia teológica y narrativa entre Lucas y Pablo—. Otra objeción es la unicidad del viaje a Jerusalén. Lucas presenta varios viajes mientras que Pablo sólo propone uno, así como la motivación del mismo. Finalmente la naturaleza de ambos encuentros es diferente. Por ello cabe tener en cuenta el trasfondo histórico-crítico de Hch 15. Cf. J. CAMBIER, «Paul», *DBSup*, VII, 297; J. SÁNCHEZ BOSCH, *Escritos paulinos*, 26.262; A. VANHOYE, *Lettera ai Galati*, 19.

[14] No obstante, permanece el dilema con la cronología revisionista, que la sitúa en los años 56-57. Cf. R.E. BROWN, *Introduction*, 468; F. BIANCHINI, *Lettera ai Galati*, 5-8; A. PITTA, *Lettera ai Galati*, 34.

Tarsiota en esas fechas está en su tercer viaje misionero y, debido a la distancia que lo separa de Galacia, no puede atajar la complicación que ha surgido recientemente en la comunidad[15].

b) *Lugar de composición*

Se pueden fijar tres posibilidades como lugar de composición: Éfeso, Macedonia y Corinto[16]. Gál 4,20 habla de primera mano de la imposibilidad por parte de Pablo de ir a visitarlos, seguramente porque no se encuentra en la región gálata en esos momentos. Por consiguiente, siguiendo el cuadro de viajes, tenemos que pensar que se encuentra entre Macedonia y Éfeso.

Vuelven a aparecer dificultades para conseguir un consenso sobre los puntos históricos que nos propone la crítica contemporánea. Proliferan matices, distinciones y elementos menores que impiden una visión unitaria de la misma carta en lo que se refiere al lugar de composición. Con todo, debemos anotar dos elementos coincidentes con Primera Corintios que nos inducen a prolongar la discusión. Primero, la coincidencia explícita en el contenido estaurológico como clave del Evangelio paulino (cf. 1Cor 1,18-25; Gál 1,4; 2,20; 3,1), y segundo, la temática pastoral de la colecta (cf. 1Cor 16,1; Gál 2,10). Dicho esto, notamos cómo entre ambas cartas se da diversa longitud en el tratamiento de estos temas. En efecto, las cartas corintias son más largas y complejas de contenido, lo cual da pie a entender una cierta progresión y profundización en el discurso teológico paulino. Esto ayuda a entender que Gálatas podría anteceder a Primera y Segunda Corintios[17].

c) *Conclusión*

Pablo redacta esta carta circular a todas las comunidades de Galacia, que estaban en mutua comunicación y expuestas a los mismos influjos. Las trata bajo un epígrafe que las colectiviza, no por ciudad sino por provincia. El contenido fundamental de la misma es discernir cuál es el verdadero Evangelio de Cristo[18] con sus consecuencias lógicas y prác-

---

[15] Cf. S.N. BRODEUR, *Il cuore di Paolo*, I, 164; A. VANHOYE, *Lettera ai Galati*, 22.

[16] Esta vacilación ya se daba en época patrística: optan por Éfeso Marción, Mario Victorino, y Primasio; y por Roma Eusebio de Emesa, Jerónimo, Teodoreto de Ciro, Eutalia y Ecumenio. Cf. A. PITTA, *Lettera ai Galati*, 34; W.G. KÜMMEL – P. FEINE – J. BEHM, *Einleitung an das Neue Testament*, 197-198.

[17] Cf. T.J. BAUER, *Paulus*, 167.

[18] Cf. Gál 1,6.7.11; 2,2.5.7.14.

ticas. Éstas son: la defensa del Evangelio que proviene directamente de Cristo, no de hombres o instituciones, la necesaria libertad en Cristo y la omisión de la circuncisión para quienes proceden del paganismo.

El objeto primario de su decisión es volver a exponer el Evangelio a quienes ya empiezan a disentir de él. Ofrece una argumentación teológica en que reflexiona sobre la fe y la justificación por la gracia sola de Dios en Cristo. En este mismo sentido se debe entender la sección parenética que habla de la vida en el Espíritu. Ésta es una consecuencia que brota directamente de la aceptación del Evangelio, acogido por la fe, y la recepción del Bautismo con que los fieles se revisten de Cristo (cf. Gál 3,26).

El objeto secundario es la respuesta a los adversarios[19]. Todo ello se da dentro de un contexto preciso de tiempo (en la primera mitad de los años 50 del primer siglo de la era cristiana). A partir de aquí comienzan las disensiones entre autores y esquemas[20].

1.2 *Los gálatas como destinatarios*

El término «Galacia» en tiempos del Apóstol tenía dos significados estrechamente ligados pero que no se deben confundir a la hora de abordar críticamente la identidad de los destinatarios de la carta paulina. Por un lado estaba la provincia romana erigida el año 25 a.C. que conoció diversas anexiones y crecimientos[21], y por otro lado, hace referencia a tribus de origen celta, que no constituían una sola nación con el resto de habitantes autóctonos[22].

---

[19] La imagen típica que dimana de las reflexiones exegéticas es la de un grupo de judeocristianos, provenientes de Judea, que todavía propugnaban la circuncisión y el cumplimiento de la legislación mosaica. Para ello infiltraron dudas razonables contra la apostolicidad de Pablo, contraponiéndolo a los primeros apóstoles que estaban en Jerusalén. Cf. G.W. HANSEN, «Galati, lettera ai», *DPL*, 662-664; J.A. FITZMYER, «Galatians», *NBJC*, 781; F.J. MATERA, *Galatians*, 2-7.

[20] Dependiendo de la localización varía la fecha: si se sitúa en Macedonia o Corinto entonces prevalece la datación de los años 56-57; en cambio, si se hace desde Éfeso prevalece el bienio 54-55. Al decantarnos por la segunda somos conscientes de la dificultad ya enunciada, dibujada en las diversas opiniones: cf. F. BIANCHINI, *Lettera ai Galati*, 9; T.J. BAUER, *Paulus*, 170-174; R. FABRIS – S. ROMANELLO, *Introduzione alla lectura di Paolo*, 151; R. RIESNER, *Die Frühzeit des Apostels Paulus*, 258-259.

[21] Como tal pervivió hasta el s. VIII d.C. En tiempos de san Pablo estaba la población del norte de Asia Menor, que se encontraba en un proceso de galacización por parte de tres tribus gálatas, que estaban absorbiendo la población anatólica. Cf. K. STROBEL, «Galatia», *BNP*, IV, 649.

[22] Ciertamente, en el ámbito político-militar, Roma tenía muy en cuenta las diversas tribus gálatas y lo usó en su estrategia de gobierno sobre la zona. Cf. K. STROBEL – M. EUSKIRCHEN, «Kelten», *BNP*, VI, 398-399.

1.2.1 Galacia en tiempos del Apóstol

La estrategia evangelizadora de Pablo parte de las estructuras humanas que tiene. Galacia, en cuanto región, fue una de ellas. La zona meridional se sabe políticamente incluida en la provincia romana, conoce su constitución multiétnica, que no desaparecerá sino pasados algunos siglos. Sin embargo, el Apóstol no buscó precisión jurídica en sus escritos, sino que se dirigió a sus comunidades con los gentilicios propios de los lugares donde se encontraban, más allá de dichas vicisitudes sociopolíticas.

La península de Anatolia contaba políticamente, en tiempos de Pablo, con diversas provincias entre las cuales se hallaba *Galatia*. Desde el punto de vista de la geografía, contaba con una gran riqueza forestal y altos pastos que daban una gran posibilidad agrícola a la población[23]. Dicha rama de la economía se nutría básicamente de la cercanía del río Sangario, entre las regiones del Ovasi y el río Ankara, que se encuentra en el actual sistema montañoso Sivrihisar.

Galacia se componía de dos grandes sectores, septentrional y meridional. Este último fue construido por anexiones en base a situaciones políticas que Roma quería resolver. De todos modos, también hubo desorden y descontento social, lo cual era indicio de una realidad latente conocida por parte de Roma, aunque no suficientemente ponderada, a saber: el carácter étnico específico del norte[24]. Había una unidad política que albergaba poblaciones internas no identificadas con los gálatas, y que fue percibiendo paulatinamente la organización romana. Así pues, la palabra *Galatia*, en cuanto concepto político, albergaba también una realidad étnico-política interna, que en tiempos de nuestro Apóstol no estaba todavía bien diferenciada por las estructuras imperiales.

La venida de los gálatas a la región tiene que ver con unidades migratorias de tribus galas. Estas se establecieron en la zona por pactos jurídico-militares con los reyes locales en tiempos helenísticos, en medio de luchas entre ptolomeos y seléucidas[25]. En pago a sus servicios reciben la zona central de la península, iniciándose un proceso de etnogénesis y galacización de la región, a nivel cultural y lingüístico. Distribuyen políticamente el territorio bajo cuatro tetrarcas autónomos, a modo de confederación *inter pares*. Participan en las luchas contra An-

---

[23] Galacia se basaba en su sistema de carreteras y la agricultura. La madera era el producto por el cual se conocía a esta región. Cf. K. STROBEL, «Galatia», *BNP*, IV, 648; S. MITCHELL, «Population», *ANRW*, II, 7.2, 1069.

[24] Cf. S. MITCHELL, «Population», *ANRW*, II, 7.2, 1056.1066.

[25] Fueron los reyes de Bitinia quienes los llamaron hacia el año 287 a.C. Cf. A.D. MACRO, «Cities of Asia Minor», *ANRW*, II, 7.2, 666.

tíoco I y en la incursión contra Pérgamo y Roma, acudiendo en ayuda de Antíoco III Magno. Fue aquí que entran en contacto con la República y establecen pactos de paz (188 a.C.). Un siglo después tiene lugar la guerra de Mitrídates VI que elimina al sector noble de los gálatas, generando en ellos un movimiento de resistencia liderado por Deyótaro I. Éste se alía con Roma en contra de Mitrídates, y en premio de victoria recibe el título de rey por parte del Senado romano. Finalmente, las tribus conocerán un único tetrarca de todos los gálatas, Amyntas, el cual muere en batalla el 25 a.C. Con la muerte del rey Amyntas Galacia pasa a ser provincia. Sus distritos o eparquías eran: la actual región de Galacia, Paflagonia, Ponto Galático, Ponto Polemoníaco, Frigia[26], Pisidia, Isauria, Licaonia, Pamfilia[27], y después Capadocia y Armenia Menor[28]. Galacia contenía diversas colonias romanas importantes que después aparecen tanto en los relatos lucanos como en la epistolografía paulina.

En el ámbito religioso, se procuró la vinculación de una divinidad local a modo de magistratura epinómica con cada territorio, resolviendo la poca voluntad de la gente para enrolarse en los cultos religiosos oficiales y ahorrándose el dinero que se perdía ante tal desidia. Indirecamente, Lucas muestra en el primer viaje apostólico de Pablo cómo esto surtió efecto en la población, sobre todo con un reflote económico (cf. Hch 14,13; 19,25-27). En su relación con la divinidad, tenían mediadores (druidas) y un *corpus* doctrinal basado en la visión supersticiosa de los acontecimientos de la vida, así como en algunas nociones sobre la vida posmortal, que rápidamente los griegos identificaron con la filosofía pitagórica. Se opina también que, muy probablemente, se daba la práctica de sacrificios humanos, ligados al ámbito bélico: el asesinato de los prisioneros, el trofeo consistente en cadáveres decapitados y la ubicación de esqueletos en la entrada del local de culto[29]. Cabe añadir además cómo la referencia al cumplimiento de buenas obras para mantener favorables a las deidades locales también se daba en el sustrato precristiano anatólico, como queda recogido en inscripciones de confesión religiosa lidio-frigia[30].

---

[26] En Pisidia hallamos la colonia *Caesarea Antiochia*, provincial de Galacia desde Augusto y una de las mayores colonias del W de la región del Tauro. Cf. P. WEIß, «Antiocheia», *DNP*, I, 765; J.A. FITZMYER, *Acts of the Apostles*, 509.

[27] Cf. R. FABRIS, *Paolo, l'apostolo delle genti*, 155-156; S. LÉGASSE, *Paul Apôtre*, 100.

[28] Cf. K. STROBEL, «Galatia», *BNP*, IV, 651.

[29] Cf. K. STROBEL – M. EUSKIRCHEN, «Kelten», *BNP*, VI, 400-403.

[30] Para más datos sobre la religiosidad local y su posible conflicto con la doctrina evangélica de Pablo: cf. C.E. ARNOLD, «"I Am Astonished"», 429-449.

Finalmente, los testigos de la época respecto al tema religioso nos indican que tenemos un precedente importante en el proceso de cristianización con la labor previa realizada por las comunidades judías, grandes y vigorosas, en aquella región. Éstas ayudaron indirectamente a que se acogiera con mayor disponibilidad el Evangelio con sus postulados éticos y religiosos[31].

1.2.2 La identidad de las iglesias gálatas

Lucas y Pablo realizaron sus obras desde la historiografía helenista, pero reelaborándolo el «dato histórico» a la luz de la situación y línea teológica que desearon promover[32]. Estas dos premisas hacen que nos mantengamos en el ámbito de la hipótesis al fijar tantos elementos que aporta Gálatas, entre ellos la identidad de las iglesias destinatarias[33].

a) *Hipótesis septentrional y meridional*

Prácticamente hasta el siglo XVIII se aceptaba la nomenclatura romana que el Maestro de Tarso usaba en sus escritos para identificar a las iglesias de Galacia. Esto significaba que dichas comunidades se encontraban al norte de la región. Ya en el siglo XIX apareció la hipótesis de que el Apóstol se refería, más bien, a la zona meridional, con lo que hacía anticipar la fecha estándar de la cronología tradicional de las cartas, sobre todo a partir de las incorporaciones arqueológicas más recientes[34]. Además Gál 3,1 apuesta por una expresión étnica y no tanto geográfico-política en este apóstrofe[35]. En definitiva, aparece un dilema histórico-exegético acerca de quiénes son los gálatas con quien Pablo habla.

La hipótesis septentrional tiene su fundamento en dos referencias de Lucas donde aparece explícitamente la expresión: Hch 16,6 y 18,23 (τὴν Φρυγίαν καὶ Γαλατικὴν χώραν). En éstas, no se presta tanta

---

[31] Cf. F. GRAF, «Kleinasien», *DNP*, VI, 151.

[32] Cf. R. FABRIS, *Paolo, l'apostolo delle genti*, 193-204; J.A. FITZMYER, *Acts of the Apostles*, 133-141.

[33] Mayoritariamente dicha comunidad se concibe compuesta de gentiles, sin la presencia judía. Cf. T.J. BAUER, *Paulus*, 167.

[34] Esto hacía avanzar Gál al primer viaje misionero, ya que según Lucas fue entonces cuando visitó la región gálata (cf. Hch 13–14). De este modo, no sólo se revisaba la cronología de Gál, sino también toda la vida paulina, tal como clásicamente se había consolidado.

[35] Cf. P.T. TANTIONO, *Speaking the Truth in Christ*, 26-27; J.A. FITZMYER, «Galatians», *NBJC*, 781.

atención a la actividad misionera del Apóstol en dichas regiones, sino que propone la salida desde Listra para seguir hacia el oeste y evangelizar la provincia romana de Asia. Ante la imposibilidad de realizar el Apóstol su idea, se dirige al norte por Frigia y Galacia. Parece ser que éste predicó allí la palabra cristiana de la salvación, ya que en su tercer viaje (cf. Hch 18,23) se habla de que fortaleció la fe de quienes allí estaban[36].

Por su lado, la hipótesis meridional se apoya más bien en el primer viaje misionero (cf. Hch 13,13–14,27), donde no aparece el término pero sí el nombre de las regiones que pertenecían a dicha provincia romana. Además, cita el nombre de algunas ciudades concretas, entre las que destaca Antioquía de Pisidia. Todo ello viene apoyado por la geografía histórica del siglo I d.C., con lo que tomaría más relevancia la posibilidad de que Pablo se dirige a este sector de Galacia. Como podemos constatar, ambas hipótesis obedecen a diversos textos de Hechos, pero con una opción hermenéutica diferente[37].

b) *Evaluación crítica*

Una visión inicial desde la arqueología y la documentación histórica reciente aboga por la opción meridional. Sin embargo Lucas y su geografía cotejada con Pablo nos revelan poca información para poder pronunciar con autoridad una decisión definitiva. Mantenemos que el argumento étnico tiene mayor peso, es decir, la referencia a las tribus gálatas se hallaban en el norte. En efecto, el uso de Galacia en tiempos paulinos era a modo de concepto político pero también etnográfico. Esto no era fácil de olvidar, como lo demuestra la producción literaria clásica al respecto y la situación beligerante que sostuvo la región. Ciertamente, el Apóstol de los gentiles usa esta nomenclatura, que tenía dos acepciones (política y étnica). El peso étnico sobre el político se apoya también en el hecho de que Galacia era una unidad política de reciente creación, una solución jurídico-administrativa. Ésta, en su interior, albergaba muchas realidades étnicas[38], cada una de las cuales con su lengua propia y su cultura, lo cual hacía difícil la cohesión.

---

[36] Cf. A. VANHOYE, *Lettera ai Galati*, 21.

[37] Sobre el valor hermenéutico de Hch que menciamos a tenor de este dato: cf. A. VANHOYE, *Lettera ai Galati*, 20-21

[38] Aunque no imposible, ciertamente, como lo demuestra un argumento *a fortiori*, que ya hemos delineado anteriormente: Jerónimo habla en su comentario a esta carta sobre el fenómeno del dialecto gálata aún vigente. Este, en tiempos de san Pablo hubo supuesto una dificultad aún mayor para comunicarse con los habitantes de la región.

No es impensable la visita al norte en su retorno del primer viaje. Es probable, aunque esto lo encontramos una solución de compromiso, porque será en el tercer viaje descrito por Lucas, cuando Pablo pasa por el norte de Galacia y Frigia para ir a Éfeso. Opinamos que se debe preferir, con bastante mayor probabilidad, la hipótesis septentrional. En efecto, dicha región de Galacia del Norte contó con una carretera principal que unía las valles de Licus y del Meandro y que facilitaba las comunicaciones[39].

1.2.3 Ocasión de la carta

Gálatas habla de una oposición contra Pablo cercana e insistente. El Apóstol está en uno de sus viajes misionales y ha surgido un problema urgente que deja intranquila a la iglesia madre. La presencia judía de Antioquía es muy fuerte y con un talante marcadamente proselitista[40]. Pablo, después de la asamblea de Jerusalén, ha potenciado el ingreso de gentiles a la comunión eclesial, lo que provoca dificultades entre los judeocristianos en la capital religiosa. Con Primera Tesalonicenses[41] el Tarsiota resolvió las dificultades que fueron surgiendo en las iglesias fundadas por él y que en su ausencia reclamaron una respuesta. De este modo pretendió evitar que se separasen de la unidad eclesial que él siempre buscó. En Galacia la problemática fue sensiblemente otra.

a) *Reproponer el Evangelio en Galacia*

Generalmente se define la situación difícil de Galacia como el peligro de un inminente giro al judeocristianismo que prescindía de las decisiones de Jerusalén con respecto a los cristianos de origen gentil. El autor articuló una respuesta triple.

En primer lugar, Pablo se extiende en puntos de su biografía personal con una intención epidíctica (cf. Gál 1,13-15; 2,1-11; 4,13-14): les vuelve a formular el Evangelio, pero por medio de una carta, la cual le hace presente virtualmente en medio de los fieles. En segundo lugar, se

---

[39] Cf. F.F. BRUCE, *Galatians*, 13; F.J. MATERA, *Galatians*, 26; S.N. BRODEUR, *Il cuore di Paolo*, I, 164. Pace S. LÉGASSE, *Paul Apôtre*, 184, que lo ubica en Macedonia, durante el tercer viaje.

[40] Cf. M. GOODMAN, «Proselytising in Rabbinic Judaism», 175-185; R. RIESNER, *Die Frühzeit des Apostels Paulus*, 276.

[41] La primera experiencia epistolar que nos consta es la 1Tes, escrita el año 51, cuando se encuentra en Corinto para dar indicaciones sobre puntos de escatología cristiana que empiezan a malinterpretarse. En cuanto a fecha y composición de 1Tes, cf. R.E. BROWN, *Introduction*, 457-459; S.N. BRODEUR, *Il cuore di Paolo*, I, 120-122.

dirige a las objeciones que le lanzan los adversarios citando el Antiguo Testamento, concretamente la relación de la Alianza con Abrahán (cf. Gál 3,6-29; 4,21-31). En tercer lugar, finalmente, ofrece una eclesiología escatológica con fuerte acento parenético.

En cuanto a la intención teológica, cabe indicar que más allá de la coyuntura sociológica de la presencia de agitadores, el Apóstol clarifica la centralidad del anuncio de Jesucristo crucificado que trae a los fieles una libertad irreductible (cf. Gál 1,4-5; 2,19-21; 3,1-3; 6,14)[42]. Por esto mismo, la temática central de Gálatas gira entorno a la verdadera libertad de los fieles en Cristo (cf. Gál 2,7-12; 5,4-6.11; 6,15), y no entorno a la circuncisión, aunque obviamente la incluya. En efecto, los opositores de Pablo ven necesario completar la fe cristiana, porque ella sola no bastaría para recibir la justicia salvadora de Dios. Sería necesario cumplir el precepto de Dios dirigido a Abrahán para ser heredero suyo, vinculándose al Pueblo de la Alianza (cf. Gn 17; Ex 24,3-8).

En cuanto a la intención eclesiológica, señalamos que la temática aparece explícitamente sólo al final de la carta y de modo agolpado, simplemente enunciado y sin desarrollar (cf. Gál 6,16). Pablo no muestra interés en conocer a sus opositores, más bien desea resolver la cuestión de fondo: se está rasgando la comunión interna entre las iglesias de origen paulino, y por ende, con la Gran Iglesia. Si bien se ha estudiado la posible identidad de los mismos, también en ésta debe reinar la cautela, como en el resto de temáticas de esta carta. Ahora bien, de la lectura de Gálatas se puede inferir, sin ejercer mucha violencia hermenéutica al texto, que Pablo mantiene contactos con Cefas, figura más representativa y más autorizada de la comunidad de Jerusalén. También cita a Santiago, hermano del Señor, y a Juan[43], dejando entrever la intención netamente eclesiológica de Pablo al redactar esta carta.

En lo que se refiere a la intención apologético-ministerial, Pablo se encuentra ausente porque está realizando su tercer viaje misionero. Ya hizo la primera visita evangelizadora, quizá seguida de una segunda (cf. Gál 4,13). Pero rápidamente han surgido agitaciones contra él (cf. Gál 1,6), de las que debe defenderse. Éste sería uno de los motivos inmediatos de la carta, ya que se ve forzado a legitimar su autoridad apostólica y a proteger las consecuencias del Evangelio, marcando distancia, e in-

---

[42] Cf. J.-N. ALETTI, «Où en sont les études?», 343-348.

[43] R. Fabris propone que puede servir esta referencia de indicio de que los adversarios paulinos se apoyaban en estos miembros insignes de la Iglesia jerosolimitana para atacar a Pablo. Cf. ID., *Paolo, l'apostolo delle genti*, 333.

cluso independencia, de la praxis judía[44]. De todos modos, destaca la sobriedad, ciertamente dura, con que describe a sus opositores. No se preocupa tanto de su propia persona frente a ellos, aunque emplee recursos retóricos de autoelogio. El interés por la identidad de los agitadores es meramente exegética, crítica, pero no apostólica. Las imágenes confeccionadas demasiado rápidamente pueden desdibujar el mensaje paulino de Gálatas y también la eventual identidad de los agitadores. De hecho, no es una tema que esté clarificado y haya consenso[45]. Se tiende a identificarlos como un grupo de misioneros judeocristianos que anuncian un Evangelio con fundamentos diversos al del Tarsiota, interpretado por éste como taxativamente contrario a su mensaje. Y ya que todavía no ha cuajado en las iglesias gálatas dicha alternativa, procura dar con rapidez y contundencia su respuesta[46].

b) *Los opositores a la verdad del Evangelio*

Antes de iniciar la sección, cabe recordar la cautela que A. Pitta levanta a la hora de buscar identidades sobre los opositores del Apóstol, ya que está el peligro de aplicar ideas sobreañadidas a lo que realmente Pablo deseó comunicar. Igualmente se debe precaver sobre una reconstrucción sociológica que la crítica ha realizado recientemente, porque en definitiva no se conservan los pensamientos de los adversarios del Apóstol ni documental ni directamente. Simplemente se pueden deducir las cosas de lo que el mismo Pablo deja traslucir, con lo que ello conlleva de deformación debido a la polémica y la apologética[47].

Un primer aspecto importante que se debe tratar son los datos relevantes en Gálatas sobre su identidad. No nos ha llegado con claridad la identidad de los opositores de Pablo, ni los de Galacia ni los de Corinto. El Apóstol siempre habla de ellos en tercera persona, provocando dos reacciones: dibujar una caricatura de los mismos con quien poder dis-

---

[44] Pablo defiende el apostolado realizado en sus primeros años (cf. Gál 1,10–2,14), tanto su independencia apostólica, como su doctrina como sus acciones en ese espacio de tiempo. Cf. J. CAMBIER, «Paul», *DBSup*, VII, 293.

[45] Las posturas son muy variadas en el detalle. Evitamos prolijas explicaciones, reconduciéndonos a la simplicidad con que Pablo en Gál aborda dicha cuestión. Destacamos dos elencos interesantes y complementarios sobre las diversas posturas: cf. F. MUSSNER, *Der Galaterbrief*, 14-24; T.J. BAUER, *Paulus*, 181-192.

[46] El contenido de Gál es de fácil comprensión para quien conoce el judaísmo posexílico. Con todo, faltan pruebas definitivas Cf. T.J. BAUER, *Paulus*, 192; A.M. BUSCEMI, *Lettera ai Galati*, XVII-XXI; J. MURPHY-O'CONNOR, *Keys to Galatians*, 13-14.

[47] Cf. R. FABRIS, *Paolo, l'apostolo delle genti*, 329; A. PITTA, *Lettera ai Galati*, 50-55.

cutir por medio de diatribas y entrever que él tampoco conoce personalmente a los agitadores. En efecto, de Gál 2,11-21 se intuye que hubo un cierto unilateralismo por parte de sus oponentes que menoscababa la autoridad de Pablo. Ahora bien, el mismo Pablo de Tarso expone de modo uniforme y anónimo la identidad de sus oponentes, poniéndolos como mentirosos (cf. Gál 4,17; 5,12-13); acusándolos de ser discípulos del error por sostener doctrinas erróneas (cf. Gál 2,11.13) y condenándolos a la maldición (cf. Gál 1,6-9)[48].

El primer punto para identificar la oposición al evangelio paulino es el *Sitz im Leben* de Galacia. En efecto, Pablo entiende que la presencia cristiana se debe leer en la historia en continuidad con el judaísmo pero sin evitar la radical novedad que supone. Nos hallamos ante el reto de entender las relaciones entre judeocristianos con los de origen gentil[49].

El segundo punto es el recurso al πάθος argumental, que impide que podamos tener una idea serena y objetiva de su identidad[50]. La aparición de los agitadores en este escrito es un reflejo a partir del cual debemos obtener más información. De este modo, en Gál 1,6.7.9 aparecen descritos por primera vez como aquellos que turban a las comunidades y quieren cambiar el Evangelio de Cristo, a lo que se opone Pablo de manera expeditiva. Vuelven a ser objeto de comentario en Gál 4,17, al advertir éste de su engaño. De manera más profusa, aparecen en Gál 5 descritos como persuasivos obstaculizadores de la obediencia a la verdad (cf. Gál 5,7-8), fermento que corrompe la masa del pan ázimo (cf. Gál 5,9), reos de juicio (cf. Gál 5,10), conturbadores invitados a la automutilación (cf. Gál 5,12). Finalmente ya en el *postscriptum* (cf. Gál 6,11-18) vienen mencionados en dos ocasiones denominados como quienes quieren complacer a la carne (cf. Gál 6,12a), que obligan a la circuncisión (cf. Gál 6,12b) pero que no cumplen la ley, aun siendo circuncisos (cf. Gál 6,13)[51].

---

[48] Cf. J. BECKER, *Paulus. Der Apostel der Völker*, 174-175.

[49] G.M. Sass concibe esta cuestión como *Grundthema* de toda la carta a la luz de Gál 2,15-21, bajo la clave de justificación desde la fe y no por las obras de la ley. Cf. G.M. SASS, *Leben aus den Verheißungen*, 271.

[50] Cf. A. PITTA, *Lettera ai Galati*, 52.

[51] Dejamos anotado a pie de página un elemento sociohistórico a tener en cuenta: nos hallamos muy cerca del inicio de la I Guerra Judía (66–70 d.C.) y hubo campañas celotas que tomaban como punto de referencia el ejemplo bíblico de Fineas y el de los Macabeos (cf. Nm 25,6-13; 1Mac 3,8). Además, Pablo estaría bajo atento estudio por el peligro que suponía a las aspiraciones celosas de una lectura unilateral e intransigente del monoteísmo judío inmediatamente posmacabeo. Cf. R. JEWETT, «The Agitators», 340-342.

Otro aspecto importante consiste en la identificación de la actividad de los opositores. A partir de la información de Gálatas, la imagen que generalmente se ofrece de ellos es la de unos miembros que presentan una enmienda substancial al Evangelio paulino, porque proponen una doctrina legalista de corte judaizante. Parece desprenderse del texto que usan dos argumentos: primero, la desautorización de Pablo como apóstol autorizado de Jesucristo (cf. Gál 1,1-5), y segundo, la necesidad de seguir las prescripciones mosaicas para ser plenamente cristianos, como son: la circuncisión (cf. Gál 5,12; 6,12), el calendario litúrgico judío (cf. Gál 4,10), la pureza ritual y los requisitos morales antes de compartir la mesa (cf. Gál 2,11-21). De este modo, el acento lo ponen en el cumplimiento de estos mandatos recogidos en la Torá[52].

Finalmente, si se pretende una reconstrucción hipotética de su doctrina, cabe indicar que el problema coyuntural que hace brotar la carta es la obligatoriedad de la circuncisión[53]. En el *postscriptum* autógrafo, Pablo denuncia el oportunismo táctico de sus adversarios, ya que él se encuentra ausente y ellos aprovechan para oponerse a la «verdad» de su «Evangelio». Él propone doctrinalmente la centralidad de Jesucristo crucificado en toda su predicación apostólica a los gentiles y la consecuencia soteriológica de este evento, a saber: una nueva actividad creadora por Cristo de parte de Dios (cf. Gál 6,11-12.15-16)[54]. Probablemente la autoridad apostólica paulina ha sido criticada y denostada por los agitadores[55], porque presenta la fe de Jesucristo con una libertad es-

---

[52] La doctrina refleja ciertamente un conocimiento de la Torá que en Galacia del N no se daba supuestamente, ya que no consta de la existencia de sinagogas. El envío de misioneros judaizantes por parte de Antioquía en Orontes (o de Siria) en el 52 d.C. a la región y la caracterización reciente que de ellos hace J. Murphy-O'Connor es tan atractiva cuan aventurada. G.M. Sass es más comedido, limitándose a recoger las opiniones de estudiosos previos a él, tomando la propuesta mayoritaria. Con todo, compartimos una vez más la cautela de A. Pitta sobre el empleo del *mirror reading* y de una sociología neotestamentaria, que han tendido más bien a interpretar la carta en clave de oposición entre judaísmo y cristianismo incipiente. Para considerar ventajas y limitaciones: cf. A. PITTA, *Lettera ai Galati*, 50-51.298-300; G.M. SASS, *Leben aus den Verheißungen*, 269; F.J. MATERA, *Galatians*, 6-7; P.C. ONWUKA, *The Law*, 28; V.P. FURNISH, «Galatians», 826-833. Pace J. MURPHY-O'CONNOR, *Keys to Galatians*, 13-14.

[53] Cf. R. FABRIS, *Paolo, l'apostolo delle genti*, 336.

[54] Sobre la opinión de que el autógrafo se extiende a todo Gál 6,11-18, cf. R. FABRIS, *Paolo, l'apostolo delle genti*, 340.

[55] Por este motivo, Pablo usa de una insistente recurrencia a los momentos autobiográficos más significativos de su vida cristiana, incluidas su relación con Cefas y con las demás columnas de la Iglesia (cf. Gál 2,9). La verdad del Evangelio y el ca-

piritual a consecuencia de la misma, y que fundamenta toda la actividad moral del creyente en Jesús. La gracia es la iniciativa salvífica de Dios realizada por la cruz de Jesucristo, que tiene como primicia y sello la presencia del Espíritu Santo, y actúa en el Apóstol mismo (cf. Gál 2,19-21). Esto lleva a la consecuencia necesaria de que la circuncisión ya no tiene validez soteriológica, sobre todo para el gentil[56].

A modo de síntesis, proponemos los tres puntos doctrinales que contrapondrían los adversarios paulinos. Primero, minan la legitimidad de Pablo. Segundo, insisten en la reglamentación religiosa mosaica que precisamente el Apóstol omitió por el principio teológico de la novedad del evento Cristo en los fieles y por el principio eclesiológico de la decisión tomada en Jerusalén. Tercero y último, acusan al autor apostólico de oportunismo, porque permitió una vez la circuncisión (cf. Gál 5,11), acusando su incoherencia aleatoria sobre esta cuestión[57].

1.3 Dispositio *de Gálatas*

El análisis retórico-literario trabajado por A. Pitta[58] prioriza la *dispositio* de Gálatas para deducir de modo mucho más adecuado y objetivo el *genus rhetoricum*, según los cánones de la retórica clásica. Pretende resolver una problemática con respecto al diálogo entre el género del discurso[59] y la *dispositio* del mismo. Esta problemática nace del *rhetorical criticism*[60], modelo hermenéutico cuyo presupuesto, precisamente, consiste en la prioridad de hallar el género de discurso antes que la *dispositio* apropiada para dicho *genus*. Ello provocó que, al apli-

---

rácter apostólico del Apóstol provienen de Jesucristo resucitado, que le ha elegido a modo profético (cf. Gál 1,15; Jr 1,5-10; LXX Is 49,1). Para más detalles de la relación veterotestamentaria con Gál 1,15, cf. A. PITTA, *Lettera ai Galati*, 94.

[56] Será en Rom 11,28-32.33-36 cuando extienda esta verdad de fe sobre todo el pueblo de Israel. Cf. R. PENNA, *Lettera ai Romani*, 782.

[57] Debido al uso generoso del *mirror reading*, dejamos a nota la información contenutística que J. Murphy-O'Connor nos indica al respecto: los opositores insisten en un monoteísmo donde no se acentúa a Jesucristo, partiendo más bien de Abrahán, cuya alianza con Dios jamás queda inválida, y se concreta en la circuncisión y las fiestas religiosas. La promesa de bendición universal desde Abrahán conduce a Jesucristo, como en Pablo, pero sólo a modo indicativo, ya que lo importante para los gentiles, según los opositores, es vivir conforme a Abrahán, concretado en la ley y sus minuciosos preceptos. Cf. ID., *Paul: His Story*, 131-133.

[58] Cf. A. PITTA, *Disposizione*, 41; J.A. FITZMYER, *Biblical Commission's Document*, 53-58.

[59] Cf. A. PITTA, *Disposizione*, 43-52.

[60] Cf. A. PITTA, *Disposizione*, 13-41; ID., *Lettera ai Galati*, 36.

carse a la carta a los Gálatas, se diesen diversos esquemas con cierta tendencia a incluirla en un esquema retórico preestablecido[61].

A. Pitta propone otro principio hermenéutico[62]: partir del texto para llegar al mensaje que el Misionero de Tarso desea comunicar a las comu-nidades de Galacia. La comunicación que el Apóstol quiere establecer con Galacia se fundamenta en un dinamismo que implica intrínsecamente a autor, texto e iglesias destinatarias[63]. En el estado actual en que nos encontramos, no podemos tener acceso inmediato a Pablo y a las iglesias gálatas[64].

La *dispositio* clásica grecorromana de una carta ha producido, y continúa haciéndolo, mucha literatura exegética[65]. A grandes rasgos, el género epistolar, en cuanto género retórico y en cuanto recurso, presenta tres grandes elementos: un prólogo, seguido del cuerpo del escrito y un *postscriptum* que clausura la carta[66]. El prólogo introduce los elementos que dan comienzo a la carta, como son el *praescriptum* y el *exordium*[67] y la *propositio*, presentación de la tesis general de la misma[68]. La dinámica de la tesis pide ser explicada, aclarada y justificada[69], lo cual se hace en el cuerpo del escrito y se clausura recogiendo sus ideas fudamentales, al final de la misma.

La composición básica de Gálatas es la retórico-epistolar. Como decíamos, presenta una parte introductiva (cf. Gál 1,1-12) compuesta de dos grande partes, el *praescriptum* (cf. Gál 1,1-5) y el *exordium* (cf. Gál 1,6-12), que recoge la *propositio* de la tesis general (cf. Gál 1,11-

---

[61] Cf. A. PITTA, *Disposizione*, 41.
[62] Cf. A. PITTA, *Disposizione*, 41.
[63] Cf. A. PITTA, *Lettera ai Galati*, 35.
[64] Varios exegetas ya han trabajado en esta línea aunque en otros ámbitos de la literatura neotestamentaria: U. Vanni ha comentado la necesidad del respeto al texto no sólo a nivel crítico sino también a nivel literario. A. Vanhoye también ha desarrollado esta perspectiva de una atención prioritaria al texto para evitar imponer moldes previos al mismo. De escuela evangélica alemana tenemos a G.M. Sass quien en 1995 asumió con H.D. Betz el *Rhetorical Criticism*, pero sin las aportaciones que A. Pitta realizará posteriormente. En cambio, lo ha asumido aunque con sus particularidades el exegeta franciscano A.M. Buscemi. Cf. U. VANNI, *La struttura*, 2; A. VANHOYE, «La composition», 79. Cf. ID., *La structure*, 16; G.M. SASS, *Leben aus den Verheißungen*, 269-272; A.M. BUSCEMI, *Lettera ai Galati*, XXIV-XXV.
[65] Cf. A. PITTA, *Lettera ai Galati*, 37; S.N. BRODEUR, *Il cuore di Paolo*, I, 34-36.
[66] Sobre los *epistolaria* y la tipología propia del género epistolar: cf. A. PITTA, *Lettera ai Filippesi*, 28; F. BIANCHINI, *Lettera ai Filippesi*, 10-12.
[67] Sobre la naturaleza retórica, los géneros y sus *partes*: cf. Lausberg, §§ 263-288.
[68] Cf. Lausberg, § 289.
[69] Cf. J.-N. ALETTI, *Comment Dieu est-il juste?*, 36.

12). Esta sección epistolar presenta paralelos importantes con el *postscriptum* (cf. Gál 6,11-18) por medio de paralelismos temáticos, que sintetizan los puntos iniciados del *exordium* epistolar[70].

El cuerpo del escrito se desarrolla en cuatro *probationes*[71]. La primera (cf. Gál 1,13–2,21) expone de manera sucinta su propia relación con el Evangelio, que es el centro de interés de toda la carta. En vez de empezar con una presentación de contenidos teológico-doctrinales, inicia con una «incongruencia», a saber: una amplia sección diegética, a través de una selección de escenas de su vida. De este modo manifiesta el origen divino de su predicación apostólica y su oficio apostólico[72]. La segunda argumentación (cf. Gál 3,1–4,7) consta de diversos géneros y registros argumentativos, que organizan la sección en una triple subdivisión: apóstrofe de reprobación (cf. Gál 3,1-5), una subsección protréptica argumentativa (cf. Gál 3,6-29) y finalmente un epílogo de esta sección retórica (cf. Gál 4,1-7)[73]. La *propositio* referente a esta sección se lee en Gál 3,6-7 donde cita LXX Gn 15,6 y afirma que la filiación abrahámica se realiza en los creyentes, gracias a su fe (οἱ ἐκ πίστεως, οὗτοι υἱοί εἰσιν Ἀβραάμ). Se manifiesta de modo claro la doble cultura judeo-helénica de Pablo con el uso del género midrásico (cf. Gál 3,6-14)[74], la jurídico-testamentaria (cf. Gál 3,15-18; 4,1-7) y la diatriba (cf. Gál 3,19-22)[75]. La tercera demostración (cf. Gál 4,8–5,12) también presenta una variedad de registros sin presencia de tesis de sección. Utiliza como eje central un midrás sobre la doble filiación en Sara y Agar para afirmar la absoluta incompatibilidad que se da entre el uso religioso de

---

[70] Cf. M. RASTOIN, *Tarse et Jérusalem*, 34-40.

[71] Cf. A. PITTA, *Lettera ai Galati*, 85-389, *pace* M. RASTOIN, *Tarse et Jérusalem*, 41.

[72] Cf. A. PITTA, *Lettera ai Galati*, 85-95, *pace* G.M. SASS, *Leben aus den Verheißungen*, 270-271. Este último interpreta Gál 1,12–2,14 como *narratio* y Gál 2,15-21 como «*propositio* mayor».

[73] *Pace* G.M. Sass y R.N. Longenecker, que seccionan nuestra *probatio* III en Gál 4,11, apoyándose en el cambio de número gramatical de los pronombres y verbos. Cf. G.M. SASS, *Leben aus den Verheißungen*, 271; R.N. LONGENECKER, *Galatians*, cxi. 184.

[74] Esta técnica está al inicio de la literatura rabínica y se refiere a la interpretación que éstos hacían de la Escritura. Progresivamente fueron desarrollando y fijando normas hermenéuticas de modo explícito. Puede tener un sentido verdadero y propio, o bien uno lato, que consiste en una interpretación de cualquier texto sacro. Su rasgo fundamental es el "versocentrismo" y su interés es filológico. Cf. B.L. VISOTZKY, «Midrash», *NIDB*, IV,81; C. BAKHOS, «Midrash, Midrashim», *DEJ*, 945.

[75] Para percibir el interés que tiene este uso retórico de la diatriba por su potencialidad de formar éticamente la conciencia del auditorio y su relación con los géneros retóricos, cf. A. PITTA, *Disposizione*, 69-77.

la circuncisión y la libertad del Espíritu adquirida en Cristo Jesús. Para ello hay que recurrir a un acceso narratológico además de a otro retórico, que parece más descuidado en esta sección que en los demás, pero sólo si lo comparamos con el canon retórico-literario[76]. Aparecen los agitadores de las iglesias gálatas de nuevo para lanzar condenas y acusaciones por su mala actuación misionera[77]. Finalmente la última *probatio* es de carácter exhortativo o paraclético (cf. Gál 5,13–6,10) cuyo contenido es eminentemente ético. Se ordena en dos subdivisiones: una apóstrofe (cf. Gál 5,13-15) seguida de una protrepsis. A nivel retórico, presenta como rasgos peculiares la ausencia de una *peroratio* —en parte porque está a punto de venir la «*peroratio* mayor»— y también el predominio del argumento lógico, no tanto afectivo, con un uso kerigmático. Su «*propositio* menor» se identifica con Gál 5,16 donde afirma la prioridad de caminar en el Espíritu (πνεύματι περιπατεῖτε) y no realizar el deseo de la carne (καὶ ἐπιθυμίαν σαρκὸς οὐ μὴ τελέσητε)[78].

Finalmente se da la «*peroratio* mayor» (cf. Gál 6,11-18) donde se firma la carta manualmente por el mismo Apóstol[79]. Aquí simplemente acumula la autentificación y la bendición final, teniendo puntos de contacto retóricos con el resto de *perorationes* distribuidas en el cuerpo del escrito, y principalmente con el *exordium*. A nivel de contenido, se percibe la importancia de la aproximación apocalíptica paulina, donde lo importante es proceder conforme a la regla de la nueva creación, relativizándose la circuncisión y la incircuncisión[80].

1.3.1 Prólogo (cf. Gál 1,1-12)

a) Praescriptum *(cf. Gál 1,1-5)*

Pablo de Tarso sigue los cánones básicos de la epistolografía clásica, presentando una estructura bimembre: *titulatio* (cf. Gál 1,1-2) y la *salutatio* (cf. Gál 1,3-5). A su vez la *titulatio* se compone de la *superscriptio* (cf. Gál 1,1-2a) y de la *adscriptio* (cf. Gál 1,2b). La perícopa se fija con

---

[76] «La seconde [partie] (Gal 4,8–5,12) a una apparéance moins soignée et combine des arguments qui jouent alternativement sur l'éthos, le pathos (surtout 4,8-20) et le logos (surtout 4,21-31)» (M. RASTOIN, *Tarse et Jérusalem*, 42).

[77] Cf. A. PITTA, *Lettera ai Galati*, 247-250.

[78] Cf. A. PITTA, *Lettera ai Galati*, 319-324.

[79] Pablo prolonga la conclusión, que habitualmente era una mera despedida, incluyendo algunos elementos característicos suyos, acumulando envío de saludos de los cristianos del lugar desde donde él escribe; bendiciones en el Señor y el saludo con el beso santo y la bendición final. Cf. A. PITTA, *Lettera ai Galati*, 392.

[80] Cf. A. PITTA, *Lettera ai Galati*, 391-395.

bastante facilidad. El *incipit* de la carta es ya un límite obvio: se empieza enunciando al autor de la misma (cf. Gál 1,1a), seguido de una antítesis proléptica. Por otro lado, la conclusión doxológica εἰς τοὺς αἰῶνας τῶν αἰώνων, ἀμήν (cf. Gál 1,5b) da los límites de esta perícopa de un modo claro y sin discusiones exegéticas. Con el uso del verbo en primera persona θαυμάζω (cf. Gál 1,6a) empieza una nueva perícopa[81].

Pablo ha introducido cuatro elementos de orden persuasivo, que hacen referencia al ἔθος del remitente: una antítesis en la *superscriptio* (cf. Gál 1,1bc), una hipérbole en la *adscriptio* (cf. Gál 1,2b), un paralelismo y una doxología final en la *salutatio* (cf. Gál 1,3b-5). La antítesis desarrolla contenutísticamente el carácter no antropológico sino teológico-cristológico de su apostolado.

La función retórica de esta inserción en la primera sección del prescrito es claramente proléptica ya que toda esta información desarrolla quién es el remitente de la carta, el apóstol Pablo, para que los verdaderos remitentes de la misma, las iglesias de Galacia, conozcan mejor quién es el autor de este mensaje. Los adversarios todavía no han entrado en juego, al menos desde la perspectiva retórica. Aunque todo el escrito va dirigido a las iglesias de Galacia, la finalidad también es claramente combativa, aunque no exclusivamente. En efecto, el Tarsiota busca acabar con la rápida desviación que ha detectado en la región gálata. Y ello no se puede obviar.

b) «Exordium *mayor*» *(cf. Gál 1,6-10)*

El uso del presente marca el ritmo de toda la perícopa[82], manifestando que la intención del apóstol es epidíctica, no jurídico-forense[83]. El elemento que cabe esperar en esta sección es el agradecimiento a

---

[81] Cf. J.L. MARTYN, *Galatians*, 106.

[82] Cf. A. VANHOYE, *Lettera ai Galati*, 37. Notamos cómo en 1,11-12 el peso preponderante lo tiene el aoristo y el imperfecto.

[83] El género epidíctico se apoya sobre el tiempo verbal de presente y sus ejes cardinales son la ética y la educación. Para la retórica latina, incluso puede llegar a mover a imitación o emulación de las virtudes del remitente. Otro elemento complementario es que el modelo retórico-literario no tiene como objeto fundamental la búsqueda del rigor histórico de las escenas narradas o los argumentos expuestos, aunque en A. Vanhoye tenemos expuestas dos posibles acusaciones realizadas contra Pablo y a las cuales el Apóstol mismo responde con la gravedad y dureza de los anatemas. Por eso nos sorprende que J.-P. Lémonon afirme que «cette épître n'a pas un but apologétique; l'Apôtre y célèbre plutôt la vérité de son Évangile, don de Dieu, et la fidélité à celui-ci» (ID., *L'épître aux Galates*, 62). Cf. A. PITTA, *Disposizione*, 49-52.88; ID., *Lettera ai Galati*, 73; A. VANHOYE, *Lettera ai Galati*, 38-39.

Dios por la fe de la comunidad[84]. Sin embargo, Pablo procede de modo diverso: ha amplificado la sección mediante el género πάθος, omitiendo la *captatio benevolentiae* por la violencia retórica que despiden los tropos que utiliza en este exordio.

El primer tropo es el apóstrofe[85], seguido de la *correctio*[86]. El objeto central de toda la carta es exponer τὸ εὐαγγέλιον τοῦ Χριστοῦ (Gál 1,7c). De este modo el Tarsiota desplaza el mensaje que los predicadores ajenos han inoculado en la comunidad (τινές εἰσιν οἱ ταράσσοντες ὑμᾶς καὶ θέλοντες μεταστρέψαι τὸ εὐαγγέλιον τοῦ Χριστοῦ) a través de expresiones muy duras que no dejan lugar a perplejidades[87]. Otro tropo es la *commoratio*[88], en virtud del cual repite la expresión con una introducción que no deja lugar a dudas (cf. Gál 1,9a), y de la que destacamos las dos *interrogationes* retóricas (cf. Gál 1,10)[89]. La primera clarifica la intención de Pablo de no persuadir a los hombres por medio de diplomacias, mientras que la segunda lo presenta como siervo de Cristo[90].

c) «Propositio *mayor*» *(Gál 1,11-12)*

Estos dos versículos vienen considerados una unidad interna, ya que el verbo γνωρίζω, seguido de un γάρ posclítico y un dativo enfatizado

---

[84] Cf. Rom 1,8-15; 1Cor 1,4-9; 2Cor 1,3-7; Flp 1,3-11; 1Tes 1,2-10; Flm 4-7. Cf. A. PITTA, *Disposizione*, 86-87.

[85] El apóstrofe o *aversio* pretende dar un giro imprevisto al discurso dirigiéndose con vivacidad y contundencia al auditorio. De este modo se pretende suscitar πάθος reclamando al auditorio a implicarse emocionalmente en el contenido del discurso. En el caso concreto de Gál, se desenvuelve en dos subgéneros: la execración que concluye con dos obsecraciones de regusto judaico, el ἀνάθεμα, en dos ocasiones contiguas (cf. Gál 1,8.9). Sobre la naturaleza de este expediente retórico: cf. Lausberg, § 762; Mortara Garavelli, 268-269. A. Pitta aplica este tropo a Gál: cf. ID., *Disposizione*, 87.

[86] Cf. A. PITTA, *Disposizione*, 88.

[87] Esto lo demuestra el empleo del ἀδύνατον en Gál 1,8. Sobre la definición de esta figura retórica: cf. Mortara Garavelli, 181. Su aplicación a Gál, la encontramos en: cf. A. PITTA, *Disposizione*, 88.

[88] Cf. A. PITTA, *Disposizione*, 88.

[89] No pretende conseguir información nueva u oculta al autor del discurso retórico, sino que pretende afianzar ideas que considera importantes o esenciales. Cf. A. PITTA, *Disposizione*, 88.

[90] Esta segunda necesita de un añadido que, sin ser propiamente *interrogatio* retórica, fija mejor el concepto que desea transmitir. Finalmente, nos parece interesante la aportación de algunos exegetas que perciben un paralelismo antitético entre Gál 1,7a y 1,9b con el juego del pronombre indefinido τις al plural y al singular, respectivamente. Para la definición de paralelismo antitético dentro de los niveles de composición. Cf. R. MEYNET, *Traité de rhétorique biblique*, 131-215; ID., *Lettre aux Galates*, 35.

con el vocativo ἀδελφοί, nos indica un inicio de período. En Gál 1,6 el inicio era menos articulado y ha servido para percibir la nueva perícopa. Aquí, con diversos elementos de alto contenido cristologizado, este verbo sirve de instrumento para incoar la nueva perícopa junto con el período ya indicado, la cual dura hasta Gál 1,12, ya que en Gál 1,13 comienza una narración con una cadencia en imperfecto de aoristo. Ésta, a su vez, contrasta con el imperfecto παρέλαβον, único verbo en forma finita junto a γνωρίζω.

Es un período breve con tres verbos en forma finita y que hacen una presentación general del escrito. Por medio de una proposición inferencial, revela Pablo la intención general de su escrito que ha ido preparando ya en los dos apartados anteriores: la centralidad del Evangelio predicado y enseñado por el Apóstol. Juega con dos figuras retóricas: una etiología (cf. Gál 1,11a) y una antítesis que se prolonga a lo largo de la perícopa (cf. Gál 1,11b-12), la cual hace referencia a la tradición apostólica como proveniente genuinamente de una revelación de Cristo, sin intervención humana[91].

1.3.2 *Probationes* (cf. Gál 1,13–6,10)

a) Probatio *I (cf. Gál 1,13–2,21)*

Nos hallamos ante una sección donde abunda el material autobiográfico con una aproximación narrativa[92]. La técnica retórica ya suponía e incluía el uso de pruebas históricas para ofrecer el propio argumento presentado en el exordio con la *propositio*[93]. En este caso, se compone de seis pasos con dos movimientos: uno narrativo (cf. Gál 1,13–2,14) y otro mimético (cf. Gál 2,15-21). El narrativo o diegético contiene cinco momentos de la vida de Pablo que se distinguen por elementos textuales internos que ayudan a la transición de un episodio al otro[94]: primero, narra la conducta de Pablo y la revelación cristológica (cf. Gál 1,13-17). A continuación presenta una primera subida a Jerusalén (cf. Gál 1,18-20) para proseguir con la descripción de su permanencia en Siria y Cilicia

---

[91] Sobre la incoherencia con 1Cor 11,13; 15,3 como meramente aparentes: cf. A. PITTA, *Lettera ai Galati*, 82.

[92] Cf. A. PITTA, *Disposizione*, 91; ID., *Lettera ai Galati*, 85; J.A. FITZMYER, *Biblical Commission's Document*, 59-63. Para la cuestión biográfica, cf. A. MOMIGLIANO, *The Development of Greek Biography*, 102-120.

[93] Con respecto a la naturaleza retórica de la *propositio*: cf. *Inst.* IV,2,7.11; VII,1,12. En lo referente a su aplicación a nuestra carta: cf. M. RASTOIN, *Tarse et Jérusalem*, 43; A. PITTA, *Lettera ai Galati*, 79-81.

[94] Cf. A. PITTA, *Lettera ai Galati*, 89-90.

(cf. Gál 1,21-24). Vuelve a haber un segundo ascenso a Jerusalén (cf. Gál 2,1-10) y finalmente describe el incidente en Antioquía (cf. Gál 2,1-14). La composición de estas cinco escenas paulinas es similar: con una indicación temporal (cf. Gál 1,13.18.21; 2,1.11), se desarrolla la narración en la que se interrelacionan mutuamente[95].

En segundo lugar está la mímesis, que se compone de tres partes. Por un lado está el enunciado y desarrollo de la fe en Cristo en forma concéntrica (cf. Gál 2,15-16). La segunda parte es una cuestión diatríbica que deriva del enunciado precedente (cf. Gál 2,17-20), y finalmente está la conclusión general (cf. Gál 2,21)[96]. Son numerosos los tropos que se encuentran en cada una de las subdivisiones de esta sección[97] y lugares retóricos[98].

b) Probatio II (cf. Gál 3,1–4,7)

Siguiendo el acercamiento retórico, se puede distinguir toda una *compositio* de carácter quiástico[99], con su centro en las dos diatribas que desarrolla la conexión de las «promesas de Dios» (cf. Gál 3,15-18) y su conexión con la Ley (cf. Gál 3,19-22)[100]. De todos modos, la centralidad lógica de la aproximación retórica en Gálatas consiste en percibir la «*propositio* menor», identificada en Gál 3,6-7: καθὼς Ἀβραὰμ ἐπίστευσεν τῷ θεῷ, καὶ ἐλογίσθη αὐτῷ εἰς δικαιοσύνην· Γινώσκετε ἄρα ὅτι οἱ ἐκ πίστεως, οὗτοι υἱοί εἰσιν Ἀβραάμ[101].

---

[95] Cf. A. PITTA, *Disposizione*, 90-95.

[96] Cf. A. PITTA, *Lettera ai Galati*, 140.

[97] Tenemos estructuras quiásticas, anacolutos, elipsis, generalizaciones y el empleo específico de la declinación para acentuar el aspecto ético del discurso. Como contrapunto, A.T. Robertson acentúa la relación entre el carácter paulino y la ruptura "retórica" de las normas sintácticas, precisamente en dos cartas, Gál y 2Cor. Cf. Robertson, 435; BDF 477 §2; 481.

[98] Hallamos el contraste en la primera narración. En la segunda emplea las πράξεις a modo de ejemplaridad. Se acentúa sobre todo el fin ejemplar que persigue Pablo (cf. Gál 2,1-10) donde hay más reclamo indirecto al auditorio para que lo tenga el modelo.

[99] A. Pitta no lo explicita pero se deduce de su descripción, que va en esta línea. Cf. A. PITTA, *Lettera ai Galati*, 232-233; G.M. SASS, *Leben aus den Verheißungen*, 273.

[100] *Pace* R. MEYNET, *Lettre aux Galates*, 113, que muestra la vinculación con la tierra. Ciertamente que el trasfondo judío relaciona ambos correlatos (a saber, tierra y promesa), pero en Gál no se habla de la tierra, sino de promesas en relación con el Espíritu (cf. Gál 3,14), de Dios (cf. Gál 3,21), o en relación con la descendencia abrahámica (cf. Gál 3,19) y sobre todo a la mediación de la fe cristológica (cf. Gál 3,22).

[101] G.M. Sass prolonga Gál 3,6-9, viendo una inclusión en Gál 3,6.9 y relacionándola con Gál 3,29 a modo de «erster Argumentationsschrift». Cf. ID., *Leben aus den Verheißungen*, 276-284.

Cabe remarcar, además, la insistencia en explicitar una vez más el aspecto teológico de la fe, es decir: que Abrahán creyó en Dios. Esta explicitación resulta interesante porque Pablo lo ha hecho ya en las secciones retóricas anteriores, e incluso dicha tendencia la han asumido, quizá implícitamente, los escribas cuando modifican el texto en una línea claramente explicitante de la dimensión teológica y cristológica de los fundamentos cristianos de la vida de fe. En efecto, la gracia es de Dios, las promesas también lo son, mientras que νόμος queda siempre sin enunciar su vinculación teológica, nunca se afirma directamente que sea «de Dios»[102]. Ahora bien, cuando se habla de la nueva dinámica obrada por Cristo en los fieles por medio de la fe, se habla de νόμος pero distinguiéndose por medio de la mención cristológica τὸν νόμον τοῦ Χριστοῦ (Gál 6,2)[103].

Vislumbramos, asimismo, cómo Gál 3,1-5, que se compone a modo de apóstrofe, cumpliendo la función introductoria de «*exordium* menor» de la *probatio* II. Introduce dicha sección y presenta conexiones con la análoga Gál 1,6-10[104]. Igualmente, a la luz de la «*propositio* menor» ya descrita, viene el desarrollo de la misma con el midrás sobre la fe de Abrahán y los beneficios divinos que le supusieron.

Otro elemento a tener en cuenta es el recurso judío la גזרה שוה[105], que, de modo prerrabínico y con un sentido amplio, Pablo utiliza en Gál 3,6-14[106]. En efecto, el Apóstol toma cinco autoridades bíblicas de la Torá y

---

[102] Cf. Gál 2,16.19.21; 3,2.5.10-13.17-19.21.23.24; 4,4.5.21; 5,3.4.14.18.23.

[103] Cf. A. PITTA, *Lettera ai Galati*, 378-379.

[104] Una de dichas conexiones es el género biográfico que subyace en sendas perícopas. Cf. J.-P. LÉMONON, *L'épître aux Galates*, 114.

[105] M. Rastoin lo desarrolla ampliamente aplicándolo a Pablo. A. Vanhoye simplemente lo enuncia con un sucinto: «secondo un uso rabbinico», mientras que A. Pitta lo estudia en vistas de descripción de una regla midrásica rabínica que dé razón de la organización de las citas veterotestamentarias y argumentos que de ésas se deducen. S.N. Brodeur ofrece el contexto en que Pablo vivía a nivel histórico-religioso y también a nivel de contacto de la sagrada Escritura, enumerando entre otros elementos esta misma regla midrásica. Para la nomenclatura, definición y estudio exhaustivo de la cuestión: cf. M. RASTOIN, *Tarse et Jérusalem*, 94-139. A. VANHOYE, *Lettera ai Galati*, 89; A. PITTA, *Lettera ai Galati*, 195-199; S.N. BRODEUR, *Il cuore di Paolo*, I, 68, n. 29; J.-P. LÉMONON, *L'épître aux Galates*, 160-162.

[106] En su «*peroratio* menor» (cf. Gál 3,14) aparecen protrépticamente los términos que se desarrollarán a continuación: Abrahán, hijo y promesa, cuya influencia llegará hasta 4,29. G.M. Sass comenta que deben añadirse los conceptos de «alianza» y «heredad», que luego desembocan en la cuestión de «servidumbre» y «libertad». Además este expediente se debe referir a Cristo, siendo una *interpretatio christiana*. Cf. G.M. SASS, *Leben aus den Verheißungen*, 271.292-293.

los profetas (cf. Gn 15,6; Lv 18,5; Dt 21,23; 27,26; Hab 2,4). Éstos tienen en común, al menos, una palabra entre sí, y los reinterpreta a la luz de la novedad del evento Cristo. De este modo, compone un midrás homilético narrativo con una serie de cuatro parejas construidas con esta técnica antigua que se fraguará paulatinamente en el mundo misnaico[107].

El corte legal que ha tomado el midrás en nuestra sección viene explicado ya en la *probatio* I, cuando Pablo revela sus orígenes fariseos, centrados en la exacta interpretación de la Torah. Dicha mención evoca un regusto haláquico (cf. Gál 1,13-14)[108]. Prosigue, a continuación, con diversos argumentos que, encadenados entre sí, producen una progresión conducente a un clímax con la cuestión de la filiación de Dios. Ésta es una temática explícitamente «teo-lógica» (cf. Gál 4,1-7), que se desarrolla con imágenes como la del heredero, y con una serie de antinomias que se resuelven a favor de Cristo (cf. Gál 3,23-29).

c) Probatio *III (cf. Gál 4,8–5,12)*

La idiosincrasia de esta sección destaca por sus peculiaridades retóricas[109]. En primer lugar, falta la «*propositio* menor», por ello prevalece aún la de la sección anterior[110]. En segundo lugar, se da el empleo de diversos registros argumentativos con lo que nos encontramos ante una sección que depende de la anterior por tener componentes idénticos. Estos son: el apóstrofe de reprobación (cf. Gál 4,8-11; 3,1-5), el argumento escriturístico basado en las peripecias del patriarca Abrahán (cf. Gál 3,6-14; 4,21–5,1) y la *peroratio* (cf. Gál 4,1-7) donde la centralidad de Cristo viene radicalizada. De este modo, Pablo pretende comunicar que es imposible hacer componendas con un esquema ritual y religioso que no respete la novedad de la filiación abrahámica (cf. Gál 5,2-12)[111].

---

[107] Cf. M. RASTOIN, *Tarse et Jérusalem*, 121-122.

[108] Cf. Flp 3,5-7; 2Cor 11,22. Cf. M. RASTOIN, *Tarse et Jérusalem*, 143. Para un estudio sobre la relación entre Pablo y el mundo de los fariseos, cf. B.D. CHILTON, «Paul and the Pharisees», 149-223.

[109] Y aún más, ya que nos desvela la estrecha relación que se da entre Pablo y la incipiente literatura rabínica pretanaítica. Además, como demuestra M. Rastoin, es otro punto de conexión que el Apóstol manifiesta con el mundo judío, concretamente con la sinagoga que se hallaba en la diáspora helénica, en un contexto de admiración por la ortopraxis judía, en un ambiente claramente diverso y con ascendente social fuerte. Cf. ID., *Tarse et Jérusalem*, 29-32.

[110] Cf. A. PITTA, *Lettera ai Galati*, 248.

[111] Cf. A. PITTA, *Lettera ai Galati*, 248, *pace* G.M. SASS, *Leben aus den Verheißungen*, 272. Este último dispone de modo diverso la primera perícopa de nuestra *probatio* IV (cf. Gál 4,21-31).

En tercer lugar, hallamos también una perícopa marcada por la densidad retórica en la argumentación de Pablo, avanzando en la profundización sobre la novedad cristiana, que en los fieles viene por la fe (cf. Gál 3,7-9), por el Espíritu [Santo] (cf. Gál 3,2.5.14; 4,6) o por el revestimiento de Cristo gracias al Bautismo (cf. Gál 3,27)[112]. En esta *probatio* III, incorpora una aplicación a la situación de las iglesias gálatas. En efecto, a través del uso del πάθος al recordar la primera evangelización de la región (cf. Gál 4,11-20) y el cambio de conducta que han sufrido entre tal evento —presentado quizá como idílico— y la actualidad (cf. Gál 4,9; 5,7), Pablo detecta la presencia de los agitadores que les hace volver atrás, perdiendo la libertad que en Cristo han adquirido[113].

En cuanto a la disposición retórica, comenzamos hablando del «*exordium* menor». Es un apóstrofe (cf. Gál 4,8-11) construido sobre la base de la antítesis: una conjunción adversativa en Gál 4,8 (ἀλλά) introduce una afirmación fuerte para proponer una interrogación retórica contrastando el presente con el pasado (cf. Gál 4,9-10). Finalizará con una conclusión afectiva (φοβοῦμαι) que introduce a su vez la subdivisión siguiente que sintetiza con el verbo κεκοπίακα εἰς ὑμᾶς, entendido en clave misionera-apostólica. Consta de dos *exempla*: uno propio y otro abrahámico como en secciones anteriores[114], además del ἀδύνατον (cf. Gál 4,15)[115] y el τόπος epistolar de apusía-parusía[116].

La «*narratio* menor» (cf. Gál 4,12-20) es una *digressio* en forma de elogio que suaviza la dureza del comienzo, que se ha repetido con dos apóstrofes anteriores (cf. Gál 1,6-10; 3,1-5), y consta de dos partes: una diegética (cf. Gál 4,13-15) y otra interpelante (cf. Gál 4,16-20)[117]. Finalmente unifica la perícopa con una inclusión a un reclamo de pertenencia: los gálatas pertenecen a Pablo por vía de evangelización, y ello implica sentimientos al apóstol: preocupación por el posible, aunque hipotético, fracaso misionero entre ellos (cf. Gál 4,12) y la incertidumbre que surge después de considerar elogiosamente a los cristianos

---

[112] Este es uno de los textos paulinos en que la Iglesia se apoyará en la época patrística para abordar la temática del bautismo (cf. Rom 6,2-6; 1Cor 10,1-2; 12,12-13; Gál 3,27; Col 2,11-13; Tit 3,5-7). Cf. A. HAMMAN – *al.*, «Battesimo», *TTB*, 736.

[113] Cf. A. PITTA, *Lettera ai Galati*, 249-250.

[114] Cf. A. PITTA, *Disposizione*, 126.

[115] Cf. A. PITTA, *Disposizione*, 126. Cabe indicar que el ἀδύνατον es hiperbólico por naturaleza, además del carácter hipotético irreal que le confiere la *interrogatio* retórica. Cf. Mortara Garavelli, 181.

[116] Cf. A. PITTA, *Disposizione*, 126-127.

[117] Cf. A. PITTA, *Lettera ai Galati*, 259-260.

de Galacia (cf. Gál 4,20). No omite una referencia a la causa intrahistórica: una leve insinuación de los agitadores en Gál 4,17.

La *argumentatio* interna vuelve a apoyarse en el recurso al midrás, que Pablo denomina más bien ἀλληγορεία (cf. Gál 4,21–5,1)[118]. De aquí viene que Gál 5,1 tenga una doble función: cerrar la «*narratio* menor» y la sección entera, e insistir en evitar la obligatoriedad de la circuncisión.

d) Probatio *IV (cf. Gál 5,13–6,10)*

La «*propositio* menor» (cf. Gál 5,16) afirma que el interés de Pablo es que los fieles de Galacia caminen según el Espíritu y no lleven a términos el deseo de la carne. Se dispone la sección con un «*exordium* menor» (cf. Gál 5,13-15) consistente en una apóstrofe (cf. Gál 5,13)[119], en paralelo con las otras tres exhortaciones (cf. Gál 1,6-10; 3,1-5; 4,8-11). A continuación viene la citación directa de Lv 19,18 y luego se propone el contraste que se da entre la cita autorizada de la Biblia y el comportamiento eclesial, por vía de antítesis[120]. Prosigue la *narratio* (cf. Gál 5,16-26), cuya división tienen dificultad en captar los autores[121]. Notamos, sin embargo, algunos rasgos que invitan a seccionar antes de Gál 6,1, ya que en ella Pablo concluye con el argumento parenético de tenor comunitario (cf. Gál 6,1-10).

Mantenemos la unidad de la sección con A. Pitta[122], porque la temática es la misma, la aretología, prosiguiendo con la antítesis carne-Espíritu y proponiendo un nuevo contexto: un *exemplum* tomado de la vida agrícola. Retóricamente, ésta es una sección fragmentaria que da lugar a un cierto embotamiento de ideas[123]. Con todo, tiene una cohesión interna, que pasamos a enunciar brevemente. Consta dos partes: la primera (cf. Gál 6,1-6) expone la doctrina ética sobre los espirituales, mientras que en la segunda (cf. Gál 6,6-10) el autor introduce una aproximación escatológica de la vida eclesial[124].

---

[118] Cf. A. PITTA, *Lettera ai Galati*, 275-279 con algunas modificaciones personales.

[119] No todos los autores están de acuerdo con nuestro exegeta de referencia: cf. A. PITTA, *Lettera ai Galati*, 335-336.

[120] Cf. A. PITTA, *Lettera ai Galati*, 336.

[121] Cf. A. PITTA, *Lettera ai Galati*, 344, n. 101.

[122] Ciertamente algunos exegetas dividen más todavía la perícopa en dos partes debido al leve cambio de temática y orientación de Gál 6,7-10 con respecto a Gál 6,1-6. Cf. A. PITTA, *Lettera ai Galati*, 371-372; J.-P. LÉMONON, *L'épître aux Galates*, 188-190.

[123] Cf. J.-P. LÉMONON, *L'épître aux Galates*, 187-188.

[124] Cf. A. PITTA, *Disposizione*, 127-128.140-144; ID., *Lettera ai Galati*, 385-386.

1.3.3 *Postscriptum* (cf. Gál 6,11-18)

En esta sección debemos controlar tres niveles de lectura, a saber: su relación con la última *probatio*, con las otras *perorationes*, y con el prólogo epistolar. Desde una aproximación descriptiva, cabe destacar que el *postscriptum* cumple su función epistolográfica: Pablo sintetiza todo el mensaje desarrollado, firmando de su mismo puño y letra[125]. Finaliza con una bendición final, que da el tono religioso y piadoso propio de quien ha convocado a las iglesias en Galacia a la fe. Para ello escoge una expresión que resume bien los «temas» centrales de su intervención, recordando la absoluta y única mediación de la gracia de Cristo para acceder a Dios (cf. Gál 6,18). En Gál 6,12-13 se halla una invectiva lanzada contra los ὅσοι que quieren aparentar en la carne, contraponiendo a ello la centralidad de la Cruz de Cristo, la cual es quintaesencia de su predicación apostólica (cf. Gál 6,14-17)[126]. Recopila los ejes fundamentales de su última demostración, empleando el término κάνων (cf. Gál 6,16). Contrapone la carne y el mundo, en cuanto a sistema axiológico opuesto a Dios (cf. Gál 6,14; 5,17), insistiendo en la cruz de Jesús, ejemplo máximo de fe y amor de Dios e instrumento de oposición antropológica al pecado, la carne y el mundo (cf. Gál 2,16; 5,1; 6,14)[127].

Esta sección tiene conexión con las otras «*perorationes* menores»[128]. Con Gál 4,1-7 muestra el aspecto soteriológico del evento pascual de Cristo, el cual rescata a los fieles por medio de su Cruz y resurrección del κόσμος, negativo y lejano a Dios[129]. Con Gál 5,2-12 el Apóstol manifiesta su opinión sobre quienes se dedican a disturbar a las comunidades: son unos cobardes que predican la circuncisión y otras reglas rituales judaicas oponiéndose a Cristo y su centralidad soteriológica. Buscan la vanagloria de conquistar gente para su causa, y Pablo que sufre persecución por causa de la cruz, eludiéndola ellos (cf. Gál 5,11; 6,12-13). Pablo, en cambio, pretende que se instaure la nueva creación (cf. Gál 6,15c) a través de una fe que actúa por el amor (cf. Gál 5,6)[130].

Con el prólogo epistolar (cf. Gál 1,1-5.6-10), el *postscriptum* recoge los siguientes géneros retóricos del discurso: el lógico y el παθητικός. En cuanto al primero, el Maestro de los gentiles propone la escatolo-

---

[125] Cf. A. PITTA, *Lettera ai Galati*, 391.
[126] Cf. A. PITTA, *Disposizione*, 146.
[127] Cf. A. PITTA, *Disposizione*, 147-148; ID., *Lettera ai Galati*, 394.
[128] Cf. A. PITTA, *Disposizione*, 146-148.
[129] Cf. A. PITTA, *Disposizione*, 146; ID., *Lettera ai Galati*, 393.
[130] Cf. A. PITTA, *Disposizione*, 147; ID., *Lettera ai Galati*, 393-394.

gía como quicio importante que los gálatas deben tener en cuenta a la hora de abordar la crisis de fe que incipientemente están sufriendo[131]. En Gál 1,4 les habla del mundo presente, mientras que en Gál 6,14 les propone el mundo de donde Cristo los rescata para conformar una nueva actividad creadora de Dios. Finalmente, en cuanto al género afectivo-temperamental, Pablo se propone como ejemplo elogiándose y poniéndose a la vez en un sitio inferior frente a los agitadores de las comunidades, para poner de manifiesto afectivamente que ésos no se caracterizan por un deseo edificante eclesiológico ni escatológico (cf. Gál 1,7; 6,13)[132].

Una vez vista en modo general la *compositio* de Gálatas, se percibe la necesidad de profundizar en la *probatio* II (cf. Gál 3,1–4,7). Nos hallamos ante una sección que, a nivel de crítica textual, ofrece retos que necesitan una mayor clarificación. Primero, porque la aproximación retórico-literaria que hemos realizado es un complemento a la lectura crítico-textual de Gálatas. Dicha lectura crítico-textual, ayudada de la aproximación retórico-literaria, dará una visión más madura de las cuestiones que plantean las variantes, además de permitir una solución más respetuosa con el texto en su conjunto y en cada una de sus secciones. En segundo lugar, la complementariedad de estos dos métodos bíblicos (exegético y retórico) apuesta por una necesaria *conversio ad textum* que se ha hecho incipientemente con la aproximación retórico-literaria. Nos parece oportuno recoger sus frutos y procurar avanzar en esa línea.

Finalmente, esta perícopa necesita una reflexión teológica ulterior para que, iluminada por la «*propositio* mayor» (cf. Gál 1,11-12) y la «*propositio* menor» (cf. Gál 3,6-7), se pueda entender con mayor exactitud en su sentido literal y así aportar a la teología bíblica mayor novedad.

En este sentido, la perícopa ha sido trabajada desde diversas perspectivas: G.W. Hansen la estudió desde la tradición de Abrahán en Gálatas; A. Pitta, desde la retórico-literaria, y M. Rastoin, desde la doble cultura judeohelénica de Pablo. Ahora bien, opinamos que se puede profundizar teológicamente en las «promesas de Dios», en cuento realidades veterotestamentarias iluminadas por la novedad del evento Cristo. Para ello, un estudio más atento de Gál 3,19-22 parece una ayuda

---

[131] Es esta una escatología que toma elementos de la apocalíptica judía pero que se desmarca de sus cuadros generales con cambios sustanciales, inspirándose en diversos principios, como son la atención al tiempo presente y con un fuerte peso ético-eclesial, como después tendremos ocasión de considerar. Cf. J.-N. ALETTI, «Paul», 23.

[132] Cf. A. PITTA, *Disposizione*, 148.

excelente a dicho objetivo académico, como ya lo señalara A.M. Buscemi en 1982, cuando abordó la cuestión de esta perícopa[133].

2. Estudio de Gál 3,19-22 en su contexto

2.1 *Delimitación de Gál 3,19-22*

Coincidimos con A. Pitta en la distribución del material en su contexto inmediato (cf. Gál 3,1–4,7) y en la delimitación de la misma. Nos parece acertada e iluminadora su aportación. Éste ofrece una triple perspectiva a la hora de abordar la disposición de la perícopa: argumentativa, tipológica, atencial[134]. En efecto, la unidad externa de Gál 3,19-22 se integra y emerge de la triple fase de que se compone Gál 3,1–4,7. Por un lado, el apóstrofe de reproche (cf. Gál 3,1-5) funciona como *exordium* de toda la sección y prepara para la «*propositio* menor» (cf. Gál 3,6-7), cuyo contenido consiste en que el auténtico hijo de Abrahán lo es en virtud de la fe (οἱ ἐκ πίστεως). Por otro lado, se sirve de cuatro argumentaciones para argumentar dicha afirmación sintética pero fundamental: dos diatribas, que conforman el centro de una construcción retórica concéntrica (cf. Gál 3,15-18.19-22), y dos argumentos, midrásico y homilético (cf. Gál 3,8-14.23-29), respectivamente[135]. Las diatribas muestran cómo los creyentes se convierten en hijos de Abrahán, mensaje fundamental que desea transmitir la perícopa, y en función de esta realidad positiva desarrolla la importante oposición de fe y Ley con sus obras respectivas[136].

De entre las diversas particularidades de la lectura retórico-literaria, en relación con el argumento, Pablo ofrece tres fases retóricas: una apóstrofe de acusación con función de «*exordium* menor» (cf. Gál 3,1-

---

[133] Cf. A.M. BUSCEMI, «La funzione della legge», 109-110.

[134] Descartamos la aportación de G. Pulcinelli que aborda Gál 3,19-29. Coincide en la *dispositio*, pero no desarrolla el elemento retórico. Aborda el contenido, identificándolo tangencialmente como «teo-lógico» al final, en cuanto salvífico y filial, al relacionarlo con Gál 3,23-29. Cf. G. PULCINELLI, *Paolo, scritti e pensiero*, 154-162; *pace* A. PITTA, *Lettera ai Galati*, 159-163.

[135] Cf. A. PITTA, *Lettera ai Galati*, 159-162; G.M. SASS, *Leben aus den Verheißungen*, 294.

[136] Por ello no podemos estar de acuerdo con el peso preponderante que dan a la cuestión del παιδαγωγός como elemento central de la argumentación, siendo más bien ésta la *peroratio* de toda la sección, adquiriendo como nota propia un carácter de clímax argumentativo. Cf. A. PITTA, *Lettera ai Galati*, 231-233. Para la visión sobre la función de la Ley como guía educativo, cf. D.J. LULL, «"The Law was Our Pedagogue"», 481-498.

5), una protrepsis argumentativa (cf. Gál 3,6-29), y una «*peroratio* menor» (cf. Gál 4,1-7). Las preguntas reciben su respuesta a lo largo de la *argumentatio*. Su recapitulación se halla en el epílogo final. De este modo, Pablo quiere transmitir que la Ley tiene una función provisional y en vistas a la venida del Hijo, con la cual se concede a los creyentes la adopción de hijos, no sólo de Abrahán, sino propios hijos de Dios por el Espíritu Santo y que lo invocando como Padre[137].

2.2 Contexto de Gál 3,19-22

Una vez considerado el análisis crítico de la perícopa, resaltaremos la relación que establece con su contexto. Para ello estudiaremos su relación con los contextos anterior, posterior e inmediato. Nos serviremos principalmente de la novedad para la exégesis que nos aporta la lectura retórico-literaria.

2.2.1 Relación con la *dispositio* de Gálatas

La *probatio* II desarrolla el mismo modelo argumentativo que Gál 1,1-12: con un apóstrofe para interpelar al auditorio (cf. Gál 1,6-10; 3,1-5), presenta la tesis que desea desarrollar (cf. Gál 1,11-12; 3,6-7) y la argumenta. Y es en el momento argumental cuando llega la novedad: Gál 1,13–2,14 emplea el género biográfico, mientras que en esta sección retórica Pablo emplea los géneros homilético y el diatríbico[138]. Además del modelo retórico, coinciden en el contenido teológico. Ambas secciones predican la unidad entre Dios y Cristo Jesús de manera explícita (cf. Gál 1,1b.3b-4; 3,20)[139]. Cabe notar, además, que se repite el empleo de la expresión μὴ γένοιτο en Gál 1,8.9 y Gál 3,21b. Sendas perícopas tienen el mismo sentido remoto: rebatir afirmaciones para comprender mejor el sentido de la «*propositio* mayor» (cf. Gál 1,11-12) y la «*propositio* menor» (cf. Gál 3,6-7).

En el «*exordium* mayor» (cf. Gál 1,6-10) se pretende ya marcar distancias con el evangelio diverso al de Pablo, ya que es el segundo el que

---

[137] Con el lexema ἐπαγγελία (cf. Gál 3,14), en relación con νόμος, genera el autor un tándem que tiene otros paralelos de orden antinómico. En nuestro caso la relación es diversa: no es antinómica, sino de validez–supletoriedad. No podemos aceptar que se dé *de necessitate* una relación dialéctica («dialektisches Verhältnis») al equipararlo indirectamente con fe–obras de la ley. Cf. G.M. SASS, *Leben aus den Verheißungen*, 294, n. 125.

[138] Cf. A. PITTA, *Lettera ai Galati*, 160.

[139] Cf. J.-P. LÉMONON, *L'épître aux Galates*, 131.

se ha recibido por medio de su predicación. De este modo, sanciona la validez de su anuncio. Igualmente, en Gál 3,21 el Apóstol de Tarso defiende cómo entre la ley y las «promesas de Dios» no hay una oposición insalvable, como si Dios fuera no fiable porque cambiase de parecer.

En la *probatio* I (cf. Gál 1,13–2,21) resuena la temática de la χάρις[140], que proviene de Dios Padre y de Jesucristo. Una vez argumentado el origen divino del Evangelio, en Gál 2,15-21 Pablo procede al empleo de la mímesis. Gál 2,16 tiene muchos vínculos de relación con Gál 3,21-22. En ésa se cita LXX Sal 142,2 y se introduce una hipotética irreal[141]. Por su lado, Gál 3,22 desarrolla el argumento propio de la justificación de la carne, que no viene de la ley ni sus obras sino de la gracia de Cristo preanunciada en las «promesas de Dios». Esto demuestra la buena *compositio* de Gálatas, que favorece el progreso mayor y sólido de los enunciados propuestos al inicio. También se da una gran inclusión entre Gál 2,19-20 y Gál 3,19-22[142] puesto que en la mímesis de la *probatio* I se define cómo Cristo da vida nueva al pecador. Para la ley, un pecador está muerto, pero vive para Dios por medio de la gracia de Cristo obrada a través del amor de éste entregándose a la muerte de cruz. Ese proceso de vivificación para recibir la justificación se da por la fe de Cristo Jesús (cf. Gál 2,16). En la perícopa que nos ocupa, se desarrolla también cómo la ley no puede dar la gracia (o la vida) por sí misma, porque no es su función dentro de la salvación «teo-lógica». Ésa es un medio para identificar al pecador: εἰ γὰρ ἐδόθη νόμος ὁ δυνάμενος ζῳοποιῆσαι, ὄντως ἐκ νόμου ἂν ἦν ἡ δικαιοσύνη (Gál 3,22). Finalmente una coincidencia verbal entre Gál 2,17 y Gál 3,21b nos sirve de nexo de interrelación entre sendas secciones. Mientras que en la primera se afirma que Cristo no puede ser siervo del pecado, en la segunda se reafirma la coherencia interna entre la ley y las promesas de Dios.

En la *probatio* III, cuya «*propositio* menor» es la misma que la de la *probatio* II, se puede interpretar Gál 4,21 a la luz de Gál 3,19.21. El empleo de la pregunta retórica invita a leer la afirmación de Gál 4,22–5,1 bajo la misma perspectiva que Gál 3,20.22.23-29, a saber, por medio de otra ironía (que concuerda con Gál 3,19.21) reclama la atención del auditorio estimulándolo a vivir conforme la verdad de la voluntad de

---

[140] Cf. Gál 1,3.6; 2,9.21. Dios es quien llama a Pablo al apostolado por la gracia manifestada en Cristo resucitado (cf. Gál 1,15), siendo ésta misma el medio con que Dios convoca a los fieles a la fe en Cristo (cf. Gál 1,6).

[141] Cf. M. RASTOIN, *Tarse et Jérusalem*, 203-204; J.-P. LÉMONON, *L'épître aux Galates*, 131; A. VANHOYE, *Lettera ai Galati*, 100.

[142] Cf. A. VANHOYE, *Lettera ai Galati*, 100.

Dios[143]. De este modo, queda también manifiesto que la ley no es sólo una entidad con connotaciones «negativas».

Finalmente, en la «*peroratio* mayor», se repite la información sobre la libertad frente a la praxis religiosa cultual de la circuncisión o no (cf. Gál 3,22.28-29), porque la importancia radica en la actividad creadora de Dios renovada por la acción de Cristo, y de ella se participa mediante su fe (cf. Gál 6,15).

2.2.2 Contexto inmediato (cf. Gál 3,15-18.23-28)

La *probatio* II (cf. Gál 3,1–4,7) aporta, a nivel retórico-literario, peculiaridades dignas de anotar porque ofrece una gran variedad de recursos retóricos y argumentales[144]. Su *dispositio* es la siguiente[145]:

Gál 3,1-5.	«*Exordium* menor» apostrófico
Gál 3,6-7.	«*Propositio* menor»
Gál 3,8-29.	*Argumentatio*
Gál 3,8-14.	Argumento midrásico I
Gál 3,15-18.	Argumento diatríbico I (*exemplum*)
Gál 3,19-22.	Argumento diatríbico II
Gál 3,23-29.	Argumento homilético II (*exemplum*)
Gál 4,1-7.	«*Peroratio* menor»

2.2.3 En relación con la «*propositio* menor»

En cuanto argumento de la *probatio*, es obvio que nuestra perícopa forma parte de la carga argumentativa de toda la *probatio*. Se sitúa en clara dependencia con dos *propositiones*: la «mayor» (cf. Gál 1,11-12), sobre el carácter de revelación que posee el Evangelio paulino, y la «menor» (cf. Gál 3,6-7). Esta última es la que marca el ritmo y el desarrollo de las pruebas que el autor sagrado va a emplear, es decir: cómo la filiación de Abrahán se alcanza por medio de la fe. Además

---

[143] Cf. J.L. MARTYN, *Galatians*, 367; A. PITTA, *Lettera ai Galati*, 280-281; G. HOTZE, *Paradoxien bei Paulus*, 43-44.

[144] Aquí Pablo pasa al género argumentativo con un rico empleo de recursos helenoclásicos y judíos prerrabínicos. En efecto, el autor se revela como puente antropológico entre varias culturas. Compartimos la tesis fundamental de la argumentación de ambos plenamente. Asumimos a sendos exegetas además porque acogen las aportaciones de A. Pitta y J.-N. Aletti, sin olvidar a A. Vanhoye y R. Meynet, éstos últimos desde un acercamiento retórico-semítico. Cf. S.N. BRODEUR, *Il cuore di Paolo*, I, 67-72; M. RASTOIN, *Tarse et Jérusalem*, 91-92.

[145] Cf. A. PITTA, *Lettera ai Galati*, 162-208.

de ello, se da la presencia de diversos elementos comunes, como son las citas del Antiguo Testamento explícitas o implícitas[146]. Esto genera una inclusión entre la «*propositio* menor» y el resto de divisiones, de modo que cada una de las subsecciones retóricas cobren un significado más preciso y propio en relación con el conjunto epistolar y argumental. Asimismo, por su función netamente argumental, Gál 3,19-22 se desarrolla de modo popular por medio de la diatriba y pretende mostrar cómo la Ley y las «promesas de Dios» tienen su misión específica hasta la llegada de Cristo, entendido como contenido de Galacia recibió por medio de la predicación revelada de Pablo y que tiene que ver con la filiación de Abrahán, que estaba en litigio en dichas comunidades.

2.2.4 En relación con el resto de argumentos

La perícopa se vincula estrechamente con la argumentación anterior (cf. Gál 3,9-14.15-18), primero, porque queda incluida dentro de dos grandes argumentos de carácter homilético y midrásico, que se desarrollan desde la lógica interna de los datos de la fe[147]. Segundo, porque hay elementos que procuran y realizan *de facto* dicha unidad. En efecto, en Gál 3,11 el Apóstol establece una relación entre vida, justicia y ley (ἐν νόμῳ οὐδεὶς δικαιοῦται παρὰ τῷ θεῷ δῆλον, ὅτι Ὁ δίκαιος ἐκ πίστεως ζήσεται). Ésta queda incluida de nuevo en la segunda pregunta diatríbica. De esta manera, refuerza la idea precedente, que posee una función proléptica con respecto a nuestra perícopa, anticipando la afirmación que trabaja después Gál 3,21-22[148].

En tercer lugar, otro nexo de vinculación se da con el argumento inmediatamente precedente, una diatriba de Gál 3,15-18. En efecto, mientras que en ella se invocan principios generales válidos en todas las circunstancias, en ésta (cf. Gál 3,19-22) Pablo los aplica a modo de *quasi analogatum princeps* a la relación entre Ley y promesas,

---

[146] Además de las cinco citas bíblicas señaladas más arriba, hay referencias, a las cuales sumadas hasta Gál 3,18 son: LXX Gn 12,3;13,15; 15,6; 17,8; 18,18; 24,7; Dt 21,23; 27,26; Hab 2,2; LXX Lv 18,5. Cf. M. RASTOIN, *Tarse et Jérusalem*, 208, que confirma esta idea: «Paul parsème son argumentation d'échos bibliques».

[147] Sin poder ahondar totalmente y con todo el rigor que merece la temática, cf. A. PITTA, *Lettera ai Galati*, 195-199.

[148] Cf. M. RASTOIN, *Tarse et Jérusalem*, 203-204. Sobre todo en lo que tiene de positiva la enunciación: el Apóstol quiere afirmar la relación justicia-vida por medio de la gracia y la fe, no de la Ley. Sin embargo, no niega el origen divino de ésta, simplemente la resitúa.

siendo consciente que se instaura una ruptura con la venida de la fe[149]. La primera diatriba prepara prolépticamente[150] el contenido teológico de «las promesas de Dios», de su función, de su relación con la ley y su vigencia. Se dispone así al auditorio por medio de un *exemplum* de praxis humana: el del testamento[151]. Por otro lado, el autor lanza una oposición muy contrastante entre ley y promesas de Dios, una fuerte antinomia. Pablo se ve obligado a desarrollar y profundizarla[152], hablando de las funciones soteriológicas diferentes de ambas entidades.

En cuarto lugar, hay puntos de contacto que brotan por la estrecha vinculación de contenido. De este modo, mientras que la primera perícopa diatríbica subraya la primacía y permanencia de las promesas, la segunda introduce antitéticamente la objeción de la Ley y su función salvífica. En la primera diatriba se explicita a Dios como agente de la alianza (Gál 3,17: διαθήκην προκεκυρωμένην ὑπὸ τοῦ θεοῦ), mientras que en Gál 3,19.21 Pablo evita el empleo del nombre divino cuando se trata de la ley[153]. En definitiva, todo el cuerpo de la *probatio* II se construye a modo de antítesis[154]. A ello cabe añadir el puente de unión entre la diatriba primera y el argumento II, de carácter homilético (cf. Gál 3,23-29). En Gál 3,15-18 se expone la relación ley-promesas de Dios, mientras que en Gál 3,23-29 se habla de la relación con Cristo[155]. En efecto, una vez que se habla de la permanencia de las «promesas de Dios», la pregunta por la ley brota espontáneamente[156]. La perícopa en cuestión introduce otro *exemplum* que hace inclusión con Gál 3,15-18, cerrándola con mayor precisión. También se pone de manifiesto cómo el contenido expresado en estos dos *exempla* (cf. Gál 3,15-18.23-29) versan sobre situaciones de la vida humana cotidiana, no directamente religiosa. Curiosamente cabe no-

---

[149] Cf. J.-P. LÉMONON, *L'épître aux Galates*, 129.
[150] En lo referente a la función retórica de la prolepsis: cf. Lauberg, § 855.
[151] Nos hallamos ante un *exemplum ex minore ad maius ductum*, ya que el testamento es una institución intangible en cuanto voluntad última expresada por un hombre en su lecho mortal, que establece una serie de disposiciones que, traducidas en un plano teológico son las «promesas», las cuales se realizan en Cristo, como último destinatario. Cf. J.-P. LÉMONON, *L'épître aux Galates*, 130. Sobre la naturaleza retórica de este grado de *exemplum*: cf. Lausberg, § 419; Mortara Garavelli, 75-76.
[152] Cf. J.L. MARTYN, *Galatians*, 353.
[153] O «rhetorical stratagem of dissociation» Cf. J.L. MARTYN, *Galatians*, 366-367.
[154] Cf. J.L. MARTYN, *Galatians*, 367.
[155] Cf. A. VANHOYE, *Lettera ai Galati*, 97.
[156] Cf. M. RASTOIN, *Tarse et Jérusalem*, 152-153.

tar la ironía de fondo[157]: pues por medio de modelos humanos pone en evidencia una institución divina, como es la ley mosaica. Pablo los adopta de manera bien trabada para clarificar cómo la vida de la que él habla es la vida de Cristo, proclamada en las «promesas de Dios», no en la ley.

Finalmente, detectamos que, con la prueba siguiente, se establece un paralelismo. Viene primero un argumento que luego se profundiza por medio de un ejemplo modélico de base antropológica común (cf. Gál 3,23-25), como son el testamento y la figura del pedagogo, respectivamente.

2.2.5 En relación con la «*peroratio* menor»

Se establece una serie continua y unitaria dentro de toda la argumentación. Ésta se prolonga hasta la «*peroratio* menor» que hace lo mismo con la figura de la herencia (cf. Gál 4,1-4). De este modo, dicha cadencia ascendente compuesta a modo de paralelismo tiene su culmen en la filiación divina (cf. Gál 4,5-7). En efecto, podemos decir que Gál 3,19-22 establece un paralelismo con la «*peroratio* menor» (cf. Gál 4,1-7)[158]. Mientras que en Gál 3,22 se habla de la situación de esclavitud con respecto al pecado (τὰ πάντα ὑπὸ ἁμαρτίαν), en Gál 4,3 el Apóstol introduce el mismo elemento de modo paralelo, aplicándolo por analogía[159] no sólo a la institución legal mosaica, sino a todos los elementos del cosmos (ἡμεῖς, ὅτε ἦμεν νήπιοι, ὑπὸ τὰ στοιχεῖα τοῦ κόσμου ἤμεθα δεδουλωμένοι). Aunque no sólo se reduce a dicha equiparación: va más allá y genera una *accumulatio* en toda la perícopa (cf. Gál 3,22.23.25; 4,2.3.4.5)[160].

2.3 Dispositio *de Gál 3,19-22*

Gál 3,19-22 consta de dos miembros que se relacionan estrechamente entre sí de manera suficiente como para conformar unidad por sí

---

[157] Sobre una presentación de la ironía: cf. Mortara Garavelli, 166-168.

[158] Cf. J.L. MARTYN, *Galatians*, 367.

[159] Cuando habla de la analogía de razonamientos partiendo del caso concreto del pecado (cf. Gál 3,22) pasa a los elementos cósmicos opresores del hombre (cf. Gál 4,1-4).

[160] En efecto, se da dicha figura retórica, aunque de manera «impropia», ya que no encaja exactamente con la definición clásica de la misma. Para la definición y características de la *accumulatio*: cf. Lausberg, §§ 607.665-687; Mortara Garavelli, 214-215. Sobre la reiteración del sometimiento: cf. F.J. MATERA, *Galatians* 137.

mismos[161]. Vienen directamente proferidas por medio de dos *quaesita*[162]. Pablo pretende con preguntas breves e incisivas presentar una afirmación de manera contundente, que no deje lugar a dudas[163]. Ello no evita que lo delicado de la temática y la manera brusca de introducir las ideas hagan de esta perícopa una de las más complejas a la hora de comprenderla[164].

2.3.1 Aproximación retórico-literaria

Accedemos a este fragmento de Gálatas unitario bajo dos perspectivas: la retórico-literaria y la argumental[165]. Esta perícopa bimembre conforma una unidad retórica, caracterizada por los siguientes tropos. Primero, una cadencia climáctica ascendente, que no se reduce a Gál 3,22, sino que llega a su culmen con la adopción filial y el Espíritu Santo (cf. Gál 4,1-7). Segundo, consta de un paralelismo sintáctico que lo distingue del resto de argumentos dándole, a su vez, una sólida interdependencia. Tercero, la presencia de una paradoja[166] en los extremos de la misma (cf. Gál 3,20c.22c) hace que cobre mayor solidez. Cuarto, el empleo particular de un modo retórico muy específico de interrogación, el *quaesitum*, busca dos finalidades: marcar un tono diatríbico a toda la perícopa[167] e introducir como contenido nocional la función de la ley. Esto lo consigue por medio del uso de sentencias[168].

En definitiva, la unión entre sendas partes proviene del paralelismo de estructuras sintácticas, a partir del esquema de pregunta–respuesta. Con todo, podemos distinguirlas entre sí, con su identidad

---

[161] Cf. A. PITTA, *Lettera ai Galati*, 210; J.-P. LÉMONON, *L'épître aux Galates*, 130.

[162] Para la diferencia entre *interrogatio rhetorica* y *quaesitum*: cf. Lausberg, § 770.

[163] Cf. M. RASTOIN, *Tarse et Jérusalem*, 191.

[164] Cf. D.B. WALLACE, «Galatians 3,19-21», 229; A. PITTA, *Lettera ai Galati*, 210. Ciertamente una de las notas que caracterizan a la crítica moderna sobre esta perícopa es la dificultad de lectura e interpretación, por ello presentaremos la *dispositio* de la misma de cara a identificar los elementos que se contienen en ella.

[165] Ciertamente aquí nos distanciamos de A. Pitta. Él propone unas perspectivas mucho más amplias y exactas, pero preferimos mostrar estos dos aspectos —retórico y argumental— para mayor claridad de criterios seguidos en la presente monografía. Cf. ID., *Lettera ai Galati*, 160-162.

[166] La paradoja junto con la diatriba, ambas, hacen que la cuestión de la ley no pase inadvertida. Cf. A. VANHOYE, *Lettera ai Galati*, 98.

[167] Cf. A. PITTA, *Disposizione*, 113-114; ID., *Lettera ai Galati*, 160.

[168] Cf. A. PITTA, *Disposizione*, 113; ID., *Lettera ai Galati*, 209. Para mayores indicaciones sobre el uso de las sentencias: cf. Lausberg, §§ 872-879; Mortara Garavelli, 247-248.

propia, como otros autores muestran al separarlas, aun diversamente a nosotros[169].

2.3.2 Primera sección (cf. Gál 3,19-20)

La perícopa anterior (cf. Gál 3,17-18) concluye con la afirmación de que Dios «ha obrado una gracia» a Abrahán por medio de la promesa y no por la ley (κεχάρισται ὁ θεός). Esta conclusion sirve de introducción a la temática que trata el Apóstol a continuación. Él la reduce a dos cuestiones: la función de la ley en la voluntad salvífica de Dios y la relación entre la ley y «las promesas de Dios». En esta sección, Pablo primero aborda la cuestión de la función teológica y soteriológica de la ley. Su *dispositio* es la siguiente:

a.) Pregunta (cf. Gál 3,19a)
b.) Respuesta (cf. Gál 3,19bcd)
    b.^{1})   Causa de la institución de la ley: las transgresiones
    b.^{2})   Cláusula temporal: duración y vigencia.
    b.^{3})   Modo de ejecución: ángeles y un mediador.
c.) Nota explicativa, una *digressio* antitética (cf. Gál 3,20):
    c.^{1})   El mediador no es de una sola persona
    c.^{2})   Dios sí que es único

Inicia con una pregunta a la que sigue una respuesta doble[170]. La primera (cf. Gál 3,19bcd) se centra en marcar un tiempo establecido de vigencia de la ley. Por un lado se indica remotamente el origen, la causa teológica por la que viene establecida por Dios. Ello lo expresa en forma de pasivo divino (προσετέθη). La causa lógica es la transgresión de los hombres. Por otro lado se indica su duración temporal: la ley se da hasta la venida de la semilla depositaria de las promesas. Una vez llegada ésta, se clausura el período de vigencia de la ley. Esta dicha entidad, cuando se origina, cuenta con la acción mediadora de ángeles y con la institución de un mediador. Con esta última respuesta Pablo establece una inclusión que clausura el período.

Con todo, la respuesta dada no deja clara la relación entre los ángeles y el mediador ni cuál es su identidad. De aquí que Pablo añada una segunda respuesta a modo de nota explicativa (cf. Gál 3,20), que consta, a su vez, de dos miembros compuestos de modo antitético. El Após-

---

[169] Cf. A. PITTA, *Lettera ai Galati*, 209.
[170] Nos distanciamos de la *compositio* que A. Pitta ofrece de Gál 3,20. Cf. ID., *Lettera ai Galati*, 211.

tol quiere así aclarar la unidad de Dios pero no la figura del mediador. La respuesta se sitúa en la penumbra, ya que, con el empleo de un circunloquio, no quiere dejar clara la cuestión. Ello no está exento de paradoja e ironía.

2.3.3 Segunda sección (cf. Gál 3,21-22)

La segunda sección, en relación estrecha con la anterior, empieza con otro *quaesitum*. En este caso, el Apóstol se interroga sobre la relación de la ley con las «promesas de Dios». La respuesta se construye retóricamente en modo diverso a la primera, si bien contiene paralelamente algunos elementos.

    a.) Pregunta (cf. Gál 3,21a)
    b.) Respuesta (cf. Gál 3,21b-22)
        b.^{1}) Hipótesis irreal (cf. Gál 3,21b)
            α.) Prótasis: Si la Ley tuviese la capacidad de dar vida
            β.) Apódosis: Entonces de ella vendría la justicia
        b.^{2}) Réplica (cf. Gál 3,22a)
            La realidad es que la Escritura encerró todo bajo el pecado
        b.^{3}) Argumentación triple articulada (cf. Gál 3,22b)
            α'.) Finalidad: la promesa fuese dada (plan teológico)
            β'.) Cláusulas: en virtud de la fe en Jesucristo
            γ'.) Destinatarios: los creyentes

La pregunta (cf. Gál 3,21a) introduce el dilema entre la ley y las «promesas de Dios». La respuesta sigue en la línea de lo anterior: no esclarece todos los elementos a tener en cuenta. Lo que sí resalta es el hecho de que la Escritura somete todo bajo el pecado. Es en base a esta afirmación que nuestro autor propone su argumentación, organizada en tres respuestas, ya que atiende a la finalidad de esta acción de la Escritura, entendida como metonimia de Dios[171].

La respuesta, pues, consta de tres partes (cf. Gál 3,21b-22). La primera es la presentación de una hipótesis irreal (cf. Gál 3,21b). La ley no tiene capacidad de dar vida, sino que conduce a la muerte. De este modo pone en paralelismo vida y justicia, muerte y ley, estableciéndose, a su vez, el paralelismo entre vida, justicia y promesa, mientras que la ley se alinea con la muerte y la indefinición de entidades como el mediador. Sigue la réplica (cf. Gál 3,22a), que presenta la actividad de la Escritura encerrando a todos bajo el pecado. A ello le sigue la argu-

---

[171] Cf. L.A. JERVIS, «Galatians 3,19-25», 288.

mentación posterior, breve en la redacción, pues consta de diez términos, pero que contiene tres respuestas organizadas con una coherencia lógica (cf. Gál 3,22b): primero, aborda la finalidad de encontrarse todos bajo pecado, a saber: que ello forma parte del plan teológico, siendo expresado Dios por circunloquio con el pasivo divino. Segundo, dicho plan viene especificado con las cláusulas de otorgar la promesa y no la ley en virtud de la fe de Jesucristo, rompiendo la situación peyorativa del pecado. Tercero, los destinatarios son los creyentes.

Tenemos, pues, que en la respuesta a Gál 3,21a hay tres elementos dispuestos en modo concéntrico. La que resalta es la afirmación de Gál 3,22a, de modo que la hipótesis dada (cf. Gál 3,21b) tenía por función poner de realce la siguiente tesis: συνέκλεισεν ἡ γραφὴ τὰ πάντα ὑπὸ ἁμαρτίαν (Gál 3,22a)[172].

2.4 *Crítica textual de Gál 3,19-22*

¹⁹ Τί οὖν ὁ νόμος; τῶν παραβάσεων χάριν προσετέθη, ἄχρις οὗ ἔλθῃ τὸ σπέρμα ᾧ ἐπήγγελται, διαταγεὶς δι' ἀγγέλων ἐν χειρὶ μεσίτου. ²⁰ ὁ δὲ μεσίτης ἑνὸς οὐκ ἔστιν, ὁ δὲ θεὸς εἷς ἐστιν.

²¹ Ὁ οὖν νόμος κατὰ τῶν ἐπαγγελιῶν τοῦ θεοῦ; μὴ γένοιτο. εἰ γὰρ ἐδόθη νόμος ὁ δυνάμενος ζῳοποιῆσαι, ὄντως ἐκ νόμου ἂν ἦν ἡ δικαιοσύνη· ²² ἀλλὰ συνέκλεισεν ἡ γραφὴ τὰ πάντα ὑπὸ ἁμαρτίαν, ἵνα ἡ ἐπαγγελία ἐκ πίστεως Ἰησοῦ Χριστοῦ δοθῇ τοῖς πιστεύουσιν.

[19] ¿Por qué, pues, la ley? A causa de las trasgresiones fue añadida hasta que llegase la semilla a la que se hicieron las promesas, ordenada por medio de ángeles con la mano de un mediador. [20] Pero el mediador no es de uno solo, Dios en cambio es uno solo.

[21] La ley, pues, ¿contra las promesas de Dios? ¡Jamás! Pues si la ley fue dada como la que puede vivificar, realmente de la ley vendría la justicia, [22] pero encerró la Escritura a todos bajo el pecado, para que en virtud de la fe de Jesucristo la promesa fuese dada a los creyentes.

2.4.1 Gál 3,19

Con este versículo empieza una dificultad textual de la perícopa, a saber: fijar el límite de la pregunta retórica. La opción mayoritaria pre-

---

[172] *Pace* I. DUGANDŽIĆ, *Das «Ja» Gottes in Christus*, 211, donde afirma que nos hallamos ante un *excursus*, cuyo colofón es Gál 3,22, que tiene su desarrollo en Gál 3,23-25.

fiere concluirla con el sustantivo νόμος, identificando las demás variantes como errores de escriba. Esto se fundamenta sobre todo en manuscritos de fuerte consistencia crítica[173].

La segunda observación de índole crítica tiene en cuenta que la respuesta articulada (cf. Gál 3,19bcd) comienza con un hipérbaton que pone el acento en las trasgresiones (τῶν παραβάσεων χάριν), mientras que deja en un segundo plano el pasivo divino. Dada la dificultad de esta figura, esto ha llevado a diversas lecturas del mismo, modificando el término negativo y proponiendo otras variantes más suaves (πράξεων F G it Ir[lat] Ambst Spec P[46]) [174]. Por otro lado, la siguiente variante se identifica en el hecho de que se ha modificado el verbo προστίθημι en algunos casos, pocos, por motivos apologéticos contra la doctrina marcionita, leyendo ἐτέθη. Lo eludimos por ser una modificación del texto *a posteriori*[175].

Una última dificultad textual de carácter menor es la sustitución en la locución adverbial ἄχρις οὗ del segundo miembro de la locución conjuntiva por ἄν. El fundamento de esta variante se encuentra en el uso que se ha hecho de la misma en otros contextos, sobre todo el poético[176]. Ahora bien, pese a la presencia contraria de B, preferimos regirnos por la crítica externa, aunque son pocos los manuscritos que la refuerzan.

2.4.2 Gál 3,21: el sintagma τοῦ θεοῦ

En este punto llegamos a una de las variantes del Nuevo Testamento que no tiene una respuesta clara. La opción mayoritaria propone mantenerlo, entre claudátores para indicar que no es un dato seguro. Muchos y valiosos manuscritos lo omiten, además de autores eclesiásticos de la época patrística[177]. El dilema consiste en que debido a dicha ausencia, el criterio a seguir de manera ordinaria es la *lectio brevior*. La crítica interna apoya esta brevedad por no ser necesario explicitar, de

---

[173] Cf. R.L. OMANSON, *Textual Guide*, 378.
[174] ℵ A B C Ψ *al*. Seguimos el criterio de la SBU, A. Pitta, y A.M. Buscemi. Cf. B.M. METZGER, *Textual Commentary*, 525; A. PITTA, *Lettera ai Galati*, 210; A.M. BUSCEMI, *Lettera ai Galati*, 316.
[175] Cf. A. PITTA, *Lettera ai Galati*, 209-210; A.M. BUSCEMI, *Lettera ai Galati*, 316.
[176] Aun siendo sendas formas posibles y gramaticalmente preferible la segunda opción, nos remitimos a la crítica externa y a la opinión de gramáticos que apuestan por la primera. Cf. BDR, § 383,2; Robertson, 1012-1016; M. WINGER, «Unreal Conditions», 110.
[177] Cf. B.M. METZGER, *Textual Commentary*, 525-526.

entrada, el origen divino de las promesas[178]. Por otro lado, está la posibilidad de que la omisión sea accidental y tenga que preservarse como texto escrito del Apóstol (ℵ A C D).

Las opciones de manuscritos han sido las siguientes. Unos han omitido totalmente el genitivo divino[179]. Otro lo ha aplicado a Cristo, leyendo τοῦ χριστοῦ (104), seguramente debido a una mala interpretación de la abreviatura ΘΥ[180]. Los testigos F G proponen mantener el genitivo pero de modo adjetival, omitiendo el artículo determinado. Ante este dilema que presenta tantas variables, preferimos mantener el sintagma genitival. Primero, porque viene atestiguado por una fuerte crítica externa[181]. Segundo, por la plausibilidad de la hipótesis que sostiene que el escriba ha omitido el sintagma por mor de mayor claridad en relación con ley, ya que tampoco ésta tiene genitivo objetivo[182]. Tercero, porque mientras que algunos valoran negativamente el desequilibrio que engendra matizar el genitivo objetivo en las promesas, en el contexto de diatriba, valoramos precisamente como altamente probable el empleo de la misma determinación[183].

2.4.3 Gál 3,21: otras variantes

Ciertamente no sólo la cuestión del sintagma preposicional es problemática a nivel de crítica textual en este versículo. También se encuentran otras lecturas menores que varían, aunque no con la misma dificultad. El adverbio de modo ὄντως viene modificado por ἀληθείᾳ. Pero dicha propuesta no se sostiene frente a la opción mayoritaria porque la crítica externa viene validada sólo por dos manuscritos (F G), que además modifican también el resto de versículos de la perícopa[184].

---

[178] Cf. I. DUGANDŽIĆ, *Das «Ja» Gottes in Christus*, 213, n. 64; A. PITTA, *Lettera ai Galati*, 214-215; A.M. BUSCEMI, *Lettera ai Galati*, 317. Sendos exegetas interpretan en sentido restrictivo el genitivo teológico porque: primero, comete un *lapsus calami* al incluirlo en Gál 3,20; segundo, sugiere una dependencia de Rom 4,20; 2Cor 1,20, y tercero, al final, se conviene en juzgarla como un añadido muy antiguo y difícil de discernir.

[179] Poco apoyado por la crítica externa (P^{46} B d; Ambst), que prefiere mantenerlo.

[180] Cf. B.M. METZGER, *Textual Commentary*, 526.

[181] ℵ A C D K L P Ψ 0278. 33. 81. 365. 630. 1175. 1241. 1505. 1739. 1881. 2464 lat sy co.

[182] Cf. J.-P. LÉMONON, *L'épître aux Galates*, 127.

[183] *Pace* A. PITTA, *Lettera ai Galati*, 214; M. RASTOIN, *Tarse et Jérusalem*, 203, n.96.

[184] A.M. Buscemi desarrolla argumentos de crítica interna. Cf. ID., *Lettera ai Galati*, 317.

Finalmente una última variante es la modificación del sintagma ἐκ νόμου ἂν ἦν, sobre todo la partícula adverbial condicional[185]. Pocos manuscritos prefieren omitirla totalmente (D* 1881), e incluso el verbo, prefiriendo ἐκ νόμου (F G d). Otros la anticipan al verbo o incluso al período, cuando generalmente esta partícula ἂν es pospositiva, o bien exageran su posición posponiéndola hasta el punto de entorpecer la lectura sintáctica[186]. Otras opciones modifican el orden de las partículas en ἐκ νόμου ἦν ἂν que sólo apoya P[46] o bien cambiar la preposición por ἐν νόμῳ[187].

Preferimos la variante mayoritaria, porque las alternativas se fundamentan en que los testigos que apoyan dichas variantes son escasos, o tienen poca fiabilidad a la hora de fijar el texto mayoritario. Además, la crítica interna nos hace ver cómo en Gál 1,10 aparece la misma estructura sintáctica prefiriendo el ἂν antepuesto en la apódosis de otra afirmación hipotética irreal (Χριστοῦ δοῦλος οὐκ ἂν ἤμην).

---

[185] Cf. Robertson, 940; M. CARREZ, *Grammaire Grecque du Nouveau Testament*, §204, 6; J.-P. LÉMONON, *L'épître aux Galates*, 137.

[186] Así: ἐκ νόμου ἦν ἂν ℵ Ψ (*)·c 0278. 33. 104. 365. 630. 1175. 1739. ἂν ἐκ νόμου ἦν: D¹ K L P 0176vid. 1505.

[187] ἐν νόμῳ ἦν ἂν: P[46]; ἐν νόμῳ ἂν ἦν: B. Cf. A. PITTA, *Lettera ai Galati*, 214-215; A.M. BUSCEMI, *Lettera ai Galati*, 317.

Capítulo II

Lectura particularizada de Gál 3,19-22

1. Gál 3,19

¹⁹ Τί οὖν ὁ νόμος;
τῶν παραβάσεων χάριν προσετέθη,
ἄχρις οὗ ἔλθῃ τὸ σπέρμα ᾧ ἐπήγγελται,
διαταγεὶς δι' ἀγγέλων ἐν χειρὶ μεσίτου.

¹⁹ ¿Por qué, pues, la ley?
A causa de las trasgresiones fue añadida
hasta que llegase la semilla a la que se hicieron las promesas,
ordenada por medio de ángeles con la mano de un mediador.

En Gál 3,19-20 nos encontramos con una *crux interpretum*. La braquilogía, la *dispositio* a modo de antítesis y las breves reflexiones dejan muchos elementos sin una adecuada explicación, de manera que no queda claro si se refiere al origen o a la finalidad de la ley en el pensamiento paulino[1].

– τί οὖν. La perícopa empieza con una pregunta que se compone de un pronombre (τί), seguido de la conjunción ilativa (οὖν)[2]. El pronombre τί tiene un doble uso: pronominal o adverbial[3]. Si se concibe como

---

[1] Cf. A. PITTA, *Lettera ai Galati*, 208; D.B. WALLACE, «Galatians 3,19-21», 229; T. CALLAN, «Pauline Midrash», 549; I. DUGANDŽIĆ, *Das «Ja» Gottes in Christus*, 211, n. 54.

[2] Esta construcción es habitual en Pablo, principalmente en Rom: τί οὖν (cf. Rom 3,1.9; 4,1; 6,1.15.21; 7,7; 8,31; 9,14.[19].30; 11,5; 1Cor 3,5; 9,18; 10,19; 14,15.26; 16,11; Flp 2,1); τί ἔτι (cf. Rom 3,7; 9,19; Gál 5,11); τί γάρ (cf. Rom 3,3.4; 4,3; 1Cor 5,12; 7,16; 2Cor 12,13; Flp 1,18). Cf. Robertson, 739.1198.

[3] Cf. Gál 2,6; 4,30; 5,6.11; 6,3.15. Cf. Robertson, 736.738-739; BDAG, «τίς, τί», 1007; García-Santos, «τίς, τί», 848-849. Seguimos la discusión al respecto de Gál

pronombre, entonces debe entenderse la pregunta como si Pablo quisiese disertar sobre la esencia de la ley («¿Qué es, pues, la ley?»). En cambio, si se opta por la función adverbial sustituye a la construcción διὰ τί[4]. La casi totalidad de los exegetas prefieren traducir con este segundo sentido, interpretando que el Apóstol va a definir la funcionalidad de la ley («¿Por qué, pues, la ley?»)[5].

Mención especial merece la conjunción οὖν. Con ella la perícopa se une a la anterior y anticipa la materia que va a tratar en el versículo siguiente (función proléptica)[6]. Con esta partícula el Evangelizador de Galacia prolonga el contenido midrásico de la perícopa anterior[7], introduciendo una *amplificatio* en la que desarrolla la función de la ley en relación al cuadro soteriológico que está presentando en esta sección[8].

– ὁ νόμος. Este sintagma aparece en 32 ocasiones en el epistolario paulino. Seis de ellas seis pertenecen a nuestra carta, la mayoría a la *probatio* II[9]. La perícopa anterior (cf. Gál 3,15-18) introduce el motivo que suscita esta pregunta: la preponderancia de las «promesas de Dios»

3,19 con los siguientes exegetas: cf. F.J. MATERA, *Galatians*, 128; A. PITTA, *Lettera ai Galati*, 210; N. MORALES, «¿A Cristo por la Ley?», 21; I. DUGANDŽIĆ, *Das «Ja» Gottes in Christus*, 211.

[4] Este sintagma aparece en 4x (cf. Rom 9,30; 1Cor 6,7; 2Cor 11,1; Gál 3,19). Sobre el significado de este constructo: cf. Zorell, «τίς», 1323; Zerwick, 570; Robertson, 736.738.

[5] J.L. Martyn ofrece a este punto una breve explicación que clarifica la cuestión: «Paul sometimes uses the neuter of the interrogative pronoun *tis* to mean "what?" (1Cor 3,5; Rom 3,1), sometimes to mean "why?" (1Cor 4,7; 15,29c; 15,30). Here the Galatians will have understood the Word to mean "why?" and that is surely Paul's intention, for it is a question that inevitably follows from a number of things Paul has already said about the Law» (ID., *Galatians*, 353).

[6] Aparece 6x en Gál: cf. Gál 3,5.19.21; 4,15; 5,1; 6,10. El hecho que la mitad de las ocasiones sean en la *probatio* II indica la densidad de pensamiento que Pablo tiene que dedicar en este argumento, pues necesita con más frecuencia que en otras secciones la ilación. De todos modos, el uso de esta conjunción aquí es muy peculiar, ya que en otras referencias sirve simplemente para clausurar la perícopa, mientras que aquí la abre. Cf. A. PITTA, *Lettera ai Galati*, 297.388; A.M. BUSCEMI, *Lettera ai Galati*, 323-324. Sobre esta conjunción y su contenido ilativo: cf. Robertson, 423.

[7] M. Rastoin indica que éste es el único medio con que podía comenzar sus *probationes* tras haber usado retóricamente escenas biográficas. Cf. ID., *Tarse et Jérusalem*, 155.

[8] A. Pitta indica que, si bien es difícil matizar los límites y el contenido, se debe concluir que en Gál 3,22 se da la clausura de una temática y el inicio de otra. No obstante, A.M. Buscemi sólo percibe una mera *amplificatio digressiva*, que se extiende por toda la perícopa interpretándola como una aclaración de Gál 3,15-18. Cf. A. PITTA, *Lettera ai Galati*, 209; *pace* A.M. BUSCEMI, *Lettera ai Galati*, 318.

[9] Cf. Gál 3,12.17.19.21.23; 5,14. Cf. H. HÜBNER, «νόμος, ου, ὁ», *EWNT*, II, 1161.

sobre la ley necesita de una ulterior explicitación, para comprender la relación de ésta con la promesa y la gracia hechas a Abrahán y su descendencia. Con la expresión κεκυρωμένην διαθήκην Pablo ha introducido un elemento propio del ámbito jurídico. Hace una analogía entre la alianza del Sinaí y el testamento de un difunto, que queda completada en Gál 3,17b cuando expone cómo la ley, cronológica y teológicamente posterior, no anula ni invalida las promesas. Prosigue la argumentación exponiendo cómo Abrahán recibe la gracia de Dios por la promesa: τῷ δὲ Ἀβραὰμ δι' ἐπαγγελίας κεχάρισται ὁ θεός (Gál 3,18b)[10]. Pero entonces queda pendiente la cuestión de la ley: Pablo ha introducido la teología de las promesas, pero no concreta en qué consiste y cómo actúa.

El contenido semántico del término νόμος es muy variado en el Apóstol[11]. Inicialmente lo emplea a modo de metonimia para todo el Antiguo Testamento[12]. Esto ya manifiesta una doble relación con su ambiente. Asume los elementos de continuidad veterotestamentarios, lo cual se muestra abiertamente en todos sus escritos, y también supone una cierta ruptura con una tendencia a dotar de cierto «carácter de preexistencia»[13] o de personalidad cuasi-autónoma a la misma ley.

Un segundo significado es «teo-lógico»[14]. Eso se aprecia por el empleo del *passivum divinum* en la primera sección. Éste implica al ser humano en su vertiente de moral fundamental, pues debe escucharla (cf. Gál 3,2-5), y en su moral práctica, pues de lo que obra el hombre de eso vive: de la ley o de la fe (cf. LXX Lv 18,5; Gál 3,12). Ambas vertientes definen al hombre en su relación con Dios: los que son «de la

---

[10] El trasfondo bíblico es Ex 20,1; Dt 5,1-5. Mayores detalles ofrece: cf. J. BEHM, «κυρόω», *ThWNT*, III, 1098.

[11] Hasta finales del s. I d.C. se daba de νόμος en ámbito judaico. Por un lado está el sentido profano (cf. *B.J.*, 3,370; 4,382; 5,123-124.367; *A.J.*, 16,277); por otro el sentido religioso, que recoge el sentido peyorativo de indicar al hombre su condición de pecador, y también su aspecto positivo: procurar una vida complaciente a Dios (cf. 4Esd 9,36-37; *A.J.*, 3,213). Cf. H. KLEINKNECHT – W. GUTBROD, «νόμος», *ThWNT*, IV, 1042-1043; D. MUÑOZ LEÓN, «Libro IV de Esdras. Introducción», 318-319.

[12] Cf. BDR, § 258, 2; H. KLEINKNECHT – W. GUTBROD, «νόμος», *ThWNT*, IV, 1040.1061.1062.

[13] Cf. H.-H. EßER – F. AVEMARIE – K. HAACKER, «νόμος», *TBLNT*, 635.

[14] Es en Rom cuando desarrollará más este aspecto, afirmando explícitamente que la ley es «de Dios», porque ha sido dada por Él y coincide con su voluntad (cf. Rom 7,14.22.25; 8,7), aunque también hay ocasiones en que esa relación es implícita (cf. Rom 3,19; Gál 3,10; 4,21). Cf. H. KLEINKNECHT – W. GUTBROD, «νόμος», *ThWNT*, IV, 1040.1042.1062; H.-H. EßER – F. AVEMARIE – K. HAACKER, «νόμος», *TBLNT*, 634.

fe» (cf. Gál 3,7) y los que son de «las obras de ley» (cf. Gál 3,10). En este sentido, Gál 3,11 discute sobre la versión de la Escritura que el Apóstol opera. Ahora bien, no debemos olvidar que el interés de Hab 2,4 en la hermenéutica paulina radica en el cambio de pronombre personal en la citación, para poner el acento en el fiel, en la cualidad de su vida de fe y en sus consencuencias[15].

Un tercer contenido semántico es el histórico-religioso. Pablo entiende la ley como aquella institución vinculada con el mediador Moisés, cuya finalidad es marcar los criterios de ingreso y participación en el Pueblo de Israel. En cambio, el Apóstol propone un diseño conceptual de ley, que incluye una capacidad dinámica y articulada de relación con el evento pascual de Cristo[16].

Finalmente, remarcamos la ausencia del verbo principal (ἐστίν) en una construcción que sintácticamente la requiere, generando una aliteración sobre la base del sonido /n/. Además, alinea su pregunta dentro de una literatura de orden proverbial, de modo que la frase propone directamente al auditorio el centro de interés: la relación de la ley con las «promesas de Dios»[17].

– τῶν παραβάσεων. A continuación, viene la triple respuesta articulada con un verbo principal (προσετέθη) y una proposición subordinada[18]. La oración principal no empieza con el sujeto elidido[19] sino con el complemento causal: «a causa de las transgresiones»[20]. Con la anástrofe, Pablo introduce *ex abrupto* el término παράβασις, poniendo de manifiesto el elemento antropológico negativo: el ser humano frente a Dios prevarica, transgrede. Sin embargo, no se debe confundir la causa con el origen: el origen de la ley vendrá explicitado posteriormente (cf. Gál

---

[15] Cf. H.-H. EßER – F. AVEMARIE – K. HAACKER, «νόμος», *TBLNT*, 634; H. KLEINKNECHT – W. GUTBROD, «νόμος», *ThWNT*, IV, 1040.1042.1062.1064; A. JEPSEN, «אמן», *ThWAT*, I, 343. Podríamos decir que Pablo, partiendo del contacto con el mundo espiritual helenístico, lo integra dentro de una visión de conjunto intelectual y sapiencial, con un elemento unificador: la escatología. De este modo resitúa también la ley.

[16] Cf. H. KLEINKNECHT – W. GUTBROD, «νόμος», *ThWNT*, IV, 1063-1067; BDAG, «νόμος, ου, ὁ», 677; H.-H. EßER – F. AVEMARIE – K. HAACKER, «νόμος», *TBLNT*, 635.

[17] Sobre la elisión del verbo copulativo: cf. BDR § 127,3.6; 480,9. Por otro lado, A. Pitta interpreta que el verbo sobreentendido es προσετέθη. Cf. ID., *Lettera ai Galati*, 210-211.

[18] *Pace* R.N. LONGENECKER, *Galatians*, 138, que distingue cinco respuestas, y también *pace* J.L. MARTYN, *Galatians*, 354, que distingue cuatro.

[19] Cf. Robertson, 391; BDR, § 129,2.

[20] Cf. H.-H. EßER – F. AVEMARIE – K. HAACKER, «νόμος», *TBLNT*, 635.

3,19cd). En cambio, la relación precisa entre las transgresiones y la ley la explica con la preposición siguiente.

– χάριν. Preposición impropia y pospositiva[21], con ella el Apóstol indica que las transgresiones humanas son la causa por la que la ley viene a añadirse posteriormente a las promesas[22]. Esta expresión manifiesta el valor grave de las transgresiones de los hombres, haciendo que sean más conscientes de su debilidad. Para ello la ley las amplifica. En definitiva, Pablo afirma que la ley no ha sido añadida a las «promesas de Dios» para evitar las transgresiones, sino para esclarecer la maldad de las acciones humanas, que no cumplían las prescripciones y disposiciones divinas[23].

– προσετέθη. Nos hallamos ante un *hapax legomenon* en Pablo, que conjugado en aoristo pasivo se sitúa en la esfera del pasivo divino, dejando entrever a Dios como autor, de manera perifrástica[24]. La riqueza semántica de este término se manifiesta en sus múltiples usos en el Nuevo Testamento, sin excluir reminiscencias semíticas, sobre todo en lo que se refiere a la reiteración de una acción[25]. En Gál 2,6 lo utiliza en su sentido natural y propio, referido a «los que parecían ser algo». En Gál 3,19b nos encontramos con que la ley viene definida primero por una limitación causal (las transgresiones), y después por una limitación

---

[21] Gramaticalmente tienen cabida dos significados comunes: finalidad y causalidad. De manera más débil esta preposición puede decirse a modo de *dativus commodi* o como una manera impropia para indicar la temática de algún asunto. Cf. Robertson, 553.647; BDR § 216; Zorell, «χάριν», 1435; BDAG, «χάριν», 1078-1079.

[22] Cf. A.M. BUSCEMI, *Lettera ai Galati*, 325; J.-P. LÉMONON, *L'épître aux Galates*, 135.

[23] Cf. Zorell, «παράβασις», 983; J. SCHNEIDER, «παράβασις», *ThWNT*, V, 736. Comentan su aplicación a nuestra perícopa: cf. I. DUGANDŽIĆ, *Das «Ja» Gottes in Christus*, 212; M. RASTOIN, *Tarse et Jérusalem*, 158.

[24] *Pace* D.B. WALLACE, «Galatians 3,19-21», 235.

[25] El verbo en su sentido natural significa añadir, sobreponer a lo que ya hay, con un matiz positivo de beneficio (cf. Mt 6,33; Lc 12,31; 17,5). Tiene equivalencias hebraicas: a.) traduce el adverbio עוֹד; b.) perífrasis verbales reiterativas con יָסַף; c.) en la expresión técnica de «reunirse con sus padres» (cf. Hch 13,36); d.) aspecto durativo cuando va seguido de un infinitivo (cf. Lc 19,11); e.) marca un evento que inmediatamente acontece (cf. Hch 12,3). Todo ello viene apoyado por el uso que LXX hace de dicha palabra para traducir construcciones del texto hebreo. También posee un matiz de colectividad en cuanto que añade un elemento a un conjunto ya preestablecido. Algunos han afirmado que Pablo evoca a la escena del becerro de oro (cf. Ex 32,1-35), cuando Moisés tuvo que añadir unas segundas tablas a las que destruyó con el ídolo. Nos parece forzado. Cf. BDAG «προστίθημι», 885; C. MAURER, «προστίθημι», *ThWNT*, VIII, 169. En esta línea anota J.L. Martyn: cf. ID., *Galatians*, 354, n. 200.

temporal: la llegada de la semilla, es decir, de la descendencia a quien se dirigen las promesas[26].

– ἄχρις οὗ ἔλθῃ. La segunda respuesta articulada empieza con esta proposición subordinada temporal. Ésta depende totalmente de la anterior, tanto sintáctica como conceptualmente. Informa de que la limitación causal no es el único referente en la relación entre la ley y las «promesas de Dios», sino que también está la caducidad misma de la ley. Para ello, el autor emplea la preposición impropia ἄχρις οὗ. Se construye con ἄν o con οὗ, aunque a veces aparece sin la partícula ἄν o bien con οὗ como en nuestra perícopa[27]. Habitualmente pide modo indicativo (cf. Ap 2,25; 17,17), sin embargo aquí se encuentra con subjuntivo[28], ligado a ἔλθῃ (aoristo activo de subjuntivo) y subordinado a προσετέθη. En resumen, Pablo introduce una circunstancia de tiempo que reduce el radio de acción de la ley y su añadidura en el plan soteriológico de Dios. Este plan es el eje de la salvación en las promesas, enunciadas en Gál 3,14, aplicadas al Espíritu y referidas a Cristo en Gál 3,15. Además pueden tener como trasfondo la bendición de Jacob a Judá releída en clave mesiánica (cf. LXX Gn 49,10)[29].

– τὸ σπέρμα. Este vocablo tiene 17 frecuencias en el epistolario paulino, de las cuales cinco aparecen en la *probatio* II de Gálatas[30]. Anunció el autor este término bíblico veterotestamentario en Gál 3,16, interpretado en clave mesiánica: Καὶ τῷ σπέρματί σου, ὅς ἐστιν Χριστός. Inicialmente su sentido natural hace referencia a la semilla vegetal,

---

[26] Cf. C. MAURER, «προστίθημι», *ThWNT*, VIII, 169.

[27] Esta conjunción subordinante puede tener varias funciones: temporal, modal, espacial. En el NT se usa como preposición y como conjunción, infiriendo a la acción indicada por el verbo una modalidad temporal, como es nuestro caso. Una perspectiva diversa pero interesante es la de A.M. Buscemi. Según él, el Apóstol prosigue con el estilo braquilógico, de modo que con esta locución adverbial esboza lo que gramaticalmente sería más preciso: ἄχρις τοῦ χρόνου ᾧ, estableciendo ya el horizonte futuro en el que concluirá el período de actividad de la ley. De hecho se puede intuir una inclusión con Gál 3,17b donde se define a la ley con otra característica de tiempo, de manera que el autor apostólico tiene en mente su caducidad. Cf. LSJ, «ἄχρι», 297-298; Thayer, «ἄχρι», § 931; BDR §§ 383,1; 455,3; S. WESTERHOLM, «Law in the NT», 598. La trabajan en nuestro contexto: cf. A.M. BUSCEMI, *Lettera ai Galati*, 327; S. WESTERHOLM, «Law in the NT», 598.

[28] Cf. Robertson, 974-975; BDR § 216; 313,2.

[29] Cf. G.M. SASS, *Leben aus den Verheißungen*, 305; M. RASTOIN, *Tarse et Jérusalem*, 208.

[30] En Rom (9x): 1,3; 4,13.16.18; 9,7ab.8.29; 11,1. En 1–2Cor (3x): 1Cor 15,38; 2Cor 9,10; 11,22. En las pastorales aparece una sola vez: 2Tim 2,8. Finalmente en Gál: 3,16 [3x].19.29.

aunque también puede referirse al mundo animal, cuando se habla del semen o de la descendencia, en un sentido sinecdóquico y social. Otro nivel de comprensión es el «abstracto», cuando el autor desea remitirse al universo de los principios, causas y elementos fundamentales de la realidad presente. Un penúltimo nivel consiste en la aplicación antropológica, cuando se hace referencia a la biología masculina. Por último, también está la sinécdoque cuando se aplica a los hijos o a la descendencia familiar[31].

Estos diversos niveles semánticos se usan al servicio de la retórica y la lógica argumental, llegando a ser incluso estereotipos de expresión[32]. El uso religioso los ha reelaborado con una triple consideración: primero, con una dimensión ética en la que de modo didáctico-parenético se refiere a las obras antropológicas, hechas en presencia de Dios y con un valor moral (cf. Is 1,4; 14,20; 57,3-4; Jr 2,21; 4,3; Sal 37,28)[33]. Segundo, con un valor antropológico, es decir, cuando expresan la descendencia directa por vía de consanguineidad, excluyendo otros criterios de inclusión social en una familia (cf. 2Sm 7,12). Tercero, con una antropológica social en la que colectivamente se atiende al Pueblo creyente de modo metonímico como una unidad[34].

---

[31] En el mundo hebraico, σπέρμα traduce habitualmente al homólogo זֶרַע, que contiene también los niveles agrícola y fisiológico que hemos visto en la terminología griega, sin descuidar el antropológico (hijos y descendencia). Además tiene una novedad de contenido de carácter orgánico-funcional dentro de un grupo étnico: bien sea en virtud de sus componentes que activamente actúan al unísono (cf. LXX Is 57,3-4), o también cuando se considera bajo la idea de futuro y de totalidad de una especie viva (cf. LXX Gn 3,15.20). Para mayores indicaciones sobre el término: cf. S. SCHULZ – G. QUELL – H. KÖSTER, «σπέρμα», ThWNT, VII, 537-539. Para su aplicación al ámbito del epistolario paulino: cf. S.N. BRODEUR, *The Holy Spirit's Agency*, 70-80.

[32] No compartimos la negativa ante la dimensión retórica que tiene este término, dejándolo todo a la espontaneidad de una experiencia vivida y fijada en una imagen. De hecho en LXX son más de 200 las ocasiones a las que se recurre a este término. Los referidos directamente a Abrahán son: LXX Gn 12,7; 13,15; 15,18; 17,8.19; 22,18; 24,7; 28,4; Ecclo 44,19. Por ello, ya el mero hecho estadístico nos indica la necesidad de un argumento más sólido y preciso que explique la relación metonímica entre «semilla» y «descendencia» en sentido antropológico. Pace S. SCHULZ – G. QUELL – H. KÖSTER, «σπέρμα», ThWNT, VII, 539.

[33] Cabe recordar la aplicación al NT, sobre todo el ejemplo del grano de trigo como parábola del evento de la resurrección de Cristo y de los fieles (cf. Jn 12,24; 1Cor 15,38). Cf. U. KELLERMANN, «σπέρμα, ατος, τό § 1», EWNT, III, 630-631.

[34] Cf. Lv 11,37; Is 6,13; Jr 2,21; Mal 2,15; Esd 9,2; Sab 14,6. Para una mayor concreción del término y su trasfondo hebraico: cf. U. KELLERMANN, «σπέρμα», ThWNT, VII, 541-544; R.A. PYNE, «The "Seed"», 214.

En el *corpus* paulino no se excluye el sentido propiamente vegetal (cf. 1Cor 15,38; 2Cor 9,10), pero Pablo prefiere el antropológico-sociológico, refiriéndolo a la descendencia de Abrahán, Isaac o David[35]. Tipológicamente, es decir, retórico-simbólicamente[36], lo aplica en Gál 3,29 a Cristo, en la conclusión del último argumento de la sección retórica, entre la *probatio* y la *peroratio*[37].

En relación con Abrahán, σπέρμα define a Israel, en cuanto portador elegido de la promesa, y lo distingue como semilla auténtica, a la luz de otra imagen de Isaías: la del resto de Israel que cree en el Señor (cf. LXX Is 1,9; 10,10; 11,11). Generalmente Pablo amplia esta categoría a todos los creyentes haciendo de la fe de Cristo Jesús el único elemento de admisión a dicho estatus soteriológico (cf. Rom 4,16.18; 9,7; Gál 3,29). Pablo también se incluye en este estatus soteriológico, aplicándose el título veterotestamentario de hijo de Abrahán como identificación etnicorreligiosa, siendo ésta una categoría teológica[38]. Porque, en efecto, es en virtud de que la Escritura habla de Cristo como semilla de Abrahán, que el creyente puede participar también de esta realidad mesiánica, siendo también éste hijo auténtico del patriarca. Así lo afirma el Apóstol en la «*propositio* menor» (cf. Gál 3,6-7.16.19). En definitiva, la referencia de Cristo tiene una dimensión colectiva, por la cual la vinculación con Él es la condición que posibilita formar un solo cuerpo[39].

Finalmente, Pablo recupera esta imagen evocándola en Gál 6,6-10, cuando desarrolla en clave ética la alegoría de la siembra[40]. Sembrar y

---

[35] Cf. S. SCHULZ – G. QUELL – H. KÖSTER, «σπέρμα», *ThWNT*, VII, 545.

[36] «Von hier aus ist die „typologische Semantik" der Geschichtsdeutung verständlich: ein geschichtlicher (oder als geschichtlich gedachter) Vorgang, eine geschichtlich gedachte Person können semantisches Symbol (τύπος, *figura*) einer zukünftigen (meist umfassenderen, wichtigeren) geschichtlichen oder sogar eschatologischen Vorgangs oder einer entsprechenden Person (etwa des Messias) werden» (Lausberg, § 204).

[37] Cabe también una interpretación mesiánica de las promesas veterotestamentarias en Pablo. Cf. C.G. WHITSETT, «Son of God», 667-668; R.A. PYNE, «The "Seed"», 213-216.

[38] Cf. U. KELLERMANN, «σπέρμα, ατος, τό», *EWNT*, III, 632; R. PENNA, *Lettera ai Romani*, 659.

[39] Cf. W. PRATSCHER – W. BUB, «σπείρω», *TBLNT*, 1528.

[40] *Pace* A. PITTA, *Lettera ai Galati*, 374, cuando define la sección como una mera metáfora. Creemos que es más preciso usar «alegoría», ya que no se limita Pablo simplemente a enunciar una relación entre dos términos: uno real y otro imagen, sino que desarrolla dicha relación en más de un aspecto. Para la definición y el alcance retórico de la alegoría: cf. Lausberg, §§ 895-901.

cosechar dibujan los dos estadios de la vida del creyente: la coherencia ético-comunitaria del fiel en la vida presente, y la recompensa escatológica, descrita como «recoger del Espíritu» (cf. 1Cor 9,11; 15,36-44; 2Cor 9,6.10)[41].

– ᾧ ἐπήγγελται. A nivel sintáctico, Pablo baja otro grado en la subordinación de manera breve y se ciñe a la descripción del sustantivo neutro σπέρμα, antecedente del pronombre relativo ᾧ. Además, el Apóstol abandona rápidamente este dato para seguir con la descripción de la ley, ya que su intención es explicar por qué ha sido añadida a la dinámica teológica de las «promesas de Dios».

El verbo ἐπαγγέλλω significa declarar algo con el compromiso de llevarlo a cabo. En el Nuevo Testamento generalmente este término se refiere a Dios[42]. La ἐπαγγελία se mueve, en su sentido original, dentro del ámbito de los preceptos, ya que habitualmente se utilizaba para describir los mandatos del superior militar. También tenía matices como confesar alguna afirmación, e incluso dar ofrendas personales o solicitudes a otras personas[43]. En nuestro texto, el matiz es básicamente modal: el σπέρμα no es objeto de promesas, sino que es el sujeto que recibe el contenido de las promesas[44]. Así pues, el σπέρμα recibe el anuncio del cumplimiento de las disposiciones que Dios ha hecho a Abrahán (cf. Gál 3,16). Conviene tener en cuenta que, en toda la explicación, Pablo nunca llega a definir la abrogación de la ley; sólo habla de sus funciones, no de su esencia. Por ello, la ley aún sigue contando después de la llegada del σπέρμα. Esto lo confirma en Gálatas y luego en Romanos (cf. Rom 3,31; Gál 5,14; 6,2)[45].

A nivel retórico, Pablo reintroduce brevemente un contenido midrásico tratado ya en la diatriba (cf. Gál 3,8.14) por medio de ἐπαγγέλλω. Éste forma parte del campo semántico jurídico y trata de la veracidad de Dios, que hace de testigo de sí mismo cuando realiza a Abrahán las promesas (cf. Gn 12,3; 17,8; 18,18)[46]. Hay que añadir que, con la inclusión de esta proposición, queda más claro el contrapunto que el Tarsio-

---

[41] Cf. A. LEMAIRE, «Semailles», *DEB*, 1187.
[42] Cf. Hch 7,5; Rom 4,21; Tit 1,2; Heb 10,23; 11,11; 12,26; 1Jn 2,25; Sant 1,12; 2,5. Cf. BDAG, «ἐπαγγελία», 356.
[43] Cf. LSJ, «ἐπαγγελία», 602; J. SCHNIEWIND – G. FRIEDRICH, «ἐπαγγέλλω», *ThWNT*, II, 573-576.
[44] Cf. A.M. BUSCEMI, *Lettera ai Galati*, 327; pace R.N. LONGENECKER, *Galatians*, 139; G.M. SASS, *Leben aus den Verheißungen*, 305.
[45] Cf. A. PITTA, *Lettera ai Galati*, 212.
[46] Cf. J.L. MARTYN, *Galatians*, 355.

ta quiere intensificar: la función claramente «negativa» de la ley, su misión de denuncia, que vige hasta la llegada del descendiente y con el cual se realizarán las «promesas de Dios». La dinámica sintáctico-retórica invita a considerar cómo concluye la primera idea: la ley tiene un comienzo y tiene una clausura, marcada por el σπέρμα. En efecto, cuando se debe dar repuesta teológica a las transgresiones humanas viene la ley; pero dicha venida, que es una añadidura posterior lógica, cronológica y teológica, tiene un vencimiento en la llegada del σπέρμα, que es Cristo. La construcción sintáctica de los períodos es braquilógica y difícil de interpretar *prima facie*, ya que nos encontramos con el tercer grado de subordinación, constituido por el sintagma que estamos analizando. El objeto del mismo es definir una vez más quién es el σπέρμα, ya no tanto desde la cristología (mesiánica, jesuánica o eclesial), sino desde su relación con las promesas que Pablo ha introducido en Gál 3,14-16[47].

Otra dinámica retórica del sintagma es la inclusión por antítesis. Mientras que la ley ha sido añadida posteriormente, a causa de que había transgresiones contra Dios (cf. Gál 3,17.19bc), las promesas divinas, en cambio, fueron hechas a Abrahán. Este hecho se da es un horizonte claramente positivo (cf. Gál 3,16a), y por ello es también el patriarca quien tendrá su función a la hora de entender el sentido y validez de la ley (cf. Gál 3,19c).

El panorama que nos ofrece hasta ahora la aparición del verbo ἐπαγγέλλω muestra la centralidad de la idea teológica de «las promesas de Dios» como *Leitmotiv* de nuestra perícopa y de la primera parte de la *probatio* II:

a.) Dios realiza las promesas a Abrahán y a su σπέρμα (cf. Gál 3,17a)
b.) Viene la ley (cf. Gál 3,17bc-18):
    α.) Eje cronológico: pasados 430 años.
    β.) Eje relacional: no anula las promesas.
    γ.) Sometimiento al régimen teológico de las promesas.
a.') Función de la ley, perífrasis con *passivum divinum* (cf. Gál 3,19):
    α.) Motivo: las transgresiones de los hombres.
    β.) Eje cronológico: la llegada del σπέρμα.
    γ.) Cláusulas de ejecución: mediación angélica.

Los desarrollos argumentales que Pablo realiza aquí referentes a la ley, pese a ser largos, no son el centro del mensaje que quiere comuni-

---

[47] Cf. A. VANHOYE, *Lettera ai Galati*, 98-99.

car: no marcan ni el ritmo ni el tenor de la *argumentatio*, conforman una *digressio*. Estos pretenden esclarecer el horizonte teológico en el que Dios establece las promesas: la fe de Cristo Jesús, según se define en Gál 3,6-7. Como elemento, a nuestro juicio secundario pero también presente, hallamos una gran *digressio* que tiene como objeto argumentar la difícil afirmación hecha en Gál 3,19b: que la ley tiene como causa la presencia de las transgresiones[48]. Por ello una vez argumentada con dos proposiciones la función de la ley temporal y condicionada, el Apóstol prosigue con la *argumentatio*, desarrollando las tres cláusulas con que Dios la ha establecido.

– διαταγείς. Con este participio aoristo pasivo comienza una nueva proposición subordinada cuyo verbo principal sigue siendo προσετέθη. Es una tercera idea con dos elementos cruciales: la mediación angélica y la función del μεσίτης. Contextualmente, nos encontramos de nuevo con el ambiente jurídico-forense aunque no se abandone el trasfondo midrásico de las perícopas anterior y posterior. Semánticamente, el verbo διατάσσω es un término que conecta con ἐπιδιατάσσεται y con κυρόω de Gál 3,15[49]. Pablo introduce esta clave de comprensión de la ley del Sinaí, proponiendo componentes análogos de la jurisprudencia profana, aplicándolos a un ámbito superior, porque el curador de esta alianza es Dios: διαθήκην προκεκυρωμένην ὑπὸ τοῦ θεοῦ (Gál 3,17b)[50]. Ciertamente este uso de términos que pertenecen a un ámbito tan estricto denotan un empleo ornamental muy elevado y refinado[51]. En el epistolario paulino adopta un significado eminentemente dispositivo, a saber: dar instrucciones específicas sobre un tema en orden a que se ejecuten. También tiene el matiz de reglamentar un aspecto de la vida comunitaria, tanto el culto (cf. 1Cor 11,34) como las relaciones sociales fuera de la iglesia (cf. Rom 13,2; 1Cor 7,17). En nuestro contexto, describe cómo la ley ha sido comunicada a los hombres.

Nace aquí una segunda *crux interpretum* en relación con el sentido del *quaesitum* de Gál 3,19a[52]. El mediador en la colación de la ley queda en la penumbra, hasta el punto de poder afirmar que es Pablo mismo quien no desea clarificar el origen divino de la misma, sin negar el dato «dogmático», claramente afirmado en el Antiguo Testamento (cf. Ex 32,16). A este personaje le siguen otros: los ángeles. Entre ambos es

---

[48] Cf. M.A. KRUGER, «The Law», 319.
[49] Cf. R.B. HAYS, «The Letter to the Galatians», *NIB*, XI, 267.
[50] Cf. J. BEHM, «κυρόω», *ThWNT*, III, 1098; A. PITTA, *Lettera ai Galati*, 212.
[51] Cf. T. CALLAN, «The Style of Galatians», 497-500.
[52] G. DELLING, «διατάσσω», *ThWNT*, VIII, 35.

donde Pablo sitúa la actividad específica del don de la ley a Israel, que viene descrita como «disposición» (διατάξις).

– δι' ἀγγέλων. El sustantivo ἄγγελος define a los personajes de los que Pablo hace depender la actividad dispositiva de la ley[53]. Aparecen en los relatos veterotestamentarios y por ello Pablo los introduce en su reflexión teológica[54]. En efecto este sintagma muestra cómo la ley fue consignada con la cooperación de dos entidades no directamente divinas al pueblo de Israel, lo cual también es un dato de trasfondo judío (cf. Hch 7,38.53)[55]. Sin embargo, dentro de la dinámica argumental de Gálatas, estos personajes aminoran aún más el valor de la ley. De este modo, mientras que el pasivo divino identifica a Dios como autor, lo hace de manera elíptica, ya que los ángeles son seres inferiores a Él[56].

En la argumentación no queda clara la función de estos ángeles. Por ello, dicho margen ha dado lugar a varias opiniones entre los exegetas. Por un lado, está la opinión positiva sobre ellos, considerándolos como un elemento de exaltación de la misma ley[57]. Por otro lado, está también la visión negativa de los mismos, evitando desarrollar excesivamente personajes secundarios de la revelación de Dios[58]. Esta segunda

---

[53] Puede llegar a tener un uso adjetival. En 1Cor 13,1, Pablo identifica el lenguaje místico como un lenguaje «de ángeles», referido al mundo trascendente, evitando el empleo del Nombre divino, por respecto religioso. Cf. I. BROER, «ἄγγελος, ου, ὁ», *EWNT*, I, 34.

[54] Para la amplia aparición de estos personajes en el AT, así como en el judaísmo: cf. W. GRUNDMANN – G. VON RAD – G. KITTEL, «ἄγγελος», *ThWNT*, I, 74-81.

[55] Cf. J. JEREMIAS, «Μωυσῆς», *ThWNT*, IV, 870, n. 210); J.A. FITZMYER, *Acts of the Apostles*, 389;

[56] Efectivamente el texto en sus diversas variantes incluye los elementos que se refieren a la revelación de Dios en el Sinaí en el momento de comunicar su ley. La tradición targúmica alejandrina explicita a partir del texto la angelología. El judaísmo palestinense acentúa el coro de los ángeles que contempla cómo Dios entrega la ley a Moisés. De todos modos, la dificultad permanece y también las diversas opciones de lectura. Cf. W. GRUNDMANN – G. VON RAD – G. KITTEL, «ἄγγελος», *ThWNT*, I, 84; C. MCCARTHY, *Deuteronomy*, 155*-156*; D.L. CHRISTENSEN, *Deuteronomy 21,10–34,12*, 836-837; C. DEN HERTOG – A. LABAHN – T. POLA, «Deuteronomion», I, 598; R.N. LONGENECKER, *Galatians*, 139-140; F.J. MATERA, *Galatians*, 128; R. LE DÉAUT, *Targum du Pentateuque*, IV, 284, n. 5; I. DUGANDŽIĆ, *Das «Ja» Gottes in Christus*, 213.

[57] Sobre todo si se tiene en cuenta la valoración positiva de Hch 7,38. Cf. W. GRUNDMANN – G. VON RAD – G. KITTEL, «ἄγγελος», *ThWNT*, I, 82. Aplicado a nuestro contexto: cf. A. PITTA, *Lettera ai Galati*, 212-213; R.N. LONGENECKER, *Galatians*, 140; A.M. BUSCEMI, *L'uso delle preposizioni*, 38, n. 142.

[58] A modo de ejemplo están G. Klein y H. Hübner: cf. M. BACHMANN, *Antijudaismus im Galaterbrief*, 69; F.J. MATERA, *Galatians*, 128.

opción es consentánea con la tendencia teologizante y cristologizante de nuestro autor que, en esta *probatio*, prefiere minimizar la ley frente a las «promesas de Dios». En este caso, lo hace interponiendo la intervención de mediadores angélicos y distanciando gramatical y sintácticamente la institución de Dios.

Destacamos, en segundo lugar, el empleo de la preposición διά + genitivo, construcción que aparece 17 ocasiones en esta carta[59] y que marca la circunstancia en que debe entenderse la actividad de los ángeles en relación con la ley. Hay cuatro traducciones posibles[60]: la de mediación intrínseca (cuasiespacial), la de duración, la de causalidad eficiente y la de mediación instrumental[61]. Esta última puede significar «por medio de ángeles», o bien, de modo más directo, «por intervención de ángeles»[62]. Cabe añadir, finalmente, la posibilidad de que esté supliendo al complemento agente[63], lo que consideramos como una postura demasiado radical. El dilema debe entenderse en el epistolario paulino en el sentido de que el Apóstol no niega que el autor de la ley sea Dios, sino que además podría admitir un cierto grado de cooperación (cf. Hch 7,53)[64].

En definitiva, preferimos la interpretación impropia del sintagma, la que apoya que Pablo no define una cooperación «real» y «directa» de los ángeles en el don de la ley. Consistiría en un giro lingüístico que pretende mantener la afirmación teológica fundamental de la ley. Para ello propone, en este caso, personajes intermedios. Así pues, el autor

---

[59] Cf. Gál 1,1ab: δι' ἀνθρώπου; διὰ Ἰησοῦ Χριστοῦ καὶ θεοῦ πατρός; 1,11: δι' ἀποκαλύψεως Ἰησοῦ Χριστοῦ; 1,15: διὰ τῆς χάριτος αὐτοῦ; 2,1: διὰ δεκατεσσάρων ἐτῶν; 2,16: διὰ πίστεως Ἰησοῦ Χριστοῦ; 2,19.21: διὰ νόμου; 3,14.26: διὰ τῆς πίστεως; 3,18 (=4,23): δι' ἐπαγγελίας; 4,7: διὰ θεοῦ; 5,6: δι' ἀγάπης; 5,13: διὰ τῆς ἀγάπης; 6,14: δι' οὗ. Cf. A.M. BUSCEMI, *L'uso delle preposizioni*, 17.

[60] a.) «ordenada [la ley] a través [localmente] de ángeles...»; b.) «ordenada durante [en el tiempo de actividad] de ángeles»; c.) «ordenada por mediación de ángeles»; d.) «ordenada al modo de los ángeles». Descartamos el sentido precativo por la obviedad del contexto, cf. BDR § 223; Robertson, 580-584; «διά», BDAG, «διά», 223-225.

[61] Cf. W. GRUNDMANN – G. VON RAD – G. KITTEL, «ἄγγελος», *ThWNT*, I, 85; D.B. WALLACE, «Galatians 3,19-21», 433.

[62] Cf. A. OEPKE, «διά», *ThWNT*, II, 65.

[63] Según nuestra opinión, descartamos que el empleo del complemento agente sea sintácticamente correcto (esto es, ὑπό + genitivo), aunque aparezca 6x en Gál (cf. Gál 1,1.11; 3,17; 4,9; 5,11). Cf. BDR § 232,2. Aplicado a nuestro contexto: cf. D.B. WALLACE, «Galatians 3,19-25», 235.

[64] Cf. A. OEPKE, «διά», *ThWNT*, II, 65, n. 6. En parte el exegeta alarga demasiado la lectura de Gál 3,21 puesta como ejemplo de afirmación de origen divino de la ley, ya que en ningún momento se menciona tal dogma.

evita referencias explícitas y directas al Señor, elidiendo el Nombre sagrado[65]. Además, lo mantiene alejado de la ley, dejándolo del lado de las promesas, que son la realidad teológica que Pablo desea remarcar, como se verá en Gál 3,21a[66].

– ἐν χειρὶ μεσίτου. El término יָד («mano») adquiere con la preposición ב un significado diverso[67]. Cuando va acompañado de genitivo significa que la acción descrita por el verbo se realiza «por obra o fuerza de alguien» (cf. Jue 6,36; 15,18; Is 53,10)[68]. También puede definirse con la expresión «por medio de» aplicada a embajador. En griego koiné sería con un acusativo, mientras que en hebreo usa ב de objeto directo con sentido de instrumentalidad (cf. Ex 9,35; 35,29; Lv 8,36; 10,11; Ag 1,1; Zac 7,12)[69]. En este constructo el sustantivo pierde su sentido propio y simplemente refuerza a la preposición[70]. En nuestro texto el matiz de la instrumentalidad es importante, ya que en los textos bíblicos se aplica a la revelación de Dios por medio de profetas: Él habla «en la mano» de sus siervos. De modo más específico, esta locución se puede ya casi definir como expresión técnica para referirse a Moisés o a un profeta[71]. En el uso griego, tiene un tenor más bien metonímico, significando mediación y cooperación con la actividad descrita por un verbo principal[72]. En definitiva, a la luz del contexto, debemos concluir

---

[65] Cf. J. JEREMIAS, «Μωυσῆς», ThWNT, IV, 870, n. 209; G. BIGUZZI, «Angeli», TTB, 44.

[66] Cf. J.-P. LÉMONON, L'épître aux Galates, 136.

[67] Prefijo monoconsonántico que cumple función de preposición. Éste varía en su vocalización según las normas habituales de hebreo. Habitualmente significa lugar («en»), aunque también tiempo, contacto, compañía. Además puede indicar instrumentalidad en una acción o identidad de dos realidades, absoluta o relativa a algún concepto (p.ej. premio o el precio); participación y estado anímico del sujeto; esencia y esfera de acción del verbo a quien complemente. Notamos además como dicha dimensión adquiere fuerza sobre todo cuando se pone en relación con el verbo. Cabe señalarque a veces cumple la función de indicador del objeto directo (sobre todo cuando se refiere a un instrumento), incluso en las construcciones pasivas. Cf. Zorell – Vogt, «ב», 92-93; Joüon, §§ 103 b; 125 m; 132 e; 133 c; BDB § 975; HAT, § 913.

[68] Cf. Zorell – Vogt, «יד», 293.

[69] Para las acepciones propias del griego bíblico neotestamentario en general y en Gál sobre la preposición ἐν: cf. A.M. BUSCEMI, L'uso delle preposizioni, 56-68.

[70] Otras modalidades de esta locución pueden ser: el sentido literal «estar dentro de la mano», la cual se amplía con el sentido figurado que implica la posesión por otra entidad, incluyendo el sometimiento por la fuerza. Cf. Ex 10,25; Jos 6,2; 7,7; Dt 1,27; Jue 2,14; 13,1; 15,12; E. LOHSE, «χείρ», 416.

[71] Cf. Ex 34,29-35; Dt 18.15-19; Jn 1,45; Hch 3,22-26. Cf. BDAG, «χείρ, χειρός, ἡ», 1082; J. LIERMANN, The New Testament Moses, 49-50.

[72] Cf. A. OEPKE, «ἐν», ThWNT, II, 535.

que se trata de la traducción de un hebraísmo. Su objeto es identificar al mediador que ejecuta la acción de διαταγείς, aunque sin explicitar su nombre propio. Cabe suponer con bastante probabilidad que Pablo pensaba en Moisés[73].

2. Gál 3,20

²⁰ ὁ δὲ μεσίτης ἑνὸς οὐκ ἔστιν,
ὁ δὲ θεὸς εἷς ἐστιν.

²⁰ Pero el mediador no es de uno solo,
Dios, en cambio, es uno solo.

– ὁ δὲ μεσίτης. La conjunción δέ relaciona sintácticamente dos proposiciones de manera coordinada o adversativa[74]. En nuestro caso el nuevo y breve contenido enlaza con la afirmación anterior a través de esta partícula, punto de coordinación con la sección siguiente, clarificando la unidad de Dios e iniciando la proposición con la misma partícula pospositiva (ὁ δὲ θεὸς εἷς ἐστιν). Ésta mantiene el tono de antítesis de toda la argumentación, que, en definitiva, también caracteriza a toda la carta. Otro aspecto a tener en cuenta es el uso reforzativo de la misma, que pone de relieve la consecuencia de la proposición anterior y presente, aclara y explica, manteniendo el hilo argumental, el sentido de «mediador»[75].

Otra cuestión aparte es el sintagma nominal ὁ […] μεσίτης. El artículo determinado puede tener un uso anafórico o genérico. Con el primero, Pablo indicaría la presencia de un individuo específico, cuya identidad constituye una *crux interpretum*[76]. Con el segundo, el contenido semántico no sería tan fuerte. Para resolver el dilema, dependemos del

---

[73] De hecho Moisés se convierte en sinónimo de la ley misma. Cf. P. STEFANI, «Mosè», *TTB*, 892.

[74] Es cojuntivo cuando indica que dentro de una narración sigue una idea nueva complementaria a la anterior, mientras que es adversativa, cuando opone alguna objeción a la proposición antecendente. Su presencia es indicio de un buen uso del griego clásico, de una construcción correcta del período, concretamente una *dispositio* antitética dentro de un paréntesis. Cf. BDR, § 447,1.2c; Zorell, «δέ», 272. Aplicado a nuestro texto, tenemos los dos siguientes autores: cf. A. PITTA, *Lettera ai Galati*, 214; A.M. BUSCEMI, *Lettera ai Galati*, 332.

[75] Para mayores indicaciones sobre sendas funciones: adversartiva y enfática: cf. Zorell, «δέ», 273; BDAG, «δέ», 213. Gál 2,2; 3,23; BDR, § 447,3.

[76] Cf. A. PITTA, *Lettera ai Galati*, 214; H. HÜBNER, «νόμος, ου, ὁ», *EWNT*, II, 1169; D.B. WALLACE, «Galatians 3,19-21», 229; M. BACHMANN, *Antijudaismus*, 81-87; A.M. BUSCEMI, «La funzione della legge», 112.

genitivo ἑνός, que convierte la afirmación en una sentencia, sin aclarar detalladamente la identidad del personaje concreto del mediador[77]. Así pues Pablo está glosando sobre el mismo partiendo de un afirmación genérica que depende a su vez de una premisa aún mayor: la afirmación teológica de la unicidad de Dios (cf. Gál 3,20b)[78].

Semánticamente, el término griego no tenía trasfondo religioso hasta que Filón de Alejandría lo empleó hablando de seres celestes y del mismo Moisés[79]. La Iglesia primitiva, siguiendo la escuela deuteropaulina, adoptó el término con un carácter cristológico por su aplicación bautismal (cf. 1Tim 2,5)[80]. Exegéticamente, en esta perícopa subyacen tres dificultades: la identidad del mediador, la de los destinatarios, y la función de los ángeles. En primer lugar nos hallamos con la identidad *in se* del μεσίτης. Las opciones son tres: Moisés[81], los ángeles[82], Jesucristo[83]. Creemos que es necesario mantener que Pablo

---

[77] Cf. A.M. BUSCEMI, *Lettera ai Galati*, 332.

[78] Ante la ausencia de determinación en el sintagma precedente: ἐν χειρὶ μεσίτου en esta sentencia, cabe indicar que Gál 3,19d es la premisa mayor y Gál 3,20a es una especificación de la misma. La crítica interna indica que el uso de la indeterminación de un vocablo seguido del mismo término determinado no es extraño en Pablo (cf. Rom 9,30; 10,17; 1Cor 10,4, *contra* Gál 3,21; 4,21; 5,13) y tiende a ser una especificación (no amplificación) sin constituir un principio general (*Allgemeinsatz*). Además, nos encontramos ante un hebraísmo ligado con Moisés, pasando a ser un *quasi terminus technicus*. Finalmente, recordamos que el régimen de la determinación ante preposición habitualmente hay que omitirlo. Cf. A.M. BUSCEMI, *Lettera ai Galati*, 332, n. 84; C.H. GIBLIN, «Three Monotheistic Texts in Paul», 540-541; J.L. MARTYN, *Galatians*, 366-367.

[79] Cf. *Somn.*, I, 142-143; *Mos.*, II, 166; *TestDan*, 6,2.

[80] Cf. Spicq, «μεσίτης», II, 551.

[81] Los argumentos que apoyan la opción mosaica son los siguientes. En primer lugar, la ley se da por mediación de ángeles a Moisés, el cual la entrega al Pueblo de Israel (cf. Ex 20,1; Dt 5,1-4; Hch 7,38.53; Heb 2,2; TgN Ex 19,9; *Mos.*, II, 51; *A.J.*, 15,136; *AssMo* 1,14). Se sitúa entre una muchedumbre de ángeles e Israel, que también es una entidad múltiple. En segundo lugar, está la base veterotestamentaria y judaica. En tercero lugar, la argumentación interna nos ofrece una relación tipológica de oposición, en virtud de la cual se contrapone la justicia de la fe. Esta se vincula estrechamente a las «promesas de Dios» hechas a Abrahán y cumplidas en Jesucristo, mientras que con la de las obras de la ley se vincula una ley mediada por Moisés. Cf. A.M. BUSCEMI, *Lettera ai Galati*, 330, n. 75; L. GINZBERG, *The Legends of the Jews*, III, 88; V, 33; J. JEREMIAS, «Μωυσῆς», *ThWNT*, IV, 857.875; H. KLEINKNECHT – W. GUTBROD, «νόμος», *ThWNT*, IV, 1045; A. OEPKE, «μεσίτης», *ThWNT*, IV, 623; D. SÄNGER, «μεσίτης, ου, ὁ», *EWNT*, II, 1011; A. VANHOYE, *Lettera ai Galati*, 99.

[82] Partimos del hecho que AT presenta a Moisés directamente entre Dios y el Pueblo, sin relación directa con ángeles. Este término se puede interpretar en sentido antropológico, aplicado a los profetas y a los sacerdotes (cf. Mal 1,1; 2,4.7; 3,1.23), o

piensa en dos entidades estables (ángeles y Moisés), a la hora de valorar la perspectiva teológica de Pablo[84], pero se debe avanzar en el análisis particularizado del texto, para adquirir la visión completa de esta unidad retórica.

– ἑνὸς οὐκ ἔστιν. El adjetivo εἷς substantivado tiene en el Apóstol diversos usos[85] y presenta una gran riqueza sintáctica y semántica[86]. Es un adjetivo que complementa a μεσίτης. La centralidad de la expresión radica en el mediador, pero el peso semántico va a recaer en

---

trascendente, sea ángel o demonio. Proponemos una respuesta organizada en tres niveles, partiendo de la base que Gál no entra a dirimir la cuestión de los ángeles. El primero consiste en la identificación de los ángeles. A. Vanhoye afirma que no es extraño el empleo μεσίτης aplicado a un ángel (cf. *Somn.*, I, 142; *TestXII.Dan* 6,2), e incluso identifica c. 400. Con todo, están las oposiciones de L. Ginzberg y M. Rastoin. El segundo se refiere a la categoría ética de los mismos, es decir, si son ángeles buenos o demonios. A este respecto, pensamos plausiblemente que se refiere a ángeles buenos, ya que lo contrario parece poco consentáneo a la tendencia teologizante de Pablo y a su sobriedad en lo apocalíptico y escatológico. A ello, cabe añadir que tradiciones judaicas contemporáneas a la época paulina recogen de manera elaborada la intervención directa de un ángel en la escritura de la ley. Finalmente, el tercero trata de la gran gama de interpretaciones sobre la pluralidad. Opinamos que se pueden reducir en tres esquemas: pluralidad de ángeles, pluralidad de los miembros de Israel, o pluralidad de ángeles e israelitas, que no queda claro en Pablo. Cf. A. VANHOYE, «Un médiateur», 408-410; ID., *Lettera ai Galati*, 99; M. RASTOIN, *Tarse et Jérusalem*, 194-202; L. GINZBERG, *The Legends of the Jews*, VI, n. 248; F. MUSSNER, *Der Galaterbrief*, 248-250; M. BACHMANN, *Antijudaismus*, 119-122; F. ALONSO ALONSO, «Demonios», *DP*, 372; W.D. DAVIES, «Note on Josephus», 138; F.R. WALTON, «Messenger of God», 257; A. OEPKE, «μεσίτης», *ThWNT*, IV, 623; C. IZQUIERDO, «Cristo "Mediador". Perspectiva bíblica», 711; H. HÜBNER, «νόμος, ου, ὁ», *EWNT*, II, 1161.

[83] Con respecto a la interpretación cristológica, consideramos que, más bien, se apoya en una lectura cristológica a partir de 1Tim 2,5 y Heb 2,2. Una variante de la misma es interpretar μεσίτης, como sustitutivo de otros conceptos teológicos, como sumo sacerdote, porque no se trata en toda la carta del sacerdocio veterotestamentario. Cf. C. IZQUIERDO, «Cristo "Mediador"», 714; O. CULLMANN, *Christologie des Neuen Testaments*, 88; J.R. DE LACEY, «Jesus as a Mediator», 105.119, n. 25.

[84] No compartimos que Gál 3,19cd deba leerse a modo de paralelismo hendiádico, ya que ello deja totalmente a parte a Dios, sino también a Moisés, de manera que serían sólo los ángeles, sin mediación humana, quienes daríann la ley a Israel. Esto no es conforme a la misma tradición judaica. Cf. J.-P. LÉMONON, *L'épître aux Galates*, 130; *pace* A.J. BANDSTRA, «The Law and Angels», 223-240.

[85] Cf. BDAG, «εἷς», 291-292; García-Santos, «εἷς, μία, ἕν», 251-252.

[86] En el conjunto del sintagma, este elemento lo hallamos en hipérbaton, poniendo de manifiesto la idea de «unidad» y anticipando de modo proléptico la afirmación teológica monoteísta de Gál 3,20b. Nos encontraríamos ante un paralelismo para remarcar más la centralidad de la idea «unitaria». Cf. Robertson, 423; BDR, § 477,1.

ese «uno», tal como veremos a continuación. Además tenemos un adjetivo que está «sustantivado», que sintácticamente pasa a un segundo término, pese a que toma realce hasta el punto de poder explicitar la identidad divina del ἑνός[87] en Gál 3,20b. A continuación, se puede describir este sintagma, breve pero denso de contenido, como una *oratio variata*[88]. A modo de resumen, cabe notar cómo este numeral ayuda a precisar las identidades que están presentes *in nuce* en la explicación paulina, (los ángeles y Moisés[89]), y anticipa de manera sutil la manifestación explícita del nombre divino, oculto desde Gál 3,18b. Finalmente, el adverbio de negación οὐκ[90] tiene por función en este sintagma verbal clarificar, antes de concluir la *digressio*, que la ley no pertenece directamente a Dios que es único, sino que está más en relación con los mediadores, los cuales, aun siendo meros garantes o testimonios de pactos[91], son más de uno.

– ὁ δὲ θεὸς εἷς ἐστιν. La conjunción adversativa δέ se encuentra en paralelismo con la proposición anterior, marcando oposición con la anterior[92]. La construcción vuelve a ser antitética[93] y la *dispositio* es correcta e incluso respetuosa con una buena oratoria[94].

Con el uso de θεός, Pablo marca retóricamente una gran distancia entre Dios y la ley[95]. La afirmación monoteísta es una de los máximos identificadores de la fe judía, sobre todo apoyándose en Dt 6,4, e incluso con una referencia a la experiencia del Sinaí, resumen del primer mandamiento[96]. Con este término teológico nos hallamos con otra inclusión por medio de antítesis. Ahora aparece la divinidad explícitamente, mientras que en Gál 3,19-20b se ha ido eludiendo haciendo referencia a los ángeles. Ciertamente estos seres están vinculados con Dios, manteniendo ellos su identidad propia: obedecer la voluntad divina[97].

---

[87] Cf. BDAG, «εἷς», 292.
[88] Cf. Robertson, 440.
[89] Cf. A. OEPKE, «μεσίτης», *ThWNT*, IV, 623.
[90] Generalmente va delante del elemento que desea negar. Cf. Robertson, 423.
[91] Cf. J.-P. LÉMONON, *L'épître aux Galates*, 137.
[92] Cf. BDAG, «δέ», 213; García-Santos, «δέ, δ'», 190.
[93] Cf. T. CALLAN, «The Style of Galatians», 504, n.25.
[94] Cf. T. CALLAN, «The Style of Galatians», 501.
[95] Cf. J.L. MARTYN, *Galatians*, 366.
[96] θεός aparece en 30 ocasiones en Gálatas, aunque hay dos omisiones dudosas en el texto: Gál 1,15; 3,21. Cf. H. KLEINKNECHT – G. QUELL – E. STAUFFER, «θεός», *ThWNT*, III, 98. A. PITTA, *Lettera ai Galati*, 95, n. 50; 214-215; J.-P. LÉMONON, *L'épître aux Galates*, 130; J.L. MARTYN, *Galatians*, 370.
[97] Cf. H. KLEINKNECHT – G. QUELL – E. STAUFFER, «θεός», *ThWNT*, III, 102-103.

Pero una nota peculiar que conecta con el genitivo ἑνός es que θεοῦ confirma a Dios como último autor y punto decisivo de todas las cosas, sobre todo de las que se han descrito[98]. El Apóstol expresa además otro elemento importante con esta afirmación conclusiva de la primera sección: realiza una tipología de «unos» en la perícopa de manera que desemboca en la «*peroratio* menor», (cf. Gál 4,1-7) en la cual todo confluye en la «unidad» de Cristo Jesús, incluidas las cuestiones de orden sociológico[99].

Para sintetizar el *status quaestionis* y canalizar una respuesta plausible ante el dilema que nos presenta el versículo, tenemos la opinión que ofrece A. Vanhoye releído por M. Rastoin[100]. El exegeta aísla pedagógicamente Gál 3,19c-20 del resto del contexto para que quede clara la función amplificadora de Gál 3,20 con respecto a Gál 3,19d, a la identidad del mediador y a su relación con Dios. Además, resalta las conexiones que se establecen como trasfondo veterotestamentario con Hch 7,34-37.57-58 y 1Sm 17,4-23, aunque no sea más que incidental dicha coincidencia[101]. Otro elemento a tener en cuenta es que interpreta el genitivo ἑνός en relación con el ángel de la revelación en la zarza de Moisés (cf. LXX Ex 3,2). Éste recoge a todos los ángeles que aparecen en Gál 3,20 reduciéndolos en su mediación a uno. De manera paralela hace lo mismo Moisés con todos los miembros de Israel. De este modo, son dos quienes aparecen y representan respectivamente a sus multitudes de referencia, a saber: los ángeles y el pueblo[102].

Yendo a la relación retórica, indicamos que, como señala M. Rastoin en su monografía, conviene releer la perícopa a la luz del contexto inmediato estableciendo una serie de relaciones entre los diversos usos de εἷς. Primero está la única semilla de Abrahán que será la cláusula de rescisión de la ley (cf. Gál 3,16.19); segundo, son únicos los mediadores entre Dios y los hombres: un ángel y Moisés (cf. Gál 3,20). Tercero, la unidad cristológica supera el resto de dualidades antropológicas, aunque obviamente no las destruye (cf. Gál 3,28).

Finalmente, Pablo deja traslucir que, de la misma manera que Abrahán tiene muchos hijos, aunque «uno» es el que recibe la plenitud de las

---

[98] Cf. Gál 1,3.4.13; 2,20.21; 3,21.26; 4,14; 5,21; 6,16. Para mayor detalle sobre este aspecto, cf. H. KLEINKNECHT – G. QUELL – E. STAUFFER, «θεός», *ThWNT*, III, 105.

[99] También con el resto de la carta, cf. A. PITTA, *Lettera ai Galati*, 214.

[100] Cf. A.VANHOYE, «Un médiateur», 404.405; M. RASTOIN, *Tarse et Jérusalem*, 200-202.

[101] Cf. A.VANHOYE, «Un médiateur», 408-409.

[102] Cf. A.VANHOYE, «Un médiateur», 411.

«promesas de Dios», la ley es dada por el Dios único a los hombres pese a que intervenga la corte de ángeles en el Sinaí. Nos encontramos ante una reflexión teológica con la función de insistir en el carácter secundario de la ley frente a las «promesas de Dios», cuya relación divina sí quedará explicitada en Gál 3,21a[103].

3. Gál 3,21

²¹ Ὁ οὖν νόμος κατὰ τῶν ἐπαγγελιῶν τοῦ θεοῦ;
μὴ γένοιτο.
εἰ γὰρ ἐδόθη νόμος ὁ δυνάμενος ζῳοποιῆσαι,
ὄντως ἐκ νόμου ἂν ἦν ἡ δικαιοσύνη·

²¹ La ley, pues, ¿contra las promesas de Dios?
¡Para nada!
Pues si la ley fue dada como la que puede vivificar,
realmente de la ley vendría la justicia,

– ὁ οὖν νόμος. El Apóstol inicia un nuevo paso dentro del mismo argumento. Quiere abundar en el valor no soteriológico de la ley frente a las promesas de Dios, sobre todo porque ésa es meramente un elemento *quasi* accesorio. Como señal de que aún no abandona la misma temática dentro de su argumentario[104], Pablo comienza como en Gál 3,19a, con un *quaesitum*[105]. Deja aparte las cuestiones surgidas en la explicación precedente y prosigue con el hilo discursivo[106]. En efecto, οὖν conecta de modo temporal o causal una idea previa con la sucesiva, en vistas a mantener la temática principal del discurso[107]. En ocasiones une o separa párrafos dentro de una unidad interna. Aquí Pablo trata de defender la relación de las promesas a Abrahán con la fe de Jesucristo (cf. Gál 3,6-7.15.18.22). Para ello pasa a una nueva descripción donde la ley tiene que ser todavía clarificada en lo que se refiere al régimen teológico de las promesas (cf. Gál 3,10-14.15-18). Otro elemento a te-

---

[103] Cf. M. RASTOIN, *Tarse et Jérusalem*, 201-202.

[104] En efecto empieza una nueva perícopa, que no es una *digressio*, sino un avance importante dentro de su probatio. Cf. M. RASTOIN, *Tarse et Jérusalem*, 204.

[105] Mientras que la *interrogatio rhetorica* busca responder con la misma pregunta, aquí la dinámica retórica no es esta. Más bien pretende introducir una temática con una respuesta más particularizada. *Pace* Robertson 1198.

[106] De hecho la presencia del artículo determinado invita a pensar en que ahora prosigue hablando sobre el mismo argumento, es decir, la ley de que trata en Gál 3,19. Cf. BDR, §252, 2. En esto, seguimos a: cf. A.M. BUSCEMI, *Lettera ai Galati*, 334.

[107] Cf. BDAG, «οὖν», 736; BDR 451,1; Robertson, 444.841; Zorell, «οὖν», 957.

ner en cuenta es el paralelismo que se da entre Gál 3,19 y Gál 3,21. El autor introduce otra pregunta sobre la ley con una partícula consecutiva y con la típica elisión verbal de ἐστίν sobre todo cuando se trata de preguntas[108].

– κατὰ τῶν ἐπαγγελιῶν. Prosigue la segunda parte de la oración nominal interrogativa con el sintagma preposicional κατά + ἐπαγγελίαι en genitivo. Como construcción es poco frecuente y su significado habitual abraza tres ámbitos: oposición, profundidad o movimiento, y procedencia[109]. En nuestro contexto, obviamente, se entiende conforme al primer significado: Pablo presenta la ley mosaica y el régimen de las «promesas de Dios» en relación de discordancia y oposición[110].

El sustantivo determinado τῶν ἐπαγγελιῶν no ofrece variantes a nivel de crítica textual. El artículo y la explicitación divina comunican los siguientes aspectos: primero, que son las promesas de las que ya ha hablado antes y de las que el auditorio está la corriente (cf. Gál 3,14.17.18 [*bis*]). Y segundo, las identifica por el uso anafórico del artículo determinado[111].

En cuanto a su contenido semántico, cabe señalar sucintamente que, cuando hablamos de ἐπαγγελία, no se da una correspondencia exacta entre hebreo y griego, ya que este término no existe en hebreo en cuanto tal. Esto no quiere decir que no se diese esta realidad teológica en el Antiguo Testamento, ya que se daba *in nuce* en otras expresiones[112]. La literatura religiosa judía prepaulina en griego introdujo este término con el contenido semántico de promesa, aplicándolo al ámbito antropológico y también al teológico, como un modo de obrar propio de Dios.

En cuanto a la interpretación retórico-literaria, queremos destacar tres elementos importantes de comprensión de nuestro sintagma. El primero es el contexto en el que se encuentra: una pregunta. Con este sintagma, el Apóstol propone el trasfondo de la tradición abrahámica sobre las promesas desde otro ángulo[113]. Con este *quaesitum*, Pablo

---

[108] Cf. A.M. BUSCEMI, *Lettera ai Galati*, 334; J.-P. LÉMONON, *L'épître aux Galates*, 130. Aunque A. Pitta no abunda en este punto, se centra más bien en su unidad intrínseca, percibe en Gál 3,22 una especie de «*peroratio* menor», de sendas diatribas, como Gál 3,18 lo es de su contexto. Cf. ID., *Lettera ai Galati*, 210.

[109] A.T. Robertson proporciona una prospectiva histórica del significado de dicha construcción. Cf. Robertson, 607; BDR, § 225; Wallace, 376.

[110] Esta preposición rigiendo acusativo se vuelve a emplear tres ocasiones (cf. Gál 5,17 [*bis*].23), en contexto aretológico (cf. Gál 5,16-26). Cf. BDAG, «κατά», 511.

[111] Cf. BDR 252,2; Robertson 762; BDAG, «ὁ, ἡ, τό», 686.

[112] Cf. G.M. SASS, *Leben aus den Verheißungen*, 63-66.

[113] Cf. T.A. WILSON, *The Curse of the Law*, 57. Esta expresión la adoptamos de este exegeta, aunque prescindimos de la «mirror reading» que propone como contexto.

ofrece un nuevo horizonte de reflexión e informa que la materia que va a tratar está en plena continuidad con la perícopa anterior y con toda la *probatio* II[114]. Otra nueva señal de continuidad es el uso de la diatriba[115] como como figura y como modo retóricos.

El segundo es el uso de una preposición de oposición, en virtud de la cual se aclara que la relación entre ley y «promesas de Dios», trata de una radical diferencia intrínseca, no tanto de una mera hostilidad irremisible entre ambas, acerca de la *función soteriológica* en Cristo[116]. Las promesas son expresión de la salvación de Dios anunciada ya al Patriarca; la ley, en cambio, no tiene esa capacidad vivificante ni es tan diáfana su relación con Dios. Proviene de Él pero hay una serie de factores (causa, mediación, presencias intermedias) que la hacen absolutamente dispar de las promesas.

El tercero es el empleo del sustantivo, objeto de nuestro estudio. En efecto, destacamos cómo el plural ἐπαγγελιῶν está en relación con el contexto anterior (cf. Gál 3,14-18), en virtud de que aparece en plural y viene complementado con el genitivo τοῦ θεοῦ. Si lo comparamos con el resto de casos notamos que aparece al singular[117] y no tiene el complemento de explicitación teológico (cf. Gál 3,16).

Finalmente la inclusión en su contexto clarifica mejor cómo Pablo no está afirmando que ley y «promesas de Dios» se hallen contrapuestas porque están a un mismo nivel; antes bien, debe entenderse dicha relación a la luz de Gál 3,19-20. El Apóstol insiste en ello con Gál 3,21b (μὴ γένοιτο) negando cualquier rechazo del origen divino de la ley. También ésta viene de Dios, pero entendido a la luz del contexto de Gál 3,22: bajo el régimen del pecado. Mientras la ley ha sido establecida —nótese el empleo de la voz pasiva[118]— para detectar esta situación negativa del ser humano, no por ello está excluida de su relación con Dios, descrita igualmente en pasivo. De este modo, siempre tiene en su pensamiento una clara clave de lectura «teo-lógica»[119]. Ahora bien, Pablo es consciente de que está describiendo una nueva concepción de la

---

[114] A. Pitta define esta perícopa, y concretamente esta pregunta, como sigue: «Questa seconda questione diatribica è naturale» (ID., *Lettera ai Galati*, 215).

[115] Cf. A. PITTA, *Lettera ai Galati*, 214.

[116] Cf. J.L. CABALLERO, «La promesa», 268, n. 29.

[117] Cf. Gál 3,14.17.18 [*bis*].22.29; 4,23.28. Algunos ven un plural con sentido de singular. Cf. A.M. BUSCEMI, *Lettera ai Galati*, 332.

[118] Cf. Wallace, 437; BDR § 130,1.

[119] En las principales cartas paulinas esta raíz aparece en 32x, de las que el sustantivo son 26x. De entre éstas, sólo aparece 2x en plural y con el genitivo divino (cf. Gál 3,21; 2Cor 1,20). Cf. G.M. SASS, «Verheißung», *TBLNT*, 1747.

relación entre la ley y Cristo[120], que necesitará ser profundizada y cuyo motivo de base consiste en que es Jesús quien realmente subyace en el discurso teológico de las promesas, porque es Él quien las recibe (cf. Gál 3,16d.19c). El desarrollo de la respuesta que vendrá en Gál 3,21b-22 deja claro, con el uso de ζωοποιέω y δικαιοσύνη, que Pablo ha concebido las «promesas de Dios» en relación con la persona de Cristo y el evento pascual[121]. Y es a la luz de esta premisa mayor que se entiende la necesidad de distinguir la institución de la ley, con sus ἔργα, poniendo el acento en la oposición[122], como recurso retórico de expresión. Destacamos, finalmente, cómo Pablo hace una relectura en clave escatológica de las promesas en relación con el Espíritu (cf. Gál 3,14), pasndo de una herencia histórica de la tierra prometida (cf. Gál 3,18) a un estatus nuevo proveniente de Dios (cf. Gál 3,29), caracterizado por la justicia (cf. Gál 2,21; 3,22)[123].

– τοῦ θεοῦ. Nos detenemos en el sintagma nominal en caso genitivo. La crítica textual se encuentra aquí ante otra *crux* exegética, anunciada en el capítulo anterior y que aquí desarrollaremos. Una gran base de manuscritos y versiones, tanto latinas como siriaca, contienen este sintagma nominal. Sin embargo, existen lecturas alternativas de diversos testigos menores en número, que no se deben descuidar. Por un lado, está el genitivo cristológico τοῦ Χριστοῦ, del manuscrito 104, minúsculo del siglo XI (h. 1087). Es una fuente secundaria de los testigos alejandrinos y sólo recogida por él. Debemos entender su opción como un *lapsus* del copista al transcribir la abreviatura[124]. Otra opción es τῶν ἐπαγγελιῶν θεοῦ, que se podría interpretar como un mero genitivo de cualidad[125], es decir, «promesas *divinas*». Los testigos que los recogen

---

[120] Cf. G. SCHRENK, «δικαιοσύνη», *ThWNT*, II, 205.

[121] Cf. A. PITTA, *Lettera ai Galati*, 215, n. 273.

[122] Pablo parte de la doctrina judeo-alejandrinas sobre la oposición fe y obras con sus respectivas diferentes «épocas» en sentido teológico. Hace que su aplicación a Cristo y la fe constituya el sintagma ἐκ πίστεως Ἰησοῦ Χριστοῦ y se oponga radicalmente a las obras humanas, en sí mismas consideradas como un camino de salvación sin posibilidad de éxito. Aplica a la tradición de la promesa de la tierra una impronta nueva por su aplicación cristológica-soteriológica. Cf. R. HEILIGENTHAL, «ἔργον, ου, τό», *EWNT*, II, 126.

[123] Será en Rom 4,13 donde elabore más claramente una necesaria progresión hacia una lectura escatológica de las tradiciones abrahámicas, leídas en clave de las promesas. Cf. G.M. SASS, «Verheißung», *TBLNT*, 1747-1748.

[124] En efecto las abreviaturas de Dios y Cristo en los unciales eran muy similares. Cf. B.M. METZGER, *Textual Commentary*, 15*.526.

[125] Que a su vez es otro hebraísmo, aunque dicha construcción existiese en griego clásica, era muy infrecuente. Cf. Robertson, 496; BDR § 165,1; Wallace, 86.

(F G) son de la tradición bizantina, que prefieren *lectiones conflatae* y la armonización de divergencias paralelas. Ahora bien, sólo lo hacen aquí, de modo que podemos hallarnos ante un *lapsus* escribal. Una tercera posibilidad es la omisión de este genitivo en P^{46} B it^d y en Mario Victorino y Ambrosiáster. Creemos plausible que se trate de una *expolitio* del texto[126], al ver innecesaria la explicitación de Dios. En efecto, el contexto mismo lo suple abundantemente, sin peligro de confusión o error[127].

En definitiva, nos hallamos ante un dilema: por un lado, tenemos que el empleo del sintagma es habitual en Pablo, aunque lo usa muy escasamente aplicado a ἐπαγγελία, que en plural también es raro (cf. Rom 4,20; 2Cor 1,20)[128]. Creemos que el sintagma debe mantenerse, apoyado por varios argumentos de naturaleza crítico-textual. Primero, porque es una *lectio difficilior*, dada la escasez de ocasiones a las que el Tarsiota recurre a esta expresión. Con todo, pese a ser escasa no es inexistente[129]. De hecho eso es lo que hace que la valoración del Comité editorial de las Sociedad Bíblicas Unidas sea un modesto {C}[130]. Ello muestra la lectura más crítica con el texto, que tendería a omitirla, pero también recoge el hecho de que aparece en cartas de gran importancia para el paulinismo como Segunda Corintios y Romanos. Segundo, porque los testigos externos son más favorables a la *lectio longior*. Tercero, porque con la ayuda de motivos retórico-literarios, la presencia de este genitivo se justifica: por el paralelismo con Gál 3,20, que ha preferido mencionar a Dios y omitir la explicitación de otros personajes bíblicos; por la antinomia sobre la cual trabaja continuamente en toda la perícopa[131]. De este modo se pone el peso sobre la importancia de las promesas, verdadero objeto del discurso, y clarifica la función de la ley sinaítica frente a las promesas abrahámicas, que en los dos argumentos no era precisado[132]. Finalmente, tenemos el clímax[133] que crea la men-

---

[126] Sobre la noción de *expolitio*: cf. Lausberg, §§ 830-831.

[127] Cf. J.-P. LÉMONON, *L'épître aux Galates*, 127.

[128] Cf. B.M. METZGER, *Textual Commentary*, 525-526.

[129] A. Pitta prefiere la *lectio brevior* por juzgar superflua e innecesaria la mención de Dios en este momento: el contexto inmediato continuamente ha hecho referencia a que las promesas son propiamente «de Dios» en cuanto autor. Cf. A. PITTA, *Lettera ai Galati*, 214-215; M. RASTOIN, *Tarse et Jérusalem*, 203, n. 96.

[130] Cf. B.M. METZGER, *Textual Commentary*, 525-526.

[131] Cf. J.L. MARTYN, *Galatians*, 358, n.213. *Pace* M. Rastoin que ve aquí un desequilibrio. Cf. ID., *Tarse et Jérusalem*, 203.

[132] I. Dugandžić no aclara suficientemente si se oponen ley y promesas o bien es que se realizan en planos diversos de la salvació. Simplemente aboga por el hecho,

ción explícita de Dios, proveniente de Gál 3,18, donde se le cita al final con un hipérbaton para insistir en su relación directa con las promesas. Ello ha vuelto a percibirse en Gál 3,20.

Por último, queda definir la tipología de genitivo, que Pablo emplea de modo difuminado[134] y cuyo discernimiento es importante a la hora de una adecuada interpretación[135]. Dadas las referencias a la autoría de Dios que aparecen en la carta y dado que el contexto inmediato así la hace considerar, parece más adecuado entenderlo como genitivo de autor[136]. Ahora bien, la autoría divina se expresa aquí no sólo por el origen y causa de la existencia de las promesas, sino tambien porque es quien promete. Por ello, y para mayor precisión, podemos denominarlo *genetivus promissoris*[137].

– μὴ γένοιτο. Esta construcción es una proposición compuesta del verbo γίνομαι en optativo precedida de la conjunción condicional negativa μή[138]. A nivel retórico-literario, esta expresión constituye una invocación, que continúa en la línea de braquilogía, habitual en Gálatas. Ya la usó precendentemente con una proposición hipotética irreal (cf. Gál 2,17) y volverá a hacerlo en Gál 6,14, cuando la entreteja con la afirmación cristológica estaurológica de la «*peroratio* mayor» (cf. Gál 6,11-18). En nuestro caso, Pablo comienza a desarrollar la tesis que ha introducido con el *quaesitum* precendente: el estatus propio de la promesa ἐκ πίστεως Ἰησοῦ Χριστοῦ.

Profudizando en la expresión, se puede intuir una gran inclusión de orden semántico, sintáctico[139], y retórico. Dentro del pensamiento paulino, junto a los tres apóstrofes (cf. Gál 1,6-10; 3,1-5; 5,13-15) nos ha-

---

consabido, por otro lado, de que se debe entender la ley como no proveniente directamente de Dios: «Man kann aber genau so gut 3,19b-20 dafür verantwortlich machen. Wenn nämlich in diesen Zeilen der Beweis geführt wird, daß das Gesetz nicht direkt von Gott stammt, do kann der Genitiv τοῦ θεοῦ hinter ἐπαγγελιῶν gut dazu dienen, eine direkte bestammung der ἐπαγγελία von Gott gegenüber dem Gesetz herauszustellen» (ID., *Das «Ja» Gottes in Christus*, 213, n. 64).

[133] Sobre el clímax y el hipérbaton, respectivamente: Cf. Lausberg, §§ 623.716.

[134] Pueden ser estos objetivos o subjetivos, o bien atributivos y predicativos. Cf. BDR § 163¹.

[135] Hasta diez diferentes se pueden elencar. Cf. Robertson, 493-503.

[136] A. Pitta opta por leerlo como genitivo de pertenencia: «Molti testimoni riportano l'aggiunta *tou theou* que specifica l'appartenenza delle promesse» (ID., *Lettera ai Galati*, 214). Cf. A.M. BUSCEMI, *Lettera ai Galati*, 334.

[137] Cf. Zorell, «ἐπαγγελία», 463.

[138] Cf. Rom 3,6.31; 6,2.15; 7,7.13; 9,14; 11,1.11; 1Cor 6,15; Wallace, 482.

[139] Sobre el detalle de la *inclusio*: cf. Lausberg, § 625.

llamos con tres expresiones de alto contenido bíblico[140]. El motivo de esta secuencia parece consistir en que el Apóstol desea evitar mayores discusiones sobre la temática, y por ello, argumentalmente va más allá de la razón apelando a la esfera temperamental del auditorio. Semánticamente, se debe teber en cuenta que esta construcción expresa más bien un fuerte rechazo[141], ya que el optativo, al convertirse en locución, ha perdido su fuerza específica de deseo y ha adquirido un matiz de potencialidad.

– εἰ γὰρ ἐδόθη νόμος. Aquí el autor desea mostrar la relación «teológica» de la ley y de las «promesas de Dios». Lo hace por medio de una hipótesis que incluye a la conjunción pospositiva γάρ, señal sintáctico de que ver con la rotunda negativa acabada de pronunciar[142]. Ésta depende de la respuesta precedente, que es la que vige. La naturaleza consecutiva de esta proposición gramatical también se ordena a mostrar cómo la capacidad de dar vida es propio del régimen de las promesas, no de la ley.

Partiendo de la sintaxis, en Gál 3,21c se encuentra la prótasis y, en Gál 3,21d, la apódosis, consecuencia de la suposición[143]. La conjunción εἰ da inicio a un período hipotético irreal, que llega al final del versículo[144]. La irrealidad viene apoyada por el empleo de un tiempo que requiere augmento, en este caso, el aoristo I pasivo de δίδωμι, lo cual nos sitúa en la esfera del pasado. Cuando la hipótesis hace referencia al pasado se construye con conjunción εἰ + aoristo (o imperfecto o pluscuamperfecto). Con el matiz optativo, nuestra proposición condicional queda aún más enclavada en la irrealidad (cf. Gál 1,10; 3,21; 4,15)[145]. En definitiva, como afirma J.L. Martyn, «the condition is contrary to fact and the apodosis demonstrates by referring to the impotence of the Mosaic Law»[146].

---

[140] Cf. BDR, § 128,5,7.
[141] Sobre todo después de interrogativa. Cf. A.M. BUSCEMI, *Lettera ai Galati*, 334; D.J. ARMITAGE, «An Exploration», 374.
[142] Un doble uso se puede destacar: primero, indicar una razón introduciendo un argumento específico para probar la proposición mayor. Cf. BDAG, «γάρ», 189; A. PITTA, *Lettera ai Galati*, 215.
[143] Cf. J.L. MARTYN, *Galatians*, 359.
[144] Cf. 1Cor 2,8; 11,31; 12,10; Gál 1,10; 4,15 y en esta perícopa que estamos estudiando. Es poco frecuente en Pablo el hallar este tipo de construcciones sintácticas, aunque en Gálatas la hallamos dos veces, lo que estadísticamente hablando es un elemento que no podemos descuidar. Lo emplea cinco veces. En Heb aparece en cuatro ocasiones y una sola vez en Hch. Cf. Springhetti, 228, *pace* BDR, § 360, 1; J.-P. LÉMONON, *L'épître aux Galates*, 137.
[145] Cf. Robertson, 1004; Springhetti, 178.228-229.240; BDR, § 371.
[146] J.L. MARTYN, *Galatians*, 359.

El verbo ἐδόθη tiene aquí una gran importancia de cara a descubrir la intención del autor. Conjugado en aoristo pasivo, como προσετέθη (Gál 3,19b), es indicio de que Pablo todavía está situando al auditorio en el tiempo de la promulgación de la ley mosaica en el Sinaí. De este modo, sitúa de nuevo la ley en el ámbito veterotestamentario y argumental, es decir en la situación descrita en Gál 3,20. La ley tiene un origen, está en relación con las transgresiones, es caduca y su validez finaliza con la llegada de Cristo.

A modo de síntesis, Pablo asume y refuerza que la gracia de Dios, la fe y la vida vienen como don de Dios, al margen de la actividad de la ley, accesoria y circunstancial, aun siendo de origen divino. La omisión de Dios tiene por función también introducir al lector dentro de la escena bíblica de la colación de la ley, en cuanto que «fue dada»[147].

– ὁ δυνάμενος ζῳοποιῆσαι. Pablo sigue su descripción de la ley, añadiendo esta vez la impotencia para comunicar la vida[148]. Emplea una perífrasis modal con ecos de hebraísmo, compuesta de δύναμαι + infinito aoristo como acusativo[149]. En la sintaxis neotestamentaria, el aoristo sirve para expresar algo de que que se carece o que se podría haber realizado pero que al final no llega a término[150]. Si a ello añadimos que el verbo conjugado está en participio deponente, con significado activo y función de presente descriptivo, podemos interpretar que Pablo nos está situando en la escena del Sinaí para negar de la ley la capacidad de dar vida. En efecto, el verbo que da contenido a la perífrasis es ζῳοποιῆσαι, fundamental para la perícopa. Pablo pone el acento en este concepto teológico para enunciar que la ley no es capaz de dicha acción, ni por naturaleza ni por función soteriológica propia[151].

Semánticamente, se podría decir que este verbo es «teo-lógico», ya que sólo en dos ocasiones no tiene como sujeto a Dios (cf. 1Cor 15,36; Gál 3,21c)[152]. En nuestra perícopa, el Tarsiota sitúa esta capacidad de vivificar como propia de Dios Padre (cf. Rom 4,17; 8,11), de Cristo (cf.

---

[147] Cf. Wallace, 437.
[148] El artículo en posición precedente del participio en paralelismo con el sustantivo, núcleo de este sintagma nominal, muestra cómo Pablo está hablando de la ley, que ya se ha dado a conocer retóricamente desde Gál 2,16. Cf. BDR 412,7.
[149] Sobre la función de la perífrasis en clave de paradoja, y sobre la construcción normal en griego, cf. Zorell – Vogt, «לכי», 311; Wallace, 599; Robertson, 1060.
[150] Cf. Zorell, «δύναμαι», 339-340.
[151] Cf. L. SCHOTTROFF, «ζῳοποιέω», EWNT, II, 274.
[152] Cf. BDAG, «ζῳοποιέω», 432.

1Cor 15,22) o del Espíritu Santo (cf. 1Cor 15,45; 2Cor 3,6)[153], entendida siempre en sentido apocalíptico, como demuestran sus paralelos paulinos y el cuarto evangelio[154]. Cabe resaltar también el aspecto pneumatológico de modo singular, ya que es al Espíritu a quien el Apóstol le apropia dicha actividad benefactora, pudiendo relacionarse con Ez 20,11.25[155].

En definitiva, la ley falla en la capacidad de dar vida. Ya lo había descrito en la mímesis de esta carta, al vincularla con la muerte mientras que alineó la cruz de Cristo y la gracia con vida (cf. Gál 2,20-21). Además sitúa las actividades «dar muerte-dar vida» como propias de Dios, lo cual conecta íntimamente con el cumplimiento de la ley, en el ámbito judío[156]. Asimismo, Pablo tiene en mente una relación con los elementos del mundo, también descritos con la sola capacidad de volver a los hombres esclavos[157], mientras que en la «*peroratio menor*» (cf. Gál 4,3.9) es Cristo quien nos libera a través del proceso de justicia y de donación del Espíritu al ser hijos de Dios[158].

---

[153] «Moreover, Paul presents the Holy Spirit as the agent of risen life because he is itself life: he is the very life of the Father and the Son now poured out into the world» (S.N. BRODEUR, *The Holy Spirit's Agency*, 123).

[154] Cf. A. PITTA, *Lettera ai Galati*, 215.

[155] Acerca de Ez 20,11, M. Greenberg afirma que su correlato es Lv 18,5 y Dt 33,15, principalmente, mientras que su correlato aparentemente opuesto, a saber, Ez 20,25, en su contexto original, se refiere a una consecuencia querida por Dios el hecho de no encontrar vida en el cumplimiento de la ley, por ser desobedientes a ella y ofrecer vidas de niños, y por medio de un barroquismo estilístico, expresa el descontento de Dios con esa práctica dedicada a una deidad pagana. Más allá de su sentido literal, M. Rastoin opina que Pablo traslada, fuera de su contexto original, una denuncia profética que consiste en anunciar cómo Dios da unos preceptos legales incapaces de vivificar, contra Lv 18,5, y que el Apóstol por medio de la גמרה זוה prerrabínica relaciona con la posibilidad de que la ley sea inoperante para dar la salvación. Cf. L.C. ALLEN, *Ezekiel 20–48*, 12; M. GREENBERG, *Ezekiel 1–20*, 366.368-369; M. RASTOIN, *Tarse et Jérusalem*, 204-205.

[156] En Gálatas aparece la expression ἐξ ἔργων νόμου (cf. Gál 2,16; 3,2.5.10), que habitualmente ha adquirido por medio de nuestro hagiógrafo un sentido peyorativo cuando se refiere a las obras éticas meramente humanas, sin referencia a Dios, ya que la única medida adecuada de valorar las obras humanas de modo legítimo es la fe y la caridad (cf. Gál 5,6). Cf. G. BERTRAM, «ἔργον», *ThWNT*, II, 649; J.L. MARTYN, *Galatians*, 359. Para el enfoque de *The New Perspective*, cf. T.D. STEGMAN, «Paul's Use», 49, n. 3.

[157] Cf. J.L. MARTYN, *Galatians*, 359.

[158] El empleo escatológico del verbo no queda claro. Cf. A. PITTA, *Lettera ai Galati*, 215; A.M. BUSCEMI, *Lettera ai Galati*, 335.

– ὄντως. En cuanto a significado, este adverbio indica la veracidad de la afirmación a la que precede, reafirmando de manera tácita lo que se está a punto de decir. Debemos tener en cuenta que dentro del período hipotético se da mayor contundencia a que la justicia no procede de la ley. Lo va a marcar con mayor patetismo dentro del contexto de la irrealidad. Por ello, si literalmente sostiene la afirmación con este adverbio, el contexto hipotético le da el sentido totalmente opuesto, invirtiendo totalmente su significado.

Retóricamente, Pablo da inicio a la apódosis con la siguiente proposición. Va a dar la adecuada lectura interpretativa de la prótasis: que nunca la ley ha pretendido ni ha tenido por función dar la vida de Dios y de Cristo[159]. De este modo, quedará más claro que el referente de las «promesas de Dios» es Cristo y que la condición de vida que Pablo anuncia depende de la relación vivificante de la justicia de Dios, y no de la ley, que es, en definitiva, una situación de sometimiento.

– ἐκ νόμου ἂν ἦν. Con este sintagma prosigue la apódosis. Son siete las dificultades de crítica textual[160]. Al ser una oración que encierra dificultad por la presencia de ἄν, de suyo pospositivo[161], es comprensible

---

[159] En esta línea se mueve también H. Umbach en su teología del bautismo como liberación. Cf. H. UMBACH, *In Christus getauft*, 92-93. En lo que refiere al bautismo en un sentido bíblico-semántico, aplicado a nuestro concepto: cf. G. SCHRENK, «δικαιοσύνη», *ThWNT*, II, 204.

[160] Se da una variante, la opción más breve, la de F G d: omiten la conjunción condicional hipotética, así como el verbo, limando el texto y dejando elididos tales elementos, de manera que lo equiparan con Gál 3,15-18: ἐκ νόμου ἡ δικαιοσύνη. Ciertamente, siendo una *lectio politior* y poco apoyada por la crítica externa, interpreta adecuadamente la intención paulina, pero quitándole carácter irreal al período. Otra lectura, ladl texto occidental (D* 1881), omite la partícula ἄν, de manera que tampoco respeta el fuerte sentido irreal que Pablo imprime a la proposición gramatical. El códice Vaticano junto con otros testigos (ℵ Ψ(*).c 0278.33.104.365.630.1175.1739) prefiere la preposición ἐν, pero si se está hablando de la causa perfectivante de donde brota la justicia, no pertoca ahora hablar de un estativo, sino de una preposición que indique causa u origen. Finalmente, la vacilación de colocar la partícula ἄν hace que se den variantes mínimas. P46 lee ἐν νόμου ἦν ἄν; mientras que otros lo anteponen a toda el período ἂν ἐν νόμου ἦν, D¹ K L P 0176vid. 1505 M. El códice Vaticano junto con otros testigos (ℵ Ψ(*).c 0278.33.104.365.630.1175.1739) prefiere la preposición ἐν, pero si se está hablando del origen práctico de donde brota la justicia, no pertoca ahora hablar de un estativo, sino de una preposición que indique origen. Finalmente, la vacilación de colocar la partícula ἄν hace que se den variantes mínimas. P46 lee ἐν νόμου ἦν ἄν; mientras que otros lo anteponen a toda el período ἂν ἐν νόμου ἦν, D¹ K L P 0176vid. 1505 M. Cf. BDAG, «νόμος, ου, ὁ», 296; Wallace, 371.

[161] Es factible incluso el hecho que se confundan las partículas gramaticales ἄν y ἐάν. Cf. BDR 373,1; Zorell, «ἄν», 83; Robertson, 424.

las variantes dadas, habiendo incluso previsto su omisión[162]. Al construirse con imperfecto (ἦν) en Gál 3,21, presenta la consecuencia real, expresada en un contexto de irrealidad. De hecho, la presencia de ἄν clarifica de modo más patente cómo la prótasis al aoristo era irreal ya en el pasado, y ahora en la apódosis construida en imperfecto hace irreal incluso la consecuencia que se sigue del enunciado anterior[163], a saber: no es posible ni que la ley pudiese vivificar ni que de ella proviniese la justicia.

Finalmente, procedemos con el estudio del sintagma ἐκ νόμου. La preposición ἐκ denota un movimiento de origen, de causa que suscita aquello que indica el sustantivo a quien acompaña[164]. Es una preposición muy utilizada en Gálatas (35 ocasiones), de las cuales diecisiete veces se encuentran en nuestra *probatio*. Dos de ellas aparecen en nuestra perícopa, pero con categorías dispares: ἐκ νόμου y ἐκ πίστεως (cf. Gál 3,22)[165]. De esta manera muestra nuestro autor que el auténtico criterio de discernimiento entre la ley y las «promesas de Dios» es la fe, relacionada con estas últimas (cf. Gál 3,14.18), y no la ley (cf. Gál 3,12)[166].

– ἡ δικαιοσύνη. Este término se vuelve a repetir en Gál 3,6, pero es diversa la perspectiva que ofrece ahora Pablo. En la perícopa anterior ha expuesto la condición finita de la ley, ahora aparece de nuevo en relación con las ἐπαγγελίαι τοῦ θεοῦ.

En primer lugar, estudiamos su función retórica. El Apóstol emplea esta expresión enunciando la «*propositio* menor», cuando presenta el «estado de justicia» del patriarca Abrahán (cf. Gál 3,6-7). Dicho estado brota de la fe en Dios, y son hijos suyos quienes viven de la fe. Ya en Gál 2,15-21 indicó a título mimético-personal, que la fe del Hijo de Dios es lo que da vida, y destacó como elemento esencial a dicho don cristológico la muerte en cruz (cf. Gál 2,20b). También es un don «teológico», ya que Dios comparte su condición de justo ejecutando la perrogativa de salvar a todos los que acceden «en» la fe de Cristo Jesús, llegándose a identificar con el mismo Cristo, aunque queda claro de modo analógico y no fisicista: ζῇ δὲ ἐν ἐμοὶ Χριστός (Gál 2,20b). Es

---

[162] Algunas lecturas que pretenden facilitar la lectura con un texto más simple lo omiten, y de hecho en Gál 4,15, una construcción sintáctica paralela, Pablo la omite. Cf. BDAG, «ἄν», 56; Springhetti, 240; M. WINGER, «Unreal Conditions», 110.
[163] Cf. A.M. BUSCEMI, *Lettera ai Galati*, 335.
[164] Cf. BDAG, «ἐκ», 296.
[165] Cf. MG, «ἐκ, ἐξ», 318.
[166] Cf. A.M. BUSCEMI, *Lettera ai Galati*, 335-336.

una justicia que, además, perdona al que está muerto para la ley porque peca contra ella (cf. Gál 2,19a).

En la *probatio* II aborda el tema desde el ángulo midrásico y diatríbico, evocando la íntima conexión entre gracia de Dios y fe y ampliando el horizonte a las «promesas de Dios». La justicia, en cuanto tal, es una actividad típicamente divina —es él quien hace justo al hombre (cf. Gál 3,8)— como también lo es la acción de dar vida. Es en este mismo ámbito «teo-lógico», donde se encuentran las «promesas de Dios». De aquí que tanto fe como gracia de Dios, recibir la vida y la justicia, sean conceptos concatenados teológicamente[167]. Para ello, Pablo se ha apoyado en LXX Hab 2,4 (cf. Gál 3,11b), desde la cual expone cómo la vida divina es consecuencia de la fe y la gracia (χάρις)[168].

En segundo lugar cómo Pablo va elaborando este concepto[169] no sólo en esta carta sino en todo el epistolario[170]. Presenta una gran riqueza semántica y teológica, pese a que aparece pocas veces[171]. Una primera acepción, la «teo-lógica», sirve para describir rectitud de Dios. Tiene también su contenido antropológico-teológico, en relación con los ámbitos ético y soteriológico[172]. Éticamente la justicia es expresión de una conducta moralmente recta del ser humano, conforme a los estándares

---

[167] Esta concatenación también atañe al tiempo, es decir, mientras que la realización plena de la justicia de Dios es una restauración global y particular total en la escatología (cf. Rom 8,10-11), en el tiempo presente se vive en la esperanza de esta fuerza divina (cf. Is 51,5; Gál 5,5). Cf. G. SCHRENK, «δίκαιος», *ThWNT*, II, 193; BDAG, «δικαιοσύνη», 247.

[168] Es una tendencia que la misma LXX asume cuando traduce el término hebreo חֶסֶד como δικαιοσύνη, y *viceversa*. Cf. G. SCHRENK, «δικαιοσύνη», *ThWNT*, II, 197.

[169] Un estudio detenido de este término nos revela su seria dificultad intrínseca, tanto para una definición teórica como para sus aplicaciones concretas, además del trasfondo compartido judío y helénico. Detenerse sólo en el mundo veterotestamentario sería parcial, y lo mismo acaecería si nos detuviéramos en el helenismo ambiental. Ahora bien, cabe indicar que hay base inicial común, que atañe tanto a la equidad como al sentido de responsabilidad que se desarrollan en un contexto social propio del individuo. Cf. BDAG, «δικαιοσύνη», 247.

[170] Nuestro interés se centra sólo en Gálatas, y más concretamente en las expresiones que en ella se recogen (cf. Gál 2,21; 3,6.21; 5,5). Además de esto, para una visión sintética: cf. K. KERTELGE, «δικαιοσύνη, ης, ἡ», *EWNT*, I, 787-792; G. SCHRENK, «δικαιοσύνη», *ThWNT*, II, 198; Bill., III, 163.

[171] La raíz δικαιόω aparece 9x (cf. Gál 2,16 [*ter*].17; 3,8.11 [*bis*].24; 5,4). Cf. MG, «δίκαιος», 221; MG, «δικαιόω», 223, *pace* K. KERTELGE, «δικαιόω», *EWNT*, I, 799.

[172] Cf. K. KERTELGE, «δικαιοσύνη, ης, ἡ», *EWNT*, I, 787; BDAG, «δικαιοσύνη», 247.

de la voluntad divina (cf. Rom 10,5; Gál 2,21; 3,21; Flp 3,6.9)[173]. Ahora bien, en nuestro contexto, el peso recae más sobre la soteriología[174].

En efecto, la justicia es una realidad que se puede imputar al hombre a modo de reconocimiento (cf. Gál 3,6)[175], pero para el Apóstol va más allá, porque se trata de un don que se debe al amor de Cristo, que produce en el creyente la salvación. La fuerza que actúa esta «vida nueva» (ζωοποιεῖν) en los fieles es la acogida de la fe, al modo de Abrahán, en relación con las promesas, no con la ley, posterior y con cláusulas limitadoras (cf. Gál 3,14.15.17.18.21.29)[176]. Y esto es conforme a las Escrituras[177], que afirman cómo la ley tiene por función la «pedagogía» (cf. Gál 3,24), es decir, mantener bajo la cláusula de limitación de edad al creyente hasta la venida salvadora de la semilla de las «promesas de Dios» (cf. Gál 3,17.19.24)[178]. En Gál 5,5 aparece a modo de aposición: ἐκ πίστεως ἐλπίδα δικαιοσύνης ἀπεκδεχόμεθα[179], que aporta al concepto una dimensión escatológica positiva. En efecto, no consiste solamente en una posesión de una virtud específica, sentido estricto que por otro lado Pablo evita emplear[180], sino en una disposición antropológica que mueve al hombre a esperar la plena manifestación de la novedad de Dios en Cristo (cf. Gál 6,15)[181].

---

[173] Cf. BDAG, «δικαιοσύνη», 248.

[174] Dicha reacción puede deberse a que en el trasfondo hebraico del concepto teológico, se relacionaba la justicia con el cumplimiento de los preceptos, de manera que se adquiría un mérito. Con la acumulación de obras cumplidas de la ley, se persigue la acumulación de méritos, asegurándose una sentencia favorable en el juicio escatológico de Dios. Pablo lucha contra esa concepción. Cf. G. SCHRENK, «δικαιοσύνη», ThWNT, II, 199; Bill., I, 251; III, 164; K. KERTELGE, «δικαιοσύνη, ης, ἡ», EWNT, I, 788; ID., «δικαιόω», EWNT, I, 801.

[175] Cf. G. SCHRENK, «δικαιοσύνη», ThWNT, II, 210.

[176] Cf. A.M. BUSCEMI, Lettera ai Galati, 337.

[177] Cf. Gn 12,3; 15,6; 18,18; Dt 2726; Lv 18,5; Hab 2,4.

[178] Cf. K. KERTELGE, «δικαιόω», EWNT, I, 801.

[179] También aparece la fe en el sintagma preposicional de genitivo con que ésta se entiende más bien como régimen de vida, mientras que la esperanza se presta a múltiples traducciones. La aposición puede interpretarse o bien como genitivo objetivo o bien como una aposición hendiádica que atañe más a bien a una sentencia absolutoria, es decir, que el fiel viviría con con la esperanza de que Dios me absuelva en el juicio final. Otra posibilidad es aplicar a δικαιοσύνη una metonimia, de manera que se debiera interpretar por «homo iustus». Aceptamos la definición primera, referida al contenido de la esperanza es el ser hechos justos, pero con las legítimas y oportunas advertencias de F. Zorell. Cf. Zorell, «δικαιοσύνη», 318; G. SCHRENK, «δικαιοσύνη», ThWNT, II, 211-212.

[180] Cf. Zorell, «δικαιοσύνη», 318.

[181] I. Dugandžić insiste en la dimensión escatológica en esta perícopa, sobre todo refiriéndose a la Escritura. Cf. ID., Das «Ja» Gottes in Christus, 211.

Notamos finalmente que Pablo con este vocablo se remite a un personaje histórico-teológico a modo de *quasi* prolongación de Gál 3,15-18: Moisés. Mientras que en Gál 3,20d aparece veladamente descrito como μεσίτης, reaparece en Gál 3,21d con δικαιοσύνη evocando a la expresión mencionada en TM Deut 33,21 צִדְקַת יְהוָה. No parece, pues, desdeñable remarcar que junto, con Abrahán, Moisés es el otro personaje bíblico que fundamenta el pensamiento paulino sobre la relación entre fe y promesas en Gálatas, aunque no se le mencione explícitamente[182].

A modo de conclusión, indicamos que en Gál 2,21 Pablo presenta el binomio «ley-justicia», que debe entenderse como que la ley es incapaz de vivificar y comunicar la gracia de Dios, expresándolo retóricamente a través de un período hipotético irreal.

4. Gál 3,22

[22] ἀλλὰ συνέκλεισεν ἡ γραφὴ τὰ πάντα ὑπὸ ἁμαρτίαν,
    ἵνα ἡ ἐπαγγελία
    ἐκ πίστεως Ἰησοῦ Χριστοῦ
    δοθῇ τοῖς πιστεύουσιν.

[22] pero encerró la Escritura a todos bajo el pecado,
    para que la promesa
    en virtud de la fe de Jesucristo
    fuese dada a los creyentes.

– ἀλλὰ συνέκλεισεν. Con esta sentencia, Pablo ofrece un contraste fuerte y vivaz con Gál 3,21[183]. La conjunción ἀλλά conecta la sentencia anterior con esta nueva afirmación por oposición[184], e indica una transi-

---

[182] La teologización de Moisés en el *Sitz im Leben* paulino es claro. Así como la figura angélica adopta en el s. II a.C. papel de mediador. En el s. I a.C. adquiere mayor relieve la intercesión humana, concretamente uno de ellos es Moisés, que incluso se le concibe como preexistente (cf. Dn 12,1; *TestXII.Jud.* 20,5; 2Bar 2,1-2; 32,9; *TestMo* 1,14; 3,12). A modo de apéndice, también podemos notar, y en Pablo especialmente, una teologización de la ley que llega a su culmen en Rom 11,32. Cf. L. GINZBERG, *The Legends of the Jews*, III, 93-94; VII, 38, n. 207; L. VEGAS MONTANER, «Testamento de Moisés», 243; J.L. MARTYN, *Galatians*, 372.

[183] Cf. A.M. BUSCEMI, «La funzione della legge», 128; J.-P. LÉMONON, *L'épître aux Galates*, 137.

[184] Introduce aquello que se ha dicho o bien está implícito pero que es contrario, opuesto o diverso a lo anterior. Cf. Zorell, «ἀλλά», 65-68.

ción dentro del discurso[185]. El Apóstol se dispone a declarar en modo directo y positivo la situación universal de sometimiento al pecado por decreto divino, y cómo la promesa tiene toda una manera nueva de revelarse, a saber: por medio de la fe de Jesucristo a los creyentes. En clave retórica, Pablo acostumbra a situar esta partícula a modo de énfasis de la afirmación sucesiva y de antítesis de todo el discurso anterior. En nuestro caso se trata de la hipótesis que acabamos de analizar. De este modo, el Tarsiota se dispone a replicar en *positivo* lo que ha ido explicando en *negativo*, a saber: que la promesa es una clave de interpretación de origen bíblico veterotestamentario para hablar del don de la fe en Jesucristo[186].

Con el verbo συγκλείω, muy poco frecuente, da inicia otra imagen que se prolonga en Gál 3,23 en conjunto con la del παιδαγωγός[187]. Dios encierra en unos parámetros muy precisos a la humanidad entera, a causa de sus transgresiones y de su pecado. Por ello, toda la actividad legisladora del Antiguo Testamento se reduce precisamente a declarar y testificar que todos los hombres son pecadores, sin excusa posible de parte de ellos[188]. Esto se interpreta adecuadamente a la luz de la referencia a Gál 3,23 (ἐφρουρούμεθα), cuyo significado es la custodia de alguien que se encuentra encerrado[189].

– ἡ γραφή. De entrada sorprende el sujeto de la afirmación que Pablo propone. Pero a la luz de la aproximación retórica-literaria descubrimos que en esta perícopa el autor emplea la prosopopeya[190]. Por medio de

---

[185] Cf. BDAG, «ἀλλά», 45.

[186] Que este tema es importante para Pablo lo muestra esta conjunción de modo singular, ya que habitualmente lo ha reservado en sus grandes cartas para predicar sobre la justificación obrada por Dios —principalmente en Romanos— o bien en defensa de su *munus* apostólico cuyo origen está en Cristo y en Dios. Cf. Gál 1,1.12.17; W. RADL, «ἀλλά», *EWTN*, I, 146.

[187] El verbo es típico de Gál y Rom, además de Lc 5,6. Cf. BDAG, «συγκλείω», 952; A. PITTA, *Lettera ai Galati*, 216.

[188] Cf. Zorell, «συγκλείω», 1247; BDAG, «συγκλείω», 952.

[189] Los puntos referenciales para emplear este lenguaje metafórico no son precisos. Se puede ver la doctrina de los difuntos encerrados en el sheol; o una concepción más filoplatónica que considera al mundo – cuerpo prisión del alma. Incluso se puede entender esta «prisión» con un sentido positivo de «cautiverio preventivo» contra las consecuencias nefastas del pecado, entendido como lejanía de Dios. Esta última consideración viene apoyada por la metáfora del *Sitz im Leben* del pedagogo. Cf. O. MICHEL, «συγκλείω», *ThWNT*, VII, 746; F.J. MATERA, *Galatians*, 136.

[190] Cf. «συγκλείω», *EWNT*, III, 677; O. MICHEL, «συγκλείω», *ThWNT*, VII, 746. De modo específico, aplicado a nuestro contexto: cf. A. PITTA, *Lettera ai Galati*, 215;

este recurso retórico, se invoca atributos propios de Dios mismo (cf. Gál 3,8.22; Gál 4,30)[191]. No se ciñe sólo a unos pasajes específicos de nuestro Antiguo Testamento, como hará en otras ocasiones (cf. Rom 11,2), sino a todo el bloque bíblico[192].

Dentro del contexto de la *probatio* II, este sujeto aparece ya en Gál 3,8 descrito con el rasgo típicamente teológico: προϊδοῦσα, con rasgos positivos. Efectivamente, su misión está claramente diferenciada de la de la ley, porque sabe de antemano la voluntad justificante de Dios para los pueblos y anuncia el Evangelio anticipadamente haciendo referencia a las «promesas de Dios» a Abrahán. Podemos afirmar, pues, cómo ley y Escritura se contraponen, porque la ley no se define como divina y la Escritura sí, con atributos ciertamente indirectos. Además, la actividad hamartiológica de la Escritura es en vistas a un bien superior, mientras que la ley simplemente denuncia y destapa la infidelidad, pero no da pistas de solución[193]. Finalmente, podemos definir la actividad de la Escritura como soteriológica y escatológica, ya que hace tomar conciencia de la necesidad de un salvador, y por ello «"l'Écriture enferma tout sous le péché", afin de "préparer le monde à acueillir le royaume eschatologique du Christ"»[194].

– τὰ πάντα. Este adjetivo neutro sustantivado se encuentra de forma absoluta, desligado de cualquier relación con un genitivo. Habitualmente se refiere al universo, aunque también acoge el sentido antropológico de «todas las personas humanas»[195]. En Gálatas este adjetivo ha sido

---

T. CALLAN, «The Style of Galatians», 504, n. 25; F.J. MATERA, *Galatians*, 135; L.L. BELLEVILLE, «"Under law"», 56.

[191] Cf. Zorell, «γραφή», 265-266.

[192] Esta consideración es importante, puesto que resalta la íntima unidad del AT fundamentada en la fe en el único Dios que tiene una voluntad para con el mundo creado. Cf. G. SCHRENK, «γράφω», *ThWNT*, II, 754; BDAG, «γραφή», 206, *pace* J.-P. LÉMONON, *L'épître aux Galates*, 137, que considera el singular como referido a las citas bíblicas materialmente realizadas en el contexto, sea Lv sea Dt. También *pace* A. VANHOYE, *Lettera ai Galati*, 100, donde identifica Escritura como una citación global de todo el AT, meramente. Además es rasgo típico paulino el hecho de emplear con libertad y dominio bíblicos a la hora de citar y tratar teológicamente la Escritura. Cf. J.A. FITZMYER, «Explicit Old Testament Quotations», 324.

[193] Cf. H. HÜBNER, «γραφή, ἧς, ἡ», *EWNT*, I, 633-634.

[194] J.-P. LÉMONON, *L'épître aux Galates*, 137. También se debe enumerar dentro de la soteriología la clara esperanza judía mesiánica como clave de interpretación de muchos pasajes bíblicos y de la Escritura tomada como una globalidad. Cf. M. RASTOIN, *Tarse et Jérusalem*, 208-209.

[195] El sentido cosmológico-soteriológico es el más evidente en su uso, no siendo así el antropológico (cf. 1Cor 11,2; 12,19), aunque en nuestro contexto optamos por

muy recurrido con un amplio arco semántico: desde significar el conjunto de normativa veterotestamentaria (cf. Gál 3,10; 5,3.15), hasta un contexto antropológico más específico, el conjunto de hermanos en Cristo Jesús (cf. Gál 1,2; 2,14; 3,26.28), la totalidad de las naciones (cf. Gál 3,8), la humanidad entera en abstracto (cf. Gál 2,16), o el varón circunciso que se compromete a cumplir el aparato legal de la ley (cf. Gál 5,3), la metáfora del menor de edad que tiene dominio sobre todas las cosas (cf. Gál 4,1), y los bienes materiales llamados a ser compartidos (cf. Gál 6,6).

– ὑπὸ ἁμαρτίαν. La preposición ὑπό en este sintagma no está indicando tanto una indicación local, sino más bien un estado de la persona en relación con el pecado[196]. En efecto, todos los hombres se encuentran sujetos bajo la potestad de éste. Paralelamente Pablo vuelve a plantearlo en Gál 3,25 aplicado a la metáfora del παιδαγωγός (cf. Gál 4,2). En nuestro caso, el pecado debe entenderse como entidad que somete a la humanidad por decreto divino. No es solamente un cúmulo de actos contrarios a los estándares concretos de normas conductuales. Además el término ἁμαρτία se refiere al estado del ser humano que se encuentra reo de las culpas adquiridas por el cúmulo de malas obras, sin la posibilidad para los hombres de verse libres de ello[197].

En el Nuevo Testamento ἁμαρτία no pierde nunca su dimensión de acto preciso contra la voluntad de Dios. Con todo, Pablo sólo adopta este significado específico en las citaciones bíblicas (cf. Rom 4,7-8; 1Cor 15,3; Gál 1,4). Para él, tiene también una connotación de descripción de la naturaleza misma de todos los pecados, entendidos como

---

ésta (cf. Rom 8,32; 11,36; 1Cor 2,15; 8,6 [*bis*]; 12,6; 15,27-28; 2Cor 4,15; 5,18; 12,19; Flp 3,8.21). Se da una teologización del pecado en de un contexto cosmológico, clarificado por su paralelismo con Gál 4,2. Cf. J.L. MARTYN, *Galatians*, 372; BDR § 138,1; BDAG, «πᾶς, πᾶσα, πᾶν», 784; H. LANGKAMMER, «πᾶς, πᾶσα, πᾶν», *EWNT*, III, 114.

[196] De hecho este sentido traslaticio es el que reina en toda la carta. Se describe con esta preposición la situación humana de dependencia negativa aplicándola a la ley (cf. Gál 3,23; 4,4.5), con la maldición (cf. Gál 3,10) o entidades intermedias que impiden una actividad libre por parte de la persona (cf. Gál 3,25; 4,2). Paralelamente, a modo de confrontación se referirá lo misma con la gracia de Cristo (cf. Gál 4,21; 5,18). La expresión «bajo...» aparece 10x en Gálatas: la insistencia de que el hombre se encuentra bajo el poder del pecado, en cuanto situación pésima, es un interés especial de Pablo en este escrito. D. Sänger destaca hasta un cierto matiz de agresividad al emplear esta preposición en este sentido de sometimiento. Cf. D. SÄNGER, «ὑπό», *EWNT*, III, 961; J.L. MARTYN, *Galatians*, 370-371

[197] Cf. Zorell, «ἁμαρτία», 74.

hostilidad contra Dios, y conlleva como consecuencia la esclavitud del hombre de un modo específico y real (cf. Gál 2,17a; 3,22)[198].

Finalmente, este término hace referencia a una situación de minusvalía de libertad va en una doble dirección. En primer lugar, el pecado tiene bajo su control al conjunto de la humanidad, que es pecadora, ejerciendo una fuerza maléfica y destructora. Paulatinamente nuestro autor irá desarrollando esta noción hasta su culminación en Romanos[199]. En segundo lugar, la humanidad se halla subyugada al pecado mismo con la obligación contraída como pena de sus culpas de verse imposibilitada de salir *per se ipsam* de dicha situación nefasta[200].

– ἵνα ἡ ἐπαγγελία. La conjunción ἵνα, como norma general, cuando se construye con subjuntivo, significa finalidad, incluso cuando se construye con tiempos secundarios, como el aoristo de nuestra perícopa (δοθῇ)[201]. En esta ocasión, Pablo emplea al singular ἐπαγγελία con artículo determinado, porque está refiriéndose no tanto al hecho mismo de prometer por parte de Dios, expresado en plural en el versículo anterior, sino a la metonimia, que sirve para hablar del bien que se adquiere por medio de las promesas divinas. De este modo, además, se dispone a desarrollar la siguiente argumentación desde el sujeto de dicha finalidad, que es la promesa que tenía que darse (cf. Gál 3,23-29; 4,1-7)[202].

---

[198] Cf. G. STÄHLIN – W. GRUNDAMNN, «ἁμαρτάνω», *ThWNT*, I, 298.

[199] Cf. BDAG, «ἁμαρτία», 51.

[200] Se puede intuir de modo subliminal un cuadro de fondo en el que aparecen fuerzas que están continuamente dominando y obrando en la vida humana, de modo que su análisis despierta una sensación en el auditorio de continua opresión y sumisión a elementos supraterrenales que impiden afirmar la libertad humana (cf. Gál 3,22; 5,17). Cf. J.L. MARTYN, *Galatians*, 373. En lo referente a aspectos semánticos de la preposición: cf. BDAG, «ὑπό», 1036.

[201] Construcción más común en los sinópticos, y poco frecuente en Pablo (cf. Rom 4,7; 2Cor 8,9). En Gálatas, con otros usos, es bastante frecuente, sea con sentido final y en indicativo (cf. Gál 2,4; 4,17; 6,13), sea por elisión (cf. Gál 2,9), o bien sustituyendo a un un infinitivo con sentido bélico (cf. Gál 5,17). Finalmente, cabe incluso considerar una función enfática, al ser trasladado al inicio del sintagma que se desea enfatizar, en este caso el recuerdo proactivo para con los pobres (cf. Gál 2,10). Cf. BDR § 91.369,1. 481; Robertson 983-984.1202-1203; BDAG, «ἵνα», 475-477.

[202] La diferencia entre singular y plural está sin resolver definitivamente, pero la unidad de la promesa en este caso hace referencia a la unidad de lo que Dios realiza con Abrahán, como en Gál 1,2 aparece el verbo en cuestión. Éste enuncia las diversas «promesas de Dios» al Patriarca veterotestamentario, reduciéndolas idealmente a una única acción. También se puede ilustrar en referencia al contenido de salvación mesiánica, que en cuanto realidad abstracta, tanto puede

Dicha promesa es la respuesta de Dios a la situación del hombre. Caído a causa de sus propias transgresiones, el ser humano no puede verse libre de su pecado, hasta que no venga la realización de las «promesas de Dios» en Cristo Jesús, cuyo culmen es la adoción de hijos (cf. Gál 3,25-26; 4,4-6)[203]. Las promesas están vinculadas a la Escritura, pero no con la ley. Con la primera se encuentran dentro de una «economía de continuidad» teológica, mientras que con la segunda están en «discontinuidad económica», porque la función de la Escritura y de las promesas es la de conducir a la fe[204].

– ἐκ πίστεως. Nos hallamos con una oposición retórica. El Apóstol utiliza la misma preposición con πίστις, que antes usara con νόμος. Ésta no es la primera indicación del estilo, ya en Gál 3,7.9 aparece como expresión de una parte del conjunto de la humanidad que tiene fe. Sin embargo, la novedad radica en los sintagmas preposicionales sustantivados por un artículo, y el empleo de πίστις es absoluto, no es el relativo a Cristo Jesús[205].

Otro aspecto importante sobre la preposición que nos parece muy justa es la advertencia que G. Lüdemann aporta: Pablo evita construir una teología de las preposiciones, precisamente para no consagrarlas de modo que coarte el sentido amplio de esta construcción retórica. Esa amplitud se percibe precisamente de la variabilidad con que el Apóstol emplea las preposiciones con esta palabra. El significado y la función retórica del mismo se coadyuvan mutuamente empleando la preposición con un carácter modal singular, ya que lo acerca al campo semántico de la procedencia en un sentido de origen, casi con un matiz cristológico-joánico —es decir, Cristo procediendo del seno del Padre—, y que podemos definir como «sentido moral»[206].

Semánticamente hablando, la πίστις que Pablo refiere en esta perícopa consiste en el acto religioso de acoger a Dios y a su Cristo, poniendo además la confianza en Él. Es una fe que se abre a la actividad y a la esperanza fundadas en esta fuerza novedosa (cf. Gál 3,7-26).

---

expresarse en plural como en singular. Cf. Zorell, «ἐπαγγελία», 463-464; J. Schniewind – G. Friedrich, «ἐπαγγέλλω», ThWNT, II, 580; D. Whitsett, «Son of God», 666, n.18.

[203] Cf. H.-H. Eßer – F. Avemarie – K. Haacker, «νόμος», TBLNT, 634.
[204] Cf. J. Schniewind – G. Friedrich, «ἐπαγγέλλω», ThWNT, II, 579.
[205] Cf. BDAG, «ἐκ», 296.
[206] Así encontramos ἐκ (cf. Gál 2,16; 3,7.8.9.11.12.22.24; 5,5), como también διά (cf. Gál 2,16; 3,14.26), como finalmente ἐν (cf. Gál 2,20). Con todo, la estadística apoya la preferencia de este sintagma en el Pablo anterior a Rm. Cf. G. Lüdemann, «ἐκ», EWNT, I, 979; Robertson, 598-599.

Incluye la obediencia religiosa ofrecida al Dios que se revela y la acogida del Evangelio que establece un orden nuevo de vida llamado «salvación». Dicha novedad soteriológica de Cristo Jesús genera un orden nuevo en la creación que abre una nueva etapa, un nuevo αἰῶν[207]. El eje fundamental de la misma es la Persona de Jesucristo, expresado en nuestro sintagma por medio de este genitivo objetivo[208]. Más allá de un puntual acto de virtud (cf. Gál 5,22), la fe se recibe por medio de la escucha. Posteriormente Pablo matizará esta ἀκοή (cf. Gál 3,2.5) en Rom 10,17, donde elabora esta escucha indicando que no consiste sólo en oír el mensaje evangélico, sino en escucharlo de alguien que ha sido enviado por Cristo[209], porque todos —catequista y catecúmeno (cf. Gál 6,6)— se encuentran dentro de un dinamismo de la llamada de Cristo (cf. Gál 1,15). La fe es acogida del don de Cristo que tiene como consencuencia propia el devenir ἐνεργουμένη (cf. Gál 5,6). En efecto, en Gál 2,8 es Dios quien «obra» en Pedro y en Pablo para la misión universal de la evangelización. Y no sólo eso, sino que los signos prodigiosos nacidos de la fe (δυνάμεις) los «opera» es Dios que posee el Espíritu (cf. Gál 3,5)[210]. La fe, pues, no sólo se concentra en la aceptación de lo divino revelado en Cristo Jesús, sino que trasciende las barreras del pecado, borrándolas y posibilitando capacidades de actuar conforme al Dios que actúa. Un matiz importante a la hora de valorar el significado de πίστις aplicado a Jesucristo es el sentido de *fiabilidad*.

Hacemos notar también la oposición formal que se da con ἐξ ἔργων νόμου; ἐκ νόμου, y διὰ νόμου. La primera impresión que causa en un auditorio es la toma de conciencia de la oposición entre la ley y la fe. Como en la perícopa anterior ésta se daba entre la ley y las «promesas de Dios», no tanto por heterodoxia, sino por lo que podríamos llamar de modo acomodaticio «heteropraxis», en el sentido que las ἔργα νόμου generan un modo de cumplimiento religioso que lleva a confiarse sólo en los méritos personales adquiridos, dejando el fundamental abandono

---

[207] En Gál 3,23 viene indirectamente denominado «llegada de la fe» (τὸ ἐλθεῖν τὴν πίστιν). Cf. A. WEISER – R.K. BULTMANN, «πιστεύω», *ThWNT*, VI, 222; A. VANHOYE, *Lettera ai Galati*, 101.

[208] Es la aceptación de la predicación cristiana con una consiguiente sumisión a dicha vía de salvación. G. Lüdemann lo describe como «Grundbefindlichkeit des Christen in der Welt» (ID. «ἐκ», *EWNT*, I, 979). Cf. Zorell, «πίστις», 1063; A. WEISER – R.K. BULTMANN, «πιστεύω», *ThWNT*, VI, 218.

[209] Cf. G. SCHNEIDER, «ἀκοή, ῆς», *EWNT*, I, 130.

[210] Cf. H. PAULSEN, «ἐνεργέω», *EWNT*, I, 1107-1108.

en la providencia divina, que es el origen de todo bien para el ser humano[211]. Por medio de este paralelismo estructural, de regusto hebreo[212], Pablo expone cómo la fe y las promesas se relacionan y entran dentro del ámbito de la revelación de la justicia de Dios en Cristo. De aquí la necesidad de explicitarlo a continuación.

Las tres expresiones que hemos enunciado sobre la ley son sinónimas[213]. De modo similar, las expresiones referidas al Evangelio de Cristo Jesús (πίστις, χάρις, πνεῦμα y ἐπαγγελία) también se refieren a ello. Esta sinonimia viene ya preanunciada como Evangelio en la Escritura (cf. Gál 3,6-7), y se trata de la voluntad de Dios de ofrecer una salvación universal que solicita del creyente un abandono de sus propias posibilidades legítimas previas para apoyarse sólo en las promesas que Dios realiza por medio de Cristo, como lo hiciera Abrahán[214]. Posteriormente, tratará las consecuencias morales de dicha aceptación en la sección paraclética (cf. Gál 5,13–6,10), consecuencias, a su vez, de toda la exposición, sobre todo de la acogida de la fe de Cristo Jesús y la gracia transformante de Dios a ser «uno» en Cristo Jesús. De este modo se constituyen en «hijos» y herederos de de Dios, perceptores no de un bien material, sino del bien sobrenatural del Espíritu (cf. Gál 3,28; 4,5-7)[215]. En definitiva, este sintagma nos muestra el carácter pretendidamente paralelo con su análogo sintagma preposicional. Nos preguntamos, al respecto, si en este caso no hay algún sentido teológico especialmente *praegnans*.

– Ἰησοῦ Χριστοῦ. Este sintagma genitival[216] es expresión cristológica de la πίστις, realidad sustancial que Pablo predica en todo su escrito

---

[211] Cf. A. WEISER – R. BULTMANN, «πιστεύω», *ThWNT*, VI, 221.
[212] Cf. R. MEYNET, *Traité de rhétorique biblique*, 222-244.
[213] Cf. G. BARTH, «πίστις, εως», *EWNT*, III, 225.
[214] «Hijo» se refiere a la descendencia carnal de un padre y una madre. Puede significar la relación entre un maestro prototípico (Abrahán – Cristo) y su discípulo (que son en este caso los creyentes, considerados «hijos de Abrahán»). Cf. Zorell – Vogt, «בן», 117; G. BARTH, «πίστις, εως», *EWNT*, III, 225; A. WEISER – R. BULTMANN, «πιστεύω», *ThWNT*, VI, 221.
[215] A. Pitta remarca el carácter también pneumatológico de las promesas, encuadrado dentro del cuadro de la *probatio* II. El cuador metafórico también es importante tenerlo en cuenta, como modo como el Apóstol prosigue y refuerza una línea más bien interpretativa del texto, más que literalista, a partir igualmente del contexto jurídico en que la perícopa nos sitúa. Cf. A. PITTA, *Lettera ai Galati*, 216; I. POLLMANN, *Gesetzeskritische Motive*, 222-223.
[216] Ha sido habitual la discusión sobre el valor del genitivo que estamos tratando (cf. Rom 3,22.26; Gál 2,16.29; 3,22; Flp 3,9; Ef 3,12). En este caso, el dilema queda resuelto fácilmente con el empleo del verbo πιστεύω al final del mismo, en que aplica

apostólico. En cuatro ocasiones más propone la fe en relación con Cristo Jesús (cf. Gál 2,16.20; 3,22.26)[217]. Aunque con diferencias en el uso de las preposiciones, la conjunción entre fe y Jesucristo es clara y nítida, ya que es una manera de referir tanto la dimensión histórica de Jesús de Nazaret como su realidad soteriológica[218].

Un matiz de singular importancia es que retóricamente la relación de Jesucristo con la fe y las «promesas de Dios» puede entenderse en una doble dirección hermenéutica: se encuentran en el mismo ámbito soteriológico, por eso no están contrapuestos. Son armónicos entre sí y, hasta cierto punto, sinónimos. Jesucristo también debe entenderse como una fuerza salvadora, no sólo como una Persona. A ello dirige el Apóstol a la audiencia cuando expone no sólo el nombre histórico del Salvador, sino que lo completa con un título honorífico, teológico, y también soteriológico.

Toda la perícopa de la *probatio* II insiste en la fe de Jesucristo, entendiéndola como acogida concreta e intrahistórica del mensaje evangélico, y también como «fuerza» frente a la ley que opera Cristo resucitado. De esta manera, lo que lleva a la ruina es νόμος, mientras que aquello que salva es la adhesión real a Χριστός[219].

– δοθῇ. Nos hallamos ante el verbo δίδωμι al aoristo de subjuntivo en voz pasiva. De la misma manera que antes nos mantenía en la escena bíblica del Sinaí, cuando Dios otorgaba de modo mediato la ley, ahora Pablo nos pone, por medio del mismo pasivo divino, en la escena de las promesas hechas a Abrahán. Además, este verbo tiene un contenido cristológico que relaciona la fe en Jesucristo con donación salvadora del mismo en la Cruz para con la humanidad (cf. Gál 1,4). Esta misma realidad se da con παραδίδωμι (cf. Gál 2,19-20) al situar de nuevo al auditorio frente a Cristo crucificado en clave soteriológica. Concluye así su argumentario de carácter biográfico y da pie al argumentario de carácter más doctrinal-homilético, cuyo culmen es Gál 4,1-7, preparán-

---

el campo semántico de πίστις a los hombres que se adhieren religiosamente a Cristo. Cf. R.B. MATLOCK, «The Rhetoric of πίστις», 175; Wallace, 115-116; W. GRUNDMANN, «χρίω», *ThWNT*, IX, 536-538; A. PITTA, *Lettera ai Galati*, 156-158, *pace* F.J. MATERA, *Galatians*, 135.

[217] El empleo del nombre y títulos referidos a Jesús en Gál aparecen en 22x. De entre ellas solamente en Gál 6,17 emplea el nombre histórico de Cristo para referirse al momento de la Crucifixión. Aparece 8x el sintagma Ἰησοῦς Χριστός sobre todo en fórmulas que ya tienen un cierto regusto liturgizante. Cf. G. SCHNEIDER, «Ἰησοῦς, οῦ», *EWNT*, II, 444; W. FOERSTER, «Ἰησοῦς», *ThWNT*, III, 289-290.

[218] Esta combinación es muy frecuente en el Apóstol. Cf. BDAG, «Χριστός, οῦ», 1091.

[219] Cf. W. GRUNDMANN, «χρίω», *ThWNT*, IX, 536.

dose en nuestra perícopa de una manera más clara y precisa. En la «*peroratio* mayor» (cf. Gál 6,11-18) vuelve a mencionar de modo solemne, rotundo y casi sagrado la donación de Jesucristo con la expresión explícita del modo histórico en que realiza su voluntad salvadora: ἐμοὶ δὲ μὴ γένοιτο καυχᾶσθαι εἰ μὴ ἐν τῷ σταυρῷ τοῦ κυρίου ἡμῶν Ἰησοῦ Χριστοῦ, δι' οὗ ἐμοὶ κόσμος ἐσταύρωται κἀγὼ κόσμῳ (Gál 6,14).

– τοῖς πιστεύουσιν. Nos hallamos con un participio activo de presente sustantivado con el artículo determinado. Es constante en nuestra perícopa la presencia de esa identificación anafórica de elementos que ya han ido apareciendo. Esto sirve también como recapitulación de todo lo dicho anteriormente. Son diversas las perspectivas desde las que se debe enfocar esta forma verbal dentro de su contexto retórico. Son todas simultáneas e igualmente importantes, casi intercambiables en un eventual discurso teológico. Ello se debe al carácter climáctico que Pablo desea dar al argumento probatorio, que en la «*peroratio* menor».

Aquí el Apóstol nos ofrece de modo positivo, reasuntivo y sintético su respuesta para proseguir con su explicación. Presenta el origen de la vida escatológica, que culmina con la acción unificadora de Cristo para Dios en lo único esencial, la fe en Cristo, y participa de su filiación divina y abrahámica (cf. Gál 3,6-7; 4,5-7). En efecto, la justicia de Dios se revela a partir del decreto divino sobre el pecado, de aquí que toda la humanidad se encuentre bajo el yugo del reato por la culpa de transgredir la voluntad legisladora de Dios manifiesta en la ley. Ciertamente no se precisa de los judíos, a quienes ya se da por supuesto que estaban en esa situación, aunque no queda explicitado, lo hará más tarde en Romanos (cf. Rom 1,18-32).

Una segunda perspectiva es la antropológico-teológica, que tiene en cuenta a la persona creyente que la vive en la gracia, como consecuencia salvadora del evento de Cristo (cf. Gál 2,20; 3,18). Tiene su referente en Jesucristo (cf.Gál 3,16), que tiene toda la iniciativa de convocar a los creyentes a la fe (cf. Gál 1,6). Finalmente una tercera aproximación es la trascendente[220]. En su sentido absoluto se remarca sobre todo el origen y dinamismo trascendente de la acción de la fe en los fieles, al mismo modo como en Gál 1,3-4 describe la total procedencia divino-cristológica de su apostolado, del evangelio predicado por él (cf. Gál 1,11-12) y de la alianza sintetizada en las promesas hechas a Abrahán (cf. Gál 3,17), así como la libertad que se vive *ex fide Christi* (cf. Gál 5,1), tal y como culmina en su otro argumento midrásico (cf. Gál 4,21–5,1).

---

[220] Cf. BDAG, «πιστεύω», 817.

Capítulo III

Síntesis teológica de Gál 3,19-22

1. **La revelación de Dios, uno y fiel**
1.1 *La economía «teo-lógica» de las «promesas de Dios»*
1.1.1 Las «promesas de Dios» hechas a Abrahán

El ciclo de Abrahán refiere las «promesas de Dios» a una revelación de Dios[1]. Destacamos algunas fuentes que dibujan el horizonte bíblico de dicha promesas en virtud del cual el Apóstol puede apoyarse en ellas como argumento bíblico. En primer lugar, está la tradición de la promesa de una nueva tierra (cf. Gn 12,1-9)[2]. Dios se vincula con el anciano por medio de cuatro promesas: convertir al

---

[1] Tres autores marcarán el sustrato de fondo de nuestra reflexión en lo que se refiere a la labor histórico-crítica: A. de Pury (1975), quien estudió la relación promesa–leyenda en el ciclo de Jacob (cf. Gn 25,19-34; 27,1–33,20; 35,1-15); G.M. Sass (1995) y F. Giuntoli (2013) en cuanto comentario asequible e introductivo de una lectura completa del primer libro de Moisés. Del primero sobre todo tomamos la relación profunda y fundamental que tiene la promesa de Gn 12,1-9, que provendría de un sustrato pre-yahvista, con lo que no es un añadido posterior, sino material tradicional antiguo, en relación de dependencia con el ciclo de Jacob-Israel. Del segundo tomamos el *background* del AT sobre estas tradiciones y su *receptio* bíblico-tradicional con su progresión escatológico-soteriológica, que dispondrá a Pablo a una cristologización de dicha teología. Del tercero tomaremos una perspectiva más actualizada, tomando *grosso modo* la novedad interpretativa de Gn. No descuidamos, con todo, las divergencias sobre todo con el primer autor por parte de otros estudiosos, cotejando su opinión con la de M. Köckert (1988). Cf. A. DE PURY, *Promesse divine*, 47.85.611; G.M. SASS, *Leben aus den Verheißungen*, 71-234; M. KÖCKERT, *Vätergott und Väterverheißungen*, 255-262; ID., «Die Geschichte der Abrahamsüberlieferung», 103-128.

[2] La delimitación la tomamos de A. de Pury. Cf. ID., *Promesse divine*, 55-64.

anciano oriental en una nación grande; bendecirlo; concederle gran fama y renombre, así como ser él mismo instrumento de bendición[3]. Releída a la luz de Gn 18,17-32, el imperativo de irse de Harán debe leer más como promesa ya que sitúa a los dos personajes: el divino y el humano en un diálogo disimétrico pero de cercanía[4]. La tradición judía, que desarrolla la imagen de Abrahán como hombre de fe que realiza una larga peregrinación, se apoya en este pasaje añadiéndole posteriormente incluso un carácter netamente proselitista (cf. TgN Gn 12,4)[5], y escatológico (cf. Sal 89, 5.30.37; *LAB* 8,3).

En segundo lugar, destacamos la vinculación de la alianza con la promesa de un hijo (cf. Gn 15,1-6). Redactada con un lenguaje profético[6], sitúa al Patriarca en un contexto en el que el Señor se revela por medio de locuciones según confirma la perícopa (cf. Gn 15,1). En su redacción definitiva, Génesis insiste en que Dios asegura seguridad al anciano y le da argumentos que lo afianzan en la confianza en Dios. La respuesta de Abrán es clara (cf. Gn 15,6)[7]: וְהֶאֱמִן בַּיהוָה וַיַּחְשְׁבֶהָ לּוֹ צְדָקָה (Y creyó en JHWH y se lo contó justicia), de manera que se pone de manifiesto cómo la intención del autor veterotestamentario es mostrar la relación entre fe y la justicia.

Otra tradición referida a Abrahán y a las «promesas de Dios» es Gn 17,1-27, donde se remarca el carácter eterno de la Alianza establecida

---

[3] Cf. F. Giuntoli, *Genesi 12–50*, 16.

[4] Para una mayor información al respecto: cf. J.S. Baden, «The Morpho-Syntax of Genesis 12:1-3 », 223-237.

[5] Cf. R. Le Déaut, *Targum du Pentateuque*, I, 149, n. 4.

[6] Cf. M. Köckert, *Vätergott und Väterverheißungen*, 213-214; F. Giuntoli, *Genesi 12–50*, 39.

[7] Gn 15,6 tiene diversos paralelos en las tradiciones mosaicas, que son reflejo en la literatura profética de Isaías. En sendos paralelos se relacionan también contenidos narrativo-teológicos como son la fe en Dios–visión de un prodigio, y la promesa de un hijo. Redaccionalmente, prosigue otra secuencia sobre el establecimiento de la Alianza definitiva por parte del Señor (cf. Gn 15,7-21). Retoma el dato de Gn 12,1-9, conectándolo teológicamente con el éxodo de Egipto y la proclamación de la Alianza sinaítica (cf. Ex 20,2; Dt 5,6), gracias a la vinculación léxica que proporciona la raíz verbal יצא*. El redactor final de Génesis ubica a Abrán como modelo anticipatorio de la experiencia fundamental del Pueblo de la Alianza, de modo que no sólo es padre sino modelo y ejemplo para su descendencia, las tribus de Israel. Además se remarca claramente cómo sólo es Dios quien se obliga en el establecimiento de la misma, puesto que Abrán, dormido, no atraviesa el sacrificio dispuesto para el pacto (cf. Gn 15,12.17), cuyas disposiciones (vejez y muerte buenas, descendencia numerosa y abundancia material y territorial en la región de Oriente) son lo anhelado del Pueblo en el tiempo del redactor final. Cf. M. Köckert, *Vätergott und Väterverheißungen*, 216.233-242; F. Giuntoli, *Genesi 12–50*, 41-45.

con Abrahán de parte de Dios[8] y se profundiza en la cuestión de la tierra prometida a él y a su descendencia (זֶרַע)[9]. Se da la señal identitaria de la circuncisión, se extiende los efectos de la Alianza a Sara y a su capacidad de concebir en los albores de su vejez y se insiste en que es Dios, y no los hombres, quien se ha obligado en alianza. La parte humana la recibe como un don y debe serle fiel, confiando en sus promesas, una connatural necesidad de orientación antropológica interior a Dios, una participación sincera y auténtica, existencial[10].

Cabe añadir la tradición de la *Aqedá* (cf. Gn 22,1-19), redactada con múltiples detalles judeorretóricos y teológicos[11]. Aparece de nuevo la temática de las «promesas de Dios» en relación con la descendencia abundante, concretando intrahistóricamente que la posesión de la tierra incluye la defensa de los enemigos (cf. Gn 22,17)[12]. Aparece también una noción nueva: Dios jura por sí mismo (cf. Gn 22,16a), lo cual confirma que junto a la tradición de las promesas se debe añadir el hecho «teo-lógico»: Dios se vincula por su fidelidad, veracidad y eficacia, lo cual ya había sido puesto de manifiesto por los profetas (cf. Is 45,23; Jr 22,5; 49,13). En nuestro caso específico, la palabra de Dios y la obediencia de Abrahán son un fundamento paralelo[13], aunque no simétrico, para la obtención de un descendiente y la realización de lo prometido por Dios.

En la Biblia de Pablo había muchos receptores de promesas (Abrahán, David, Salomón, los Padres del éxodo, Moisés, Israel)[14], pero el judaísmo posexílico prerrabínico irá paulatinamente apropiando esta situación en la persona del patriarca. En cuanto al contenido nos hallamos con que se avanza de elementos más inmediatos y tangibles, como son la tierra, la descendencia y el reposo, a través de una línea más escatológica que incluye el reino, la bendición de Dios y el auxilio en la tribulación, se llega a una caracterología más centrada en la vida eterna, en la esperanza de la resurrección corporal y en el eón futuro[15].

---

[8] Cf. F. GIUNTOLI, *Genesi 12–50*, 52.

[9] Cf. G.J. WENHAM, *Genesis 16–50*, 22.

[10] Que ya *in nuce* se encontraba en el relato por medio de expresiones como «observar mi alianza». Cf. Lv 26,41; Dt 10,16; 30,6; Jr 4,4; 11,1-14; 31,31-34; Ez 44,7.9; F. GIUNTOLI, *Genesi 12–50*, 57; G.J. WENHAM, *Genesis 16–50*, 24.

[11] Para pormenores en estos dos órdenes: Cf. F. GIUNTOLI, *Genesi 12–50*, 91-97.

[12] Cf. G.J. WENHAM, *Genesis 16–50*, 112.

[13] Con otros términos, pero mostrando sendas disposiciones: Cf. G.J. WENHAM, *Genesis 16–50*, 112.

[14] Cf. G.M. SASS, *Leben aus den Verheißungen*, 195-202.

[15] Cabe retener que históricamente la relectura de Abrahán sirvió como sustituto teológico de una monarquía judía que fue infiel; sirvió de consuelo a un Pueblo que

1.1.2 Abrahán, releído a la luz de una alegoría tipológica

Las expresiones braquilógicas διαθήκη y ἐπαγγελίαι nos indican cómo Dios afirma a Abrahán que tendrá hijos nacidos y poseerá materialmente una porción de territorio en virtud de una promesa [16]. Pablo relee con ayuda de la tipología la categoría «alianza», descubriendo su orientación teológica-cristológica. Siendo Dios el Agente de la Alianza, esto se concreta en la serie de promesas, que se reducen al don de un testamento, el cual se ofrece en virtud de lo ya prometido a Abrahán a quienes tienen fe en Jesucristo[17]. De este modo Dios constituye realmente «herederos» de Abrahán a los creyentes por medio de su fe en Jesucristo.

La διαθήκη en Gál 3,1–4,7 se entreteje con un doble trasfondo retórico y teológico, cuyo culmen es la participación de la fe de Abrahán, intrahistórica, en vistas a la fe de Jesucristo, teológica y transformante. En este itinerario revelatorio y antropológico el punto de partida es la relación de fidelidad que Dios establece con Abrahán y que extiende a todos aquellos que serán bendecidos por la misma fe que sostuvo el Patriarca. Retóricamente hablando, el Apóstol funge de maestro con el uso de la diatriba en Gál 3,1-5.19-22, construida a base de *interrogationes rhetoricae*. Quiere proponer a los discípulos gálatas la centralidad del proyecto salvífico de Dios cuyo quicio soteriológico es Jesucristo (cf. Gál 3,1) y la donación de la fe, la gracia y el Espíritu por medio del evento pascual del Crucificado-Resucitado. Las «promesas de Dios» en el dinamismo teológico-retórico de la διαθήκη, son el contenido específico de la alianza de Dios con Abrahán y que tiene como nota fundamental en este discurso paulino el hecho de que no se frustran[18].

El fundamento retórico de esta noción teológica es la tipología que se construye sobre la base de la alegoría. La primera es una figura artística, que opera un cambio con una palabra, por medio de una relación

---

había quedado defraudado con una institución que postexílicamente tenía un deber muy alto de aglutinar a los creyentes que estaban continuamente bajo influjos de reinos gentiles extranjeros y no pudo estar a la altura. Para definiciones histórico-críticas de estos elementos: cf. G.M. Sass, *Leben aus den Verheißungen*, 202-216; B. Gosse, «Abraham», 163-186.

[16] Cf. G.M. Sass, *Leben aus den Verheißungen*, 27.

[17] Es un don que Dios brinda a los creyentes en Jesucristo en virtud de las promesas divinas realizadas a Abrahán. Fácilmente los autores se extienden bastante a partir de su sensibilidad cristocéntrica. Cf. G.M. Sass, *Leben aus den Verheißungen*, 301-305.

[18] Cf. G.M. Sass, *Leben aus den Verheißungen*, 299-301.

analógica entre dos conceptos, constituyéndose término imagen (τύπος)-término real (ἀντίτυπος). Aun siendo similar con la metáfora no son comparables, ya que, en relación con el objeto real, se establece una cosmovisión singular de la historia, concibiéndola a modo de «eras» o «etapas», con una unión lógica interna que permite dichos trasvases. Por su parte, la alegoría en consiste en la prolongación de un término con su realidad, ampliando las relaciones internas de modo que se fortalece aún más los vínculos entre sendas realidades. Pero más allá de la practicidad fenomenológica de estos expedientes lógicos de la comunicación, la idea profunda que el Apóstol desea comunicar es la relación del tiempo histórico, unitaria y entrelazada entre sí de las diversas «épocas» o «unidades cronológicas» que están en juego. En la Biblia emplea este recurso explícitamente, según afirma en Gál 4,24, estableciendo una relación de unidad, coherencia interna y continuidad teológica entre el Antiguo Testamento y la novedad cristológica. Ahora bien, la orientación paulina de la lectura de Gn 16–21 es tipológica, empleándola con ciertas libertades[19].

En virtud de dicha unidad lógica y cronológica de la historia de la alegoría tipológica se puede entender la función tipológica de Abrahán, cuya misión es mostrar la fidelidad de Dios[20]. De aquí que la profundidad teológica de Gál 3,18, que presenta la διαθήκη de modo epifonético, es desde donde se debe interpretar la fidelidad de Dios[21], fidelidad que Abrahán recibe a modo de χάρις. Ya en la «*propositio* menor» (cf. Gál 3,6-7), Pablo habla de Abrahán refiriéndose a las diversas escenas de promesa, para manifestar cómo Dios hace prevalecer la bendición dada al patriarca, conforme a la disposición de incluir a todos en su amor por la fe de Jesucristo. Esta fe es el ἀντίτυπος, la realidad de la que Abrahán es, a su vez, παράδειγμα[22].

---

[19] De manera notable sintetiza M.S. Harmon el modo como se releía a Abrahán ya en el período del Segundo Templo, sustrato precristiano del mismo Pablo, en clave ético-religiosa. El Apóstol aprovecha este dinamismo propio del AT poniéndolo al servicio del NT. Cf. M.S. HARMON, *She Must*, 133-134, n. 35.

[20] Sobre la relación entre alegoría y término real: cf. Lausberg, § 895.

[21] Coincidimos con G.M. Sass en el hecho que esta figura bíblica se convierte además en *Abrahamsgestalt* para los helenocristianos, elemento central para entender la recepción de la fe de los incircuncisos. G.M. SASS, *Leben aus den Verheißungen*, 297. Sobre la dialéctica retórica alegoría-tipología: cf Lausberg, § 901.

[22] El παράδειγμα puede tener, entre otras funciones, la probatoria. En nuestro caso es abogado en forma de *commemoratio* breve, una cierta *digressio* del tema fundamental, que aporta argumentaciones para proseguir con autoridad el mensaje teológico de Gal: Dios envía a su Hijo a dar cumplimiento a la salvación por medio del evento pascual con la consiguiente emisión del Espíritu y la gracia. Sobre la *commemoratio* en relación con el *exemplum*: cf. Lausberg, § 415. Sobre el estudio de

1.2 *La ley en la economía de las «promesas de Dios»*

El Apóstol de los gentiles expone en cuatro características la entidad veterotestamentaria νόμος. En primer lugar está la causa de su institución (es un añadido a causa del pecado); en segundo lugar está la cláusula temporal (tiene una duración limitada de vigor). En tercer lugar aporta el modo de ejecución, es decir, de una doble mediación (sea de los ángeles, sea del mediador Moisés). Ya el empleo del mismo verbo διατάσσω, que contiene el preverbio διά en Gál 3,19 es indicación de que Pablo quiere remarcar la cualidad de ser mediada no sólo por hombres sino por ángeles[23].

El término «ley» se ubica dentro de la esfera activa del ser humano, indica los estándares de comportamiento deseados, en este caso promovidos por la esfera religiosa. Teológicamente hablando el contenido de la ley es propiamente la voluntad «buena» de Dios que considera de modo «pedagógico» la situación antropológica de pecado. Estar bajo la ley significa que todavía se está bajo el pecado, no porque ésa produce a éste, sino porque todavía no se ha escuchado y acogido religiosamente la gracia de Cristo, la escucha de la fe, el don del Espíritu... en definitiva, la vida en Jesús crucificado, confesado como el Mesías[24].

1.2.1 La ley y su función no directamente soteriológica

El mensaje paulino sobre las «promesas de Dios» se refiere al valor de la alianza con sus premisas dadas. La presencia de la ley parece modificar dicho plan salvífico, pero el Apóstol responde claramente que la ley no está contra las «promesas de Dios».

Pablo comienza en Gál 3,10 con su relectura del νόμος[25], acentuando una cita del Deuteronomio para entenderlo a modo de metonimia de to-

---

nuestro contexto: cf. A. PITTA, *Lettera ai Galati*, 174; G.M. SASS, *Leben aus den Verheißungen*, 277-278.

[23] Cf. A.M. BUSCEMI, *L'uso delle preposizioni*, 42.

[24] Para las ideas de fondo, me remito al clásico artículo de W. Gutbrod. Conviene también tener en cuenta la aportación en la misma línea, desde la retórica de A.M. Buscemi. Cf. W. GUTBROD, «νόμος», *ThWNT*, IV, 1063-1064; A.M. BUSCEMI, «Struttura della Lettera ai Galati», 423; A. PITTA, *Lettera ai Galati*, 184.

[25] Es una relectura midrásica con dos puntos de apoyo: el testamentario (cf. Gál 3,15-18) y diatríbico (cf. Gál 3,19-22), si bien de carácter antitético: contraponiendo dos economías, la que se queda sólo en la función meramente indicativa de la ley o bien la que atiende al modo como Dios superará dicho obstáculo y seguirá sosteniendo su plan salvífico, ejemplificadas en las citas respectivas de Gn 15,6 y Dt 27,26. Cf. A. PITTA, *Lettera ai Galati*, 175.

do el Pentateuco (cf. Dt 27,26; Gál 3,8-14)[26]. Posteriormente, en Gál 3,19 su respuesta ambigua: τῶν παραβάσεων χάριν, puede tener el doble significado de restringir pecado, provocarlo o identificarlo[27]. En definitiva, esta entidad (νόμος) se sitúa en su sentido negativo y con una función peyorativa, sin visos de solución *per se*, esperando la venida liberadora de Cristo[28].

La ley es una cláusula añadida que no invalida el conjunto de la alianza, sino que actualiza el elemento que impide una aplicación directa y literal de lo asumido en el pacto realizado: las transgresiones. Retóricamente hablando, en la *digressio* de Gál 3,20 Pablo plantea un entimema que presenta las instancias que se oponen funcionalmente a la relación directa de Dios con la ley: la pluralidad de ángeles y del mediador. Dicha oposición no es por definición, sino por relación. Los ángeles están al servicio de Dios siendo los demonios sus opositores, según la angelología judaica; pero *relativamente* —en relación con el valor de la alianza y sus prerrogativas, las «promesas de Dios»— distan de Dios. En esta misma línea se sitúa el mediador, que no se identifica con Jesucristo, sino que es una persona cuya misión es *instrumentalmente* entregar a Israel un dispositivo correctivo, querido por Dios, ciertamente, pero con un carácter perentorio, temporal y en función de las transgresiones. Es una lectura minimalista de Moisés, no exenta de ironía por parte del Apóstol de los gentiles.

Su función retórico-teológica es la de «aminorar» el valor de la ley en el marco soteriológico, lo que se expresa con διαταγείς, pasivo divino, y con el papel amplificado de los ángeles en la colación de la ley. Sobre la mención angélica como algo negativo objetamos que las implicaciones negativas son mínimas en Gál 3,19. Allí los argumentos paulinos no son que la ley es inferior a las «promesas de Dios» porque fue entregada por medio de ángeles, sino porque la ley está separada de las promesas. La función de la referencia paulina a los ángeles de la ley sirve para distinguir y aislar la ley de la promesa, no para devaluarla. En efecto, nos parece imprecisa la relación de oposición que algunos

---

[26] La innovación es parcialmente paulina, ya que LXX ya hizo una modificación en esta línea. Cf. A.M. BUSCEMI, *L'uso delle preposizioni*, 57.

[27] Cf. T.L. CARTER, *Paul*, 114-115; R. PENNA, «Atteggiamenti di Paolo», 190.

[28] Como complemento, nos parece digna de mención la hipótesis final que D.B. Wallace lanza con respecto al origen de una visión negativa de la ley: «Paul did view the law is impossible to obey (*contra* Sanders) ans as something brought in precisely to cause the nation to reflect on the total inadequacy of a works-righteousness» (ID., «Galatians 3,19-21», 245).

exegetas sitúan entre νόμος y ἐπαγγελίαι, como si, siendo sendas voluntad de Dios: una fuese la exigente y otra la gratificante. No están al mismo nivel aunque tengan la única finalidad salvífica de Dios. No es una oposición entre entidades iguales, por ello no se da una auténtica oposición, sino una antítesis virtual. La primera no otorga la vida (cf. Gál 3,20), simplemente tiene una función propedéutica: guiar en el estado de pecadores mientras se realiza la promesa. Y esta promesa dispone al hombre para su recepción y tiene criterios de transformación en el fiel que éste debe realizar y seguir. Las promesas son determinantes para el fiel, no son determinadas por el fiel: son un don[29].

1.2.2 Relación con la economía de las «promesas de Dios»

La ley corre en función del cumplimiento de las «promesas de Dios» hasta tal punto que Dios es fiel a «sus promesas» dando también la ley. Aquí radica su identidad fundamental y esencial. Hasta la venida de Cristo la ley tiene como cometido la preservación de los hombres para que sepan valorar la maldad de sus transgresiones y la radical necesidad de la promoción que Cristo viene a traer: pasar de la esclavitud de la ley —que impide la absoluta desesperanza de alcanzar el perdón de Dios— a la libertad de los hijos de Dios[30].

La ley es una disposición adicional, cuya misión es mostrar la maldad del pecado. La ley no tiene por misión la comunicación de la salvación (cf. Gál 3,21). De aquí que Pablo abunde en mostrar cómo en la ley y las instituciones veterotestamentarias (cf. Gál 4,10) no se da la misma realidad salvífica que en Cristo. Pero ello no supone una ruptura absoluta con el Antiguo Testamento[31], ya que la misma Escritura es la que encierra a la humanidad entera bajo el régimen nefando del pecado (cf. Gál 3,22), teniendo como función el ser una especie de «prehistoria» de la salvación en Cristo. De este modo Jesús y la nueva Alianza con su crucifixión y Pascua tienen en la promesa a Abrahán una prefiguración eficaz para el don de la fe. En efecto, si no hay ruptura en la voluntad de Dios, tampoco la hay entre Abrahán y Cristo, ni entre el Patriarca y los creyentes (sea individual sea eclesialmente)[32]. De este modo, ambos tienen como punto de comprensión a Jesucristo y la fe en

---

[29] Cf. G. HOWARD, *Paul: A Crisis in Galatia*, 77; J. SCHNIEWIND – G. FRIEDRICH, «νόμος», *ThWNT*, II, 578-579.
[30] Cf. *Comm. Gal.*, III, 5.
[31] Cf. I. DUGANDŽIĆ, *Das «Ja» Gottes in Christus*, 315.
[32] Cf. I. DUGANDŽIĆ, *Das «Ja» Gottes in Christus*, 316.

Él. Precisamente Cristo cumple la prefiguración de las promesas hechas a Abrahán y realiza la justicia que los hombres necesitan de Dios, por medio de la fe en su Nombre.

La ley misma ha cumplido una función positiva obrando a modo de guardián hasta la venida de Cristo y poniendo a la luz el poder del pecado. La muerte de Cristo asegura la salvación por medio de cargar sobre sí las consecuencias del pecado y ha llevado a cumplimiento las «promesas de Dios» bendiciendo a todo el pueblo (cf. Gál 2,20-21; 3,13-16; 4,4-7). Este es el trasfondo teológico que junto al contexto beligerante de Galacia se entiende que oponga resistencia a prácticas y costumbres judías (cf. Gál 3,1-5; 4,3.9-10.21; 5,1-11) añadiendo más cosas a las que propone el Evangelio proclamado por Pablo (cf. Gál 1,6-9)[33].

1.3 *La unidad de Dios en la economía de las «promesas de Dios»*

La breve oración gramatical Gál 3,20 sintácticamente consiste en una proposición con el núcleo verbal ἐστίν. Algunos la han interpretado de manera meramente funcional, es decir, que la intención paulina no sería definir la unidad ontológica o numérica de Dios, sino meramente en base a la manera que tiene de actuar económicamente. Este argumento se centra en el redundante empleo sintáctico del pronombre numeral εἷς (cf. Gál 3,16.20ab.29)[34]. Con todo, la afirmación monoteísta de Pablo en Gál 3,19 no sólo se entiende de modo económico, sino también ontológico.

Objetivamente es concorde con el pensamiento paulino afirmar que de la unidad de Dios deriva la extensión ilimitada de su voluntad salvífica y que dicha voluntad se realiza en Cristo, por medio de su oblación personal en Cristo. Es más, porque Dios existe y es uno en su divinidad, su voluntad es una e irrevocable no sólo por modo de testamento natural, sino por decisión suya inicial y continua[35]. Además, nos parece más propio del pensar monoteísta paulino el hecho de afirmar ambas nociones: la unidad ontológica de Dios y la económica[36]. Y la meta de

---

[33] Cf. A. OEPKE, «νόμος», *ThWNT*, IV, 622; I.G. WALLIS, *The Faith of Jesus Christ*, 103-104.

[34] Para C.H. Giblin nuestra perícopa se extiende mucho más alcanzando el final del capítulo: Gál 3,15-29. Cf. ID., «Three Monotheistic Texts in Paul», 538.

[35] Se debe contemplar la figura también del מתנה, que consideraba la posibilidad de añadidos al testamento que permitían derecho de usufructo de los bienes testados por parte del testador. Cf. J. MURPHY-O'CONNOR, *Keys to the Galatians*, 98-100; Jastrow, «מתנה», 863.

[36] «Esto es lo que significa que Dios está solo; está solo prometiendo. La vida se da sin más; una vez puesta en marcha la vida, vienen el parlamentar y el mediar para

la unidad soteriológica de Dios no es sólo la comunicación de la vida misma de Dios en la gracia de Cristo, sino también la realización sociológica en el Espíritu de la unidad de Dios, de la unidad entre Dios y Cristo, y la de ambos con el Espíritu Santo[37].

En definitiva, Pablo reacciona fuertemente contra la tendencia nomística y la interpreta como el deseo de asegurarse el favor divino por medio de una acción humana previa, eludiendo la aceptación antropológica a los favores divinos. Demuestra con una referencia a la experiencia personal (cf. Gál 3,1-5), a los precedentes bíblicos (cf. Gál 3,10-12) y a las acciones de Dios en Cristo (cf. Gál 3,13-29) que observar la ley no constituye un camino de salvación: no es tanto una cuestión de ineptitud ni soteriológica ni judaica. El motivo es que el fundamento eficaz de la salvación no radica en el cumplir requisitos legales, porque la ley tiene una misión secundaria respecto a la salvación en Cristo y la justificación. Con todo, se mantiene dentro del único horizonte de la voluntad de Dios[38], que es la unidad del género humano en Cristo y por Cristo unidos en fraternidad por la fe y la justicia renovadoras del Evangelio, unidos a Dios.

La economía de las «promesas de Dios» va en la línea de mostrar la confesión auténtica sobre la unidad real de la sustancia divina pero a partir de los efectos dinámicos y unificadores de una comunicación interpersonal, es decir, la revelación de sí mismo[39]. En Gál 1,6-7 habla de la unidad intangible del Evangelio de Cristo; una unidad que está íntimamente relacionada con la tradición de las «promesas de Dios» a Abrahán, pues son la pre-evangelización de Cristo manifiesta en Abrahán (cf. Gál 3,10). La unidad de Dios se reflejará cristológicamente en la unidad de los fieles totalizante, una eclesiología en el Dios Uno, a través de Cristo Uno, en la unidad del Evangelio predicado por el Doctor de los gentiles[40].

2. Jesucristo, la «descendencia» de las «promesas de Dios»

Pablo fundamenta la unidad ontológica y económica de Dios, y a la par defiende la presencia «teo-lógica» de Jesús de Nazaret, formando parte del ámbito divino en cuanto Hijo preexistente de Dios (cf. Gál

---

formular directrices y criterios» (F. MARÍN HEREDIA, «Evangelio de la gracia», 86).

[37] Cf. W. GUTBROD, «νόμος», *ThWNT*, IV, 1063-1064.
[38] Cf. I.G. WALLIS, *The Faith of Jesus Christ*, 104-105.
[39] Cf. C.H. GIBLIN, «Three Monotheistic Texts in Paul», 543.
[40] Cf. J.-P. LÉMONON, *L'épître aux Galates*, 134; G. BARBAGLIO, *Gesù di Nazaret*, 195.

4,4) y actuando desde allí de modo *ordinario*. En Gál 3,19-22 el Apóstol reflexiona sobre el «lugar» que ocupa Cristo en todo el plan salvífico de Dios a la luz de la reflexión especulativa sobre la ley y las «promesas de Dios».

2.1 *Contenido retórico-teológico de la «descendencia»*

2.1.1 La alegoría tipológica como base retórico-cristológica

Jesucristo y el evento pascual con sus consecuencias se relacionan tipológicamente con la «descendencia» de Abrahán, teniendo por término real teológico-retórico a Cristo según la carne (cf. Gál 4,4-7). La palabra σπέρμα es un término polisémico, que en Pablo es una de las más importantes de su teología[41]. De entre ellos destaca el significado metafórico cristológico y el eclesiológico. Pablo fácilmente traslada a Cristo la tipología de la descendencia apoyándose en la fórmula que LXX Gn 18,18 ofrece, cuando la bendición recae sobre el ἔθνος μέγα καὶ πολύ: ἐνευλογηθήσονται ἐν αὐτῷ πάντα τὰ ἔθνη τῆς γῆς (LXX Gn 22,18) y es ἐν Χριστῷ como se produce dicha bendición (cf. Gál 3,14). De este modo cobra mayor claridad de sentido la expresión de Gál 3,19 cuando se habla de la descendencia a quien se refieren las promesas: claramente es Cristo[42].

En el segundo argumento midrásico (cf. Gál 3,23-29) Pablo conecta con la fuerza ejemplar del παιδαγωγός, además de la *compositio* interna de la *demonstratio*, a partir de palabras que sirven de enganche, como Ἀβραάμ, πίστις, υἱός (cf. Gál 3,6-9), con otras de Gál 3,15-18 como ἐπαγγελία, σπέρμα, Χριστός, κληρονομία, que conectan entre sí.

2.1.2 Contenido cristológico

En Gál 3,16.19 aparece el manejo técnico del término σπέρμα y de su número singular. La unidad del descendiente se pone en clara sintonía con la unidad del Dios Creador[43], que a su vez se expresa de modo remoto en la unidad de la alianza y de la promesa, aunque venga referida en diversos puntos del Génesis. El punto de discontinuidad que lleva a la oposición con el judaísmo prerrabínico radica en el hecho que Pablo extiende las «promesas de Dios» Abrahán también a los gentiles en virtud de la fe. No crea problema la cuestión de la fe a quienes se conside-

---

[41] Cf. W. PRATSCHER – W. BUB, «σπείρω», *TBLNT*, 1528.
[42] Cf. A.M. BUSCEMI, *L'uso delle preposizioni*, 61-62.
[43] Cf. H. SCHLIER, *Der Brief an die Galater*, 168-169.

ran herederos «naturales» del patriarca, si bien está el peligro de que se convierta en una mera «impostación ética» que no afecte a la verdad humana en su relación con Dios y descuide una adecuada disposición para recibir la salvación de Dios[44].

La semilla es el descendiente único que recoge el contenido teológico de la gracia de Dios[45]: Cristo mismo, heredero verdadero y universal de la promesa que agota el contenido soteriológico de la promesa sin reducirlo meramente para sí, sino que lo comparte con los fieles constituyéndolos coherederos (cf. Gál 4,7) por medio de la nueva vestidura de Cristo, cuya traducción es eclesial y sacramental, a saber, por la Iglesia y en le bautismo[46].

En relación con la teología de las «promesas de Dios», hace un contraste entre la ley y la promesa. Efectivamente las «promesas de Dios» son análogas a la alianza. Una vez que la alianza es sellada no se puede anular ni añadir nada. Desde que las promesas fueron realizadas a Abrahán 430 años antes de la ley, la ley no puede anular ni añadir algo. La lógica que está detrás de las palabras de Pablo es que la ley y las promesas se oponen en lo que se refiere a su función económica. La ley incumbe sobre el hombre para disponerlo, mientras que las «promesas de Dios» incumben para performarlo. Esta disposición humana promovida *sensu negativo* por la ley es ya inicio remoto de la salvación, aunque no lo es en sentido propio. La economía de las «promesas de Dios», que consiste en la supresión de la maldición de la ley (cf. Gál 3,14) y en la donación del Espíritu para cumplir la promesa en los fieles, está superada[47] porque Cristo la cumple personalmente de un modo completo.

Asimismo, se da la relación de las «promesas de Dios» con otra categoría: la κληρονομία (cf. Gál 3,18). La relación que nuestra perícopa establece con el argumento midrásico I es importante, ya que profundiza su contenido teológico. Dicha heredad se relaciona con la bendición de Abrahán, vectorizada por la fe en Cristo Jesús, que se concreta en la «posesión» de la promesa del Espíritu en virtud de la fe. Por ello, las «promesas de Dios» estarían vacías de contenido, si

---

[44] Dejamos de lado la cuestión del singular con significado de plural que se describe también en H. SCHLIER. Cf. ID., *Der Brief an die Galater*, 169-170; C.H. GIBLIN, «Three Monotheistic Texts in Paul», 539.

[45] Con todo, Rom 4,16 nos certifica cómo Pablo no ignora el valor de singular con sentido plural del término. Cf. A. OEPKE, «μεσίτης», *ThWNT*, IV, 622, n. 73.

[46] Cf. J. SCHNIEWIND – G. FRIEDRICH, «νόμος», *ThWNT*, II, 579.

[47] Cf. J.M. DÍAZ RODELAS, «Textos paulinos sobre la Encarnación», 345.

no estuviesen abiertas a la «descendencia» en Cristo y a la «herencia» pneumatológica[48].

2.2 *La fe de Jesucristo en la economía de las «promesas de Dios»*

2.2.1 La fe, don de Dios

La fe en la tradición de las «promesas de Dios» hechas a Abrahán reportan una definición relacional. Dios informa al Patriarca de la realización teológica de un acontecimiento humanamente inesperado: engendrar un hijo en la ancianidad, uniendo a ello otros contenidos, como la posesión de la tierra y una prosperidad clánica superlativa (cf. Gn 15,6). La aceptación humana se cifra en términos de confianza y obediencia, una adhesión más allá de los términos antropológicamente racionales o plausibles. A ello se une una disponibilidad de Dios de confiarse a los mismos humanos por medio de signos y mediadores acreditados por su Omnipotencia, construyendo un camino de alianza, que hace suscitar en los que le acogen por la fe una respuesta de confesión, de religión y de ética[49]. La mente paulina cifra la novedad cristológica con la continuidad veterotestamentaria y contempla la fe de Jesucristo con su componente relacional. Parte de la base que Jesús también confía humanamente en Dios Padre de un modo real, sometiéndose totalmente a la voluntad de Él, y sosteniendo un estilo de vida sobremanera honrado[50].

a) *Contexto teológico-retórico de la fe cristológica*

Si pasamos a la fuerza retórica de la perícopa, se constata la contraposición entre la disposición de la ley, que exige obras para verificar que alguien se encuentra dentro de su radio de acción y control, y el modo de conferirse las «promesas de Dios» y su realización. Podríamos decir que se establece una antítesis entre Gál 3,19 y Gál 3,22 desde el

---

[48] En esta misma línea exegético-retórica, abunda A. Pitta cuando describe la hipotética irreal en la que se encuentra Gál 3,18, remarcando que las promesas son gratuitas incondicionalmente. Cf. G.M. SASS, *Leben aus den Verheißungen*, 305-306; A. PITTA, *Lettera ai Galati*, 207-208.

[49] Cf. A. VANHOYE, «Foi», *DCT*, 568-569.

[50] Nos parece interesante notar que hay diversas interpretaciones sobre la fe de Jesucristo. Está la interpretación ética de F. Marín Heredia se entiende con una perspectiva de conjunto interesante. Por un lado, la πίστις en Gál 2,16 la interpreta a modo de disposición psicológica favorable de un sujeto que se traduce en acciones favorables a favor de los fieles (honradez). Para considerar la cuestión: Cf. D.E. GARLAND, «Paul's Defense», 167-168; F. MARÍN HEREDIA, «Evangelio de la gracia», 57.

momento en que en la primera diatriba se identifica el origen de la ley, mientras que en la segunda Pablo quiere verificar su relación con las «promesas de Dios», notando su relación radicalmente diversa entre sí con la voluntad de Dios. De todos modos, el Apóstol mismo introduce la fe (cf. Gál 3,22), conectándolo con el contenido salvífico con Jesucristo confesado desde el evento pascual, que en el contexto de la economía de las «promesas de Dios» hace referencia a su realización y su finalidad específica[51].

En Gál 3,12 el autor sagrado muestra claramente la diferencia de regímenes entre la ley y la fe: ὁ δὲ νόμος οὐκ ἔστιν ἐκ πίστεως. El apoyo de dicha afirmación se encuentra en LXX Hab 2,4, puesto que la fuerza de la ley radica en el cumplimiento de sus obras, mientras que la fe es la fuente de la vida para el creyente[52]. En efecto, la fe se escucha, al igual que la ley (cf. Gál 1,13; 4,21, pero el modo de incidir soteriológicamente en el hombre es radicalmente diverso: la fe incide intrínsecamente y suscita una disposición humana que es signo de la obediencia que reclama el Dios que se revela, mientras que la ley exige extrínsecamente[53].

En Gál 3,22 se pone de manifiesto que la finalidad *enclaustrante* de la Escritura ὑπὸ ἁμαρτίαν se da en vistas a la donación de la promesa gracias a la virtud de la fe de Jesucristo (cf. Gál 3,22). Pablo desarrolla esta noción en las perícopas siguientes (cf. Gál 3,23-29; 4,1-7). Concretamente en Gál 4,5 emplea una expresión pareja que va en la misma dirección argumental. Efectivamente, la «encarnación del Hijo de Dios» tiene por finalidad la redención y la liberación del pecado y cuyo horizonte es la adopción de la filiación de Dios, en el contexto de la plenitud de los tiempos.

La definición de la actividad salvadora de Dios, característica y contenido de la alianza ya no viene determinada por el contenido material de las «promesas de Dios» ni tampoco por una actividad defensiva de la Escritura, sino directamente por Cristo y a su envío desde Dios Pa-

---

[51] Cf. I. DUGANDŽIĆ, *Das «Ja» Gottes in Christus*, 218.

[52] Y no sólo, porque la preposición ἐκ no excluye aquí el sentido de causa eficiente ministerial. Cf. A.M. BUSCEMI, *L'uso delle preposizioni*, 50.

[53] La fe es confianza en Jesucristo, en su persona, que tiene su fundamento en la escucha obediente del mensaje salvador del evento pascual de Cristo y que tiene una traducción ética visible y efectiva, más allá de la expresión retórica que emplee Pablo. En este marco global, remarcado por F. Hahn, tenemos que Dios (expresado en el pasivo divino) revela el componente cristológico de sus promesas, paralelamente al hecho de la justificación. Cf. A. PITTA, *Lettera ai Galati*, 222; F. HAHN, *Theologie des Neuen Testaments*, II, 462.

dre. Cuando el Tarsiota introduce en Gál 4,1 la «*peroratio* menor» está definiendo que es la misma llegada de Cristo la plenitud del tiempo (cf. Gál 4,4). El tiempo previo está marcado por la minoría de edad de los hombres porque aún no poseen la fe[54]. En Gál 3,22 encontramos que las «promesas de Dios» tienen en Cristo una nueva lectura: ya no se trata de la descendencia carnal en Isaac o de la mera liberación del pecado por la fe, sino que la meta en plenitud es la acogida de la condición de hijos de Dios en Cristo.

2.2.2 El creyente que acoge la fe de Jesucristo

a) *La justicia de Dios y su relación cristológica*

La justicia de Dios, expresión de su fidelidad, responde al pecado como estatus, no tanto por actos concretos contrarios a la ley. Esta se aplica al fiel en virtud de la fe de Jesucristo (cf. Gál 3,22) y de la adquisición de la condición de hijos de Dios (cf. Gál 4,4-7). La justicia de Dios va ligada con la liberación de Cristo y la recepción del Espíritu por medio de la escucha del mensaje pascual de Cristo. Pablo insiste en el hecho de que el ἁμαρτολός es la antítesis del justo. No es una condición que va ligada a la pertenencia de un grupo étnico, como se lee en Gál 2,15: ἐξ ἐθνῶν ἁμαρτωλοί, sino que es un indicador cualitativo de lejanía de Dios. Por eso, el Apóstol llega a afirmar en Gál 3,8 que en Abrahán ya se estaba dando un *protoevangelio* (προευηγγελίσατο)[55], porque el auténtico significado de las «promesas de Dios» es que Dios quiera justificar a los gentiles debido a que Él es fiel a su plan salvífico para con todos los hombres realizado en relación con Cristo.

En Abrahán se da una tipología con carácter de *exemplum christologicum* amplio. En efecto, entre Cristo y Abrahán, Pablo establece una tipología alegórica: Abrahán recibió la promesa en base a su fe, convirtiéndose en modelo de todos los creyentes y justificados. Fe y «promesas de Dios» tienen en el patriarca su punto retórico de contacto en virtud de la cual se aplica a todos los creyentes. La continuidad económica entre la Escritura y las promesas se testifica en la «*propositio* menor» de Gál 3,6-7, partiendo de su fundamento bíblico[56], y considerado a la luz de su culmen en la filiación de Cristo. Asimismo, las promesas son signo de la alianza ofrecida a Abrahán, y su descendencia es signo de su cumplimiento que lo tiene efectiva-

---

[54] Cf. A.M. BUSCEMI, *L'uso delle preposizioni*, 70, n. 328.
[55] Cf. A.M. BUSCEMI, *Lettera ai Galati*, 264.270.
[56] Cf. A. STEGMANN, «Ὁ δὲ μεσίτης», 31.

mente y definitivamente en Cristo personalmente[57], y en los cristianos colectivamente.

Esta tipología tiene un valor de *ejemplaridad* en la fe del Patriarca[58]: la insistencia en el *genus epidicticum*, que tiende a resaltar los elementos positivos del argumento que propone[59]; refuerza la identificación como de carácter alegórico y combinado con la braquilogía. Esto es propio de quien quiere mantener un tenor recio y contenido para no perder efectividad a su discurso, aunque Pablo también concede cierto espacio al *ornatus*[60].

b) *La gracia en la economía de las «promesas de Dios»*

Otro correlato de las «promesas de Dios» es la gracia (cf. Gál 3,18). A la luz de la economía de éstas, la gracia de Dios se confiere por medio de Jesucristo. La gracia es *el* don de la promesa cumplido en Cristo, es el modo como Cristo comunica la vida de Dios. También es la expresión de la fidelidad de Dios para con su palabra dada a Abrahán y su intención salvífica universal. Este modo de ser y obrar de Dios se descubren con Cristo crucificado (cf. Gál 2,21)[61]. De ese don participan los fieles por medio del evento pascual. Por éste el hombre se ha visto salvado y redimido de su esclavitud. La gracia es el fruto consiguiente de la vida divina de Cristo, que regala por medio de su cruz (cf. Gál 6,14), en cuanto donación libre y redentora (cf. Gál 2,19) a modo de hábito dado por Dios vivido antropológicamente, como vocación (cf. Gál 1,6) y con perseverancia en los dones recibidos (cf. Gál 3,2-5).

Concretamente en Gál 3,15-18 el verbo κεχάρισται resume y clausura toda la previa argumentación que hemos considerado. Indica que las

---

[57] No sólo una metáfora. Cf. A. STEGMANN, «Ὁ δὲ μεσίτης», 31, *pace* J.L. WHITE, *Apostle of God*, 24-25.

[58] Esta ejemplaridad en Pablo teológica y especulativamente sobria contrasta con la literatura amplificadora sobre el Patriarca, que se distanciaban también de la literalidad del texto bíblico. Cf. L. GINZBERG, *The Legends of the Jews*, VII, 6-14; A.M. BUSCEMI, «Struttura della Lettera ai Galati», 422; A. PITTA, *Lettera ai Galati*, 175-179.

[59] No es exclusivo de este género argumentativo, como es obvio, aunque confiere ciertas notas peculiares al mismo. Somos conscientes de la sutileza de nuestra elección, que no está exenta de objeciones. Para un panorama técnico más completo de este expediente retórico en la Antigüedad: Cf. J. KLEIN, «Exemplum», *HWRh*, III, 61-64; Mortara Garavelli, 251-252.

[60] Sobre el carácter retórico de este expediente: cf. J. KLEIN, «Exemplum», *HWRh*, III, 61; Mortara Garavelli, 251; G. HOTZE, *Paradoxien bei Paulus*, 41.

[61] Cf. A. PITTA, *Lettera ai Galati*, 156-158.

«promesas de Dios» y la ley están dentro de la única dinámica de Dios, fiel a su plan salvador, un don gratuito y amoroso[62]. La filiación para los hombres anunciada en Gál 4,6 tiene su fundamento precisamente en esta gracia de Dios que se da por Cristo, porque la filiación divina es en Cristo, se participa de Él. El lenguaje de participación de Gál 3,22 se desarrolla en los versos siguientes. La filiación en Jesucristo es resultado de la acción de la fe en el hombre, dándose una íntima relación entre la fe de Jesucristo, entendida como fidelidad personal y la fe de los creyentes que se entregan totalmente al Dios revelado en el evento pascual de Cristo.

Retóricamente hablando el *genitivo objetivo* πίστις Χριστοῦ no es sólo la fe de un cristiano, en cuanto obra externa, porque entonces la fe corre el peligro de convertirse en una mera «obra previa» más. Sin embargo, la salvación se realiza por la fe de Cristo, entendida como participación en el dinamismo que se expone en toda la *probatio* II. Efectivamente también incluye el espacio de la libertad humana[63], en el sentido de que la fe es una decisión que implica abandonar muchas de las normas y creencias de un ambiente social específico previas y adoptar nuevas normas y creencias dentro de un nuevo contexto social. La transición de lo viejo a lo nuevo tiene lugar en el bautismo. Para Pablo la fe es inconcebible sin un abandono de la idolatría (cf. 1Tes 1,9) o sin la praxis de la ἀγάπη (cf. Gál 5,6). No es simplemente que estas cosas se siguen inevitablemente de la fe, sino que uno podría teóricamente distinguirlas de la fe. Pero sobre todo cabe recordar que la fe tiene una faceta concreta y práctica: el abandono de viejas normas y creencias para asumir otras nuevas[64].

A modo de síntesis sobre la cristología, ofrecemos dos puntos teológicos interesantes. En primer lugar, defendemos que las «promesas de Dios» son también una revelación de Jesucristo. Las categorías bíblicas que Pablo emplea en toda la *probatio* II se focalizan en la «*peroratio* menor», de manera que tanto ἐπαγγελία como διαθήκη conducen la mentalidad del auditorio eclesial a la meta de la κληρονομία, no sólo inmediata de Isaac, sino sobre todo a la pertenencia a Dios por medio de la fe de Cristo Jesús[65], con su contenido revelatorio.

---

[62] Cf. H. CONZELMANN – W. ZIMMERLI, «χάρις», *ThWNT*, IX, 385-386.
[63] Cf. I.G. WALLIS, *The Faith of Jesus Christ*, 68-69.
[64] Cf. F. WATSON, *Paul, Judaism and the Gentiles*, 64.
[65] Cf. J.-P. LÉMONON, *L'épître aux Galates*, 135.

3. El Espíritu Santo es quien da la vida

Gál 3,19-22 es muy pertinente, porque aborda la cuestión de la gracia dada en virtud de la actividad del Espíritu Santo. Es el que obra la justicia en los fieles y los conduce a la vida[66]. Si bien no aparece mencionado explícitamente en esta perícopa, ya desde Gál 3,1-5 detectamos cómo el Espíritu funciona a modo de espina dorsal de toda la perícopa (cf. Gál 3,2.3.5)[67], de modo que recibir el Espíritu es uno de los conceptos más importantes de Gálatas y del epistolario paulino[68].

3.1 *El Espíritu Santo en la economía de las «promesas de Dios»*

Considerar la relación tipológica con el Espíritu tiene un trasfondo veterotestamentario fundamentalmente profético. Dos son las fuentes tradicionales: la relación Espíritu-alianza (cf. Ez 36,26-28) y la conexión entre la renovación de la alianza realizada por el Espíritu, expresada desde el lenguaje de la teología de las promesas divinas extendida a la descendencia (cf. Nm 11,29; Jl 2,28-29; Is 44,3-4; 59,21)[69]. El Apóstol sigue una estela ya inaugurada que él desarrolla a partir de la novedad cristológica y pneumatológica. Por ello, en Gálatas, el Espíritu Santo tiene como función posibilitar la acogida del evento pascual de Jesucristo por medio de la fe.

3.1.1 Actividad pneumatológica

La presencia del Espíritu Santo en la relación ley-«promesas de Dios» se vuelve en Pablo clara e insistente: la obtención del Espíritu se da por la fe. En Gál 2,16 Pablo presenta la consecuencia salvífica de la justificación: el hombre, carne mortal y débil, recibe el don de la justicia de parte de Dios en virtud de la fe de Jesucristo, causa instrumental por la cual se realiza dicho acto divino (cf. Gál 2,16b). En Gál 3,22 trata de la misma relación pero desde otra perspectiva. Sin mencionarse explícitamente el aspecto pneumatológico, Pablo establece un paralelismo con 1Cor 12,3.5 y Gál 3,2.5 donde deja entrever la vida del cristiano como don del Espíritu y las promesas realizadas por la fe en virtud del mismo Espíritu, así como la justificación[70]. Y

---

[66] Cf. M.V. Hubbard, *New Creation*, 208.
[67] Cf. A.M. Buscemi, *Lettera ai Galati*, 233.
[68] Cf. A.M. Buscemi, *Lettera ai Galati*, 240.
[69] Cf. R.A. Pyne, «The "Seed"», 218-219.
[70] Aunque de modo más atento a la justificación que a las promesas, es interesante la aportación de J.E. Aguilar Chiu. Además de ello, cabe notar la expresión de

esto se encuentra elaborado con una relación tipológica en relación con Abrahán.

Abrahán es τύπος de la justificación escatológica, en cuanto que participar del evento de Cristo, contenido de la escatología, es don del Espíritu[71]. Efectivamente se da una proximidad muy estrecha entre la bendición del Espíritu (cf. P^{46} Gál 3,14), la justificación por la fe en Cristo (cf. Gál 2,20-21) y el ser contado en el colectivo de los justificados (cf. Gál 3,8), sobre topo por el hecho de que la bendición de Abrahán es ahora posible en Cristo Jesús para todos, gentiles y judíos. El «nosotros» receptor de la promesa que es el Espíritu Santo son los creyentes, judíos o gentiles (cf. Gál 3,14-15). Así la Escritura proclama que todos los gentiles, engendrado como hijos de Abrahán por el Espíritu de Dios, serán bendecidos al ser contados como justos.

También se detecta la estrecha conexión entre justicia y Espíritu en Gál 3,21. Aquí Pablo arguye que la justicia no viene por la ley, porque la ley no puede vivificar: la vivificación alude a la obra del Espíritu. Vivificar significa sobre todo ser liberador del poder esclavizador del pecado (cf. Gál 3,22)[72], aunque también incluye la acción más directamente corporal de comunicación de vida que incide en la realidad antropológica[73].

Es gracias a la obra que el Espíritu realiza en los fieles por medio de la recepción del mensaje de Cristo con fe que la promesa se transfiere también a ellos. De este modo, junto a la categoría «promesa» se debe poner como correlato fundamental el de κληρόνομος y el de υἱοθεσία[74]. En esta correlación se halla el Espíritu en el trasfondo, aunque no aparece explícitamente[75]. Estas categorías de Gál 4,4-7 son sinónimas y consecuencia de otro verbo: ζωοποιεῖν[76]. Esta actividad precisamente

---

A. Pitta que describe de modo sucinto esta reflexión a modo de «denso valor pneumatológico». Cf. J.E. AGUILAR CHIU, «Justification», 359; A. PITTA, *Lettera ai Galati*, 195.

[71] Cf. D. GARLINGTON, «Partisan "ἐκ"», 579.

[72] Cf. R.M. TREVIJANO ETCHEVARRÍA, *Estudios paulinos*, 295; S.K. WILLIAMS, «Justification», 91-100.

[73] Cf. L.J. KREITZER, «Escatologia», *DPL*, 574.

[74] Cf. R. PENNA, «Atteggiamenti di Paolo», 202.

[75] De hecho, la donación del Espíritu por parte de Dios es indicio eficaz de que el hombre ha entrado por Jesucristo en una relación estrecha de carácter definitivo con Dios. Y ello de resultas de la predicación de Jesucristo Crucificado y la experiencia del Espíritu Santo. Cf. F.J. MATERA, «Galatians in Perspective», 239.

[76] Sólo aparece en once ocasiones de las cuales la mayoría son sitios paulinos. Cf. Jn 5,21 [*bis*]; 6,63; Rom 4,17; 8,11; 1Co 15,22.36.45; 2Cor 3,6; Gál 3,21; 1Pe 3,18.

el contexto la relaciona sea con la fuerza de la fe (cf. Gál 2,20; 3,11) sea al Espíritu (cf. Gál 5,25). Y es que debemos tener presente que ἐπαγγελία tiene una gran riqueza teológico-semántica, que incluye tanto κληρονομία (cf. Gál 3,18.29) como ζωή (cf. Gál 3,21), δικαιοσύνη (cf. Gál 3,21), y πνεῦμα (cf. Gál 3,14)[77].

Pablo propone al Espíritu, objeto de la promesa, relacionándolo con las esperanzas proféticas cumpliéndose[78]. La bendición, cumplida en forma de posesión del Espíritu, pertenece a los creyentes. Si bien es verdad que en Gál 3,15-22 el Apóstol habla de la imposición forzada de la dispensación mosaica, la prioridad de las «promesas de Dios» es de orden cronológico y en orden de la gracia (cf. Gál 3,18). Asimismo, en la Escritura se relacionaba el fruto de las «promesas de Dios» con la tierra, ahora Pablo lo hace con el Espíritu prometido (cf. Gál 3,14), agente teológico que produce vida nueva en los fieles (cf. Gál 3,21; 4,29; 5,25)[79]. Así pues, el Espíritu Santo está íntimamente asociado al cumplimiento de las promesas, ya desde Gál 3,14: siendo el dispensador de la vida escatológica en Cristo (cf. Gál 5,25; 6,8)[80]. En efecto, la condición previa para recibir la justicia de Cristo y el don del Espíritu no son las obras legales sino por obra del mismo Espíritu, que se recibe por la escucha de la fe[81].

3.2 *Consecuencias de la vivificación del Espíritu Santo*

3.2.1 La Iglesia en relación con el Espíritu Santo

Ser hijos de Abrahán no consiste sólo en la ejecución de las normas religiosas de la ley, a modo de un *homo religiosus*. Las «promesas de Dios» van más allá del mero aparato dispositivo nomístico: otorgan la

---

[77] Cf. J. SCHNIEWIND – G. FRIEDRICH, «νόμος», *ThWNT*, II, 579-580.

[78] Para una panorámica más amplia y detallada de la conexión entre la bendición incluso a los gentiles y la experiencia del Espíritu Santo: Cf. G.M. SASS, *Leben aus den Verheißungen*, 286-296.

[79] La promesa de la tierra tuvo diversos estadios de adhesión espiritual por parte de Israel: partiendo de tradiciones de promesa de la tierra se van reelaborando paulatinamente con otras influencias internas sobre todo deuteronomistas. Cf. Ex 32,12; 33,1; Nm 14,23; 32,11; Dt 1,35; 10,11; S. BOORE, *The Promise of Land*, 428-433.
Cf. M.V. HUBBARD, *New Creation*, 202-203.226.

[80] Cf. T.L. CARTER, *Paul*, 115.

[81] «Paul has already established that the Galatians received the Spirit by hearing with faith and not by obeying th law. It is because the Spirit imparts eschatological righteousness and life that Paul can safely assume the priority of Hab. 2:4, eich asociates righteousness and lif with faith, which associates life eith the law (Gal. 3:11-12)» (T.L. CARTER, *Paul and the Power of Sin*, 117, n. 130).

condición de hijos de Abrahán conforme a las promesas a la luz de la novedad cristológica. Esto se traduce a nivel ético y eclesiológico[82] por medio de la comunicación del ἀγάπη, confiriendo una común participación y una fraternidad en el Espíritu, que origina y realiza una nueva creación, no sólo en Cristo sino también en Iglesia[83]. Asimismo, la unidad de la comunidad fiel es una de las características de la acción del Espíritu Santo en la Iglesia, por medio de la cual los hombres participan de la unidad y la fidelidad divinas. Por ello es necesario superar la polarización de grupos en el interno de la comunidad.

El contexto abrahámico de toda la *probatio* II vincula dos términos ya empleados en la demostración: promesa y herencia pneumatológica (κατ' ἐπαγγελίαν κληρονόμοι). El heredero es plural cuando se refiere al conjunto de los fieles, y es singular cuando indica a Cristo. El número singular y plural del κληρόνομος es un acento secundario, si atendemos al referente teológico de fondo: Dios justificando a los que tienen fe en Cristo.

El bautismo tiene un lugar importante en la economía de las «promesas de Dios» ya que es la modalidad con que los fieles participan de la bendición del Espíritu y devienen hijos de Dios en comunión con la unidad eclesial[84]. Es un sacramento y un don del Espíritu. Lo que cuenta para participar en la Iglesia es el bautismo y el haber llegado a la fe (cf. Gál 5,6; 3,23-29)[85]. La clave sacramental con que concluye toda la *probatio* nos lleva a la consideración de que en el Espíritu se está en la medida que los fieles se insertan también en el tejido de la comunidad eclesial, revistiendo el conjunto eclesial. Revestirse tiene en LXX uso metafórico para hablar de la recepción del Espíritu Santo (Jue 6,34; 1Cro 12,19; 2Cro 24,20) y para indicar un cambio interior (Is 61,10; Zac 3,3), de modo que percibimos cómo el Maestro de los gentiles tiene una fuerte concepción eclesial cuando describe la economía de Cristo y del Espíritu, aunque en nuestra perícopa sólo se aborde un aspecto del conjunto, que es claramente más amplio. Dicha eclesialidad a la que se refieren las «promesas de Dios» se encuentra *in nuce* en nuestra perícopa, cosa que irá desarrollando el Apóstol en Segunda Corintios para

---

[82] En Cristo todos somos semillas de Abrahán y constituidos herederos de las «promesas de Dios» al Patriarca. Cf. F. WATSON, *Paul, Judaism and the Gentiles*, 70-71; G.M. SASS, *Leben aus den Verheißungen*, 308-310.

[83] Cf. T. PAIGE, «Spirito Santo», *DPL*, 1500; M.V. HUBBARD, *New Creation*, 234-235.

[84] Cf. A. PITTA, *Lettera ai Galati*, 223.

[85] Cf. R.M. TREVIJANO ETCHEVARRÍA, *Estudios paulinos*, 209.

llegar a Romanos, de un modo culminante (cf. 2Cor 1,22; Rom 6,1-11) tanto a nivel exegético, cristológico y ético, con la categoría central de *participación* del evento pascual de Jesucristo[86].

3.2.2 Don de Dios en una escatología ya iniciada

El pensamiento notablemente antitético de Gálatas no impide descubrir su pneumatología, entendida como el don de Dios en una escatología ya iniciada. La marca eclesial escatológica ἐκ πίστεως sirve a modo de nueva circuncisión, advirtiendo que ser espiritual, auténtico, no meramente mecánica o ritualizada. Sirve también de señal de pertenencia del grupo eclesial[87]. Asimismo, nos hallamos con que Pablo concibe toda esta economía eclesial en el Espíritu Santo insertada dentro de la liberación escatológica procurada por Cristo Jesús, teniendo como trasfondo la pascua judía. Ser hijos de Dios significa ser bautizados en Cristo, en su muerte y su resurrección, en la vinculación mucho más estrecha del Espíritu. En definitiva el Espíritu Santo es el don vinculado a las «promesas de Dios», realizado en la etapa final de la historia (cf. Gál 4,4)[88], y constituye el núcleo fundamental de la predicación paulina con Cristo y la revelación de Dios Padre.

La salvación en Cristo es poder de Dios manifestado en la conversión de los fieles y en los dones espirituales que reciben (cf. Gál 3,2-4), resultado de la justificación en Cristo y la santificación en el Espíritu[89]. También ello conforma el mensaje evangélico, y es aquí donde el Apóstol se dedica más a la estrategia comunicativa, construyendo su discurso dentro de un marco sapiencial-apocalíptico sobre la base de una exégesis retórico-alegórica (cf. Gál 4,21–5,1)[90].

---

[86] Cf. R. PENNA, *Lettera ai Romani*, 416-417; I.G. WILLIS, *The Faith of Jesus Christ*, 117.
[87] Cf. D. GARLINGTON, «Partisan "ἐκ"», 580.
[88] Cf. F. MARÍN HEREDIA, «Evangelio de la gracia», 74.
[89] Cf. F. PHILIP, *Pauline Pneumatology*, 173-176.
[90] Cf. R.M. TREVIJANO ETCHEVARRÍA, *Estudios paulinos*, 169.

PARTE SEGUNDA

**2 CORINTIOS 1,15-22
LAS «PROMESAS DE DIOS»:
UN DISCURSO TEOLÓGICO PREGNANTE**

Capítulo IV

El contexto de 2Cor 1,15-22

1. El «pre-texto» de Segunda Corintios

La muerte y resurrección de Jesús es el patrimonio común de la Iglesia primitiva en sus primeras comunidades eclesiales. Pablo, con su audaz predicación de Dios desde Cristo, y de Cristo desde Dios, se ha convertido en una de las fuentes fundamentales del cristianismo primitivo adquiriendo su actividad evangelizadora gran centralidad[1]. En esta segunda parte de nuestra monografía el centro de interés es describir retóricamente Segunda Corintios. Para ello, ubicaremos a su remitente y a la iglesia receptora en su contexto histórico y cultural, dirigiendo la exposición a resaltar aquellos elementos de la misión que dieron pie a su redacción.

1.1 *Pablo, remitente de Segunda Corintios*

1.1.1 Pablo en Corinto

El Apóstol estuvo en diversas ocasiones en Corinto. Fue una de las comunidades que más reclamó su atención y su intervención, bien fuera a través sus colaboradores o bien por carta. Este modo de suplir virtualmente su ausencia por medio de directrices dadas epistolarmente es bastante frecuente en lo que se refiere a la iglesia corintia. Con todo, no eludimos que para el análisis histórico-crítico se encuentran no pocas *cruces* que impiden un consenso técnico, sea respecto al número de cartas enviadas, sea respecto a su ubicación dentro de la cronología paulina.

Nos apoyamos en los datos geográficos de Segunda Corintios, cotejados con Lucas, para ubicar el ministerio de Pablo cuando redacta esta

---

[1] Cf. M.-Y. PERRIN, «La nascita del cristianesimo», 711.715.

carta. El primer dato iluminador es la mención de la provincia de Acaya. Precisamente en este eje geopolítico desarrolla su actividad inicial en Europa y de la que se hacen eco tanto el Apóstol como Lucas en su obra[2]. De hecho acostumbran a citarse juntas para referirse a la zona que actualmente denominamos Grecia (cf. Hch 19,21; Rom 15,22; 1Tes 1,7.8)[3]. En el tiempo de actividad paulina destaca el proconsulado de Galión (51-52 d.C.) atestiguado por indicios arqueológicos descubiertos a inicios del siglo XX[4].

Macedonia es otra provincia citada en nuestra carta. Atravesada por la *via Egnatia* tuvo como tarea dentro del incipiente Imperio romano la misión de proteger la frontera en los Balcanes hasta que con Octavio Augusto ésta se desplaza hacia Mesia (46-45 d.C). Por ello cayó de su rango jurídico, pasando a ser mera *provincia senatorialis*[5]. También menciona Asia, que vuelve a ser escenario de su epistolario. Mientras que en Gálatas nuestro estudio se centraba en el contexto indirecto, ahora lo abordamos sucintamente como parte explícita de la redacción de Segunda Corintios (cf. 2Cor 1,8)[6]. En el caso Pablo describe su estancia allí como marcada por la tribulación[7].

Al mencionar a Tróade como puerta abierta en el Señor (cf. 2Cor 2,12), el Apóstol habla estando en Efeso, en la región de Asia, que ya hemos descrito como provincia (cf. 1Cor 16,8-9). Allí permaneció has-

---

[2] En efecto, Lucas lo hace menos (cf. Hch 16,6-10; 20,1-6) y el Apóstol más (cf. Rom 15,26; 2Cor 1,16 [*bis*]; 2,13; 7,5; 8,1; 9,1.4; 11,7; 1Tes 1,8). Acaya es una provincia que incluía en tiempos paulinos el Peloponeso y diversas regiones limítrofes, teniendo como capital Corinto. Allí residía el procónsul nombrado por el Senado de Roma. Desde Éfeso (cf. 1Cor 15,32) Pablo escribe 2Cor, pretendiendo acudir a verlos posteriormente, pasadas las fiestas de Pentecostés (cf. 1Cor 16,8). Cf. V.P. Furnish, *II Corinthians*, 101.

[3] Cf. J.A. Pattengale, «Achaia», *AncBD*, I, 53.

[4] Cf. B. Reicke, «Γαλλίων, ονος», *EWNT*, I, 562.

[5] Cf. L. Duridanov, «Makedonia, Makedones», *DNP*, VII, 732.

[6] Como región tuvo un trato romano peculiar pues en toda Asia Menor no se romanizaron las instituciones helénicas, debido a la resistencia de los autóctonos, de modo que, a pesar de la gran actividad de comisarios imperiales y otros personajes al servicio del emperador romano, la romanización estuvo ausente. Su territorio limitaba al W con el mar Egeo, al N con Bitinia y el Ponto; al E con Galacia y al S con Licia y Pamfilia. De Efeso, Colosas y Laodicea consta la fundación paulina de iglesias cristianas. Cf. A.D. Macro, «The Cities of Asia Minor», *ANWR*, II, 7.2, 663; A. Pitta, *La Seconda Lettera ai Corinzi*, 101, n. 65; M.E. Thrall, *Second Corinthians*, I,87; V.P. Furnish, *II Corinthians*, 9.106.

[7] Cf. G. Rossé, *Atti degli Apostoli*, 227-228; K.Y. Lim, «*The Sufferings of Christ*», 59-60.

ta el final de la primavera (mayo o junio), porque se le había abierto grandes posibilidades para la evangelización, a pesar de que hubiese enemigos[8]. Leemos también Judea (cf. 2Cor 1,16)[9] como culminación de su viaje y la consignación de la colecta realizada en beneficio de la comunidad cristiana de Jerusalén[10].

Con esta prospectiva nos situamos dentro del tercer viaje misionero, en la segunda mitad de los años 50, cuyo recorrido nos viene descrito de modo muy definido por Primera y Segunda Corintios[11]. Sin embargo, no sólo nos apoyamos en los datos geográficos, también nos fijamos en la misma descripción que el Apóstol realiza de su situación en el momento de su composición. Entre los datos históricos que tienen que ver directamente con la estadía de Pablo en Corinto, destaca la información que nos da Lucas en Hch 18,12-17, en referencia a Galión, procónsul que lideraba la Acaya (cf. Hch 13,7.8.12; 19,38)[12]. La cronología absoluta sitúa la actividad política en esta provincia hacia el año 52 d.C.

Llama nuestra atención que el Apóstol se define en una situación de θλίψις en el «*exordium* mayor» de toda Segunda Corintios uniéndola a los sufrimientos de Cristo. Como contrapeso también ya enuncia continuamente la misericordia de Dios que consuela (cf. 2Cor 1,1-7), lo cual suscita en el equipo paulino la esperanza y la confianza en Dios (cf. 2Cor 1,8-11). La tribulación puede ser la encarcelación en Efeso, desde

---

[8] Se trata de una ciudad colonizada por los romanos en el año 129 a.C. Con el paso del tiempo y la creación de otras colonias, se convertirá en el portal logístico europeo de acceso a Oriente próximo. Bajo César Augusto la colonia se llamará *Colonia Augusta Troas* o también *Troadensium*. Importante puerto comercial fue un nudo de comunicaciones entre el Viejo Continente y el Oriente Próximo. La importancia del acceso a Europa es remarcada por toda la literatura canónica con diversas técnicas narrativas. Cf. G. ROSSÉ, *Atti degli Apostoli*, 192; A. PITTA, *La Seconda Lettera ai Corinzi*, 140-141; V.P. FURNISH, *II Corinthians*, 168-169; Cf. E. SCHWERTHEIM, «Troas», *DNP*, XII/1, 849.

[9] La presencia romana dominante se sitúa el año 63 a.C. con Pompeyo, de lo que se deriva la constitución de una unidad jurídico-administrativa con un régimen especial de reyes clientes con la familia de Herodes I, hasta que se constituye en provincia el año 6 d.C. Cf. V.P. FURNISH, *II Corinthians*, 134; T. PODELLA – J. PAHLITZSCH, «Palaestina», *BNP*, IX, 161.

[10] Cf. A. PITTA, *La Seconda Lettera ai Corinzi*, 118; V.P. FURNISH, *II Corinthians*, 134.

[11] También en Lucas tenemos una exposición sintética, pero ordenada de su viaje misionero a Europa, incluyendo Berea y Tesalónica y Atenas como antecedentes de Corinto. Cf. Hch 15,16–18,23.

[12] Cf. G. SCHNEIDER, «ἀνθύπατος, ου, ο», *EWNT*, I, 249.

donde redacta Filipenses. Una vez liberado de la misma, acudió a Macedonia atravesado Tróade[13]. Este hecho sería uno de los sufrimientos que de modo más significativo Pablo propone como explicitación de su participación en los παθήματα Χριστοῦ (cf 2Cor 1,5).

1.1.2 El equipo paulino de evangelización

Por las menciones explícitas que realiza en sus escritos, sabemos que Pablo no trabaja de modo individual[14]. Asimismo, debemos notar que hay otros miembros que actúan independientemente en Acaya y en Corinto[15]. Su influjo e impronta personales son ineludibles e inequívocos; tanto es así que no pasan desapercibidos. Incluso Lucas posteriormente y reelaborando material propio y ajeno lo manifiesta de modo explícito en su narración (cf. Hch 18,1-17)[16].

Podemos describir la actuación paulina como la de quien que trabaja manualmente y rechaza una manutención (cf. Hch 18,3); vive célibe y realiza signos catalogables como taumatúrgicos (cf. 2Cor 12,12), entre lo que cuenta el don de la glosolalia (cf. 1Cor 14,18). Además se atreve a legislar en las celebraciones comunitarias de Corinto. Debido a su carácter y actividad evangelizadores es llevado a tribunal e incluso padece cárcel por breve lapso de tiempo.

Por lo que se refiere a los cristianos con quienes aparece en relación, tenemos a Aquila y Prisca[17], matrimonio judío tenido en gran estima por el Apóstol (cf. Hch 18,2.18.26; Rom 16,3; 1Cor 16,19; 2Tim 4,19). Otro de sus colaboradores, corremitente en 1Cor 1,1, es Sóstenes[18]. Poseemos pocos datos respecto de este colaborador paulino: co-

---

[13] Cf. V.P. Furnish, *II Corinthians*, 113.

[14] Para una prosopografía más extensa que incluye nombres también de 1Cor: cf. A. Pitta, *La Seconda Lettera ai Corinzi*, 42-49.

[15] Consta de modo singular Apolo de Alejandría (cf. Hch 19,1; 1Co 1,12; 3,4; 4,6; 16,12), predicador cristiano de origen judío, conocedor preciso de las Escrituras al modo de los fariseos, que potenciaba un bautismo meramente de conversión. Cf. H. Merkel, «Ἀπολλῶς, ῶ», *EWNT*, I, 328-329; E. Haenchen, *Die Apostelgeschichte*, 485-488.

[16] Cf. J.A. Fitzmyer, *Acts of the Apostles*, 133.136; G. Rossé, *Atti degli Apostoli*, 17; L.T. Johnson, *The Acts of the Apostles*, 5-7; F.F. Bruce, *The Book of the Acts*, 16-17.

[17] Cf. A. Pitta, *La Seconda Lettera ai Corinzi*, 45.

[18] Según la tradición lucana (cf Hch 18,17) fue uno de los judíos que lideró, como jefe sinagogal de Corinto, la queja elevada a Galión contra Pablo. Después del fracaso de la misma, sufrió los insultos de sus correligionarios. Posteriormente, consta su conversión. Cf. J.A. Fitzmyer, *Acts of the Apostles*, 630-631.

rremitente de esta carta, se trata de una de las personas del equipo misionero de Pablo[19]. Tres nombres más son mencionados directamente en Segunda Corintios: Timoteo, Silvano y Tito. Los dos primeros consta como corremitentes en otras cartas (cf. 2Cor 1,1; Flp 1,1; Col 1,1; 1Tes 1,1; 2Tes 2,1; Flm 1)[20]. El primero es apodado ὁ ἀδελφός, indicando su condición de bautizado y cristiano (cf. 2Cor 1,1), vinculado especialmente a Pablo, hombre de su especial confianza (cf. 1Cor 4,17). Silvano trabaja conjuntante con Pablo y Timoteo (cf. Rom 16,21)[21]. Según Lucas, fue ciudadano romano[22], uno de los cofundadores de la iglesia tesalonicense (cf. 2Tes 1,1). En Corinto parece ser que también comienza a predicar el Evangelio de Cristo, con Pablo y Timoteo (cf. Hch 18,5; 2Cor 1,19), y pocos elementos más tenemos sobre su identidad[23].

Tito era de origen gentil, acudió con el Apóstol al concilio de Jerusalén para representar a la incipiente iglesia antioquena. Ciudadano romano como Pablo, fue de los primeros cristianos que no fue obligado a la circuncisión. Sirvió en Corinto de mediación ante las ofensas recibidas por Pablo por su agenda de viajes. Seguramente tuvo la tarea de llevar esta carta a su destino con la misión de intentar restablecer la paz interna (cf 2Cor 12,18). Acudió al menos tres veces a esa comunidad, la última de las cuales para terminar la colecta corintia de Jerusalén. Se le encuentra posteriormente en Macedonia donde Pablo irá a verle (cf. 2Cor 2,12-13), recibiendo de él buenas noticias. Era uno de los hom-

---

[19] Cf. A.C. THISELTON, «Sosthenes», *NIDB*, V, 358.

[20] Lucas informa de su origen: padre gentil y madre cristiana. Procede de Licaonia, gozó de buena fama entre los cristianos de Listra, fue circuncidado por Pablo para evitar conflictos colaterales con el judaísmo, debido a la problemática sobre este rito (cf. Hch 16,1-2; Gál 2,3). Cf. P. TRUMMER, «Τιμόθεος, ου», *EWNT*, III, 861-862; B.B. THURSON, «Timothy», *NIDB*, V, 601.

[21] De hecho ya en 1Cor 4,17; 16,10 el mismo Apóstol lo recomienda para que sea bien acogido, y en cierto modo protegerlo de posibles controversias internas.

[22] Más allá de la ciudadanía romana, es posible que el hecho de ser encarcelados por exorcizar a una joven filipense (cf. Hch 16,11-40) sea a lo que se refiere 2Cor 11,25: νυχθήμερον ἐν τῷ βυθῷ πεποίηκα. Cf. J.A. FITZMYER, *Acts of the Apostles*, 589.590.

[23] Lucas propone a Silas entre otras funciones la misión de portar la carta conciliar a Antioquía (cf. Hch 15,22-40; 16,19-29; 17,4-15; 18,5). Gozaba de dones proféticos y acompañó a Pablo en su segundo viaje apostólico, después de la discusión entre Pablo y Bernabé por Juan Marcos (cf. Hch 15,40), llegando con Timoteo y Pablo a Europa. En Filipos sufrió prisión de la que fue milagrosamente liberado (cf. Hch 16,19.25). Viajó también a Berea donde permaneció con Timoteo. Cf. G. SCHNEIDER, «Σιλᾶς, ᾶ», *EWNT*, III, 581-582.

bres de su máxima confianza (cf. 2Cor 7,6; 8,23)[24]. Éste será otro de los temas conflictivos que tendrá que resolver en 2Cor 8–9.

1.2 *La Iglesia de Corinto como destinataria*

La historia de la Corinto romana empieza con la decisión del Senado en el 27 a.C., cuando se eleva al grado de provincia senatorial, cuyo gobierno recaería sobre un *proconsul pro praetore*[25]. Su fama y su riqueza decaen después de la actividad macedonia de helenización[26], hasta que Julio César la constituye *Colonia Laus Iulia Corinthiensis* en 44 a.C., siendo capital de Acaya. La inclusión de inmigración extranjera de origen oriental fue notable. Esto favoreció la presencia de sinagogas judías y la venida paulina en los años 50. Llegó a adquirir un papel remarcable en el mundo económico y político debido a su posición estratégica hasta que el crecimiento del Imperio en la zona de Oriente próximo viró en otra dirección[27].

1.2.1 Constitución de su iglesia

Siendo Galión procónsul, Pablo acude a Acaya en su segundo viaje misionero. Partió de Macedonia hacia Atenas (cf. Hch 17,14), después

---

[24] La literatura tritopaulina le sitúa en Dalmacia (cf. 2Tim 4,10) y en Creta (cf. Tit 1,4), siendo ἐπίσκοπος de la ciudad. El hecho de ser «persona clave» en situaciones difíciles lo muestra como hombre de hábil diplomacia, mereciendo recibir grandes elogios de Pablo, por el consuelo que le reportaba. Cf. H. BALZ, «Τίτος, ου», *EWNT*, III, 870-871; S. WALTON, «Titus», *NIDB*, V, 609.

[25] Nótese la analogía con la provincia de Galacia, que también se esperaba un superior de tal rango. De todos modos, en el año 15 d.C. Tiberio pone un *legatus Augusti pro praetore*, que duró hasta los tiempos de Nerón y que otorgaba la libertad a los griegos, con la consiguiente retirada de la misma por su sucesor Vespasiano en la primera mitad de los años 70. Cf. E. OLSHAUSEN, «Achaia [römische provinz]», *DNP*, I, 57.

[26] La exportación de la cerámica corintia en la costa mediterránea la hizo famosa. Cf. 2Cor 6,7; W.D. MOUNCE, *Pastoral Epistles*, 530; M. STEINHART, «Korinthische Vasenmalerei», *BNP*, VI, 738-741.

[27] Corinto era una ciudad cosmopolita de la época con una población caracterizada en tiempos romanos por la mezcolanza de gentes con orígenes dispares: griegos y romanos. A estos últimos los trajo Julio César en la penúltima década del s. I a.C. Además debemos contar con presencia oriental, incluída la judaica, confirmada por la conocida inscripción de la sinagoga de los judíos. Esta viene reportada de modo indirecto por Filón de Alejandría en su *Legat.* 281, donde la equipara con otras colonias importantes. Cf. G. BARBAGLIO, *La Prima Lettera ai Corinzi*, 20; R.B. EGAN, «Lexical Evidences», 51-52; C.J.A. HICKLING, «The Sequence of Thought», 385; R.P. MARTIN, *2 Corinthians*, xxix; Cf. R.F. COLLINS, *First Corinthians*, 22; A. BALIL, «Corinto», *GER*, VI, 513-514.

estuvo dieciocho meses en Corinto, fue luego requerido por Galión ante las acusaciones de los judíos (cf. Hch 18,12-17)[28]. En su planteamiento inicial, el Apóstol deseó volver a Corinto para realizar una segunda visita, pero la tarea en Macedonia se alargó, surgiendo complicaciones internas que Pablo intentó resolver con la «visita de aflicción» y una posterior carta que no alcanzó su objetivo. De allí partió hacia Éfeso y retrasó una tercera visita (cf. 2Cor 1,15-16; 2,13). Ello trajo como consecuencia la decepción de los corintios[29] y el germen de una nueva oposición al Apóstol.

Pablo acostumbró a trabajar manualmente a la par que ejercía el ministerio de predicación del Evangelio. Parece consentánea la deducción de E. Haenchen, según la cual el Apóstol sólo podría ir a la sinagoga los sábados, sin descontar la posibilidad de que fuera invitado para exponer el mensaje del evento pascual de Jesucristo[30]. No es baladí afrontar el modo de presentación del Apóstol y sus colaboradores cuando evangelizan: en medio de una ciudad romanizada, pero con toda la fuerza cultural helénica, se presentan no con la fuerza de un discurso retórico con altas sutilezas como medio de persuasión, sino como proclamadores de la sabiduría misteriosa de Dios que se revela en la paradoja de la cruz[31].

Ello supuso ventajas e inconvenientes para su misión. De hecho cabe retener como probable una recepción convulsa por parte de la iglesia corintia del *exemplum* que hizo de sí mismo como modelo de vida (cf. 1Cor 9,1-23)[32]. Segunda Corintios no es la respuesta prolongada de Primera Corintios sino la aclaración de los malos entendidos suscitados por ella, a lo que habría que unir un comportamiento un tanto vacilante del Apóstol que suscitó suspicacias[33].

---

[28] Lucas propone una política muy marcada de Galión de no entrar en discusiones perentorias de «legalismos intrajudaicos» (cf. Hch 18,15). Según Flavio Josefo esto era norma romana, como lo revela Claudio y sus posteriores procónsules en la zona siropalestinense (cf. *B.J.*, II, 254). Cf. B. REICKE, «Γαλλιῶν, ωνος», *EWNT*, I, 562.

[29] Cf. B. REICKE, «'Αχαΐα, ας», *EWNT*, I, 448.

[30] Él insistía además en que siguiendo Hch 17,17 realizaba la misma agenda apostólica estando en Atenas. Cf. E. HAENCHEN, *Die Apostelgeschichte*, 454.

[31] Cf. C. PELLEGRINO, *Paolo, servo di Cristo*, 64.

[32] Cf. A. PITTA, *La Seconda Lettera ai Corinzi*, 52; A. PEREIRA DELGADO, *De Apóstol a esclavo*, 110.

[33] De aquí que en 1Cor no hay todavía una apologética, sino una presentación mimética, mientras que en 2Cor tenemos una oposición abierta contra su ejercicio apostólico. Cf. A. PEREIRA DELGADO, *De Apóstol a esclavo*, 283-284.

1.2.2 Ocasión de la carta

Llegados a este punto nos parece muy esclarecedora la descripción de A. Sacchi, que presenta el conflicto eclesial dentro de la misma cuadratura de Primera y Segunda Corintios. Uno de los contenidos de la disensión nace de dos temas: la cuestión de la manutención de los evangelizadores por parte de la comunidad evangelizada y el criterio de legitimidad apostólica[34]. Con relación a lo primero, se puede sostener la hipótesis de la llegada de misioneros vinculados a Palestina. Debido a su precariedad necesitaron ser ayudados materialmente por los miembros de la comunidad de Corinto, elevando dicha praxis a nivel de obligación de conciencia. En este punto, Pablo disiente, ya que él mismo y los miembros de su equipo trabajan para no ser gravosos a nadie. Ésta habría sido la causa de tener que volver a legitimar su ministerio entre los corintios[35].

a) *Una austeridad financiera no bien comprendida*

Hay indicios en Segunda Corintios de que la comunidad eclesial sospechaba de la sinceridad de Pablo en relación con ellos[36]. Como consecuencia, el Apóstol pronuncia una clara y repetida declaración de inocencia por medio de la metáfora de la procesión de los esclavos, evocando las grandes procesiones victoriosas grecorromanas, que de modo espectacular también podían verse en Corinto (cf. 2Cor 2,14-16; 5,14; 7,12)[37]. En ellas consta la presencia de incienso o ungüentos aromáticos para indicar la epifanía de la divinidad, y que el Tarsiota explicita en el contexto de este expediente retórico de regusto militar para explicar sus andaduras lejos de la comunidad[38]. Así Pablo intenta persuadir al auditorio de considerar sus tribulaciones, que tanto reitera en 2Cor 1,3–2,13 a fin de que le concedan el beneficio de otra oportunidad

---

[34] Cf. A. SACCHI, «Il ministerio», 367.

[35] Cf. A. SACCHI, «Il ministerio», 367-368.

[36] Los contextos son 2Cor 2,14–6,13; 7,2-4. Cf. P.B. DUFF, «Metaphor», 80.

[37] Nótese el eco del *exemplum* en relación con la esclavitud que aparece en 1Cor 9 y también la perífrasis empleada de regusto marcadamente paradójico (cf. 2Cor 2,14-16; 4,7-17; 5,14; 6,13; 7,2). Cf. A. PEREIRA DELGADO, *De apóstol a esclavo*, 213-249; G. HOTZE, *Paradoxien bei Paulus*, 73;

[38] Expresión de la doble componente cultural y religiosa de Pablo, esta metáfora también presenta algunos matices referidos a la מֶרְכָּבָה, en cuanto revelación de la gloria de Dios puesta en relación con Moisés. El reclamo al líder del éxodo israelita se desarrollará precisamente en 2Cor 3,4-18, como partes de la *probatio* de esta carta. Cf. A. PITTA, *La Seconda Lettera ai Corinzi*, 164.

por medio de una imagen ambivalente y no exenta de cierta ironía, conforme a los cánones clásicos[39]. Ésta repercute directamente en los mismos corintios, ya que son ellos también revelación de Cristo que los ha constituido Iglesia. De aquí ellos mismos son cual carta viva de presentación de de Pablo y su equipo (cf. 2Cor 3,3). Con este empleo retórico y otros elementos contextuales, Pablo se defiende frente a una acusación que él considera injusta.

b) *Una agenda de visitas que se complica*

Cuando Pablo estaba Éfeso el año 54 d.C. envió Primera Corintios por medio de Timoteo. En ella precisa el proyecto de su próximo, indicando que después de ir a Macedonia volverá a Corinto (cf. 1Cor 16,5-10). Al año siguiente cuando regresa a la colonia ístmica (cf. 2Cor 2,1; 12,14) tiene con la oposición de un ofensor. La identidad de éste permanece en la incertidumbre[40]. La consecuencia fue una situación incómoda para ambas partes, Pablo y la iglesia. Además quedó parado el proyecto de la colecta para Jerusalén. Posteriormente volvió a Efeso y redactó la carta de las lágrimas, cuyo contenido tampoco conocemos a ciencia cierta[41]. Antes de regresar a Corinto, deseó ver a Tito, que tenía que ir al puerto acaico, y aprovechó para saber cómo andaban los ánimos de los cristianos corintios. Acordaron encontrarse en Tróade, pero su colaborador no se presentó (cf. 2Cor 2,12-13). Por ello decidió anular su tercer viaje y esperó noticias más exactas. Aquí

---

[39] La ironía consistiría en la ambivalencia de θριαμβρεύω: ser prisionero de guerra mostrado cual trofeo, y a la vez participante de una victoriosa procesión de carácter epifánico, mostrándose como siervo triunfante de la divinidad. Cf. P.D. DUFF, «Metaphor», 92. Para abundar en los detalles de esta figura retórica: cf. *Rhet.*, III, 2,8-10; Lausberg, §§ 582-585.

[40] Los frentes que hay que atender son dos: la identidad de los opositores en 2Cor 2,5-11 y en 2Cor 10–13. Sobre lo primero, leemos en 2Cor 7,12 cómo Pablo define su intención epistolar: la centralidad del amor apostólico del equipo paulino con los corintios. Ya en 2Cor 2,9 se da prueba directa de la motivación real de la carta: mostrar la obediencia corintia al Evangelio de Pablo y al ministerio de la Nueva Alianza. Acerca de la identidad del ofensor ha habido tesis de índole más bien tradicional, que lo identifican con el incestuoso de 1Cor 5. Igualmente se han dado recomposiciones que intentan abrir el arco de posibilidades, llegando a ver o una discusión de política eclesiástica o un hermano afligido por el comportamiento contundente de Pablo con respecto a los desórdenes corintios, sin necesidad de vincularlos con lo sexual. Preferimos, con M.E. Thrall, ver en el opositor un fiel que discute con el Apóstol en materia financiera sobre la gestión de la colecta. Cf. M.E. THRALL, *Second Corinthians*, I, 68-69.

[41] Cf. M.E. THRALL, *Second Corinthians*, I, 57-61.

se situaría la redacción de Segunda Corintios, entre el 55-56 d.C., desde Macedonia[42].

c) *Otra oposición creciente*

Pablo afrontó también otro peligro creciente: una forma alternativa de predicar el Evangelio que se apoyaba en críticas contra el Apóstol. En términos absolutos no podemos abandonar el ámbito de la hipótesis cuando se habla de la identidad de los enemigos paulinos. Los ejes fundamentales que definen dicha actividad antipaulina se pueden resumir en dos grandes afirmaciones: primero, la tendencia a considerar que la gloria de Cristo ya está *de facto* realizada, de modo que la antigua Alianza se reproduce directamente en la nueva, quedando revalidada y conservando su autoridad tanto Moisés como la ley con sus preceptos[43]. El segundo punto esencial es denunciar los modos con que operan y se entrometen en la vida eclesial[44]. Con todo, la imprecisión en que el Apóstol relega a sus contrincantes parece ser voluntaria ya que no desea gastar ni más tiempo dándoles el pábulo de su influencia, ciñiéndose simplemente a recriminar sus errores[45].

---

[42] Seguimos a A. Pitta en su criterio cronológico en línea de máximas, aunque no compartimos la afirmación de la naturaleza compósita de 2Cor. Cf. A. PITTA, *La Seconda Lettera ai Corinzi*, 41; S.N. BRODEUR, *Il cuore di Cristo*, II, 136-137.

[43] Cf. S.J. HAFEMANN, «Corinzi, Lettere ai», 322.

[44] Hallamos datos significativos: son denominados «superapóstoles» que acusan a Pablo de mercadear con el mensaje divino, de ser agresivo solamente en carta pero débil en persona. Un cierto empleo del *mirror reading*, aunque con las debidas limitaciones, se puede consentir al menos para dibujar un *modus operandi* y una doctrina. Así pues, en 2Cor 3,1-3 Pablo informa que las cartas de recomendación a él y a sus colaboradores no les afectan. Los opositores se autoelogian y justifican una acción paralela que Apóstol denuncia, a saber: el recurso a su origen étnico y religioso, con rasgos de una autoridad superior (cf. 2Cor 10,12; 11,5.12; 12,11). Emplean un discurso sofisticado frente a la presencia enjuta y al verbo tosco del Tarsiota, que sólo habla *del* Crucificado vivo (cf. 2Cor 10,10), y no se aprovecha de su misión para vivir de las rentas de los cristianos ni busca honores externos (cf. 2Cor 12,19; 13,7-9). Cf. J.P. SAMPLEY, «Second Corinthians», 12-19; J.B. POLHILL, *Paul and His Letters*, 263; A. PITTA, *L'evangelo di Paolo*, 152.

[45] La problemática eclesial permanece sin esclarecer. El disenso exegético respecto a esta identificación tiene dos posturas: por un lado están quienes afirman que las escenas conflictivas descritas en 2Cor 2,5-11 y en 2Cor 7,5-16 son diferentes; mientras que la otra opinión las entiende como dos aspectos diferenciados de un mismo conflicto. En efecto, seguimos la tesis *minimalista* a la hora de definir perfiles históricos concretos de los opositores de Pablo. Habida cuenta de ello, tenemos diversas hipótesis de trabajo: o bien son *judaizantes legalistas* o *gnósticos carismáticos judeocristianos*; también han apostado por *judeocristianos helénicos*, y final-

d) *Segunda Corintios: entre apología y justificación*

El contexto que se deduce de la redacción compleja y confusa de Segunda Corintios es la situación de incertidumbre de los cristianos ante el *modus agendi* de Pablo, el cual cuando estalla un conflicto en la visita de las lágrimas, se ausenta y envía una carta dolorosa. La ausencia prolongada del Apóstol no permitió solventar las diferencias surgidas entre sendas partes. Más bien se deja entrever que el juicio contra el Tarsiota es la inconsistencia a la hora de cumplir sus propósitos. Si a ello sumamos la imprecisión en el lenguaje debido a una predicación exaltada de Cristo que entusiasma inicialmente, entonces es plausible una creciente preocupación y desazón entre los cristianos de Corinto; estos estaban acostumbrados a un ritmo de vida trepidante y necesitados de cierta continuidad para fortalecer su fe y su vida eclesial. Éste pudiera ser el sustrato que Tito capta y comunica a Pablo. Ante este panorama, en parte comprensible para él y en parte doloroso, se decide a enviar otra carta, nuestra Segunda Corintios, explicando por qué tuvo que anular el tercer viaje (cf. 2Cor 1,23–2,4): esperaba noticias de Tito y anhelaba que se serenen los ánimos del opositor, contra el que no guarda rencor (cf. 2Cor 2,5-11).

1.3 *Dispositio de Segunda Corintios*

Más allá de las teorías respecto a la unidad y composición de la carta canónica, nos encontramos con cuatro grandes unidades que se convergen en Segunda Corintios: la unidad sobre la reconciliación y el ministerio de la reconciliación (cf. 2Cor 1,1–7,16); dos unidades sobre la colecta (cf. 2Cor 8,1-24; 9,1-15), y otra apologética, cuyo centro conceptual es la presentación *ejemplar* del mismo Pablo (cf. 2Cor 10,1–13,10). Afrontaremos la *dispositio* general de Segunda Corintios a partir de sus unidades retóricamente coherentes. Ésta nos ayudará a descubrir cómo se da también en este escrito canónico una unidad de orden retórico y servirá de base para una lectura más detallada de 2Cor 1,15-22 como secuencia I de la *narratio* (cf. 2Cor 1,15–2,13).

---

mente está la tesis que distingue a «superapóstoles» de *apóstoles falsarios* (cf. 2Cor 11,5; 12,11), relacionándolos con apóstoles de Jerusalén y con oponentes genuinos de Corinto, respectivamente. Cf. A. PITTA, *La Seconda Lettera ai Corinzi*, 321; D. ÁLVAREZ CINEIRA, «Los adversarios paulinos», 271; J. LAMBRECHT, *Second Corinthians*, 6-7; S.J. HAFEMANN, «Corinzi, Lettere ai», 321; F.J. MATERA, *II Corinthians*, 20-24; V.P. FURNISH, *II Corinthians*, 48-54; H. BALZ, «καπηλεύω», *EWNT*, II, 615.

Algunos elementos son recurrentes en las diversas lecturas analíticas, como son: la introducción (cf. 2Cor 1,1-14) y el *postscriptum* (cf. 2Cor 12,19–13,13). También es común percibir que la *narratio* (cf. 2Cor 1,15–2,13; 7,5-16) viene interrumpida por una prolongada *probatio* midrásica de carácter apologético sobre el ministerio de la nueva Alianza (cf. 2Cor 2,14–7,4). La misma sección sobre la colecta presenta su propia idiosincracia retórica (cf. 2Cor 8,1–9,15). Ni que decir tiene que 2Cor 10,1–13,13 presenta igualmente su propia *dispositio*, lo que ha inducido a muchos exegetas a considerarla como unidad absolutamente independiente. Presentamos un esbozo de la *dispositio* de Segunda Corintios:

2Cor 1,1-14	Prólogo (introducción epistolar)
2Cor 1,15–2,13	*Narratio* I (cuatro secuencias)
2Cor 2,14–7,4	*Probatio* I
2Cor 7,5-16	*Narratio* II (párrafo unitario)
2Cor 8,1-24	*Probatio* II
2Cor 9,1-15	*Probatio* III
2Cor 10,1–12,18	*Probatio* IV
2Cor 12,19–13,13	*Postscriptum*

1.3.1 Prólogo (cf. 2Cor 1,1-14)

Esta parte del discurso paulino consta de tres elementos retóricos[46]:

2Cor 1,1-2	*Praescriptum*
2Cor 1,3-14	«*Exordium* mayor»
	(2Cor 1,12-14, «*propositio* mayor»)[47]

En el *praescriptum* nos encontramos con la *titulatio* (cf. 2Cor 1,1ab) y la *salutatio* (cf. 2Cor 1,1c-2). Dentro de la *titulatio* nos hallamos con la *superscriptio*, a saber, la introducción en caso nominativo del remitente

---

[46] Autores que no siguen el método retórico-literario no incluyen la *propositio* en el *exordium*, sino que lo entienden como inicio de la sección diegética. Sin embargo, le reconocen valor introductivo, unos con mayor claridad que otros. Cf. G. LORUSSO, *La Seconda Lettera ai Corinzi*, 73); J.B. POLHILL, *Paul and His Letters*, 265; J. LAMBRECHT, *Second Corinthians*, 27; R.P. MARTIN, *2 Corinthians*, 18-21; V.P. FURNISH, *II Corinthians*, 126-132; M.E. THRALL, *Second Corinthians*, I, 128-135; J.P. SAMPLEY, *Second Corinthians*, 44-47; P.W. BARNETT, *Second Corinthians*, 93-98; C.S. KEENER, *1–2 Corinthians*, 158; F. MANZI, *Seconda Lettera ai Corinzi*, 103; M.J. HARRIS, *Second Corinthians*, 182-189.

[47] Cf. A. PITTA, *La Seconda Lettera ai Corinzi*, 326.

o, como es el caso de Segunda Corintios, los dos remitentes: Παῦλος ἀπόστολος Χριστοῦ Ἰησοῦ διὰ θελήματος θεοῦ, καὶ Τιμόθεος ὁ ἀδελφός. A continuación se procede con la *adscriptio*, esto es, la especificación de los destinatarios que a la sazón son la iglesia corintia y todos los cristianos de Acaya, tildados de santos. Prosigue la *salutatio*, que contiene la *formula valetudinis*, es decir los saludos epistolares (χάρις ὑμῖν καὶ εἰρήνη). Como nota característica que también se reproduce en Gálatas está el uso protracto con que emplea estos componentes, añadiendo elementos teológico-cristológicos ya desde el inicio de su obra[48].

El «*exordium* mayor» (cf. 2Cor 1,3-11) se define con una εὐλογία típicamente paulina[49]. Sección unitaria, tiene por objetivo retórico introducir las temáticas que desarrollará en el *corpus* de la carta[50]. Finalmente debemos hablar de la «*propositio* mayor» (cf. 2Cor 1,12-14), cuyo contenido es la καύχησις paulina. Ésta radica en un comportamiento sencillo y sincero ante Dios (cf. 2Cor 1,12d), teniendo siempre como referente

---

[48] Argumentalmente utiliza la *prolepsis* con el sintagma ἀπόστολος Χριστοῦ Ἰησοῦ διὰ θελήματος θεοῦ (2Cor 1,1), pues identifica uno de los temas que desarrollará: su apostolado con su origen divino y mediación cristológica. Anotamos también el uso de *shorthands* en su discurso. M.M. Mitchell las identifica como expresiones breves que remiten a un discurso más amplio y denso. También detecta A. Pitta un empleo a veces *braquilógico* de algunas de sus expresiones. Cf. M.M. MITCHELL, «Rhetorical Shorthand in Pauline Argumentation», 75-88; A. PITTA, *La Seconda Lettera ai Corinzi*, 180. Para la prolepsis: cf. Lausberg, § 785; Mortara Garavelli, 272. Para contextualización helénica y judaica: cf. A. PITTA, *La Seconda Lettera ai Corinzi*, 85; ID., *Lettera ai Galati*, 63-64.67; ID., *L'evangelo di Paolo*, 154-156; G. LORUSSO, *La Seconda Lettera ai Corinzi*, 51-54; J. LAMBRECHT, *Second Corinthians*, 17-21.26-27; V.P. FURNISH, *II Corinthians*, 101-107.

[49] Presenta la alabanza al Señor por la παράκλησις concedida (cf. 2Cor 1,3-4), seguida de la debida explicación de los motivos consolatorios (cf. 2Cor 1,5-10). Finalmente concluye con la acostumbrada invitación a la oración por parte de los destinatarios (cf. 2Cor 1,11).

[50] Como resultado de la *inventio*, tenemos el empleo de la epanalepsis con la raíz θλιβ- y παρακαλ-, aplicada a la experiencia de Asia (cf. 2Cor 1,8-11), muy seguramente identificable con la escena lucana de Pablo frente a Demetrio, jefe del gremio de fundidores de deidades grecorromanas en Éfeso. Primero, porque hay contactos con Flp 2,19-24. Un segundo argumento es el lexicográfico: en Flp 2,22 el Apóstol emplea el término δοκιμή que sólo empleará en Rom 5,4; 2Cor 2,9; 8,2; 9,13; 13,3. En tercer lugar, la indefinición del mero sustantivo ἐν τῇ Ἀσίᾳ hace que se piense en su capital Éfeso. Cuarto, Lucas no dice nada de un presidio en Éfeso, pero es de suponer con la lectura de Flp 1,19-23 donde el mismo Apóstol clarifica su intención frente a una posible aplicación del *ius necis*. Cf. F. BIANCHINI, *Lettera ai Filippesi*, 42-43.63-65; V.P. FURNISH, *II Corinthians*, 122-125, *pace* A. PITTA, *La Seconda Lettera ai Corinzi*, 52.101. En referencia a la epanadiplosis: cf. Mortara Garavelli, 197-198; A. PITTA, *La Seconda Lettera ai Corinzi*, 52.

escatológico al Señor y Mesías (cf. 2Cor 1,14c). Ello se traduce en una confianza gozosa en la obra realizada eminentemente eclesiológica, es decir, las iglesias fundadas por su predicación y apoyadas en la gracia de Dios (cf. 2Cor 12abc). Queda explicitada la intención del Apóstol de escribir esta carta, una carta comprensible en la que no va a ahorrar profundidad (cf. 2Cor 2,13). En cada una de las secciones detectaremos cómo se desarrolla esta afirmación sintética que Pablo desea comunicar.

1.3.2 *Narratio* I (cf. 2Cor 1,15–2,13)

La *narratio* I tiene por temática la reconciliación, con un alto contenido autobiográfico[51]. Notemos las cuatro secuencias:

2Cor 1,15-22	Secuencia I:	proyectos de viaje
2Cor 1,23–2,4	Secuencia II:	Motivos de anulación del viaje
2Cor 2,5-11	Secuencia III:	el ofensor y la reconciliación
2Cor 2,12-13	Secuencia IV:	clarificación sobre el comportamiento paulino

En ellas se expone el plan de viajes inicial que no pudo cumplir, pese a que actuó con sinceridad y honestidad, exponiendo además las coyunturas que se lo impidieron: la prevención que tenía debido a una visita intermedia que procuró lágrimas por ambas partes, y la presencia de un ofensor. Pasado un tiempo y advertido de la situación corintia, Pablo propone el cese del castigo de su oponente (χαρίζεσθαι) y su reincorporación, de modo que el escándalo no sea contraproducente[52]. El otro motivo del cambio fue la no llegada de Tito a Tróade. Esto le inquietó y prefirió diferir su llegada a Corinto (cf. 2Cor 2,12-13)[53].

Abunda en esta exposición el ἔθος de Pablo y el πάθος de los corintios, fruto de la apología que de fondo está sosteniendo toda la argu-

---

[51] Hay divergencias en la *distributio*: 2Cor 1,12–2,13 entendida como autodefensa (V.P. Furnish; G. Lorusso; J. Lambrecht; M.E. Thrall; F. Manzi; M.J. Harris); 2Cor 1,12–2,4 (J.B. Polhill); 2Cor 1,15–2,4 (J.P. Sampley); 2Cor 1,15–2,11 (P.W. Barnett) y 2Cor 1,12–2,11 (G.M. Sass). La nuestra viene apoyada en A. Pitta y R.P. Martin.

[52] Cf. M.E. THRALL, *Second Corinthians*, I, 176-177.

[53] En cuanto a la delimitación, tenemos que como terminus *ante quem* está el empleo del hipérbaton en 2Cor 1,15 cuando introduce la narración con la insistencia en la confianza con que Pablo acostumbra a actuar. En parte podemos percibir una cierta ironía ya que será precisamente en 2Cor 1,17-22 cuando aborda desde la teología la necesaria libertad de acción y la sencillez con la que el Apóstol opera. Esta tesis de fondo se alargará incluso a 2Cor 10–13 cuando aborda de nuevo su segunda autodefensa. En 2Cor 2,14 comienza un género literario específico con otro dativo hiperbático: τῷ δὲ θεῷ χάρις, esto es, una εὐλογία.

mentación. Esto no contradice el tenor general epidíctico, porque Pablo en la aglomeración de *argumenta* que hace ahora y sobre todo en la sección propiamente apologética I (cf. 2Cor 2,14–7,5), tiene que resolver de nuevo muchas cuestiones intraeclesiales y sobre todo reproponer todo el Evangelio atendiendo a la situación tan conflictiva en la que la iglesia se encuentra.

1.3.3 *Probatio* I (cf. 2Cor 2,14–7,4)

2Cor 2,14–4,6	*Demonstratio* I (2,17, como *propositio* menor)
2Cor 4,7–5,10	*Demonstratio* II
2Cor 5,11–7,4	*Demonstratio* III

La primera apología está construida de un modo elaborado. Una vez comenta la situación acaecida en Tróade, Pablo se dispone a ofrecer una primera defensa de su actuación. Con todo, podemos ya entender la sección precedente en clave apologética[54]. La «*propositio* mayor» nos ha expuesto que Pablo hablará del testimonio de su conciencia (cf. 2Cor 1,12). Antes ha comentado su agenda de trabajo que se ha visto obligado a modificar en virtud de los acontecimientos recientes y ahora se dispone a argüir más teológicamente esa seguridad moral que posee frente a una comunidad que no lo acepta pacíficamente. La «*propositio* menor» de la *probatio* I se encuentra en una fórmula caritológica seguida de una metáfora de valor ambiguo entre militar y religioso[55]. Ésta concluye con una advertencia significativa: el testimonio que Pablo y su equipo no buscan comerciar con la Palabra de Dios (cf. 2Cor 2,17)[56].

---

[54] El *terminus ante quem* de la sección es identificado por una gran mayoría de autores. Difieren G. Lorusso (cf. 2Cor 2,14—7,3); R.P. Martin (cf. 2Cor 2,14—7,16); J.B. Polhill (division vacilante entre 2Cor 2,12—7,4 y 2Cor 5,11–6,10; 61-7,16); V,P. Furnish (cf. 2Cor 2,14–5,19; 5,20–9,15); J.P. Sampley (cf. 2Cor 2,14–6,10). M.J. Harris lo entiende a modo de *digressio*. B. Witherington, que propone una distribución diversa, en cinco argumentos (cf. 2Cor 3,1-18; 4,1–5,10; 5,11–6,2; 6,3-13 (6,14–7,1); 7,2-16; 8–9; 10–13). Cf. M.E. THRALL, *Second Corinthians*, I,188; J. LAMBRECHT, *Second Corinthians*, 37-47; G. LORUSSO, *La Seconda Lettera ai Corinzi*, 93; P.W. BARNETT, *Second Corinthians*, 137-145; C.S. KEENER, *1–2 Corinthians*, 163-164; F. MANZI, *Seconda Lettera ai Corinzi*, 118-125; I. VEGGE, *2 Corinthians*, 360-363; J.B. POLHILL, *Paul and His Letters*, 263.270; R.P. MARTIN, *2 Corinthians*, 42; V.P. FURNISH, *II Corinthians*,170-171; J.P. SAMPLEY, «2 Corinthians», *NIB*, XI, 56; M.J. HARRIS, *Second Corinthians*, 240-241.

[55] Cf. A. PITTA, *La Seconda Lettera ai Corinzi*, 145.

[56] *Pace* B. WITHERINGTON, *Conflict and Community*, 371-374. Él la entiende como «*propositio* mayor»

Nos encontramos, pues, ante una apología que no desdeña ni elude la confrontación, sino que busca rebatir al adversario[57]. Para ello usa de tres *demonstrationes* hilvanadas entre sí. Primero, Pablo defiende su modo sincero de obrar, pese a las limitaciones que ello conlleva, lo cual tiene un reflejo en la relación paradójica que se da entre el ministerio de Moisés y el de Cristo Jesús (cf. 2Cor 2,14–4,6). En segundo lugar, trata de la consideración antitética entre la grandeza del tesoro de la gracia de Dios y la pequeñez humana (cf. 2Cor 4,7–5,10). Finalmente, como *tertia demonstratio*, tenemos una perícopa con doble uso: recoge lo anterior intensificando el ἔθος paulino y el πάθος corintio, para remarcar la centralidad del mensaje con la «*propositio* menor» (cf. 2Cor 5,14). La reconciliación con el ofensor tiene su fuente en Cristo y su amor, que descentra al fiel de sus intereses privados para abrirlo al que murió y resucitó por nosotros. El segundo uso es el *perorativo*, todo él, pero sobre todo 2Cor 6,11–7,4. Es de carácter apologético y dispone a los fieles a no ser indiferentes ante el bien y el mal. Es un resumen de lo dicho, al menos *per viam evocationis* de la proposición temática menor y del conjunto probatorio más amplio[58].

1.3.4 *Narratio* II (cf. 2Cor 7,5-16)

Una vez ha realizado una larga defensa de su ministerio, que no tiene parangón con el precedente de Moisés, retoma el discurso diegético, concluyéndolo con un párrafo único[59]. Esta vez indica la resolución de

---

[57] Es rico este pasaje. Con respecto a la interpretación metafórica, detectamos reminiscencias a la מֶרְכָּבָה de Ez 1,4-28, que conecta también con Moisés en sus revelaciones. Con todo, la variedad de interpretaciones es notable, y las opiniones al respecto abundan. Cf. A. PITTA, *La Seconda Lettera ai Corinzi*, 149-151.

[58] Sobre 2Cor 6,14–7,1: cf. A. PITTA, *La Seconda Lettera ai Corinzi*, 291-293.

[59] A. Pitta, G. Lorusso, J. Lambrecht, J.P. Sampley, I. Vegge, F. Manzi, y M.J. Harris coinciden con la distribución dada. En cambio, V.P. Furnish distribuye diversamente el texto incluyendo 2Cor 7,4 como inicio de la sección sobre la colecta. M.E. Thrall y P.W. Barnett dan inicio a esta sección, entendiéndola como una *peroratio* de la apología y transición a la colecta. Diversa es la opción de R.P. Martin y B. Witherington: dividen en 2Cor 7,2-16. Nuevamente hallamos confuso a J.B. Polhill. Cf. A. PITTA, *La Seconda Lettera ai Corinzi*, 313; V.P. FURNISH, *II Corinthians*, 384-391; M.E. THRALL, *Second Corinthians*, I,486; G. LORUSSO, *La Seconda Lettera ai Corinzi*, 194-203; J. LAMBRECHT, *Second Corinthians*, 128-134; R.P. MARTIN, *2 Corinthians*, 212-216; J.B. POLHILL, *Paul and His Letters*, 270; J.P. SAMPLEY, «2 Corinthians», 107-112; I. VEGGE, *2 Corinthians*, 71; F. MANZI, *Seconda Lettera ai Corinzi*, 229-230; P.W. BARNETT, *Second Corinthians*, 364-365; M.J. HARRIS, *Second Corinthians*, 522-524; B. WITHERINGTON, *Conflict and Community*, 407-408.

la escena de Tróade, que quedaba pendiente, y lo hace exponiendo la venida consoladora y gozosa de Tito, que indica la resolución positiva del malentendido. Pablo sintentiza dicha respuesta como μετάνοια (cf. 2Cor 7,9)[60]. La clausura del período diegético y apologético es positivo, apelando al ἔθος paulino y el πάθος corintio, propio de una *peroratio* nítida y académica (cf. 2Cor 7,16).

1.3.5 *Probationes* II–IV (cf. 2Cor 8,1–12,18)

Las siguientes *probationes* tienen a su vez una gran *dispositio* interna en una triple dirección. En relación con el conjunto del texto canónico argumenta otra de las temáticas urgentes para Pablo: la culminación de la colecta económica, signo de comunión de Jerusalén. Sin embargo, su compositio interna es sólida[61].

a) Probatio *II (cf. 2Cor 8,1-24)*

2Cor 8,1-5.	«*Exordium* menor»
	(2Cor 8,6, «*propositio* menor»)
2Cor 8,7-15.	*Demonstrationes* I–III
2Cor 8,16-24.	*Commendatio*

La «*propositio* menor» (cf. 2Cor 8,6) expone la intención paulina: suscitar una participación generosa en la colecta, que Tito ha liderado en Corinto el año anterior a la redacción de Segunda Corintios. Para ello propone en el «*exordium* menor» (cf. 2Cor 8,1-5) el ejemplo de Macedonia (sector norte de la región griega) y propone una *probatio*

---

[60] Dejamos la opinión de dividir en tres párrafos dispuestos a modo concéntrico, al pie de página. Cf. A. PITTA, *La Seconda Lettera ai Corinzi*, 313-314.

[61] A nivel argumentativo la temática es común a los dos capítulos respectivos, mientras que a nivel sincrónico, la temática posterior —la *probatio* sobre sí mismo— es un argumento que ocupará mucho más su atención. En segundo lugar, tenemos diversos elementos retóricos, a saber: el *genus rhetoricum* deliberativo y los puntos de continuidad sincrónica con 2Cor 7,5-16; 10,1-6, respectivamente. Tal género conlleva que el autor dé un tenor de *captatio benevolentiae* al texto, de modo que da un tono positivo al tema que trata entre manos. Otro dato que apoya la unidad interna de 2Cor 8–9 es el empleo de diversos παραδείγματα (cf. 2Cor 8,1-5.9; 9,6-10), así como de *auctoritates* de la Biblia hebrea. Además de ello, Pablo se apoya en el empleo de diversos recursos para evitar el tema de la λογεία, debido a la dificultad que deja entrever: se han levantado sospechas sobre la gestión y destinación administrativas de la *res oeconomica*. Cf. A. PITTA, *La Seconda Lettera ai Corinzi*, 326-330; H.D. BETZ, *2 Corinthians 8 and 9*, 132-139; J. LAMBRECHT, *Second Corinthians*, 148-151; A. PITTA, *La Seconda Lettera ai Corinzi*, 325-386.

con tres argumentos: leemos en 2Cor 8,7-8 una *argumentatio ad hominem*[62] que aborda cómo la generosidad será signo del amor abundante de la comunidad; en segundo lugar está el ejemplo cristológico de la venida de Jesús con un diálogo interesante entre riqueza (divinidad) y pobreza (humanidad) en perspectiva soteriológica (cf. 2Cor 8,9), y finalmente no carga las tintas en esta obligación, sino que como en la cuestión del celibato (cf. 1Cor 7,25.40) lo propone a modo de γνώμη (cf. 2Cor 8,10-15)[63]. Concluye con la *commendatio* de Tito y dos hermanos (cf. 2Cor 8,23) para evitar suspicacias y confirmarlos, contra la premisa de 2Cor 3,1, donde afirma que no necesitaban ya recomendación los miembros del equipo paulino. De este modo, siguiendo un recurso que según Pablo es secundario, propone una cierta *commoratio* epistolar indirecta ante una situación difícil y un tema delicado[64].

b) Probatio *III (cf. 2Cor 9,1-15)*

La *probatio* III redunda en la misma temática de un modo paralelo[65].

2Cor 9,1-5	«*Exordium* menor»
	(2Cor 9,6, «*propositio* menor»)
2Cor 9,7-9	*Demonstrationes* I–III
2Cor 9,10	*Interpellatio*
2Cor 9,11-15	«*Peroratio* menor» de las *probationes* II–III

---

[62] Cf. A. Pitta, *La Seconda Lettera ai Corinzi*, 338.
[63] Cf. A. Pitta, *La Seconda Lettera ai Corinzi*, 337-338.
[64] *Commoratio* de corte paradójico, relacionando apóstol–comunidad frente a opositores. Cf. G. Hotze, *Paradoxien bei Paulus*, 73.
[65] Destacamos un *parallelismus membrorum* peculiar. Tenemos en cuenta la prevención de A. Pitta cuando advierte el peligro de imponer estructuras externas al texto, pero que no respetan la ideosincracia argumental y retórica que Pablo emplea y que deben brotar del texto mismo. En efecto, cada una de las *propositiones* se halla en su respectivo «*exordium* menor» (cf. 2Cor 8,1-6; 9,1-5) con la introducción de sus temas oportunos: la conexión entre la gracia, la comunión y la generosidad, y la definición de la colecta como una διακονία desarrollada con dos antítesis y un ὑπόδειγμα de regusto rural. Los respectivos desarrollos precisamente abundan de modo parejo en sendas *probationes* con sus temáticas semejantes pero independientes (cf. 2Cor 8,7-15; 9,6-10). Finalmente tenemos dos *partes* retóricas más, paralelas pero no idénticas: una *digressio*, normal por otro lado si el autor desea continuar con su discurso (cf. 2Cor 8,16-24), y una «*peroratio* menor» (cf. 2Cor 9,11-15), igualmente normal si desea proseguir con una temática nueva, como será el caso. Retóricamente hablando, describimos 2Cor 8–9 como una sección con dos «*propositiones* menores», en virtud de las cuales se organiza su contenido. A cada «*propositio* menor» (cf. 2Cor 8,6; 9,5) le corresponde un desarrollo. Cf. A. Pitta, *La Seconda Lettera ai Corinzi*, 326-330.

Vemos en 2Cor 9,6 la *propositio* de estas tres *demonstrationes*. Se trata de una afirmación breve, sucinta y clara, que anticipa lo que a continuación desarrolla. Además de ello cuenta con la autoridad sapiencial general de carácter bíblico que propicia la *benevolentia* del auditorio con una afirmación que tiene acogida general. También destaca por su claridad, siendo una metáfora de carácter agrícola[66].

Las *demonstrationes* siguen el patrón de 2Cor 9,6: adoptan la *auctoritas sacra* del Antiguo Testamento (cf. Dt 15,10; LXX Prov 22,8; LXX Sal 111,9; Is 55,10; LXX Os 10,12)[67]; son dicotómicas al proponer un dilema que debe resolverse, un *aut – aut* a favor de no ser tacaños, y disponen a 2Cor 9,10 con la *interpellatio* a modo de promesa de bendiciones y abundancia, que actúa a modo de síntesis y que sirve de gozne con la «*peroratio* menor» (cf. 2Cor 9,11-15). Dicha sección retórica introduce un campo nuevo: el litúrgico, sintetizando en categorías cúltico-conductuales la insistencia de sendas *probationes*, y proponiendo una εὐλογία, quizá demasiado breve para una clausura general de una carta que prometía ser tan densa en contenido (cf. 2Cor 1,13; 9,15)[68].

c) Probatio *IV (cf. 2Cor 10,1–12,18)*

Esta sección retórica es la *probatio* IV[69]. Su elaboración, como el resto de las *probationes*, consta de una compleja redacción que algunos

---

[66] Cf. A. PITTA, *La Seconda Lettera ai Corinzi*, 367-368.

[67] Cf. A. PITTA, *La Seconda Lettera ai Corinzi*, 373.

[68] Estamos de acuerdo con A. Pitta: tocaría una sección de clausura, no sólo un lacónico *Deo gratias*. Él se apoya en la ausencia del *postscriptum* para concebir la *probatio* IV como un texto nuevo, en este particular discrepamos. Cf. ID., *La Seconda Lettera ai Corinzi*, 387.

[69] El *terminus post quem* (cf 2Cor 12,18) no es compartido por todos. Lo siguen A. Pitta, F. Manzi, M.E. Thrall y C.S. Keener (como un sumario); J.P. Sampley (como fin de la autodefensa) y P.W. Barnett. Hay exegetas que no lo comparten: J. Lambrecht concibe 2Cor 13,19-21 como una sección más de la autodefensa y lo que concierne al apostolado. T.D. Stegman acepta la división aunque no la orientación del exegeta precedente; paralela es la opción de R.P. Martin y G. Lorusso. M.J. Harris comienza en 2Cor 12,13–13,10 como parte de la segunda apología, entendiendo 2Cor 12,14-18 como primera sección del tercer punto referido al pretendido viaje que debe a los corintios. Paralela es la opinión de J.B. Polhill y V.P. Furnish. B. Witherington, por su parte, lee una *demonstratio* VII que dura hasta 2Cor 12,31a. Cf. J. LAMBRECHT, *Second Corinthians*, 215-216; T.D. STEGMAN, *The Character of Jesus*, 125; C.S. KEENER, *1–2 Corinthians*, 241-244; M.J. HARRIS, *Second Corinthians*, 879-880; J.B. POLHILL, *Paul and His Letters*, 274-275; B. WITHERINGTON, *Conflict and Community*, 251-259; J.P. SAMPLEY, «2 Corinthians», 170-171; R.P. MARTIN, *2*

interpretaron como una nueva carta. De todos modos, se da una continuidad lógica y cronológica que viene apoyada por la unidad retórica interna, sobre todo con la «*propositio* mayor» que sirve de apoyo para proseguir la lectura de Segunda Corintios sin exagerar el cambio de prueba técnica[70].

2Cor 10,1-6.	«*Exordium* menor»
2Cor 10,7-18.	*Refutatio*
2Cor 11,1–12,10.	*Demonstratio*
2Cor 11,1-6.	«*Exordium* menor»
	(2Cor 11,5-6, «*propositio* menor»)
2Cor 11,7-21a.	Secuencia I
2Cor 11,21b-33.	Secuencia II
2Cor 12,1-10.	Secuencia III
2Cor 12,11-18.	«*Peroratio* menor»

Según una lectura «plausiblemente» unitaria, Pablo envió un solo escrito canónico[71], en el que propone un argumentario muy sólido y consistente, con un aparato probatorio solvente y denso. Nos encontramos, pues, de nuevo ante el género apologético explícito, si bien conjugado con el contexto precedente, en el que la proposición del ministerio de la reconciliación está presente. Aceptamos como coherente el tildado de «segunda apología»[72].

Las *partes* que componen esta gran *probatio* IV son: un «*exordium* menor» vituperante, aunque con un inicio cristológico apelando a la sencillez y la clemencia de Cristo (cf. 2Cor 10,1), como Pablo en relación con la iglesia, proponiendo el motivo de ἀπουσία – παρουσία, que recuperará al final (cf. 2Cor 12,19–13,10), enriquecido con elementos parenéticos muy fuertes (cf. 2Cor 10,3-6). La «*propositio* menor» expone la intención del Apóstol: aceptar las limitaciones inherentes a su

---

Corinthians, 426-429; G. LORUSSO, *La Seconda Lettera ai Corinzi*, 306-307; V.P. FURNISH, *II Corinthians*, 564-568; F. MANZI, *Seconda Lettera ai Corinzi*, 304; P.W. BARNETT, *Second Corinthians*, 581-582; M.E. THRALL, *Second Corinthians*, II,857-858.

[70] Para la definición de πάθος como prueba técnica, cf. Mortara Garavelli, 27. Aplicado a nuestro contexto: cf. A. PITTA, *La Seconda Lettera ai Corinzi*, 59.67-68.

[71] Cf. C.S. KEENER, *1–2 Corinthians*, 149-150, *pace* A. PITTA, *La Seconda Lettera ai Corinzi*, 387-390.

[72] Cf. A. PITTA, *La Seconda Lettera ai Corinzi*, 387-388. Aunque ciertamente defiende el carácter compósito de 2Cor, parece que se resiste a aceptarlo ya que da una definición muy «continuista» de toda la sección apologética.

modus praedicandi, pero no que le llamen ignorante del evento de Cristo, cuyo testigo y apóstol es[73]. Sigue a ello una *confutatio* de acusaciones vívidas. Constituye la *pars destruens* que anticipa y dispone a la *pars construens*, que será la *probatio*, construida en forma de discurso inmoderado (cf. 2Cor 11,1–12,18)[74].

Esta *pars construens* tiene, a su vez, una gran elaboración interna, ya que consta incluso de «*exordium* menor» con la secuencia de tres argumentos y la *peroratio* particular, que a la vez es general de toda la carta. En la *probatio* parte, como en 2Cor 1,15–2,3; 7,6-15 de la indicación de la actividad histórica en Corinto: cuando Pablo actuó por primera vez en la colonia romana (cf. 2Cor 11,7-11) y, posteriormente, evidencia el carácter gratuito de su presencia y su actividad (cf. 2Cor 11,16-21a). En el interior de dicha sección diegético-apologética acentúa la presencia de los adversarios que insisten en compararse con él, haciendo lo mismo con la σύγκρισις de carácter ético-pragmático (cf. 2Cor 11,12-15)[75]. La secuencia II prolonga la comparación de un doble modo: primero por medio de preguntas retóricas que él mismo responde (cf. 2Cor 11,21b-23a), y segundo, con un largo y detallado elenco de peligros afrontados por el fundador de la iglesia corintia (cf. 2Cor 11,23b-33)[76]. Finalmente propone una experiencia carismática redactada con léxico y lenguaje apocalíptico, con un colofón en el que apela a su humildad y limitación[77]. No está exento de cierta ironía, si percibimos un cierto contraste con 1Cor 14,1-25 donde se legisla sobre los dones mejores.

Brevemente indicamos cómo la *peroratio* cumple una doble función: por un lado, propone un discurso con la prueba técnica del πάθος presentando la grandeza de los signos y milagros apostólicos, su grandeza, una apelación a los buenos sentimientos (con el trasfondo familiar, re-

---

[73] Para los rasgos y la importancia retórica de esta sección retórica: cf. A. PITTA, «Il "discorso del pazzo"», 508-509; B. WITHERINGTON, *Conflict and Community*, 442-453.

[74] Esta unidad también tiene una *compositio* compleja, debido al hilvanado textual tan bien dispuesto. Enumeramos simplemente las *partes orationis* y remitimos a bibliografía complementaria para mayor conocimiento de las mismas. Partimos del «*exordium* de la *probatio*» (cf. 2Cor 11,1-6); seguida de dos *diegeses* (cf. 2Cor 11,7-21a; 12,1-10). Estas tienen entre sí la presentación detallada de las «credenciales» paulinas, fundamento de su autoridad (cf. 2Cor 11,21b-33). Finalmente concluye con la acostumbrada *peroratio* (cf. 2Cor 12,11-18). Cf. A. PITTA, *La Seconda Lettera ai Corinzi*, 428-522, especialmente 429, donde reflexiona al respecto.

[75] Cf. A. PITTA, *La Seconda Lettera ai Corinzi*, 446-447.

[76] Cf. A. PITTA, *La Seconda Lettera ai Corinzi*, 462-463.

[77] Cf. A. PITTA, *La Seconda Lettera ai Corinzi*, 483-484.

tomado *partim* de 1Cor 4,13-14)⁷⁸. Por otro lado, mantiene la coherencia tanto con la «*propositio* mayor» como con la de esta *probatio* IV (cf. 2Cor 11,5-6), tanto por el carácter epidíctico del ministerio gratuito paulino, como con la ostentación hecha de dominio del saber propio de la época con este discurso ἄφρων⁷⁹.

1.3.6 Postscriptum (cf. 2Cor 12,19–13,13)

2Cor 12,19–13,10   Secuencia I: ἀπουσία–παρουσία epistolares
2Cor 13,11-13   Secuencia II: recomendaciones y saludos finales

La primera *pars* ha sido debidamente engrosada con la inclusión de elementos como: un elenco de carácter ético (cf. 2Cor 12,20.21), un recurso a la *auctoritas biblica* (cf. Dt 19,15; 2Cor 13,1), el añadido de recomendaciones adventicias (cf. 2Cor 13,5-6.11), un *Mneiamotiv* para la oración (cf. 2Cor 13,7-9) y el sintagma γράφω (cf. 2Cor 13,10). La sección paraclética, por su parte, contiene una recomendación final (cf. 2Cor 13,11), saludos epistolares (cf. 2Cor 13,12) y la bendición conclusiva (cf. 2Cor 13,13)⁸⁰.

2. Estudio de 2Cor 1,15-22 en su contexto

2.1 *Delimitación de 2Cor 1,15-22*

Con 2Cor 1,15-22 nos hallamos en una encrucijada de *partes orationis*, ya que delimitarla con corrección retórica pide tener en cuenta dos aspectos importantes dentro del epistolario y la composición paulina. Primero, la *distributio* académica recogida en los grandes manuales clásicos, y segundo la idiosincrasia del Apóstol, que nunca se dejó encerrar en una excesiva pulcritud oratoria ni retórica⁸¹. Precisamente el éxito de la delimitación retórica se cifrará gracias a una adecuada identificación de estas *partes* y el modo con que Pablo las conjuga.

2.1.1 *Terminus a quo*: dónde tiene lugar el *initium narrationis*

La *propositio* es un componente retórico imprescindible: es la presentación del contenido que Pablo desea ofrecer al auditorio eclesial de

---

[78] Sobre los rasgos retóricos: cf. A. PITTA, *La Seconda Lettera ai Corinzi*, 509-511.
[79] *Partim* B. WITHERINGTON, *Conflict and Community*, 465-466. Él detecta las *propositiones* en lugares diversos, buscando demasiado la conformidad con el género retórico escogido de antemano: el forense.
[80] Cf. A. PITTA, *La Seconda Lettera ai Corinzi*, 523.525.
[81] Cf. I. VEGGE, *2 Corinthians*, 43-44.

Corinto y de toda Acaya (cf. 2Cor 1,1bc). Si partimos de su contexto retórico, debemos mencionar el «*exordium* mayor» (cf. 2Cor 1,3-11). Consiste en el inicio de la comunicación ordenada retóricamente, con el objeto de atraer la atención del auditorio al tema que el autor quiere abordar. Su característica básica y fundamental es que el tema sea *apropiado* (πρέπον), a saber una adecuada relación entre el remitente y los destinatarios. En el caso en que Pablo está preparando una apología, parecería lógico el empleo el *genus iudiciale*, ya que principia una temática conflictiva, que no disimulará y que retomará no sólo en 2Cor 1,15–7,16, sino también en 2Cor 10,1–12,18. Por ello, una vez realizado el *praescriptum* pasa a un exordio construido con una bendición (cf. 2Cor 1,3-11), que busca disponer el ánimo de los corintios a ser dócil, benévolo y atento[82] al mensaje que el Tarsiota les va a dirigir, y que todavía no ha descrito formalmente. Además de detalles comunes, un dato a tener en cuenta es que ante cuestiones largas, se indica el uso de una enumeración de las diversas partes de la *narratio*, coincidiendo con su *descensus* o final.

Aplicando la doctrina retórica, con cierta elasticidad, al contexto que nos pertoca, a saber 2Cor 1,12-14, afirmamos que la *propositio* retórica en Segunda Corintios debe leerse dentro del «*exordium* mayor»[83]. En efecto, en 2Cor 1,12 la «proposición mayor» contiene un γάρ proclítico, que tiene por función unir con la afirmación anterior sacando de ella una consecuencia. En 2Cor 1,11 se clausura la acción de gracias con un llamado general a los fieles corintios a unirse a ella, ofreciendo el motivo de la misma: la fidelidad de ὑμεῖς. En segundo lugar, el carácter exhortatorio del mismo dispone a acoger con aceptación un tema delicado como es el de la autorreferencia, aunque presentado con modestia y siempre relacionado con motivos cristológicos y parenéticos dispuestos antitéticamente (saber carnal – gracia de Dios; vivir en el mundo – más dedicación a los cristianos). No habrá novedad, sino continuidad con las cartas anteriores, aunque el modo de presentación un tanto acentuado no pasa desapercibido. Otro argumento a

---

[82] Uno de los recursos que empleará en esta εὐλογία en 2Cor 1,8-10, es la autopresentación en un contexto de dificultad, de modo que se vea el alcance moral de su ministerio, ejercido con el peso moral de la vocación exigente de Cristo (cf. 1Cor 9,16) y sus consecuencias, no siempre favorables ni fáciles de entender.

[83] Divergimos con una gran porción de exegetas que propugnan el *initium narrationis* con la *propositio* de 2Cor 1,12-14. Cf. B. WITHERINGTON, *Conflict and Community*, 362.371-374; J.B. POLHILL, *Paul and His Letters*, 265; C.S. KEENER, *1–2 Corinthians*, 158-159.

tener en cuenta es el carácter atemporal de la *propositio* que deja paso a una temporalidad plástica en la primera secuencia autobiográfica, siendo como es que dentro de su dinámica argumental, se da el juego, también antitético, entre el presente (ἐσμέν) y el futuro definitivo (ἐν τῇ ἡμέρᾳ τοῦ κυρίου ἡμῶν Ἰησοῦ)[84]. Un cuarto motivo al respecto nos lo ofrece J. Lambrecht, el cual atestigua cómo «gramatically v. 14b must probably be connected with v. 13b», aunque concibe 2Cor 1,14a como una especie de interrupción[85]. De todos modos en 2Cor 1,15-16 ve también una microunidad que glosa la πεποίθησις paulina, complemento de la καύχησις del mismo.

Finalmente, a nivel exegético se percibe este dato con el sintagma de 2Cor 1,15a: Καὶ ταύτῃ τῇ πεποιθήσει, con que define el modo de escribir en la *propositio*. La *narratio* empieza, pues, con sordina.

2.1.2 El segundo beneficio: un viaje postergado

La importancia de delimitar bien las *partes orationis* es una cuestión de división fina, pero ciertamente no es lo mismo retóricamente que nuestra perícopa sea el inicio de una sección dietética o una prolongación cuasi-natural de la tesis principal de Segunda Corintios. En el primer caso, toma un cariz más destacado, realzando lo que va a decir: el motivo de su ausencia, después de haber enviado una carta políticamente muy incorrecta. Este es el primer obstáculo con que se encuentra Corinto para acoger el *modus operandi* paulino, a saber: la aparente improvisación y ligereza cuando propone sus viajes. Pablo ha presentado en términos breves pero suficientemente desarrollados lo que de fondo le pasa a la iglesia corintia, esto es, que han comprendido sólo parcialmente cómo actúa el equipo misionero paulino: καθὼς καὶ ἐπέγνωτε ἡμᾶς ἀπὸ μέρους (2Cor 1,14a). Por ello ahora les va a exponer los datos que les faltan para que puedan hacerse una imagen de la situación más precisa, y esto no comienza con una glorificación de las conciencias de los apóstoles, sino con datos concretos[86]. El *initium narrationis* comienza con la presentación de las circunstancias que ayudan a comprender la causa del litigio. Dicha sección retórica concluye con la argumentación que se apoya precisamente en el *Sitz im Leben* que se ofrece en la διήγησις, como estamos viendo.

---

[84] Cf. 2Cor 1,14; G. LORUSSO, *La Seconda Lettera ai Corinzi*, 75.
[85] Cf. J. LAMBRECHT, *Second Corinthians*, 27.
[86] Cuando habla del *initium* de la *narratio*: generalmente se empieza con los *adiuncta*. Cf. Lausberg, § 339.

2.1.3 *Terminus ad quem*: secuencia II

Con un vehemente ἐγὼ δὲ μάρτυρα τὸν θεὸν ἐπικαλοῦμαι (2Cor 1,23a), Pablo concluye la presentación de la agenda prevista, así como una *digressio* de carácter teológico, muy rico[87]. El *transitus* de una secuencia a otra dentro del cuerpo narratológico tiene como rasgo aceptable y común la *brevitas* y puede emplearse tanto la prueba técnica lógica como la patética[88]. En nuestro caso la transición no es todavía a la *argumentatio*, que vendrá más tarde, sino a otra secuencia en la que aborda una cuestión de alto contenido emotivo: por qué Pablo no vuelve a Corinto como tenía previsto, sobre todo después de la visita y la carta de las lágrimas (cf. 2Cor 1,23–2,4)[89].

Argumentalmente hablando, tenemos el discurso explícitamente teológico que se cierra con la mención al Espíritu como prenda dada en nuestros corazones. Éste cierra un período diegético, unido al hecho de que en 2Cor 1,23a, se lee una conjunción disyutinva δέ, la cual indica una distancia con respecto a lo anterior, y una tendencia a seguir adelante en la exposición.

2.2 *Contexto de 2Cor 1,15-22*

Una vez hemos diseñado la delimitación exegética, conviene demostrar la relación retórica que establece con el resto del contenido canónico tanto a nivel lógico, cronológico, pastoral y retórico.

---

[87] Cf. A. PITTA, *La Seconda Lettera ai Corinzi*, 116.
[88] Sobre el *transitus* y su relación con la *brevitas*: cf. Lausberg, §§ 343-344.
[89] Los exegetas difieren sobremanera en el cierre de la perícopa. Los más minimalistas (Sampley; Vegge) la hacen concluir en 2Cor 1,16; los intermedios (Thrall) suben a 2Cor 1,24, y los más extensos (Barnett, Furnish, y Stegman), hasta 2Cor 2,2. A nuestro juicio no es imposible que una secuencia sólo alcance a una oración gramatical. De hecho, en 2Cor 2,12-13 tenemos un ejemplo cercano. Quedarse sólo en 2Cor 1,16-17 significa separar el acontecimiento histórico de su réplica teológica, para construir una estructura concéntrica excesivamente artificial, que tiene que ver con 1Cor 1,23–2,2. La conjunción δέ en 2Cor 1,18 puede separar sendas perícopas, pero no de modo lógico sino meramente como cambio de sección interna. Sin embargo, 2Cor 1,23 introduce otra secuencia biográfica comenzando con la réplica teológica al principio. Cf. A. PITTA, *La Seconda Lettera ai Corinzi*, 124-125; M.J. HARRIS, *Second Corinthians*, 210-211; C.S. KEENER, *1–2 Corinthians*, 158-159; R.P. MARTIN, *2 Corinthians*, 22-25; F.J. MATERA, *II Corinthians*, 50-51; T.D. STEGMAN, *The Character of Jesus*; 219-220; *pace*, J.B. POLHILL, *Paul and His Letters*, 265; P.W. BARNETT, *Second Corinthians*, 103; V.P. FURNISH, *II Corinthians*, 145; J.P. SAMPLEY, «Second Corinthians», 48-49; M.E. THRALL, *Second Corinthians*, I,128.

2.2.1 Relación retórica con la «*propositio* mayor»

Retóricamente la fuerza recae en la relación eclesiológica entre Pablo y los fieles corintios, tanto a nivel teológico como comunitario. La temática general de Segunda Corintios versa sobre el conocimiento parcial que éstos tienen de esta relación. El Apóstol pretende aclararla, de manera que puedan entender el origen del καύχημα paulino, que se apoya en sus frutos: la fundación de iglesias y la espera gozosa de la parusía del Señor Jesús. Estos dos ejes marcan el interés paulino, casi escrupuloso, de detallar una *narratio* larga, que justificará con las *probationes*.

2.2.2 Relación retórica con las *probationes* I–IV

Retóricamente hablando las *probationes* tienen su apoyo en la *narratio*[90]. Nuestra perícopa sirve de apoyo a la serie de argumentaciones que propone a lo largo de toda la carta. Comprender cómo Pablo y sus colaboradores tienen una confianza tan grande viene prolépticamente enunciado en el *exordium*, pero necesita concretarse de modo que sirva operativamente para que cambie la actitud corintia para con él[91]. Ésta es la función típica del género epidíctico. La conjugación del *genus demonstrativum* con el *iudiciale* conlleva que convivan dos estilos de discurso. El segundo se caracteriza por la apología y la acusación, cosa que ya hemos considerado anteriormente en secciones de la carta; pero en cuanto al primer género retórico, la función persuasiva requiere del autor una realidad que pertenezca al ámbito del *certum*, que en nuestro caso se identifica con la firmeza de la esperanza de los apóstoles pese a la adversidad (cf. 2Cor 1,7)[92].

Con todo, el objeto de certeza que ya de entrada presenta necesita argumentalmente de la siguientes secuencias para poder clarificar dicho punto y poder vivir su llegada como un segundo beneficio o δευτέρα χάρις (2Cor 1,15c). Precisamente en la misma línea, la relación con las cuatro *probationes* puede ser más o menos ligado si atendemos a una lectura superficial. Sin embargo, todas ellas desarrollan lo que la *propositio* ha enunciado y la *narratio* coyuntural de 2Cor 1,15-22 ha elidido: hablar de dinero. Ya que la lista de prioridades paulina es teológica, eclesiológica y práctica, no anticipa cuestiones financieras, sino que las prepara de un doble modo: teológica y eclesiológicamente. En primer

---

[90] Cf. Lausberg, § 289.295.
[91] Cf. I. Vegge, *2 Corinthians*, 35.
[92] Respecto a la naturaleza de este *genus*: cf. Lausberg, § 61,3. En su aplicación a nuestro contexto: cf. B. Witherington, *Conflict and Community*, 411-412.

lugar muestra la fidelidad de Dios (cf. 2Cor 2,14–4,6), y en segundo lugar orienta el discurso hacia una relación afable y fraterna (cf. 2Cor 4,7–5,11), conforme al criterio conductual del Señor Jesucristo (cf. 2Cor 10,1–12,18). Posteriormente insiste en el proyecto de la colecta, que ya recordase en 2Cor 1,16 claramente recuerda.

2.2.3 Relación retórica con la «*peroratio* mayor»

Con 2Cor 12,11-18 llegamos a la última parte del discurso. Como recuerda A. Pitta, la función de esta sección retórica es recoger los temas axiales desarrollados en el *corpus* del discurso por medio de la braquilogía[93]: hace referencia al dicurso del ἄφρων que ha tenido lugar inmediatamente antes (cf. 2Cor 10,7–12,10); y rápidamente vuelve a hacer atención sobre el viaje dificultoso que está pendiente de hacer, definiéndolo de modo ligeramente diverso. Más allá del valor numérico segundo y tercero respectivamente en cada perícopa (cf. 2Cor 1,16; 12,14), partimos de la base que existen los *modi rhetorici*, los cuales son instrumento para abordar la misma temática con matices diferentes[94].

2.3 Dispositio *de 2Cor 1,15-22*

La unidad textual se compone de dos partes[95]: la primera, de carácter más bien anecdótico (cf. 2Cor 1,15-17), da las explicaciones que Pablo cree oportunas para argumentar lo que ha sucedido al cambiar el plan de viajes original (cf. 2Cor 1,15-16), que concluye en 2Cor 1,17 con dos preguntas acerca de sua credibilidad y fiabilidad. La segunda parte es doctrinal (cf. 2Cor 1,18-22): primero sitúa al Apóstol en la fiabilidad radical de Dios y de Jesucristo, su Hijo, en su acción salvífica. Esta es la primera sección (cf. 2Cor 1,18-19). Después centra toda la argumentación teológica con un entimema que describe el modo como Dios obra: cumpliendo fielmente sus promesas en Cristo y su conexión con la fundación de iglesias por parte del equipo apostólico de Pablo, fungiendo el ministerio de la Nueva Alianza, que describe a lo largo de su carta (cf. 2Cor 1,20-22). La motivación teológica posee un espesor «trinitario» como un eje que unifica toda la perícopa.

---

[93] Él la aplica desde 2Cor 10,1, por ello no coincidimos totalmente con su exposición, que encontramos parcial. Cf. A. PITTA, *La Seconda Lettera ai Corinzi*, 509-512.

[94] Cf. Lausberg, § 1105.

[95] Seguimos en parte a F.J. Matera. Nos distanciamos de él en algunos puntos a la luz de la retórica clásica y sus consencuencias, sobre todo en lo que respecta a la aportación del entimema. Cf. ID., *II Corinthians*, 51-52.

2.3.1 Los proyectos de viaje (cf. 2Cor 1,15-17)

2Cor 1,15-16   Descripción sucinta del plan de viaje.
2Cor 1,17   Juicio moral: ni vacilante ni carnal, es *firme* y *según Dios*.

Si por un lado rechazamos algunas *distributiones* propuestas por otros autores, sí que recogemos las intuiciones de fondo que presentan la subdivisión en 2Cor 1,16. Si leemos detenidamente, notaremos cómo comienza con una sola oración gramatical en 2Cor 1,15-16, ya que un solo núcleo verbal ἐβουλόμην. Sintácticamente obtenemos que dicha subdivisión interna da paso a otras dos oraciones gramaticales construidas en forma interrogativa, las cuales pretenden asumir las quejas recibidas. La respuesta es el «Amén» de Dios en Cristo a sus «planes» salvíficos. Estas dos oraciones gramaticales coordinadas por la disyuntiva con valor de conjuntiva podrían funcionar con cierta autonomía ya que sirven de *transitio* de una situación difícil a una respuesta no asequible de entrada, que necesita ser preparada por medio de recursos retóricos[96].

Podemos percibir además una cierta *insinuatio* que dispone psicológicamente al auditorio a lo que va a justificar. Por medio de un motivo de carácter teológico-evangélico resuelve el tema peliagudo de su retraso voluntario[97]. De todos modos, mantenemos la unidad incluso retórica de esta sección ya que todavía trata de los viajes fallidos que Pablo prometía ya con anterioridad (cf. 1Cor 15,6), y todavía no abordan un cambio de temática, aunque sí lo preparan. Sintácticamente lo apoya el uso de la conjunción ilativa οὖν de 2Cor 1,17 que le da valor conclusivo de toda la macrosección, y que le confiere un carácter climáctico que no debemos desatender.

2.3.2 El «Sí – Amén» de Dios en Cristo (cf. 2Cor 1,18-22)

2Cor 1,18.   *Argumentum* «teo-lógico» *a fortiori*: la fidelidad de Dios
2Cor 1,19.   *Argumentum* cristológico-kerigmático
2Cor 1,20.   *Las «promesas de Dios» tienen su Amén en Cristo*
2Cor 1,21-22. Dios, actor de una eclesiología pneumatológica: capacitación de los apóstoles y recepción del Espíritu de parte de los fieles

---

[96] Esta es la opinión de G.M. Sass que se apoya en V.P. Furnish y el dato del cambio de la 1ª a la 2ª persona del plural en la sección. Cf. G.M. SASS, *Leben aus den Verheißungen*, 239-240; V.P. FURNISH, *II Corinthians*, 145.

[97] Cf. A. PITTA, *La Seconda Lettera ai Corinzi*, 119. Sobre el valor de astucia en clave retórica que tiene una cierta razón de ser en la *narratio*: cf. Lausberg, § 281.

El empleo de la persona gramatical ayuda a subdividir en dos secciones esta única perícopa es. En la primera división interna Pablo ha empleado la primera del singular, mientras que ahora pasa a la primera del plural[98]. Prosigue el autor incluyendo en el motivo de la predicación del evento cristológico-soteriológico los nombres de quienes han ejercido el ministerio de la nueva Alianza en Corinto. Este dato llama poderosamente la atención por la construcción en *passivum divinum* y por la fuerte impostación que da a toda la justificación teológica, de modo que surge la pregunta: ¿Es de Dios de quien habla, o bien es de los apóstoles de quien realmente quiere tratar? Asimismo el Apóstol cambio de motivación entrando en la sección del «Sí», señal de sinceridad apoyada en la fidelidad de Dios en cuantas promesas realizó y que tienen su cumbre en la manifestación de Cristo.

A continuación Pablo propone una afirmación de estilo solemne, que se impone por sí mismo, construida sobre cuatro proposiciones gramaticales y cuyo contenido es eminentemente teológico con espesor trinitario[99]. Concretamente en 2Cor 1,18 refiere el sintagma ὁ λόγος ἡμῶν ὁ πρὸς ὑμᾶς que se debe interpretar como referencia al proyecto frustrado de los viajes frustrado: una promesa que no se cumple. En este sintagma nuestro autor desarrolla cómo el fundamento de la fiabilidad de los proyectos paulinos es el Dios fiel (πιστὸς δὲ ὁ θεός), que se manifiesta en Jesucristo, el Hijo de Dios. A continuación desarrolla el apartado cristológico (cf. 2Cor 1,19) pero con pocos artículos doctrinales, más bien orgánicos, dando a entender que justifica la validez de la predicación (cuyo objeto es Jesucristo, como lo demuestra el participio aoristo sustantivado ὁ... κηρυχθείς) y la mención explícita a los predicadores (δι' ἐμοῦ καὶ Σιλουανοῦ καὶ Τιμοθέου). Prosigue con una tercera afirmación centrada en las «promesas de Dios» con un lenguaje paralelo al cristológico, que culmina con un lenguaje cuasi-litúrgico en 2Cor 1,20d (δι' αὐτοῦ τὸ Ἀμὴν τῷ θεῷ πρὸς δόξαν δι' ἡμῶν).

Concluye con una afirmación teológicamente densa donde desarrolla una «teo-logía» específica: describe la actividad de Dios Padre dirigida tanto al ἡμεῖς como al ὑμεῖς. Dios es el centro de la oración sea Dios, lo cual viene también demostrado por la misma construcción sintáctica. Ésta consta de una sola oración nominal, cuyo sujeto es θεός. Asimismo de Él se definen cuatro acciones por medio participios con valor de

---

[98] Cf. A. PITTA, *La Seconda Lettera ai Corinzi*, 117, n. 5; M.J. HARRIS, *Second Corinthians*, 192.

[99] Cf. A. PITTA, *La Seconda Lettera ai Corinzi*, 116; J. LAMBRECHT, *Second Corinthians*, 30.

atributo: confirmar a los apóstoles para Cristo (ὁ δὲ βεβαιῶν ἡμᾶς σὺν ὑμῖν εἰς Χριστόν); ungirlos (καὶ χρίσας ἡμᾶς), sellarlos y darles la prenda del Espíritu (ὁ καὶ σφραγισάμενος ἡμᾶς καὶ δοὺς τὸν ἀρραβῶνα τοῦ πνεύματος).

2.4 Crítica textual de 2Cor 1,15-22

¹⁵ Καὶ ταύτῃ τῇ πεποιθήσει ἐβουλόμην πρότερον πρὸς ὑμᾶς ἐλθεῖν, ἵνα δευτέραν χάριν σχῆτε, ¹⁶ καὶ δι' ὑμῶν διελθεῖν εἰς Μακεδονίαν καὶ πάλιν ἀπὸ Μακεδονίας ἐλθεῖν πρὸς ὑμᾶς καὶ ὑφ' ὑμῶν προπεμφθῆναι εἰς τὴν Ἰουδαίαν ¹⁷ τοῦτο οὖν βουλόμενος μήτι ἄρα τῇ ἐλαφρίᾳ ἐχρησάμην; ἢ ἃ βουλεύομαι κατὰ σάρκα βουλεύομαι, ἵνα ᾖ παρ' ἐμοὶ τὸ Ναὶ ναὶ καὶ τὸ Οὒ οὔ;
¹⁸ πιστὸς δὲ ὁ θεὸς ὅτι ὁ λόγος ἡμῶν ὁ πρὸς ὑμᾶς οὐκ ἔστιν Ναὶ καὶ Οὔ. ¹⁹ ὁ τοῦ θεοῦ γὰρ υἱὸς Ἰησοῦς Χριστὸς ὁ ἐν ὑμῖν δι' ἡμῶν κηρυχθείς, δι' ἐμοῦ καὶ Σιλουανοῦ καὶ Τιμοθέου, οὐκ ἐγένετο Ναὶ καὶ Οὒ ἀλλὰ Ναὶ ἐν αὐτῷ γέγονεν. ²⁰ ὅσαι γὰρ ἐπαγγελίαι θεοῦ, ἐν αὐτῷ τὸ Ναί· διὸ καὶ δι' αὐτοῦ τὸ Ἀμὴν τῷ θεῷ πρὸς δόξαν δι' ἡμῶν. ²¹ ὁ δὲ βεβαιῶν ἡμᾶς σὺν ὑμῖν εἰς Χριστὸν καὶ χρίσας ἡμᾶς θεός,²² ὁ καὶ σφραγισάμενος ἡμᾶς καὶ δοὺς τὸν ἀρραβῶνα τοῦ πνεύματος ἐν ταῖς καρδίαις ἡμῶν

¹⁵ Y con esta confianza quería primero llegar a vosotros para que tuviéseis una segunda gracia, ¹⁶ y por vosotros atravesar hacia Macedonia y de nuevo de Macedonia venir hasta vosotros, y verme apoyado en el viaje por vosotros a Judea. ¹⁷ Al querer esto, en efecto, ¿he usado de ligereza? ¿Acaso lo que quiero, según la carne (lo) quiero, de modo que sea en cuanto a mí el sí un sí, y el no un no?

¹⁸ Pero Dios es fiel: nuestro mensaje entre vosotros no es un «Sí y no». ¹⁹ Porque el Hijo de Dios, Jesucristo, que ha sido predicado entre vosotros por nosotros —por mí, Silvano y Timoteo— no ha sido sí y no, sino que ha sido un «Sí» en él. ²⁰ Pues cuantas (son las) promesas de Dios, en él (son) un sí. Por lo cual, por medio de él son un Amén a Dios para gloria por nosotros. ²¹ El que nos fortalece con vosotros en Cristo y nos unge (es) Dios, ²² el que también nos ha llegado y nos da la prenda del Espíritu en nuestros corazones.

2.4.1 2Cor 1,15

La primera variante de este versículo lo hallamos en el sintagma πρότερον πρὸς ὑμᾶς ἐλθεῖν. La problemática editorial que presenta es que los manuscritos lo han leído de tres maneras diversas, fundamentalmente arreglando el texto y armonizándolo con 1Cor 16,5-6 y 2Cor 1,16. La primera sitúa el adverbio ante ἐλθεῖν[100]. La segunda sugiere omitir el adverbio para evitar confusiones (א*). La tercera, aunque con poco apoyo externo[101], lo desplaza (¡determinándolo con artículo neutro!) al final del período. Incluso K ha leído τὸ δεύτερον.

A la primera propuesta, debemos notar que la decisión de modificar el orden sintáctico de los términos busca clarificar el dato adverbial, ya que viene entendido como conectado en relación con el infinitivo y no al verbo conjugado en forma personal. Habiendo detectado la posible ambivalencia, han escogido referirla a la primera visita paulina. Consideramos la segunda opción una armonización. Podríamos decir que no han entendido dónde debe ir el adverbio en el desarrollo lógico de la *narratio* y por ello lo suprimen. Con respecto a la tercera variante, parece más bien un indicio de que el escriba se ha dejado influir por la tercera parte de este versículo, donde Pablo habla de la «segunda gracia». Queda, pues, en pie que el texto que ofrecemos se sostiene por criterio fundamental de *lectio asprior* y *lectio difficilior*[102].

Con el término χάριν abordamos la segunda dificultad textual, ya que dicho vocablo viene modificado por χαράν. Ambos pueden proceder de modo adecuado con el texto, porque en esta sección retórico-epistolar Pablo aborda el motivo de su tristeza con respecto a los corintios, intentando solucionar las desavenencias. Comentamos a este respecto que la variante es comprensible tanto por *lapsus calami* como por cercanía con 2Cor 1,23–2,4[103] donde se insiste en la desasosiego que el Tarsiota comunicó con sus lágrimas. La crítica externa es numerosa[104], pero mayoritariamente se compone de manuscritos minúsculos y la tra-

---

[100] ἐβουλόμην πρότερον ἐλθεῖν πρὸς ὑμᾶς. D F G 3675.629.latt. Nos encontramos con testigos de la familia occidental bilingües. Cf. M.J. HARRIS, *Second Corinthians*, 190.

[101] K L Ψ 1241 M.

[102] Con respecto a esta última cita, πάλιν indica la voluntad de repetir visitas a los corintios. A este respecto, disentimos de A. Pitta, F.J. Matera y M.E. Thrall. Ésta última conecta el adverbio con el verbo en forma finita, apoyándose en la mera coincidencia material de sendos elementos textuales. Finalmente debemos notar que esta forma gramatical es muy escasa, prefiriéndose más bien πρῶτον, que acentúa todavía más la *difficultas* de nuestro texto, y por ello es de preferir. Cf. A. PITTA, *La Seconda Lettera ai Corinzi*, 117-118; F.J. MATERA, *II Corinthians*, 51; Robertson, 662. *Pace* M.E. THRALL, *Second Corinthians*, 136-137; G. LORUSSO, *La Seconda Lettera ai Corinzi*, 76-77.

[103] Cf. B.M. METZGER, *Textual Commentary*, 508.

[104] א² B L P 81.104.365.614.1175.2464 bo.

ducción boharítica, lengua del delta del Nilo. La consideramos *facilior lectio* con respecto a la opción que sostenemos[105].

La última cuestión textual consiste en la modificación del subjuntivo aoristo σχῆτε por el presente ἐχῆτε[106]. Como respuesta a ello, retenemos que Pablo emplea la construcción de aoristo y presente de subjuntivo, si bien se ha estudiado poco la diferencia aspectual de sendos tiempos[107]. Podemos afirmar que la opción del presente es o un error de escriba, dada la proximidad entre E y Σ en griego uncial, o bien una armonización del texto con un tiempo verbal más afín con el uso paulino. Por ello, seguimos en este punto σχῆτε, ya que tiene una mayor solidez tanto por crítica externa apoyándonos en el criterio de *lectio difficilior*[108].

2.4.2 2Cor 1,16

La primera variante que hemos de considerar críticamente es la referente al infinitivo διελθεῖν. Algunos testigos lo modifican proponiendo ἀπελθεῖν. Notamos que el escriba ha modificado el sentido, evitando quizá la cierta redundancia de expresiones similares muy seguidas (ΔΙΥΜΟΝΔΙΕΛΘΕΙΝ), debido a la secuencia lógica de las acciones: primero sale Pablo de Corinto hacia Macedonia, para después volver a Corinto. Asimismo el número de base crítica para la variante es escasa[109], no sólo por el número sino también por la cualidad, y ello pese a que se encuentre el códice Alejandrino. Además por crítica interna sendas opciones verbales aparecen poco en el *corpus paulinum*. En el epistolario corintio no aparece jamás, y sólo dos veces en el resto de cartas paulinas (cf. Rm 15,28; Gál 1,17). Nuestra opción no aparece mucho más (cf. Rom 5,12; 1Cor 10,1; 16,5 [*bis*]), pero su uso es significativo en el contexto de esta perícopa y en 1Cor 16,5, en dos ocasiones consecutivas.

La segunda variante tiene que ver con el complemento agente ὑφ' ὑμῶν. Se han propuesto dos alternativas: o leer la preposición ἀφ', o bien intercambiarla con ἐφ'[110]. Descartamos ἐφ' por crítica externa, ya que sólo tiene un testigo que la proponga, minúsculo y por ello tardío. Asimismo descartamos ἀφ' por lógica interna del discurso, donde po-

---

[105] Cf. R.P. MARTIN, *2 Corinthians*, 23; J. LAMBRECHT, *Second Corinthians*, 28; M.J. HARRIS, *Second Corinthians*, 191.
[106] D F G K L Ψ 365.1241.1505 M.
[107] Cf. S.E. PORTER, *Verbal Aspects*, 335.
[108] Cf. F.J. MATERA, *II Corinthians*, 51; M.J. HARRIS, *Second Corinthians*, 191.
[109] A D* F G P 365 b r.
[110] Quienes proponen ἀφ' son P⁴⁶ D F G 61. 1175; mientras que la variante ἐφ' sólo la tolera 33.

demos ver una cierta anástrofe paralela a 2Cor 1,15a donde antepone la circunstancia al verbo principal para realzarlo. Igualmente aquí, se antepone el agente, a modo cuasi de sujeto para estimular la generosidad de Corinto. Finalmente, la base que apoya la preposición ἀφ' es casi idéntica a la que proponía los cambios en el infinitivo anterior, por lo que entendemos que modifica el complemento agente por uno circunstancial de lugar (ser enviado «desde» vosotros), dejando de lado el elemento emotivo destacado por el «nosotros».

2.4.3 2Cor 1,17

La primera cuestión de crítica textual hace referencia al complemento predicativo construido a partir del participio βουλόμενος. Hay dos opciones de carácter menor que lo modifican: una primera elección ha sido la de cambiar el presente medio con el futuro (βουλευσόμενος L). La segunda opción, más avalada por la crítica externa, ha modificado la raíz verbal: βουλευόμενος[111]. Sendas variantes se apoyan en el contacto con la siguiente parte del mismo verso que se refiere a la segunda interrogación retórica. El futuro de aoristo, que tendría carácter modal hipotético, no temporal, sigue la misma política de cambios de los manuscritos que se adhieren a ella. Los unciales que ya han modificado el texto con respecto al adverbio πρότερον, entendiéndolo *more numerico*, ahora deben organizar el material conforme a este mismo criterio. De este modo, una acción es posterior a otra y por ello se debe plasmar gramaticalmente con el uso del futuro. En ambos casos se trata de una *lectio politior*. Consideramos preferible el texto que ofrecemos por ser *lectio difficilior* y acuñado por una gran pléyade de testigos que la avalan[112].

Más delicada es la segunda dificultad textual debido a la construcción pleonástica de los adverbios: τὸ Ναὶ ναὶ καὶ τὸ Οὒ οὔ. Aun siendo elementos invariables de la oración gramatical y no ejerciendo de sujetos naturalmente, pueden padecer el tratamiento de sustantivos[113]. Algunos testigos omiten la conjunción καί, dejando sendos sintagmas al modo mateano: ἔστω δὲ ὁ λόγος ὑμῶν ναὶ ναί, οὒ οὔ (Mt 5,37). Otros la simplifican[114]. Lo delicado del análisis textual no viene

---

[111] D K Ψ 365. 1241. 1505. 1881 M ar b (g); Ambst.
[112] P46.99 ℵ A B C D F G I^vid P 0243. 6. 33. 81. 104. 630. 1175. 1739. 2464 lat co.
[113] Cf. Robertson, 1150; H. BALZ, «οὔ», *EWNT*, II, 1318; *pace* GGNT, §§ 241b.243.
[114] P46 0243. 6. 424^c. 1739 lat Or^1739mg. La apuesta es por la *lectio brevior*. Cf. A. PITTA, *La Seconda Lettera ai Corinzi*, 118-119; R.P. MARTIN, *2 Corinthians*, 23; M.J. HARRIS, *Second Corinthians*, 191.

tanto por la complicación de las variantes, cuanto por la repercusión exegética que puede tener, conforme ya hemos afirmado con respecto al *logion* mateano. Son pocos quienes lo armonizan volviendo la expresión *facilior*. La expresión sin καί es mucho más familiar que con él, de modo que podemos interpretar que se ha pulido la sentencia para que resuene a los oídos del auditorio con mayor facilidad, evocando la afirmación de Jesús. Ello no quita que conjeturemos que, debido a la recurrencia de ὁ λόγος ὑμῶν en el versículo siguiente, Pablo tiene en mente el *logion* jesuánico cuando aborda la cuestión de la fidelidad de Dios y la sinceridad y ejemplaridad misioneras del Apóstol (cf. 2Cor 10,1).

2.4.4 2Cor 1,18

Con referencia a la lectura crítica del texto, notamos que una primera variante se da en el sintagma preposicional de carácter adverbial local de dirección[115], construyendo una aposición. Dos manuscritos lo apoyan: P^{46} D*. Resolvemos a favor de la presencia del artículo sustantivador, debido a que la crítica externa es poco sólida en número, y habitualmente los dos testigos que apuestan por la supresión de este elemento gramatical ofrecen y sostienen lecturas alternativas.

Una segunda dificultad textual radica en que algunos escribas han preferido modificar el verbo ἐστίν por ἐγένετο[116]. Nuestra valoración es apostar por que permanezca el verbo ἐστίν, como *lectio facilior*. La fuerza del presente de indicativo concuerda por crítica interna con el presente usado en las afirmaciones previas. Además de ello el contexto posterior (cf. 1Cor 1,19c) parece haber influido en la homogeneización del sintagma verbal.

2.4.5 2Cor 1,19

La crítica textual vuelve a requerir nuestra atención en este versículo. El sintagma nominal sujeto Ἰησοῦς Χριστός viene a ser modificado por algunos códices, leyendo Χριστὸς Ἰησοῦς[117]. Otro manuscrito (33) lee simplemente Ἰησοῦς. Para sendas variantes, la base común es el uso del nombre propio del Jesús. Aparece en 919 ocasiones en todo el Nuevo Testamento, de las cuales 24 pertenecen a nuestra carta[118]. De entre

---

[115] Cf. BDR, § 266,1b.
[116] ℵ^2 D^1 K L Ψ 104. 365. 1175. 1241. 1505. 2464. M b sy.
[117] ℵ* A C 0223.2464.
[118] Cf. 2Cor 1,1.2.3.14.19; 4,5 [*ter*].6^{vid}.10 [*ter*].11 [*ter*].14 [*quater*]; 8,9; 11,4.31; 13,5.13.

ellas, sin contar 2Cor 1,19, aparece con el solo nombre histórico en cuatro pasos (cf. 2Cor 4,5.10.14; 11,4). La mayoría se encuentran en la *demonstratio* II donde el Apóstol sigue proponiendo pruebas para defenderse de las acusaciones (cf. 2Cor 2,14–7,4). Para ello se funda en la «*propositio* menor» (cf. 2Cor 4,7): Ἔχομεν δὲ τὸν θησαυρὸν τοῦτον ἐν ὀστρακίνοις σκεύεσιν, ἵνα ἡ ὑπερβολὴ τῆς δυνάμεως ᾖ τοῦ θεοῦ καὶ μὴ ἐξ ἡμῶν, remarcando el carácter débil de la naturaleza humana, incluida la de Jesucristo, de aquí que sea más común la sola aparición del epónimo. La otra recurrencia se encuentra en el «*exordium* menor» de la *probatio* IV que antecede a la tesis de dicha prueba retórica (cf. 2Cor 11,1-4)[119].

La combinatoria Ἰησοῦς Χριστός aparece en Segunda Corintios en siete ocasiones (cf. 2Cor 1,2.3; 4,5.6; 8,9; 13,1.13), de modo que no es extraña al uso paulino. La crítica interna sostiene la posibilidad sobradamente probada de este orden. Quizá se siente la influencia de 2Cor 4,5b cuando emplea por dos veces el nombre de Cristo: οὐ γὰρ ἑαυτοὺς κηρύσσομεν ἀλλὰ Ἰησοῦν Χριστὸν κύριον, ἑαυτοὺς δὲ δούλους ὑμῶν διὰ Ἰησοῦν. También nos conduce la crítica interna en esa dirección cuando en 2Cor 4,5a hace referencia a la predicación sobre Jesucristo, apareciendo relacionado el verbo κηρύσσω con el sintagma de 2Cor 1,19ab: οὐ γὰρ ἑαυτοὺς κηρύσσομεν ἀλλὰ Ἰησοῦν Χριστὸν κύριον. La abundante crítica externa sostiene nuestra opción, que es más fiable por antigüedad y es un orden más frecuente[120].

2.4.6 2Cor 1,20

Nos encontramos con la primera dificultad del versículo: el sintagma διὸ καὶ δι' αὐτοῦ. Una variante omite la conjunción causal διό, constructo paratáctico[121]. De este modo, el entimema de 2Cor 1,20a se desdibuja quedando simplemente como una afirmación más. Asimismo los escribas de esta opción (P46 D* b) no han contemplado la primera parte del versículo como una oración compuesta de dos proposiciones nominales, sino como una sola que culmina en 2Cor 1,20c. Una segunda variante no añade el διό (salvo 1881) y modifica el sintagma preposicional leyéndolo: [διὸ] καὶ ἐν αὐτῷ[122]. Esta postura editorial se deja

---

[119] Cf. A. PITTA, *La Seconda Lettera ai Corinzi*, 440, *pace* M.E. THRALL, *Second Corinthians*, 669-670.
[120] Cf. M.E. THRALL, *Second Corinthians*, 145, n. 129.
[121] Cf. Zorell, «διό», 323.
[122] D¹ K L 1241. 1505. 1881. m syh; Ambst.

influir de 2Cor 1,19d que sí incluye este sintagma y evita el que haya una doble afirmación idéntica en la misma frase. Finalmente, la última posibilidad se lee como se sigue: καὶ ἐν αὐτῷ τὸ 'Ἀμὴν διὸ καὶ δι'αὐτοῦ. Lo soporta un solo testigo (630) y unifica el «amén» y el «sí», ya que son eventualmente la misma cosa.

Interpretamos la primera variante como una armonización del texto para evitar una doble afirmación, dejándose influir por el contexto inmediato anterior. La juzgamos *lectio facilior*. En cuanto a la segunda alternativa, cabe afirmar que con la modificación que hace queda más preciso que es el Amén en Él y no por Él. También puede concebirse como una suerte de cierto *homeoteleuton* el hecho de repetir el sintagma ἐν, ya que la diferencia uncial entre ΔΙΑ y ΔΙΟ es mínima y la distancia brevísima. La lectura por la que optamos tiene un doble fundamento: primero, la crítica externa la apoya notablemente[123], y segundo, la interna prefiere respetar la presencia del καί y no suprimirla. De este modo, Pablo está usando de la epanadiplosis que permite dicha redundancia sin por ello perder el hilo de su argumentación[124].

La segunda divergencia textual se encuentra en el sintagma δι' ἡμῶν, que según F G viene precedido de καὶ τιμήν, prolongando así el elemento doxológico afirmado en la afirmación preposicional precedente πρὸς δόξαν. Opinamos que la crítica externa es débil: la sostiene sólo la familia occidental. Asimismo es *lectio conflata* que amplifica el elemento cúltico con otro del regusto habitual de la piedad litúrgica. Sostenemos la *lectio brevior* de NA[28] ya que el contexto no pide en este momento una ampliación del dato celebrativo.

2.4.7 2Cor 1,21

A nivel de crítica textual hay una variante a tener en cuenta: el orden de los pronombres personales viene alterado en cuatro manuscritos, que leen: ὑμᾶς σὺν ἡμῖν. Salvo C04, los testigos son de orden menor en importancia (104.630) o bien traducción (sy[h]). Preferimos la lección en curso como más probable y segura ya que en paralelo con la siguiente oración de relativo tiene mayor coherencia discursiva que si aceptásemos el cambio pronominal, a saber: ὁ καὶ σφραγισάμενος ἡμᾶς (2Cor 1,22a).

---

[123] ℵ A B C F G P Ψ .0243. 33. 81. 104. 104. 365. 1175. 1739. 2464. lat (sy[p]) co; Epiph.

[124] Otro argumento sólido es el siguiente: «The reading of P[46] may be an attempt to bring v. 17 into the line with v. 18, where there is not a double "yes" and "no" as there is here» (F.J. MATERA, *II Corinthians*, 51).

2.4.8 2Cor 1,22

Algunos testigos omiten el artículo ὁ que sustantiviza los dos sintagmas siguientes y los aúna sintácticamente, ya que unifica sea al participio como σφραγισάμενος a δούς[125]. La otra posibilidad recogida sólo por F G es modificar el orden por καὶ ὁ. Preferimos la lectura en curso por dos motivos: primero, por la coherencia de construir las dos participiales anteriores, con el artículo antepuesto al núcleo verbal y aunando dos participios bajo un sola afirmación, y segundo, porque un uso ártrico tan prolongado no tiene sentido, teniendo al núcleo nominal sujeto entre sendas afirmaciones verbales sin identificarlas tan correctamente como el texto en curso nos ofrece. Además la crítica externa también ayuda y apoya esta opción con mayor variedad[126].

---

[125] A* SA C* K P Ψ 33.81.365.630.1505.1881*vid 2464 r.
[126] P46 ℵ2 B C3 D L 0243. 0285. 104. 1175. 1241. 1739. 1881c. M vgcl Ambrst.

Capítulo V

Lectura particularizada de 2Cor 1,15-22

1. 2Cor 1,15

¹⁵ Καὶ ταύτῃ τῇ πεποιθήσει
ἐβουλόμην πρότερον πρὸς ὑμᾶς ἐλθεῖν,
ἵνα δευτέραν χάριν σχῆτε,

¹⁵ Y con esta confianza
quería primero llegar a vosotros
para que tuviéseis una segunda gracia,

– Καὶ ταύτῃ τῇ πεποιθήσει. Con este sintagma el Apóstol introduce una oración gramatical que tendrá una notable prolongación, ya que concluirá en 2Cor 1,16. Construido al dativo, es complemento modal del verbo principal ἐβουλόμην. Por medio de un hipérbaton resalta de manera especial el carácter «patético» de la *narratio* que acaba de comenzar (cf. 2Cor 1,15–2,13) incluyendo a su vez cuatro secuencias expositivas, de las que 2Cor 1,15-22 es la primera.

Comienza con una conjunción copulativa (καί) y se desarrolla en una serie de cuatro proposiciones coordinadas paratácticamente, jalonadas por dos períodos subordinados: uno final y otro consecuencial. Con respecto a la parataxis, Pablo presenta un estilo que no coincide con la elegancia clásica, definido por él como ἰδιότης τῷ λογῷ (2Cor 11,6). No es un hombre falto de cultura, sino abrupto, gusta de las paradojas y las antítesis, sigue la prueba patética, no por ignorancia ni por falta de tacto. No busca finuras aticistas, siendo su estilo anhelénico aunque no elude en algunas ocasiones un elevado estilo retórico (cf. Rom 8,35-39; 1Cor 13,1-13). En ello, se distancia de la retórica clásica, posiblemente identificada con esa «sabiduría de un discurso» (cf. 1Cor 1,17), que en

2Cor 1,12 tilda de carnal. En efecto, Aristóteles rechaza la oración meramente coordinada por ser clara su conclusión (los latinos la denominaron *oratio perpetua*)[1]. Es lo que Pablo aquí emplea.

El contenido de 2Cor 1,15 es claramente expositivo: indica el contenido de la segunda gracia, en estrecha relación con el nuevo plan de viajes que el Apóstol diseña. Para ello emplea el término πεποίθησις, vocablo que siempre aparece en el Nuevo Testamento en contexto paulino y que es recurrente en Segunda, lo que es un importante para la transmisión del mensaje que desea el Apóstol comunicar[2].

–'Ἐβουλόμην. Llegamos a un verbo importante de la primera parte (cf. 2Cor 1,15-17), que da el tono a toda la primera secuencia y a toda la *narratio* I junto el complemento circunstancial anterior. El verbo βουλεύω se encuenta en imperfecto de indicativo. Significa potencialidad, deseo, con una indicación a la esfera temporal del pasado. Pablo va a hablar de algo que no pudo realizarse según lo previsto. Sería más preferible que hubiese empleado βουλεύομαι, cuyo contenido semántico incluye de modo más específico: deliberar, resolverse a actuar[3]. Cabe notar finalmente que la forma esperable más clásica hubiera sido (βουλοίμην ἄν), si bien el desiderativo soportaría incluso la omisión de la conjunción[4].

---

[1] Cf. *Rhet.*, 1409a, 25-29; Robertson, 129; Q. RACIONERO, *Aristóteles. Retórica*, 522.523, n. 139.

[2] En el «*exordium* mayor» introdujo la raíz temática con πεποιθότες ὦμεν (cf. 2Cor 1,9b) evocando cómo él vivió el judaísmo hasta conocer a Cristo (cf. 1Cor 9,1; Gál 1,13-16). En 2Cor 3,4 emplea Pablo el término de un modo más sofisticado, sintácticamente hablando, con un doble sintagma preposicional teológico-cristológico: Πεποίθησιν δὲ τοιαύτην ἔχομεν διὰ τοῦ Χριστοῦ πρὸς τὸν θεόν. Así da a entender que la confianza no es sólo un estado antropológico consciente sobre algo o alguien, sino que incluye una especificación: la confianza debe ponerse en Dios por la mediación de Cristo. También Tito confía en ellos debido a su grandeza moral y espiritual (cf. 2Cor 8,22). Asimismo, Pablo se fía cuando tiene que acometer las «reformas internas» que cree convenientes, partiendo de la autoridad recibida de Cristo y en que las iglesias de Corinto irán entendiendo más su conducta (cf. 2Cor 10,1-2). Finalmente, πεποίθησις se traduce también por valentía, un no temer hacer pública su confesión de Cristo ni sus obras. Sobre la valencia teológica del término: cf. BDAG, «πεποίθησις, εως, ἡ», 796; Zorell, «πεποίθησις, εως, ἡ», 443; G. SCHNEIDER, «πεποίθησις, εως, ἡ», *EWNT*, III, 166-167; R.K. BULTMANN, «πεποίθησις», *ThWNT*, VI, 8.

[3] Uso muy escaso en el NT, sobre todo lucano. Cf. BDAG, «βουλεύω», 181.

[4] Cf. Flm 13-14; Hch 5,33; 15,37; 19,30; 28,18. Como se ve en este elenco, hay otros momentos en los que un impedimento se hace efectivo de modo que la acción deliberada no se lleva a cabo. Cf. BDR §359,2; Robertson, 885-886; Zorell, «βούλομαι», 233; F.F. BRUCE, *Epistles*, 214, n. 66.

Retóricamente hablando nos encontramos en la primera sección de la primera parte de esta perícopa (cf. 2Cor 1,15-17). Con este verbo de la primera secuencia paratáctica abre y cierra esta sección e insiste en el argumento «patético». El Tarsiota, si hubiese podido, hubiera cumplido sus planes iniciales. Él tenía la intención pero no pudo ejecutarla. Por ello no deja de ser fiable de cara a sus evangelizados en Corinto. No pasa desapercibida el recurso al πάθος que vehicula su valentía personal del ante una la circunstancia delicada de hallarse acusado; no rehúye la dificultad y expone sus motivos, sin mayores rodeos[5].

– Πρότερον πρὸς ὑμᾶς ἐλθεῖν. Pese al caso acusativo, πρότερον, adjetivo cardinal en grado comparativo, viene empleado con carácter adverbial («previamente, originalmente»), perdiendo su carácter propio y natural (ser uno ente de dos entes)[6]. La idea de Pablo es volver a ofrecer su plan de viajes, empezando por lo que haría en primer lugar: ir primero a Corinto[7].

– ἵνα δευτέραν χάριν σχῆτε. Nos encontramos a continuación con una proposición subordinada regida de ἵνα. A diferencia de la que se halla en 2Cor 1,17c, en este caso su significado de la finalidad[8]. Pablo desea que reciban y posean una segunda gracia con la visita que tenía programada.

El término χάρις aparece en 18 ocasiones en Segunda Corintios y su significado puede es muy rico[9]. Como hemos considerado por las variantes textuales, un primer sentido puede ser el de gozo, pero que descartamos rápidamente porque si así fuese habría preferido el término χαρά que aparece ya en 2Cor 1,24; 2,3. Dos posibilidades quedan viables: o bien el sentido propio de don espiritual procedente de Dios (sentido más bien teológico)[10], o bien una idea más bien horizontal, a saber, antropológica, ya que se acerca Pablo con el ejercicio de su ministerio, obras y palabras mostrándoles afecto como en otras ocasiones, aunque haya tenido que corregir en otros momentos. Generalmente el término en Pablo tiene un sentido fundamental muy claro: expresar la estructura salvífica del evento de Cristo. De ello insiste en ocasiones en

---

[5] Véase la fuerza no sólo retórica del sintagma verbal βούλομαι + acusativo: viajar a ellos. Cf. G. SCHRENK, «βούλομαι», *ThWNT*, 630.

[6] Cf. BDR, § 61,1; Zorell, «πρότερος», 1153.

[7] Cf. A. PITTA, *La Seconda Lettera ai Corinzi*, 117, n.6.

[8] Otra posible lectura: ἵνα epexegético. Cf. E.W. BURTON, *Syntax*, § 215.

[9] Para la consideración exhaustiva del campo semántico de χάρις: cf. Zorell, «χάρις, ιτος, ἡ», 1436-1439.

[10] Cf. H. CONZELMANN – W. ZIMMERLI, «χάρις, κτλ», *ThWNT*, IX, 384-388.

el factor de la liberación, prestando especial interés en la manifestación histórica de la salvación en Cristo (cf. Rom 3,24-25; 4,1-25; 5,15.17), o en en la crucifixión y la actualidad de la predicación cristiana (cf. Gál 2,15-21), o en la condición de quienes necesitan el perdón de Dios y se realiza a través de la gracia que arrebata al pecador de su pecado. Aquí también podemos interpretar la visita de Pablo como una oportunidad humanamente afable y cercana del ministerio apostólico de Pablo, y una ocasión de que Dios obre con sus beneficios en Cristo[11].

2. 2Cor 1,16

καὶ δι'ὑμῶν διελθεῖν εἰς Μακεδονίαν
καὶ πάλιν ἀπὸ Μακεδονίας ἐλθεῖν πρὸς ὑμᾶς
καὶ ὑφ' ὑμῶν προπεμφθῆναι εἰς τὴν Ἰουδαίαν

y por vosotros atravesar hacia Macedonia
y de nuevo de Macedonia venir hasta vosotros,
y verme apoyado en el viaje por vosotros a Judea

– καὶ δι'ὑμῶν διελθεῖν εἰς Μακεδονίαν. Comienza la segunda serie paratáctica enunciada al inicio de nuestra perícopa. La relación simétrica de καί y la parataxis puede tener también un sentido subordinante o hipotáctico[12]. En nuestro caso nos hallamos precisamente con una dependencia de orden cronológico, sobreentendiendo el carácter temporal de esta cuádruple secuencia, que refiere una triple información de ruta[13]. El complemento δι'ὑμῶν significa «a través de vuestra ciudad»[14], empleando la figura retórica de la metonimia[15], en virtud de la cual se debe interpretar el contenido (vosotros, los corintios) por el continente

---

[11] En este sentido, debemos hacer eco de la opinión de G.D. Fee, el cual entiende como «doble oportunidad» para los corintios: primero de mostrarle afecto, y segundo mostrar a Pablo señales de que Dios obra en medio de ellos. Cf. G.D. FEE, «ΧΑΡΙΣ», 533-538.

[12] Cf. M.P. SCHMUDE, «Parataxe/Hypotaxe», *HWRh*, VI, 565; W. RHYS ROBERTS, «Rhetorica», XI, 1409a; J.H. FREESE, «Aristotle. The "Art" of Rhetoric», XII, 387; M.E. THRALL, *Second Corinthians*, 139-140. *Pace* V.P. FURNISH, *II Corinthians*, 133, que lo lee de modo epexegético. No negamos el matiz, pero dada la abundancia de dicha parte oracional, preferimos la lectura propia.

[13] «Paul notes the three further stages of his plan of travel. He had originally intended that the Corinthiansshould finance his travel to Macedonia, and then, on his return visit to them, provide assistance for his journey to Jerusalem» (M.E. THRALL, *Second Corinthians*, 139-140).

[14] Cf. BDAG, «διά», 223; Zorell, «διά», 313; U. BUSSE, «διέρχομαι», *EWNT*, I, 777.

[15] Cf. Lausberg, § 568,1c; Mortara Garavelli, 148-151.

(a saber, la ciudad). Argumentalmente Pablo recuerda el itinerario inicial (cf. 1Cor 16,5-6) y cómo ha decidido el cambio de planes (cf. 2Cor 2,12-13; 7,5)[16].

La insistencia de Macedonia en esta carta es interesante. No son comunidades ricas en dinero ni quizá en cuestiones carismáticas, pero son efectivas a la hora de compartir sus bienes y responden muy positivamente al proyecto apostólico de la colecta–comunión con Jerusalén (cf. 2Cor 8,1-24; 11,9). Ello puede deberse a que para el Apóstol Acaya y Macedonia sería provincias (cf. Rom 15,26; Flp 4,15). De este modo, con el uso hipotípico del término[17], el autor describe con más detalle la generosidad y liberalidad macedonia para que se ponga en evidencia la falta de estas virtudes en la iglesia corintia.

– καὶ πάλιν ἀπὸ Μακεδονίας ἐλθεῖν πρὸς ὑμᾶς. En este tercer miembro paratáctico resuena una vez más la cadencia temporal ya indicada. Aparece también sugerente el empleo de la paráfrasis. Pablo rememora lo que anunció en 1Cor 16,5-6 usando fundamentalmente las mismas palabras clave, aunque variano los términos que considera secundarios (*verba commutando*)[18]. También está el dato importante de que el Apóstol ha fallado en su planificación original y ello le ha causado problemas. Por ello conviene decir la misma idea (*res*), modificando algunos aspectos, acumulando proposiciones breves coordinadas, no de manera intensa, sino simplemente puliendo la información dada, sabiendo ya *ex eventu* que el resultado no ha sido fácil[19].

– καὶ ὑφ' ὑμῶν προπεμφθῆναι εἰς τὴν Ἰουδαίαν. Finalmente abordamos la última coordinada de la serie de proposiciones breves y paratácticas. El núcleo verbal es el infinitivo προπεμφθῆναι. Aparece poco en el Nuevo Testamento, pero cuatro de ellas hacen referencia a esta primera sección de la primera parte de nuestra perícopa[20]. Según Rom

---

[16] «L'arrivo a Troade è frustrato dal mancato incontro con Tito che avrebbe dovuto raggiungere Paolo da Corinto, con le reazioni della communità e con le notizie successive alla "lettera delle lacrime". Il fallito incontro con Tito crea non poche ansie nell'animo di Paolo che, per questo decide subito di ripartire alla volta della Macedonia» (A. PITTA, *La Seconda Lettera ai Corinzi*, 138).

[17] Sobre la hipotíposis: cf. Lausberg, §§ 810-819; Mortara Garavelli, 238.

[18] Pablo lo haría por razones obvias de distancia temporal y material con 1Cor. Para mayores datos sobre esta figura: cf. Lausberg, §§ 836-837; Mortara Garavelli, 236; J. KILLIAN, «Paraphrase», *HWRh*, VI, 556-562.

[19] Para la figura de la *expolitio*, en general, y la *de eadem re dicendo*, en particular: cf. Lausberg, §§ 831.842; Mortara Garavelli, 236.

[20] En 9x: Hch 15,3; 20,38; 21,5; Rom 15,24; 1Cor 16,6.11; 2Cor 1,16; Tit 3,13; 3Jn 6.

15,24 y 1Cor 16,4 el verbo habla del viaje previsto antes de acudir al extremo occidental del Imperio. Pablo quería volver a Corinto después de ir a Macedonia para entregar finalmente la colecta a Jerusalén, en Judea. El uso del pasivo verdadero y propio comunica claramente el cometido delicado de Pablo: solicitar ayuda para su viaje, ser asistido por los corintios, una vez conocida la destinación[21]. El complemento agente en posición enfática reafirma la información dada. El Apóstol escoge la anástrofe, avanzando de entrada los encargados de la acción de proveerlo en su itinerario. Además nótese como la reiterativa explicitación del pronombre ὑμεῖς no deja dudas sobre a quiénes el Tarsiota se está dirigiendo. Finalmente queda en suspenso el contenido específico de la ayuda. Podría consistir en cartas de recomendación, dinero, un compañero de camino, avituallamiento y escolta. Creemos que es muy reducida la interpretación meramente económica[22].

3. 2Cor 1,17

τοῦτο οὖν βουλόμενος
μήτι ἄρα τῇ ἐλαφρίᾳ ἐχρησάμην;
ἢ ἃ βουλεύομαι κατὰ σάρκα βουλεύομαι,
ἵνα ᾖ παρ' ἐμοὶ τὸ Ναὶ ναὶ καὶ τὸ Οὒ οὔ;

Al querer esto,
en efecto, ¿he usado de ligereza?
¿Acaso lo que quiero, según la carne (lo) quiero,
de modo que sea en cuanto a mí el sí un sí, y el no un no?

– τοῦτο οὖν βουλόμενος. En este punto comienza la segunda sección (cf. 2Cor 1,17) de la primera parte de la perícopa. Con οὖν nuestro autor prosigue el discurso, introduciendo también un nuevo período, la primera pregunta[23]. Consiste en una secuencia bimembre no simétrica compuesta de dos interrogaciones retóricas[24]. El Apóstol emplea la *subiectio*[25], dando más relieve al argumento que desea presentar, generando en su auditorio ansia por la respuesta (cf. 2Cor 1,18-22)[26]. Este

---

[21] Cf. BDAG, «προπέμπω», 873; H. BALZ, «προπέμπω», *EWNT*, III, 385.
[22] Cf. R.P. MARTIN, *2 Corinthians*, 25; V.P. FURNISH, *II Corinthians*, 134; A. PITTA, *La Seconda Lettera ai Corinzi*, 140; G. LORUSSO, *La Seconda Lettera ai Corinzi*, 75-76.
[23] Cf. Robertson, 1191; BDAG, «οὖν», 736-737; Zorell, «οὖν», 956-957.
[24] Sobre la interrogación retórica: cf. BDR, § 496; Lausberg, § 770.
[25] Cf. Lausberg, § 771; Mortara Garavelli, 266.
[26] «Die Antworten zu den Fragen verwenden die im Parteisinne steigernde Antworttechnik» (Lausberg, § 775).

recurso técnico retórico se acerca al estilo familiar de la *oratio soluta*, que Aristóteles mismo rechazaba en su teoría retórica por su indefinición[27]. Véase de nuevo la insistencia del autor apostólico por no seguir la retórica aristotélica, pasada por el tamiz coyuntural histórico de la sofística. Desea generar un espacio de comunicación familiar, a modo de iguales que se ofrecen consejos[28] de manera que se facilite el restablecimiento de la κοινωνία con la iglesia corintia.

– μήτι ἄρα τῇ ἐλαφρίᾳ ἐχρησάμην. La conjunción ἄρα añade vivacidad al discurso un cierto tono de conclusión[29], que con μήτι espera una respuesta negativa[30]. El sintagma nominal en dativo τῇ ἐλαφρίᾳ[31], puede significar «liviandad» (cf. 2Cor 4,17), o bien «vacilación» como es nuestro caso[32]. Algunos autores han querido ver aquí una expresión histórica de la acusación que levantaron contra el Apóstol[33]. El verbo χράομαι quiere decir emplear alguna realidad o facultad moral concretas. El Apóstol lo complementa con el dativo abstracto para indicar la cualidad vacilante de su modificación de planes[34].

– ἢ ἃ βουλεύομαι κατὰ σάρκα βουλεύομαι. Comienza la segunda pregunta retórica articulada con la anterior por la conjunción coordinada disyuntiva ἤ, con la función de introducir una interrogativa directa[35]. El Apóstol desarrolla su argumentación sin abandonar la sencillez: conecta con la «*propositio* mayor» donde contrapone sabiduría carnal y gracia de Dios antitéticamente, y afirma consecuencialmente que la σοφία

---

[27] Cf. *Rhet.*, III, 9 (1409a); Lausberg, § 920.
[28] Cf. Lausberg, § 779.
[29] En el griego clásico era un adverbio que después adquiere carácter y contenido ilativo. Cf. BDR, § 440,2; Robertson, 1176; H. BALZ, «μήτι», *EWNT*, II, 1049.
[30] Cf. V.P. FURNISH, *II Corinthians*, 134; G. LORUSSO, *La Seconda Lettera ai Corinzi*, 77.
[31] Éste es un sustantivo abstracto compuesto por la desinencia –ία Cf. BDR, § 110,2.
[32] Asimismo también tiene el sentido de «irresponsabilidad». Cf. BDAG, «ἐλαφρία, ας, ἡ», 314; Zorell, «ἐλαφρία, ας, ἡ», 176; H. BALZ, «ἐλαφρία, ας, ἡ», *EWNT*, II, 1038. Aplicado a nuestra perícopa: Cf. A. PITTA, *La Seconda Lettera ai Corinzi*, 118; V.P. FURNISH, *II Corinthians*, 134; M.E. THRALL, *Second Corinthians*, 140.
[33] De ahí la importancia del artículo que determina al término abstracto. Cf. R.K. BULTMANN, *Der Zweite Brief*, 37; F.J. MATERA, *II Corinthians*, 51; J. LAMBRECHT, *Second Corinthians*, 28; G. LORUSSO, *La Seconda Lettera ai Corinzi*, 77.
[34] Sobre el complemento de este verbo: cf. BDAG, «χράομαι», 1088; Zorell, «χράομαι», 1451-1452.
[35] Aunque se dé mayormente con su forma compleja y distributiva εἴτε… εἴτε. Sobre la función y uso de esta disyuntiva: cf. Robertson, 1188-1189; BDR, § 447,3; BDAG, «ἤ», 432-433; Zorell, «ἤ», 113; R. PEPPERMÜLLER, «ἤ», *EWNT*, II, 275.

σαρκική no es su principio de acción. En virtud de la *regressio*[36] sobre la tesis general de Segunda Corintios se entiende cuál es su verdadero su eje es el amor de Dios manifestado en Cristo. Con esta *narratio* reasume sintéticamente lo expuesto hasta ahora en vistas a resolver el conflicto corintio[37]. El sintagma preposicional con genitivo divino ἐν χάριτι θεοῦ adquiere mucha fuerza: es de Dios la gracia. Ello nos ayudará posteriormente en 2Cor 1,20 a leer este genitivo anártrico θεοῦ aplicado a ἐπαγγελίαι.

– ἵνα ᾖ παρ' ἐμοί τὸ Ναὶ ναὶ καὶ τὸ Οὒ οὔ. Concluye la segunda interrogación con un período introducido por ἵνα. En esta situación específica recoge el sentido consecuencial[38]. El sujeto de esta proposición es el conjunto de los dos sintagmas adverbiales: ναί – οὔ. Se componen de un artículo al neutro que sustativa cada una de sendas secuencias adverbiales[39].

Semánticamente, Pablo tiene en mente que depende de la coehrencia de sus propias aseveraciones, sin necesidad de fundarse en un juramento. A la luz de la sencillez propia requerida por el mismo Jesús, expresa que genéricamente la totalidad de las afirmaciones y propósitos humanos son conforme al modo jesuánico de actuar (cf. Mt 5,37; Sant 5,12)[40].

Esta referencia a un *logion* de Jesús por parte de Pablo es importante por la relación entre las tradiciones sobre el Salvador y el conocimiento y uso por parte del Apóstol. Se pueden unificar en dos bloques: primero, las relativas a la Pasión y Resurrección de Cristo, y segundo, las expresiones jesuánicas. En nuestro caso, nos hallamos ante el trasfondo de una sentencia sobre el valor del juramento[41]. Asimismo, detectamos una epanadiplosis[42] que da mayor consistencia a cada afirmación de sendos sintagmas: el «sí» y el «no».

---

[36] Cf. Lausberg, § 798; Mortara Garavelli, 242.

[37] Cf. BDAG, «σάρξ, κός, ἡ», 914-916; Zorell, «σάρξ, κός, ἡ», 1189-1193; E. Schweitzer – F. Baumgärtel, – R. Meyer, «σάρξ», *ThWNT*, VII, 130-131.

[38] Cf. BDR, § 391,5; E.W. Burton, *Syntax*, § 218.236; Robertson, 614; Zorell, «ἵνα», 616-617; BDAG, «ἵνα», 477; 424; P. Lampe, «ἵνα», *EWNT*, II, 461.

[39] Cf. Robertson, 547.765. Cf. J. Lambrecht, *Second Corinthians*, 28.

[40] Cf. BDAG, «ναί», 665; Zorell, «ναί», 370; J. Schneider, «ὀμνύω», *ThWNT*, V, 180-181; Bill., I, 336-337.

[41] Cf. S.T. Lachs, *Rabbinic Commentary*, 102-103; D. Wenham, «2 Corinthians 1,17-18», 275; Id., «Story of Jesus», 298; Id., «Built Upon the Rock», 196, n. 26.

[42] No es *redditio* porque no busca recoger como respuesta las palabras dadas, sino busca ampliar su efecto retórico para comunicar un contexto de total definición y alcance de los dos términos. Sobre la epanadiplosis: cf. BDR, § 493,1; Lausberg, § 619;

Queda considerar el sintagma circunstancial παρ' ἐμοί, de contenido antropológico. En este momento, el Apóstol va a expresar una modalidad relativa a su propia persona, lo hace por medio de la preposición παρά[43]. Quiere afirmar que él es constante, de fiar, que no es voluble, ni sujeto a la ligereza de intención. De este modo, va a forzar su discurso una transición: desea pasar de la coyuntura del cambio de planes a una reflexión teológica.

4. 2Cor 1,18

πιστὸς δὲ ὁ θεὸς
ὅτι ὁ λόγος ἡμῶν ὁ πρὸς ὑμᾶς
οὐκ ἔστιν Ναὶ καὶ Οὔ.

Pero Dios es fiel:
Nuestro mensaje entre vosotros
no es un «Sí y no».

– πιστὸς δε ὁ θεός. La conjunción δέ conecta el doble periodo interrogativo anterior con la proposición subordinada consecutiva siguiente[44]. Cabe señalar la omisión habitual del verbo copulativo ἐστίν en las respuestas [45].

El sentido básico de πιστός es el de ser digno de crédito, sea las personas humanas, sea Dios. También se puede aplicar a las cosas, especialmente a las palabras[46]. Pablo vuelve a invocar la fidelidad de Dios para argüir que su «lógica» de actuación entre los corintios no es incostante o incongruente. Por ello, debemos considerar que la construcción πιστός... ὅτι tiene una connotación solemne de juramento (cf. 1Cor 1,9; 4,2.17; 7,25; 10,13; 2Cor 1,18; 6,25)[47]. Semánticamente Dios viene descrito como Alguien digno de crédito y confianza, fiel y

---

Mortara Garavelli, 197-199. Para su aplicación a nuestro contexto: cf. A. PITTA, *La Seconda Lettera ai Corinzi*, 119; G. LORUSSO, *La Seconda Lettera ai Corinzi*, 77-78.

[43] Para una mayor consideración de esta preposición: cf. BDAG, «παρά», 756-758; Zorell, «παρά», 979-980; E.H. RIESENFELD, «παρά», *ThWNT*, V, 727-730.

[44] Cf. BDR, § 447,1c; Robertson, 1186; BDAG, «δέ», 213; Zorell, «δέ», 272-274; K.-H. PRIDIK, «δέ», *EWNT*, I, 666-667.

[45] Cf. BDR, § 127,4; Robertson 1201-1202.

[46] En 1Cor 1,9 afirmó Pablo que Dios es fiel, origen de la llamada a formar parte de la comunión con su Hijo Jesucristo. En 1Cor 10,13, describió la fidelidad de Dios en clave salvífica: Aquél que no permite que los creyentes sucumban en la tentación.

[47] Aparece 67x en todo el NT, de las que 32x pertenecen a todo el epistolario paulino, salvo Hb. Las cartas pastorales serán quienes más lo empleen. Cf. V.P. FURNISH, *II Corinthians*, 135.

veraz[48]. Resuena aquí con especial intensidad el trasfondo judaico del Apóstol. Con este adjetivo evoca en un modo solemne el carácter divino de garante de las promesas y de la Alianza establecida con Israel[49].

Retóricamente nos encontramos con que la sucesión de la argumentación cambia de dirección, ya que prosigue el discurso a modo de respuesta prolongada y teológicamente densa. Con todo, destacar que supera con mucho las expectativas de 2Cor 1,15-17, que se centraban en exclusiva en la anécdota de los viajes paulinos. Nos hallamos ante un *argumentum a minore ad maius*: la premisa mayor es la teológica, mientras que el caso particular es la premisa menor. El orden lógico viene aquí invertido: Pablo expone la cuestión menor para concluir con la mayor; con la afirmación teocéntrica, anunciada prolépticamente en el genitivo τοῦ θεοῦ de 2Cor 1,19a y desarrollada en 2Cor 1,20 con las «promesas» y con los participios que lo definen en 2Cor 1,22[50].

– ὅτι ὁ λόγος ἡμῶν ὁ πρὸς ὑμᾶς. El sustantivo λόγος es un término amplio y muy denso de significado, cuyo sentido fundamental es análogo a la raíz λέγω[51]. Pablo se presenta con su λόγος en virtud de ser predicador de Cristo. Éste es el objeto de su mensaje: la revelación de Dios a través del evento cristológico pascual (cf. 2Cor 2,17; 4,2). La insistencia de la crucifixión de Cristo vuelve a aparecer en su discurso

---

[48] Este vocablo aparece en 2x en 2Cor. El uso que hace aquí del adjetivo es teológico, ya que lo aplica a Dios. En 2Cor 6,15 lo refiere al cristiano. F.J. Matera describe este constructo como «exclamatory statement», lo cual encontramos excesivamente prudente. Cf. F.J. MATERA, *II Corinthians*, 51. Sobre su uso sintáctico: cf. Robertson, 1034; G. BARTH, «πιστός», *EWNT*, III, 232. Acerca de su contenido semántico: cf. BDAG, «πιστός, ή, όν», 820-821; Zorell, «πιστός, ή, όν», 1067; R.K. BULTMANN, «πιστεύω κτλ», 175-176. 204-205; H. KLEINKNECHT – QUELL – STAUFFER – KUHN, «θεός κτλ», *ThWNT*, III, 109-110.

[49] Como texto básico los autores apuntan a LXX Dt 7,9 donde θεὸς πιστός corresponde al texto y título hebreos הָאֵל הַנֶּאֱמָן. (cf. Is 49,7; Sal 89,38; Prov 14,5.25). Cf. W.C. VAN UNNIK, «Reisepläne und Amen-Sagen», 148-150; R.P. MARTIN, *2 Corinthians*, 26; A. PITTA, *La Seconda Lettera ai Corinzi*, 120; M.E. THRALL, *Second Corinthians*, 143-144; G. LORUSSO, *La Seconda Lettera ai Corinzi*, 78.

[50] Cf. G.M. SASS, *Leben aus den Verheißungen*, 240.

[51] No siempre tiene un sentido translaticio trascendente referido a Dios en su ciencia, inteligencia o acción incomprensible: por un lado está el hecho de «dar cuentas o razón» de alguna realidad; también puede significar «motivo», «causa», o «fundamento» de una realidad, e incluso «materia de discusión». Asimismo cabe recordar la influencia de la raíz hebrea דבר*. Por un lado está el minoritario de «recoger». No está exento la cuestión de cálculo ni de «enumerar» y «contar». En un sentido más intelectual y no tan físico, está el de «ponderar», «considerar», «revisar», «tomar en cuenta». De aquí no es difícil el paso a «reflexión» e incluso «condición», dando paso a un sentido más netamente filosófico.

de tal modo que se decir que lo define sustancialmente (cf. 2Cor 5,19). Complementariamente, cabe señalar que, en su actividad apostólica, él no miente, es heraldo de la verdad (cf. 2Cor 6,7a), y su modo de actuar también tiene que ver con ese mensaje (cf. 2Cor 10,1.10-11).[52]. El sintagma sustantivado cumple función de aposición y se mueve en la esfera de los *verba dicendi*. Esto insiste en la cuestión verbal del Evangelio, y no tanto en la cuestión conductual de la «lógica» de actuar de Pablo[53].

– οὐκ ἔστιν Ναὶ καὶ Οὔ. Aquí los dos sintagmas adverbiales no vienen sustantivados como sería de esperar. Vuelven a aparecer estos elementos que culminarán en el entimema de 2Cor 1,20a. A nivel retórico Pablo va generando un *in crescendo* que desemboca en un clímax discursivo. El rasgo fundamental del clímax es la cadencia progresiva, la anadiplosis que suscita en el auditorio un interés creciente sobre un elemento del discurso de manera que espera una manifestación clara y definitiva de una idea. El mecanismo que más ayuda a ello es la repetición de manera muy cercana[54]. En nuestro caso se cumple:

2Cor 1,17b	... ἵνα ᾖ παρ' ἐμοὶ τὸ Ναὶ ναὶ καὶ τὸ Οὔ οὔ;
2Cor 1,18b	... οὐκ ἔστιν Ναὶ καὶ Οὔ.
2Cor 1,19bα	... οὐκ ἐγένετο Ναὶ καὶ Οὔ
2Cor 1,19bβ	... ἀλλὰ Ναὶ ἐν αὐτῷ γέγονεν.
2Cor 1,20a	... ὅσαι γὰρ ἐπαγγελίαι θεοῦ, ἐν αὐτῷ τὸ Ναί·

---

[52] En el epistolario corintio Pablo emplea de un modo muy rico a su vez los diversos significados del término para romper con una dinámica pseudo-sabia y científica y para exponer la verdadera sabiduría y fuerza (cf. 1Cor 1,5; 4,19-20). Ciertamente no excluye el uso de las reglas comunicativas, pero siempre con la predominante de no ocultar el objeto de su predicación ni buscar su propia gloria. Ésta es para él una palabra de sabiduría y ciencia, un discurso de palabras inteligibles (cf. 1Cor 12,8; 14,9). Asimismo, su mensaje es proclamación cuyo objeto también es instruir a los oyentes, e incluye incluso un comportamiento específico, una «lógica» de actuar (cf. 1Cor 1,17; 2,1. 4a). En esta perícopa, Pablo propone el mensaje que predican, y su predicación se entiende como colaboración en la obra revelatoria de Cristo (cf. 1Cor 14,36; 15,2), que incluye la vida ascético-espiritual o δικαιοσύνη (cf. 1Cor 1,18), el contenido bíblico del AT (cf. 1Cor 15,54) e incluso un abandono de la búsqueda personal (cf. 1Cor 1,12). Para una mayor consideración del término: cf. BDAG, «λόγος, ου, ὁ», 598-601; MM, «λόγος», 379; H. RITT, «λόγος, ου, ὁ», *EWNT*, II, 883-885; A. DEBRUNNER – al., «λέγω», *ThWNT*, IV, 71-73.

[53] En cuanto al contenido semántico: cf. Zorell, «λόγος, ου, ὁ», 775-780; Id., «πρός», 1132. En su aplicación a nuestro contexto: cf. A. PITTA, *La Seconda Lettera ai Corinzi*, 120; V.P. FURNISH, *II Corinthians*, 135; J. LAMBRECHT, *Second Corinthians*, 28-29; M.E. THRALL, *Second Corinthians*, 144-145.

[54] Cf. G. LORUSSO, *La Seconda Lettera ai Corinzi*, 76.

El inicio de esta primera sección desemboca en la segunda que contiene el entimema fundamental que da a Pablo la seguridad y la confianza necesarias para abordar su actuar: el «sí», el «amén» de Dios en Cristo[55]. Una expresión así de breve, cotejada con otras del mismo estilo, parece aludir a una técnica interesante a nivel exegético-kerigmático: la abreviación. Esta figura, a caballo entre retórica y predicación nos ayudará a captar algunas expresiones paulinas como braquilógicas, es decir, como puntos que evocan una realidad mayor y más densa. Sin embargo, más allá de la táctica evangelizadora de Pablo, tenemos con que esta expresión bien puede situarse como nacida en la comunidad de Jerusalén, adoptada incluso por los helenocristianos, que al partir hacia otras regiones, la introducen en su uso litúrgico.

Retóricamente el Tarsiota se dirige a los sentimientos del auditorio corintio, más que a las nociones de la doctrina cristiana que él ha enseñado con su equipo. Con todo, en esta segunda sección sendas facetas del discurso: el lógico y el patético se fusionan de modo muy sugerente, y ello proponiendo además Pablo su propio ἔθος[56].

5. 2Cor 1,19

ὁ τοῦ θεοῦ γὰρ υἱὸς Ἰησοῦς Χριστὸς
ὁ ἐν ὑμῖν δι' ἡμῶν κηρυχθείς,
δι' ἐμοῦ καὶ Σιλουανοῦ καὶ Τιμοθέου,
οὐκ ἐγένετο Ναὶ καὶ Οὒ ἀλλὰ Ναὶ ἐν αὐτῷ γέγονεν.

Porque el Hijo de Dios, Jesucristo,
que ha sido predicado entre vosotros por nosotros
—por mí, Silvano y Timoteo—
no ha sido sí y no, sino que ha sido un «Sí» en él.

– ὁ τοῦ θεοῦ γὰρ υἱὸς Ἰησοῦς Χριστός. Nos hallamos ante el sujeto de la proposición de participio pasiva, que tiene una aposición cons-

---

[55] Paralelo sería el caso de ἤτω ἀνάθεμα μαραναθά (cf. 1Cor 16,22): otro elemento peculiar que identifica un trasfondo hebraico-aramaico y que aparece en la *peroratio* epistolar de 1Cor. Este sintagma presenta mucha problemática, debido a las múltiples lecturas que se puede hacer del mismo.

[56] Encontramos altamente sugestivas las reflexiones de W.C. von Unnik sobre la unidad interna temática fundándose en el campo léxico-semántico de אמן* que por medio de todos los significados del término semítico se hilvana la reflexión teológica de 2Cor 1,18-22. Cf. W.C. VAN UNNIK, «Reisepläne und Amen-Sagen», 148.155; J. LAMBRECHT, *Second Corinthians*, 29.

truida con la ayuda de la anástrofe[57], Esto conlleva un desplazamiento exagerado de la conjunción ilativa γάρ del segundo puesto habitual y correcto a un tercero más inusual[58], para que quede resaltado el genitivo divino[59].

El término υἱός tiene muchos significados. En este contexto, destacamos su sentido explícitamente cristológico, aplicado a Jesús con el genitivo objetivo θεοῦ, muy frecuentemente usado por Pablo. Tiene el regusto de braquilogía del contenido propio de la predicación paulina, de aquí si vinculación con κηρύσσω[60].

El título Χριστός significa aquel que cumple la expectación religiosa de un libertador de Israel. Rápidamente pasó a ser el nombre propio del mismo Jesús resucitado (cf. 2Cor 2,12; 4,4)[61]. Unido a su nombre histórico, el sintagma tiene diversos significados: por un lado, el vinculado a κύριος (material de eco litúrgico-tradicional) que se usa también en Segunda Corintios también (cf. 2Cor 1,2.3; 8,9; 13,13); un segundo grupo es el de unirlo a un sustantivo al que determinan: a Pablo en cuanto apóstol de Jesucristo (cf. 2Cor 1,1). También puede aparecer *modo absoluto* (cf. 2Cor 1,19; 4,5; 13,5); finalmente un tercer grupo semántico es el que vincula el título mesiánico a realidades antropológicas, teológicas o escatológicas, como son el amor de Cristo (cf. 2Cor 5,14); el

---

[57] Cf. Lausberg, §§ 713-716; Mortara Garavelli, 227-228.

[58] Pese a su dislocación esta conjunción tiene un sentido fuerte ilativo: «porque», ya que es debido a 2Cor 1,19 que se entiende y fundamenta 2Cor 1,18bc y la defensa de la solvencia apostólica de Pablo. Cf. BDR, § 475,2; GGNT, § 292a; Robertson, 424; W.C. van Unnik, «Reisepläne uns Amen-Sagen», 157-158; R.P. Martin, *2 Corinthians*, 26.

[59] Cf. BDR, § 475,2.

[60] Partimos de la base del sentido verdadero y propio: el de hijo, descendiente biológico o jurídico con respecto a un padre y una madre. En un cierto sentido más amplio, está el ser miembro de un pueblo, como en el caso de 2Cor 3,7.13 cuando habla de los judíos como υἱοὶ Ἰσραήλ. Rápidamente nos viene la idea del hebraísmo, debido a que es en este ámbito semítico donde abunda el sintagma. Sin embargo, cabe notar que el mismo Octavio Augusto ya empleaba para sí la definición υἱὸς θεοῦ. En un sentido traslaticio de carácter religioso obtenemos que «filiación» se aplica a las personas devotas y creyentes. En este sentido debe entenderse la lectura del conglomerado veterotestamentario de 2Cor 6,16-18, concretamente 2Cor 6,18: καὶ ἔσομαι ὑμῖν εἰς πατέρα καὶ ὑμεῖς ἔσεσθέ μοι εἰς υἱοὺς καὶ θυγατέρας, λέγει κύριος παῦτοκράτωρ. MM, «υἱός», 649.Para otros significados y profundización específica sobre este término en AT y NT: cf. BDAG, «υἱός, οῦ, ὁ», 1024-1027; Zorell, «υἱός, οῦ, ὁ», 1348-1354; MM, «υἱός, οῦ, ὁ», 649; W. von Martitz – al., «υἱός κτλ», *ThWNT*, VIII, 340-400.

[61] Cf. BDAG, «χριστός, οῦ, ὁ», 1091; Zorell, «χριστός, Χριστός», 1457-1458.

tribunal definitivo de Cristo (cf. 2Cor 5,10); su fuerza (cf. 2Cor 12,9) o bien como sujeto de un predicado[62].

El genitivo divino es la segunda mención explícita de Dios en nuestro texto. Sigue dando tenor «teo-lógico» a toda la perícopa a nivel retórico y argumental. Como elemento específico que debemos resaltar que según 2Cor 1,19 Dios en su Hijo Jesucristo no ha sido un mensaje vacilante o contradictorio, un «Sí y No», sino solamente un «Sí»[63].

– ὁ ἐν ὑμῖν δι' ἡμῶν κηρυχθείς. Nos hallamos ante el segundo complemento de Jesucristo, una oración de relativo cuyo núcleo es un participio aoristo pasivo. Sustantivado por la presencia del artículo, funge de aposición, como los títulos anteriores. Cabe añadir el efecto retórico fruto de la polisemia: Pablo muestra la unidad entre la «palabra–mensaje–contenido cristológico» y el emisario.

El verbo κηρύσσω indica el anuncio realizado por un mensajero autorizado. En el sentido traslaticio teológico, significa hacer públicas realidades divinas. En 2Cor 1,18b ha notificado que su λόγος es consistente y procede a describirlo de manera sucinta[64]. Más tarde, en 1Cor 15,11-12, el Apóstol indica la misma acción referida al actuar de la gracia de Dios y especifica que el evento pascual de Cristo incluye también la existencia de la resurrección de los fieles[65]. En el caso que nos ocupa, el sujeto vuelve a ser Jesucristo, con las mismas premisas que aparecen en Primera Corintios: son los evangelizadores quienes lo predican en medio de los creyentes de Corinto. El uso del pasivo es ordinario en cuanto corrección sintáctica[66].

– δι' ἐμοῦ καὶ Σιλουανοῦ καὶ Τιμοθέου. Este complemento causal de persona sorprende por el hecho de que se esperaría el uso de ὑπό de complemento agente. El Apóstol propone un circunloquio de modo que

---

[62] En este sentido hablamos de una antropología teológica, es decir referida a las manifestaciones de Dios, sobre todo orientada hacia la escatología. Para profundizar en esta línea: cf. F. HAHN, «Χριστός, οῦ, (ὁ)», *EWNT*, III, 1147-1165; A. PITTA, *L'evangelo di Paolo*, 159.

[63] Cf. G.M. SASS, *Leben aus den Verheißungen*, 241.

[64] En el epistolario paulino dirigido a las iglesias corintias, aparece en tres ocasiones más sin contar la que estamos comentando. En 1Cor 1,23 Pablo describe su acción misionera grupal, describiéndola con este preciso verbo: ἡμεῖς δὲ κηρύσσομεν Χριστὸν ἐσταυρωμένον. Cf. BDAG, «κηρύσσω», 543-544; Zorell, «κηρύσσω», 706.

[65] Cf. R.F. COLLINS, *First Corinthians*, 107.

[66] Ordinario en el sentido de su corrección sintáctica, porque en su uso bíblico neotestamentario son lo siguientes: cf. Mt 24,14; 26,13; Mc 13,10; 14,9; Lc 12,3; 24,47; 1Cor 15,12; 2Cor 1,19; Col 1,23; 1Tim 3,16; G. FRIEDRICH, «κηρύσσω», *ThWNT*, III, 703.

el acento recae no sobre el agente de la predicación sino sobre el intermediario[67]. Esto remarca todavía más el «no protagonismo radical» de Pablo y su equipo pastoral.

Sobre la mención de dos colaboradores paulinos señalamos que el primer tiene un nombre helenizado proveniente del latín, con lo que tiene de comprensible que haya diversos modos de transcripción[68]. El segundo, Timoteo, aparece en 2Cor 1,1, tildado con el apelativo determinado ὁ ἀδελφός (2Cor 1,1b). Comúnmente este sustantivo tiene un doble sentido: natural o traslaticio. El primero significa procedencia carnal de los mismos progenitores, mientras que el segundo se puede entender de diversos modos. En el judaísmo, en clave religiosa-nacional, se comprendía a modo de fraternidad espiritual, personas relacionadas entre sí por la misma fe[69]. En este sentido, cuando el Tarsiota identifica a Timoteo de esta manera, no es un mero indicativo de pertenencia a la iglesia, porque éste participa de la actividad del Apóstol de modo muy estrecho y activo, como obtenemos del cotejo con otras *superscriptiones* (cf. Flp 1,1; 1Tes 1,1; 2Tes 1,1; Flm 1)[70].

Asimismo, la insistencia en el sentido eclesial tiene un doble trasfondo, el propiamente cristiano y el histórico-cultural, que acompaña a todo el desarrollo de la argumentación. La realidad de la ἐκκλησία no es ajena a la mentalidad organizativa grecorromana de Corinto, ya que era el órgano habitual de las colonias romanas para resolver los asuntos civiles de ordinaria administración[71]. A esto debemos añadir la doble procedencia, de los primeros cristianos de la ciudad, a saber judía y helena (cf. 1Cor 16,15-18; Rom 16,21-23), de clase media y

---

[67] Cf. Robertson, 820; A. Oepke, «διά», *ThWNT*, II, 67.

[68] Cf. BDR, § 41,2; Robertson, 234-235.

[69] Puede tener el sentido hasta de compatriota, aunque aquí nos encontramos más bien el sentido de unión entre personas por vínculos de orden religioso: de la misma fe. Cf. H.F. von Soden, «ἀδελφός κτλ», *ThWNT*, I, 145; BDAG, «ἀδελφός, οῦ, ὁ», 18; J. Beutler, «ἀδελφός, οῦ, ὁ», *EWNT*, I, 71; Zorell, «ἀδελφός, οῦ, ὁ», 22-24.

[70] Para valorar la importancia de *corremitente y coautor* en las cartas paulinas por parte de Timoteo, debemos retener las objeciones que presentó J. Murphy-O'Connor con una rápida identificación de la aparición de otros nombres con *corremitentes*: Cf. A. Pitta, *La Seconda Lettera ai Corinzi*, 87. J. Murphy-O'Connor, «Co-Authorship in the Corinthian Correspondence», 238-251.

[71] G. Barbaglio se apoya en A.D. Clarke para esta descripción. Para la cronología y otros aspectos de orden introductivo como son la cronología paulina y la relación con Lc–Hch, se basa en J. Murphy-O'Connor y en G. Lüdemann. Cf. G. Barbaglio, *La Prima Lettera ai Corinzi*, 17; G. Lorusso, *La Seconda Lettera ai Corinzi*, 15-16.

baja (cf. 1Cor 1,26), aunque algunos contaban con relativa pujanza económica, como muestra la crítica paulina a las diferencias en los ágapes descritos en 1Cor 11,21. Ahora bien, la manera de entender la comunidad no es meramente civil: la finalidad y las consecuencias son específicamente cristológicas. En lo que se refiere a la proporción aritmética de los miembros, tenemos divergencia de opiniones y criterios. Está quien supone una mayoría son de origen pagano, con la consiguiente minoría judía[72], y quien considera un núcleo judío muy consolidado, mientras que los paganocristianos más periféricos, aun siendo más numerosos[73]

– οὐκ ἐγένετο Ναὶ καὶ Οὔ ἀλλὰ Ναὶ ἐν αὐτῷ γέγονεν. Abordamos finalmente este doble sintagma a primera vista sólo repite lo que se ha dicho anteriormente en los versículos precedentes, pero que siguiendo la lógica del clímax, estamos llegando al culmen del discurso de Pablo a los corintios: el «sí», el «Amén», «Dios en Cristo». Retóricamente hablando hemos detectado una vez más, y si cabe con mayor claridad los rasgos de la figura retórica climáctica: el Apóstol emplea la anadiplosis con los adverbios de afirmación y negación, y lo hace a modo de *congeries* o *enumeratio*, incrementando la intensidad hasta llegar al punto neurálgico de su pensamiento: este Dios fiel actúa sin defección en Cristo. La teología aquí llega a afirmar que Cristo asume el lugar del ναί pero ello lo estudiaremos en el próximo capítulo[74]. Tenemos un dilema sintáctico con respecto a ἐν αὐτῷ. Por un lado está la lectura, común por su parte, de entenderlo como estativo, con su sentido propio y natural; mientras que hay quien lo entiende con el significado de εἰς αὐτόν[75]. Preferimos con la mayoría de estudiosos la primera opción, primero, por simplicidad de la explicación y segundo, porque está afirmando la esfera objetiva de la relación del plan salvífico de Dios y su ejecución en Cristo, de modo que no está indicando ninguna dirección a la que llegar, sino la realización de la voluntad de Dios, de modo fiel, fiable y veraz.

---

[72] Hay otros factores de orden sociológico que J. Murphy-O'Connor expone modo claro y sintético. Cf. ID., *Paul*, 88-89.

[73] Cf. J. MURPHY-O'CONNOR, «First Corinthians», 799.

[74] Cf. J.T. KIRBY – C. POSTER, «Klimax», *HWRh*, IV, 1106-1107; A. DEBRUNNER – al., «λέγω», *ThWNT*, IV, 127.

[75] Nótense los rasgos de la preposición εἰς, donde no se incluye ningún dato que aportamos en nuestra lectura. Cf. A. OEPKE, «εἰς», *ThWNT*, II, 418-432; ID., «ἐν», *ThWNT*, II, 537-538; *pace* BDR, § 206,4.

6. 2Cor 1,20

ὅσαι γὰρ ἐπαγγελίαι θεοῦ, ἐν αὐτῷ τὸ Ναί·
διὸ καὶ δι' αὐτοῦ τὸ Ἀμὴν τῷ θεῷ
πρὸς δόξαν δι' ἡμῶν.

Pues cuantas (son las) promesas de Dios, en él (son) un sí.
Por lo cual, por medio de él son un Amén a Dios
para la gloria por nosotros.

– ὅσαι γὰρ ἐπαγγελίαι θεοῦ ἐν αὐτῷ τὸ Ναί. Nos encontramos con un sintagma, que a diferencia de Gál 3,21, no ofrece dificultades de crítica textual. Primero se da ante un pronombre relativo, que de natural pide tener un término antecedente en una proposición gramatical de la que dependiere[76]; en este caso, no se encuentra. La conjunción ilativa pospositiva γάρ nos indica el inicio de un nuevo período en el que se da la elipsis del verbo copulativo ἐστίν, constituyendo una proposición nominal[77]. De este modo la expresión adquiere un tono de aforismo. En lenguaje retórico probatorio, es un entimema, una verdadera y propia demostración[78], que sirve a Pablo para proseguir con la argumentación teológica. Argumentalmente hablando, este silogismo es capital para la construcción teológica posterior, teniendo a su vez un carácter programático[79].

Otro dato importante es el empleo del plural. Se puede entender como un uso génerico, porque no tiene artículo, o a modo de sentido cumulativo. Apostamos por una lectura cumulativa y sumatoria: el Apóstol está pensando en todas las promesas que revela la Escritura, aunque

---

[76] Adjetivo correlativo a πόσος, τοσοῦτος, que en nuestro caso se referiría a la abundancia y número de las promesas de Dios, si bien este exegeta no aborda directamente nuestra cita. También puede entenderse más bien como una alternativa a «todos», y por lo tanto leerse: «Todas las promesas de Dios...». Cf. Robertson 732-733; BDAG, «ὅσος, η, ον», 729; Zorell, «ὅσος, η, ον», 941-942.

[77] Cf. R.P. MARTIN, *2 Corinthians*, 27; G. LORUSSO, *La Seconda Lettera ai Corinzi*, 80.

[78] «These *enthumêmata* are considerations one is swayed by when reflecting on an issue where conclusive argument is not to be had. Such consideration can well be seen as the body, or, if you prefer a modern metaphor, the nuts and bolts of *pistis* [...] Aristotle offers a more specific, although still very general approach to enthymeme, starting as before from the notion of *pistis*. He says that *pistis* is a sort of demonstration (*apodeixis tis*), and the rhetorical demonstration is enthymeme (1355a, 4-7)» (M.F. BURNYEAT, «Enthymeme», 93).

[79] «Sachliches Gewicht und programmatischer Charakter» (G.M. SASS, *Leben aus den Verheißungen*, 242).

no menciona más que algunas[80]. Ello se percibe muy bien en el contexto posterior cuando aborde la temática de la διαθήκη, entendida como orden de la historia teológica de Israel con sus prerrogativas. Hay dos: la antigua y la definitiva en Cristo, cualitativamente superior, puesto que cada promesa en la primera alianza halla su correlativo cumplimento en la segunda en Cristo [81].

En cuanto al genitivo teológico, que queda por resolver su significado. Es anártrico, de modo que parece indicar más un adjetivo que un sustantgivo, entendiéndose como «promesas divinas», sin mayores precisiones[82]. F. Zorell aboga por un genitivo *ad hoc*, a saber, el genitivo del promitente (*genetivus promissoris*)[83]. El contexto inmediato invita a una lectura fuerte del mismo: Pablo ya no da circunloquios para describir al Dios de Jesucristo en su fidelidad y en su acción benéfico-salvífica.

Otro elemento sintáctico importante es el adverbio afirmativo ναί, que tanto se ha empleado en poco espacio. Es una de las maneras con que se puede asentir a una afirmación o interrogación[84]. En esta ocasión se explicita más la sustantivación del mismo por medio del artículo neutro[85].

– διὸ καὶ δι' αὐτοῦ τὸ 'Αμὴν τῷ θεῷ. La conjunción διό nos da el tenor del resto del sintagma: las promesas son de Dios y en Cristo son un «Sí», un «amén». Su consecuencia consiste en el hecho de que es posible que el Amén litúrgico, oracional y eclesial llegue a Dios y sea motivo de gloria. Pablo no especifica a quién, ya que el uso del término es absoluto[86].

---

[80] Cf. G.M. SASS, *Leben aus den Verheißungen*, 71-235, pace M.E. THRALL, *Second Corinthians*, 148; M.J. HARRIS, *Second Corinthians*, 202.

[81] «Der at.liche [alttestamentische] religiöse Begriff διαθήκη, mit scharfer, bewusster Erfassung der in ihm enhaltenen Momente der alleinigen Wirksamkeit Gottes un der bindenden Gültigkeit für die Empfänger wuieder aufgenommen, wird in der Hand des Paulus zur Waffe im Streit für die Überlegenheit des Christentums über das Judentum und zum Grundpfeiler seiner neuen Theologie der Geschichte: Zwei διαθήκαι, aber ein göttlicher Wille, der die Heilsgeshichte regiert un sich endgültig kundgibt in Christus, der τέλος νόμου (R 10,4) und Erfüllung aller Verheissung (2K 1,20) zugleich ist» (J. BEHM, «διαθήκη», *ThWNT*, II, 133).

[82] Siendo simplemente un genitivo de cualidad o atributivo. Cf. Robertson, 496.

[83] Cf. Zorell, «ἐπαγγελία, ας, ἡ», 463. *Pace* M.J. HARRIS, *Second Corinthians*, 202, que lo lee como un genitivo subjetivo.

[84] Cf. GGNT, §§ 241b. 269c.

[85] Cf. BDR, § 266,1c; GGNT, § 132f.

[86] Cf. Zorell, «διά», 287-288; Id., «δόξα, ας, ἡ», 331.

Otro elemento es la presencia de ἀμήν. Sintácticamente es una sustantivación por medio del artículo neutro de un arameísmo[87]. En términos absolutos se refiere a una fuerte afirmación de aglo dicho anteriormente. Pablo lo emplea en la epistolografía corintia incluyendo siempre su rasgo litúrgico-oracional característico. En ete caso sostiene el discurso dentro del ámbito de especulación propio de su argumento, pero siempre intentando mantener el tenor doxológico-oracional del mismo. Este término del ámbito sagrado hace referencia tanto a la reunión de la iglesia en oración, como a la glorificación de Dios, que a continuación se dispone a mencionar[88].

– πρὸς δόξαν δι' ἡμῶν. La intensidad de este sintagma preposicional no pasa desapercibido. El uso de la preposición διά + genitivo acoge diversos sentidos, a saber: instrumento; ayuda, mediación y causal, que ayuda a pasar de un estado a otro[89]. Además, nos encontramos con un genitivo específicamente de mediación que remarca cómo se lleva a cabo que los creyentes lleguen a la gloria de Dios a través de los ministros de la Nueva Alianza. También puede ayudar indirectamente a entender las correcciones menores que manuscritos hicieron al anterior sintagma δι' αὐτοῦ, ya que puede generar confusión dos predicados del mismo rango diciendo cosas diferentes, aunque no opuestas. En esta línea trabaja A. Oepke cuando da un sentido fortísimo a este conjunto hasta el punto de indicar la fuerza que por sintaxis y retórica pertocan al sujeto[90].

7. 2Cor 1,21

ὁ δὲ βεβαιῶν ἡμᾶς σὺν ὑμῖν εἰς Χριστὸν
καὶ χρίσας ἡμᾶς θεός,

El que nos fortalece con vosotros en Cristo
y nos unge (es) Dios

---

[87] Cf. BDR, § 266,1c.

[88] En 1Cor 14,16 emplea la fórmula «el decir "amén"» como un *terminus technicus* intraeclesial referido a confirmar y participar de la oración realizada anteriormente. Al final de 1Cor 16,24 muchos testigos introducen el de ἀμήν final, aunque no en los más antiguos. Así mismo lo hallaremos en 2Cor 13,13. Con todo, debemos añadir que ciertamente las oraciones cristianas y doxologías contenían esta voz, con una clara cercanía al «sí» natural de las relaciones humanas, aunque rápidamente teológico y cristológico, dándole un tenor netamente eclesiológico y escatológico. Cf. BDAG, «ἀμήν», 53; H. SCHLIER, «ἀμήν», *ThWNT*, I, 340-341; V.P. FURNISH, *II Corinthians*, 136; G.M. SASS, *Leben aus den Verheißungen*, 246-248.

[89] Cf. Zorell, «διά», 286-287; BDAG, «διά», 223-224; BDR, § 223.

[90] Cf. A. OEPKE, «διά», *ThWNT*, II, 67.

– ὁ δὲ βεβαιῶν ἡμᾶς σὺν ὑμῖν εἰς Χριστόν. El verbo βεβαιόω se puede referir tanto a personas como a cosas siempre con un transfondo jurídico más o menos explícito[91]. En Segunda Corintios, tenemos que en el «*exordium* mayor» es la esperanza quien es validada, confirmada, sólidamente fundamentada[92]. Con esta línea argumental Pablo introduce el lenguaje más juridicista, no sólo con este término, sino también en 2Cor 1,22 con la inclusión de ἀρραβών[93].

Otro elemento interesante es su trasfondo bautismal, que paulatina pero eficazmente se pone de manifiesto en estos dos últimos versículos. La importancia del bautismo, vínculo con Cristo y la Iglesia, radica ahora en la necesidad de desvincularlo de intereses personales partidistas[94]. Otro apunte morfosintáctico es la omisión de ἐστίν[95]. En lo que se refiere al significado, complementa al del verbo principal explicitando la acción horizontal del mismo. «Dios es quien nos corrobora a nosotros y a vosotros para que siempre tendamos a Cristo y nos unamos a Él»[96].

---

[91] En cuanto a cosas: se confirma la predicación pospascual de los Apóstoles (cf. Mc 16,20). También serán objeto de confirmación las promesas (cf. Rom 4,16; 15,8). Dicha acción tiene una consecuencia escatológica, ya que dispone para el Día del Señor (cf. 1Cor 1,6.8). La fe en Cristo es la causa que en los creyentes sostengan una vida sostenida y fundamentada en Dios (cf. Col 2,7); una que una vez consolida sus enseñanzas, genera defensa y confirmación del Evangelio en el creyente (cf. Flp 1,7). Una acepción más se debe añadir es la personal, según la cual el sentido es que Dios hace de los que tienen en fe en Cristo unos fieles discípulos, fortaleciéndoles en dicho estado de vida. Cf. BDAG, «βεβαιόω», 172-173; Zorell, «βεβαιόω», 94; A. FUCHS, «βεβαίωσις, εως, ἡ», *EWNT*, I, 505-506; H. SCHLIER, «βέβαιος», *ThWNT*, 601-602.

[92] Para una mayor información sobre el verbo en cuestión y su aplicación teológico-pastoral a Corinto: cf. BDAG, «βεβαιόω», 172-173; R.F. COLLINS, *First Corinthians*, 58-59.

[93] H. Schlier afirma que el segundo término (ἀρραβών) que obliga a Pablo a emplear βεβαιόω en vez de στηρίζω. La lectura sacramental de 2Cor 1,21-22 también viene apoyada por los siguientes autores, aunque con diferentes intensidades y matices. Cf. H. SCHLIER, «βέβαιος», *ThWNT*, I, 603; A. PITTA, *La Seconda Lettera ai Corinzi*, 122-123; M.E. THRALL, *Second Corinthians*, 151-152; G. LORUSSO, *La Seconda Lettera ai Corinzi*, 80-81.

[94] En 1Cor, Pablo se apresuró a indicar que no se encargaba directamente del bautismo de los fieles que convertía a la fe cristiana, sino de manera muy esporádica (cf. 1Cor 1,16). Así evitaba fomentar el partidismo interno. La importancia retórica de ello radica también en que forma parte de la *propositio* de toda la carta. Cf. C. PELLEGRINO, *Paolo, servi di Cristo*, 111-112.

[95] Cf. BDR, § 127,5.

[96] «Is qui et nos et vos corroborat ut semper in Christum tendamus eique inhaereamus» (Zorell, «βεβαιόω», 921).

Concluimos con el sintagma εἰς Χριστόν, una construcción hebraística. Aquí nos hallamos con un constructo de sentido pregnante, mientras que era de esperar el uso de ἐν. Éste evoca la morada de los fieles en Cristo, moral y espiritualmente vinculados a él, y además indica el dinamismo que conduce a los fieles hacia Jesús[97].

– καὶ χρίσας ἡμᾶς θεός. El verbo χρίω no es muy habitual en el Nuevo Testamento, manteniéndose siempre en su sentido natural y en el teológico: recibir un fiel la vocación específica de Dios en vistas a ejercer una misión[98]. Resalta por excelencia Jesús (cf. Lc 4,18; Hch 4,27; 10,38; Heb 1,9) como sujeto de este verbo, pero aquí viene la sorpresa de que el objeto directo es un ἡμᾶς. Este verbo se debe entender con la anáfora con que Pablo desarrolla su teología con un trasfondo de vinculación con el bautismo en Cristo. El fundamento de la unción puede tener relación con el Bautismo a través del Espíritu Santo, tal como esboza con el uso de «sellar», mención indirecta al Espíritu Santo. Además de ello remarcamos que el sujeto de la oración copulativa aparece al final, con el valor retórico enfático que supone la posposición del nombre teológico al final del período[99].

Con esta sentencia entramos en la última sección de la segunda parte (cf. 2Cor 1,21-22). El entimema ha desembocado en la descripción del ámbito puramente teológico. Para ello emplea cuatro proposiciones de las que dos están en este versículo. Se encuentran engarzadas bajo un único artículo que las unifica y las hace depender directamente del sujeto Dios. De esta manera Pablo realiza una aposición compuesta de dos proposiciones participiales, repitiéndose las composiciones a manera de anáfora, aunque con peculiaridades[100]. La repetición no es de las palabras sino de sintaxis: comienza el período con el artículo, seguido de una partícula invariable; prosigue un verbo conjugado al participio y un pronombre personal. La segunda parte de sendos períodos comienza con la conjunción καί seguida del verbo en participio seguido directamente por su complemento directo en acusativo:

---

[97] Cf. A. OEPKE, «εἰς», ThWNT, II, 431.

[98] Para una perspectiva ampliamente tratada del significado de χρίω: cf. W. GRUNDMANN – F. HESSE – M. DE JONGE – A.S. VAN DER WOUDE, «χρίω κτλ», ThWNT, IX, 482-500; BDAG, «χρίω», 1091.

[99] También lo hará en 2Cor 5,5. El sentido de énfasis no es propiamente retórico, sino común, ya que se pone en realce por medio de este hipérbaton, que sí es la técnica verdadera y propia que emplea aquí Pablo. Cf. G. LORUSSO, La Seconda Lettera ai Corinzi, 80.

[100] Para la doctrina común sobre la anáfora: cf. Lausberg, §§ 629-630; Mortara Garavelli, 198-200; C. BLASBERG, «Anapher», HWRh, I, 542-545.

```
ὁ δὲ      βεβαιῶν            ἡμᾶς         σὺν ὑμῖν εἰς Χριστὸν
    καὶ   χρίσας             ἡμᾶς         θεός,
ὁ καὶ     σφραγισάμενος      ἡμᾶς
    καὶ   δοὺς               τὸν ἀρραβῶνα...
```

La disposición es casi paralela aunque varíe el contenido de la información. Seguimos la evidencia retórica e interpretamos la anáfora como recurso retórico seguido por Pablo en esta última sección del discurso, para aunar internamente las afirmaciones que va a exponer a continuación.

8. 2Cor 1,22

ὁ καὶ σφραγισάμενος ἡμᾶς
καὶ δοὺς τὸν ἀρραβῶνα τοῦ πνεύματος
ἐν ταῖς καρδίαις ἡμῶν

el que también nos ha sellado
y nos da la prenda del Espíritu
en nuestros corazones.

– ὁ καὶ σφραγισάμενος ἡμᾶς. Después de una lectura a la sintaxis, creemos que καί debe traducirse por «también», «y entonces», no por una mera función coordinativa[101]. El verbo σφραγίζω en 15 ocasiones en todo el Nuevo Testamento de las cuales dos son netamente paulinas (cf. Rom 15,28; 2Cor 1,22) y otras dos más, halladas en el epistolario paulino de autoría discutida (cf. Ef 1,13; 4,30).

El significado verdadero y propio de σφραγίς es el de cilindro con función pública y privada, que se usaba en la administración y el gobierno, en la política y la justicia[102]. También se le adjudicó un sentido religioso, como identificador de una o varias deidades, entremezclándose la esfera cúltica y la legal. También acogió un sentido metafórico ya en la antigüedad.

Pablo lo emplea en nuestro texto significando el hecho de marcar al fiel con un sello de identificación, con el revestimiento de un poder que tiene su proveniencia en Dios mismo, autor de la sigilación[103]. El sello es el Espíritu Santo. Con él el fiel es marcado, preservado y reservado para la redención. Todos estos elementos tienen que ver con la esfera

---

[101] Cf. Robertson, 1180-1181; BDR, § 442,2; BDAG, «καί», 495; W. SCHENK, «καί», *EWNT*, II, 559.
[102] Cf. G. FITZER, «σφραγίς κτλ», *ThWNT*, VII, 952-953.
[103] Cf. BDAG, «σφραγίζω», 980-981; «σφραγίς, ίδος, η», 980-981; Zorell, «σφραγίζω», 1286-1287.

metafórica y remiten a una confirmación con signos externos, no meramente internos o psicológicos. Éstos son descritos como τὸν ἀρραβῶνα, con el componente escatológico que supone también (τὸν ἀρραβῶνα τοῦ πνεύματος) y el eclesiológico (ἡμᾶς)[104].

– καὶ δοὺς τὸν ἀρραβῶνα τοῦ πνεύματος. Este último sintagma no viene antecedido del artículo que lo sustantiva, por ello debe leerse unitariamente en relación estrecha con la anterior[105]. En cuanto al objeto directo, cabe indicar que es unvocablo de origen semítico (ἀρραβών) cuyo sentido propio es de carácter financiero, ya que consistía en el pago por adelantado de una parte de la cantidad que dos partes convenían contractualmente[106]. En el Nuevo Testamento aparece en el epistolario paulino tres veces (cf. 2Cor 1,22; 5,5; Ef 1,14), aplicándose siempre al Espíritu Santo[107]. De este modo podemos incluir un doble sentido en el genitivo que lo acompaña: primero, el carácter epexegético del genitivo τοῦ πνεύματος análogo a Gál 3,14[108], y segundo, el carácter intraeclesial de los carismas de los apóstoles, que se ejemplifican con la metáfora de la unción y del don de arras[109].

El término πνεῦμα se debe entender desde el ámbito helenístico y la diáspora[110]. Pablo lo usa, siendo especialmente sobrio en su reflexión, corrigiendo una apocalíptica sobredimensionada, evitando tradiciones excesivamente mitologizadas, y optando por una eclesiología mística y social. La presencia del πνεῦμα en forma de ἀρραβών facilita su relación con el porvenir y se puede considerar como el signo escatológico que an-

---

[104] Además de la lectura bautismal, la escatología pneumática ayuda a reinterpretar la propia muerte corporal del creyente como una identificación de la auténtica tienda, no terrena, sino construida por Dios, consistente en una transformación definitiva, que ahora viene anticipada por el Espíritu en el bautismo. Cf. A. BIANCALANI, *Ministero apostolico e nuova creazione*, 242.

[105] «Because the first two participles are joined together by the same article—as are the last two—and because the "also" in v. 22 could point to a consecutive stept has been suggested that "anointing" denotes a prebaptismal divine action in the candidate"s hearing of a believing in the word of truth [...]. This proposal, however, appears farfetched and unlikely» (J. LAMBRECHT, *Second Corinthians*, 30).

[106] Cf. BDAG, «ἀρραβών, ῶνος, ὁ», 134; J. BEHM, «ἀρραβών», *ThWNT*, I, 475.

[107] Cf. V.P. FURNISH, *II Corinthians*, 137.

[108] Cf. A. PITTA, *La Seconda Lettera ai Corinzi*, 124; ID., *L'evangelo di Paolo*, 176; G. LORUSSO, *La Seconda Lettera ai Corinzi*, 81-82; G. STRECKER, *Theologie des Neuen Testaments*, 172-173.

[109] El sustantivo aparece relativamente poco (cf. Gn 38,17.18.20; Job 17,3 [dudoso]), mientras que el verbo ערב aparece en más veces, aunque no muchas (34x). Cf. BDR, § 218; Zorell, «ἀρ(ρ)αβών, ῶνος, ὁ», 174; BDB, «עָרַב», 786.

[110] Cf. H. KLEINKNECHT – *al*., «πνεῦμα πνευματικός», *ThWNT*, VI, 413-417.

ticipa y actualiza los frutos salvíficos del evento pascual de Cristo[111]. Por ello, opinamos que se debe interpretar el genitivo como *explicativus*[112].

– ἐν ταῖς καρδίαις ἡμῶν. Es un sintagma en dativo estático, con sentido de acusativo de dirección. El término καρδία tiene dos acepciones: el natural, víscera humana, y el metafórico, sede y fundamento de vida interior, que incluye pensamiento, sentimiento y voluntad[113]. Retóricamente nos encontramos con la metonimia, entendiendo la parte orgánico-espiritual por el todo del ser humano[114].

En nuestro contexto Pablo se refiere más bien a la sede antropológica misma en su vertiente espiritual, donde Dios actúa con su poder, comunicando al Espíritu Santo a modo de anticipo de la vida escatológica. Más adelante, el Apóstol lo empleará para referirse a la sede de las pasiones como la angustia (cf. 2Cor 2,4). También tiene el uso metonímico aplicado a la voluntad, sea porque allí es donde Dios escribe (=comunica efectivamente) su ley universal de obrar el bien (cf. 2Cor 3,2-3); sea el interés personal que Tito ha puesto en el oficio de la colecta (cf. 2Cor 8,16), sea finalmente en lo que se refiere a ser generoso de corazón en la misma (cf. 2Cor 9,7).

En 2Cor 5,12 sirve para oponerse a πρόσωπον en cuanto representantes, ambas expresiones antropológicas, de las disposiciones humanas externa e interna, respectivamente. En 2Cor 6,11 se utiliza igualmente en la misma clave hermenéutica pero esta vez en juego con στόμα. También puede emplearse en el sentido de seguridad interior (cf. 2Cor 4,6) o bien como la capacidad de inteligencia, sobre la cual tienen los judíos un velo que les impide reconocer la luminosidad de la gloria de Cristo y la nueva Alianza, según el mismo Apóstol (cf. 2Cor 3,15)[115].

---

[111] Cf. H. KLEINKNECHT – *al.*, «πνεῦμα πνευματικός», *ThWNT*, VI, 417-422.

[112] Cf. G.M. SASS, *Leben aus den Verheißungen*, 249.

[113] En cuanto sede de la vida e incluso principio espiritual de la vida antropológica en Pablo es frecuente y rico. El corazón es considerado como sede del dinamismo espiritual interior en términos generales (cf. Rom 6,17; 8,27; 1Cor 14,25; 2Cor 5,12; Ef 5,19; 1Tes 1,5; 2,4.17; 2Tes 2,22). También como sede de los deseos (cf. Rom 1,24; 9,2; 10,1; 2Cor 2,4; Ef 6,22). También como sede del conocimiento (cf. Rom 2,15; 10,6.8; 16,18; 1Cor 2,9; 2Cor 3,2.15; 4,6; Flp 4,7); de la voluntad (cf. 1Cor 4,5; 7,37; 2Cor 9,7); como sede de la vida moral (cf. Rom 2,29; 1Tes 3,13); sede del amor (cf. 2Cor 6,11; 7,3; 8,16; Flp 1,17); domicilio habitual del Espíritu Santo (cf. Rom 5,5; 2Cor 1,22; Gál 4,6; Ef 3,17). Cf. Zorell, «לֵב», 386-388; BDB, «לֵבָב», 523-525; Gesenius, «לֵב u. לֵבָב», 590-592; Zorell, «καρδία, ας, η», 657-658; J. BEHM, «καρδία», *ThWNT*, III, 615-616.

[114] Cf. V.P. FURNISH, *II Corinthians*, 138. Pace R.K. BULTMANN, *Der zweite Brief*, 46, donde lo lee en sentido general: «Die καρδίαι ἡμῶν sind sebstverständlich die Herzen aller Christen».

[115] Cf. BDAG, «καρδία, ας, ἡ», 508-509.

Capítulo VI

Síntesis teológica de 2Cor 1,15-22

1. Dios, fiel a «sus promesas»

Tomamos de nuevo como punto de partida de nuestra síntesis la estructura trinitaria apoyada en 2Cor 13,13 como final de todo la carta y que a modo de gran inclusión tenemos con la εὐλογία inicial (cf. 2Cor 1,3-11): en primer lugar la «teo-logía» propiamente dicha apoyada tanto en el carácter apologético como epidíctico de Segunda Corintios. Este es el objeto fundamental de esta monografía, pero no podría ser completa sin una consideración adecuada tanto de la persona de Cristo como la del Espíritu Santo. De hecho, seguimos también aunque con alguna distancia, la intuición de A. Pitta en su presentación de esta carta paulina[1].

1.1 *La fidelidad, misericordia y gracia de Dios*

1.1.1 Dios es uno

La referencia a la unidad de Dios como fundamento de toda su manifestación salvífica lo tenemos de modo implícito en el epistolario paulino. En las dos cartas canónicas de Corinto Pablo indica la unidad y unicidad de Dios a la luz de la revelación de Dios por medio de Cristo. En Segunda Corintios, dicha unidad divina halla partiendo de la unidad de Cristo (cf. 2Cor 5,14). En efecto, Cristo es quien nos ama, y ese amor tiene un modo económico de manifestarse: el «Uno» muere por «todos», de modo que «todos» mueren, participan de la realidad de la cruz de Cristo, teniendo por consecuencia decisiones éticas radicales[2]. El contenido del amor de Cristo crucificado es la unidad personal no sólo en sentido individual numérico (Él es «Uno»),

---

[1] Cf. A. Pitta, *L'evangelo di Paolo*, 171-187.
[2] Cf. A. Pitta, *La Seconda Lettera ai Corinzi*, 261-262.

sino representativo[3] y cualitativo (referido al "todos", convocados a la unidad de Dios en Cristo). Análogamente como lo ha explicitado en otros lugares epistolares Pablo concibe de modo unitario la revelación de Dios por Jesucristo y en el Antiguo Testamento de manera que el acento de la «unidad» cualitativa de Cristo frente al «todos» que deben experimentar la muerte soteriológica, debe interpretarse teológicamente a la luz de la unidad ontológica y económica de Dios, cuando se identifica y cuando actúa. De modo que Cristo revela la unidad de Dios, Padre suyo, en el evento pascual de su muerte y resurrección suyas[4], es decir, del Uno–Cristo, para llamarnos a la Unidad.

En este dinámica revelatoria de la unidad de Dios, debemos situar la hermenéutica específicamente «teo-lógica» de las «promesas de Dios». Y de aquí se desprenden dos aspectos fundamentales: primero, que el fundamento de su acción es su unidad, y segundo que la acción de Dios es la comunicación de bienes cristológicos y pneumatológicos[5]. Las «promesas de Dios» tienen su culmen en la comunicación de vida por parte de Cristo, como se afirma en 2Cor 5,15a: οἱ ζῶντες μηκέτι ἑαυτοῖς ζῶσιν, que no consiste sólo en una mera orientación ética pro-existencial, sino también en un estado soteriológico nuevo, que viene de Dios por Cristo y que se entiende desde Dios por Cristo a favor de los demás: ἀλλὰ τῷ ὑπὲρ αὐτῶν ἀποθανόντι καὶ ἐγερθέντι [ζῶσιν] (2Cor 5,15). Cristo es quien polariza la acción soteriológica de morir y resucitar, pero el Agente a quien se debe dicha acción se halla expreso en el pasivo teológico: Dios[6]. Es la divinidad misma de Dios, en definitiva, quien se revela, se da, y obra sea en el Antiguo Testamento sea en Cristo y en el Nuevo Testamento, sosteniendo la unidad de voluntad en Dios y de beneficio para los fieles, tanto Abrahán, como los creyentes, como Pablo mismo.

1.1.2 Dios es poderoso y fiel

Otro principio fundamental del aspecto «teo-lógico» del λόγος paulino sobre las «promesas de Dios» es la doble característica que penden de su identidad unitaria: su poder y su fidelidad. Las promesas precisamente

---

[3] Sobre el valor sustitutorio o vicario de la muerte de Cristo crucificado: cf. F.J. MATERA, *II Corinthians*, 133-134; A. PITTA, *La Seconda Lettera ai Corinzi*, 262.

[4] Acentuamos este aspecto que no hallamos reflejado en otros exegetas. A lo sumo, A. Pitta identifica la expresión como enigmática. Cf. ID., *La Seconda Lettera ai Corinzi*, 262.

[5] A. PITTA, *La Seconda Lettera ai Corinzi*, 262.

[6] O de agente último teológico. Cf. Wallace, 433-434.

se apoyarán en estos dos rasgos típicos de la divinidad sobre todo identificados en la experiencia del éxodo israelítico, aunque tomando elementos del ambiente gentil donde los creyentes se encuentran.

a) *El poder de Dios*

Pablo no hace mención explícita de la δύναμις θεοῦ en nuestra perícopa, pero forma parte del trasfondo de catequesis y evangelización paulinas en el ámbito corintio[7]. Además nos ayuda a comprender el horizonte «teo-lógico» en el que se mueve el λόγος de las «promesas de Dios», sobre todo en lo que tiene de escatológico-soteriológico en su actualización cristológica[8]. Destaca sobre todo su relación con la gracia, ya que será en la tercera parte de la *probatio* III (cf. 2Cor 12,9.12) cuando mencione la δύναμις θεοῦ en relación con la χάρις θεοῦ, partiendo de la fuerza retórica del quiasmo del versículo que se concreta en las expresiones paralelas: ἡ χάρις μου, ἡ γὰρ δύναμις[9], siendo esta última sin identificar una relación con algún sujeto[10]. Es en este marco soteriológico donde se entiende tanto la potencia de Dios como la pequeñez humana frente a Él, puesto que no se trata sólo de un calificativo adicional a Dios, sino de una categoría que lo define: en la creación (cf. 2Cor 5,17); y finalmente en la oposición a la flaqueza de la σάρξ humana, no por medio del odio sino por la παράκλησις, que es simultáneamente consuelo y la exhortación (cf. 2Cor 1,3-10; 12,9)[11].

De este modo, resalta especialmente que la potencia divina, aun siendo obviamente «teo-lógica» y por ende trascendente, actúa en el

---

[7] Cf. 1Cor 1,18.24; 2,4.5; 4,19.20; 5,4; 6,14; 12,28-29; 14,11; 15,24.43.56; 2Cor 1,8; 4,7; 6,7; 12,9.12; 13,4.

[8] Este concepto teológico presente un horizonte bíblico y extrabíblicos muy extenso sobre todo referido a la experiencia pascual del Éxodo y la salvación, con la consiguiente manifestación de la gloria y la sabiduría de Dios, situándonos en una especie de *theologia gloriae*, aunque con matices como consideraremos a lo largo de este capítuclo. Cf. P.J. GRÄBE, *The Power of God*, 18-21.96.

[9] Cf. A. PITTA, *La Seconda Lettera ai Corinzi*, 499.

[10] *Pace* A. PITTA, *La Seconda Lettera ai Corinzi*, 499 donde la identifica con la de Cristo.

[11] Nos parece interesante la aportación de S.J. Joubert, quien en breves párrafos describe la experiencia de Pablo en esta misma línea, mostrando el diálogo teológico entre la grandeza de Dios presente en la experiencia singular del Doctor de las gentes poniendo en relación en el evento pascual de Cristo, la revelación personal del mismo y la acción creadora de Dios *ex nihilo*, sintetizándolo bajo conceptos como *symbolic world* o *universe* y *Paul's new knowledge of the history*. Cf. ID., «ΧΑΡΙΣ in Paul», 196.

presente de los hombres, sobre todo en las vicisitudes cotidianas del mismo. De modo ejemplar, aparece mencionada en la lista peristática de 2Cor 6,4b-10. Y es la Escritura profética (cf. Is 49,8) la que justifica dicha aplicación al ministerio apostólico y es *causa exemplaris* de la vida de los creyentes, y a su vez testimonio para la sociedad de Corinto: retóricamente la *amplificatio* ayuda a una mejor percepción de la importancia de dicha presencia «teo-lógica», sobre todo disponiendo a la audiencia a reconocer en esta interacción divina con la vida humana la acción del Espiritu Santo[12].

El eco en la experiencia humana de la trascendencia divina se concreta en la esperanza (cf. 2Cor 1,10c), puesto que en el «*exordium* mayor» (cf. 2Cor 1,3-11), Pablo introduce el motivo de la potencia de Dios sobre todo en la sección interna que dispone al *Mneiamotiv*, esto es, en la anécdota de Asia Menor (cf. 2Cor 1,8-10), cuando describe la angustiosa situación de la que Dios liberó al equipo misionero de Pablo (cf 2Cor 1,8). Este poder se relaciona con la cualidad, no necesariamente explicitando *prima facie* con el evento pascual de Cristo aunque obivamente relacionada con ello, de la resurrección posmortal de los hombres. Pablo expresa Pablo esta realidad desde su perspectiva ministerial, al inicio de la *demonstratio* II ya que dispone la «*propositio* menor» de la sección (cf. 2Cor 4,7). En ella se vuelve a describir la potencia, sobre todo indicando el origen de la potencia de los apóstoles: Dios[13].

En definitiva, la potencia divina es el horizonte que posibilita al ser humano no sucumbir ante la desesperación de la tribulación[14]: es lo que podríamos denominar un «principio "teo-lógico" de esperanza», y es en este mismo horizonte en el que se sitúa tanto tipológicamente como éticamente el patriarca Abrahán con respecto a las promesas bíblicamente dirigidas a él, como después veremos más concretamente.

b) *La fidelidad de Dios, manifiesta en la historia*

Aplicado al *Sitz im Leben* de Segunda Corintios y a su contexto retórico, Pablo abandona la coyuntura del cambio de viajes que ha ido justificando por medio de una primera parte narrativa sucinta, pero suficiente (cf. 2Cor 1,15-17), para dar paso al motivo central de la discusión: se

---

[12] También en 2Cor 4,8-9; 13,4 aparece la relación entre la revelación del poder trascendente de Dios con la Cruz de Cristo y con la paradoja de la flaqueza antropológica del Apóstol. Cf. A. PITTA, *La Seconda Lettera ai Corinzi*, 287; F.J. MATERA, *II Corinthians*, 153; P.J. GRÄBE, *The Power of God*, 97.99.

[13] Cf. A. PITTA, *La Seconda Lettera ai Corinzi*, 218.

[14] Cf. A. PITTA, *La Seconda Lettera ai Corinzi*, 102.

está jugando con la fidelidad de Dios. Cambiando la línea de pensamiento, la traslada a una meditación más profunda de las obras de Dios, que tendrán un cumplimiento[15]. Las «promesas de Dios» son la síntesis de la manifestación de la voluntad salvadora de Dios que se ha cumplido en cada momento de la historia de la salvación —de aquí que a Dios se le llame fiel— pero también están llamadas a una plenitud y definitividad singulares: el afianzamiento (βεβαίωσις), la cual no se da sin una referencia al menos indirecta a Cristo (cf. 1Cor 1,9; 2Cor 1,21-22). En definitiva, está en juego no la fama paulina, sino su Evangelio y la visión de la historia de la salvación y de Jesucristo, parte de la fidelidad y la gracia de Dios. Y este es su garante[16].

En 2Cor 1,18a el Maestro de las gentes emplea un juramento, cuya fuerza retórico-teológica tenemos que estudiar ya que su validez se apoya en las «promesas de Dios». Partimos de la base que nos da el mismo sentido literal del versículo, siendo una aserción meramente indicativa así como una expresión perteneciente al ámbito juridicorreligioso[17]. Cuando Pablo invoca el nombre de Dios a modo de juramento (πιστὸς δὲ ὁ θεὸς ὅτι) inicia un movimiento asertivo-jurídico que tiene un origen (Dios mismo, que es fiel) y una meta: la confirmación de la palabra proferida en lo referente a una transacción comercial (βεβαίωσις)[18].

En nuestro caso el empleo paulino tiene una nueva dimensión en su juramento: el autor apostólico invoca el nombre del Dios fiel poniéndolo a Dios mismo como digno de crédito ya que siempre cumple sus promesas, y en él no hay dudas[19]. Y lo hace de un modo implícitamente completo, pero explícitamente incompleto[20]. La βεβαίωσις que necesita

---

[15] Cf. J. LAMBRECHT, *Second Corinthians*, 34-35; J.P. SAMPLEY, «Second Corinthians», 49.

[16] De hecho esta iniciativa salvadora de Dios es la que polariza y teologiza la metáfora del embajador aplicada a la misión del Apóstol y su equipo: exhortar a acoger la gracia de Dios y de su perdón, iniciativa absoluta de Él (cf. 2Cor 5,20). Cf. A. PITTA, *L'evangelo di Paolo*, 173.

[17] Ante el dilema que nos presenta el *sensus litteralis* preferimos considerarlas como complementarias. Cf. M.E. THRALL, *Second Corinthians*, I, 144.

[18] Cf. J. SCHNEIDER, «ὅρκος κτλ», *ThWNT*, V, 463, n. 33.

[19] El recurso a este expediente no es infrecuente: cf. Rom 1,9; 2Cor 1,18.23; 11,11; 12,19; Gál 1,20; Flp 1,8; 1Tes 2,5.10; M.E. THRALL, *Second Corinthians*, I, 144.151; V.P. FURNISH, *II Corinthians*, 136; J.R. HARRISON, *Paul's Language of Grace*, 241; G. GIESEN, *Die Wurzel שבע "Schwören"*, 184-213; L. ALONSO SCHÖKEL – J.L. SICRE, *Profetas*, I, 342-343.

[20] El carácter de incompleto se debe entender en los dos foros: el retórico y el teológico. En cuanto al primero, porque pide avanzar en la *narratio*, que concretará el

Pablo la explicitará a continuación en 2Cor 1,18b-22, trazando de nuevo la historia salvífica a modo de evocación con «promesas de Dios» poniendo a Cristo en el nivel de mediador (ἐν αὐτῷ τὸ Ναί· διὸ καὶ δι' αὐτοῦ τὸ Ἀμὴν τῷ θεῷ), y que en 2Cor 1,21 indica la función de Jesús: el precio de garantía (βεβαιῶν), y que con la difusión de sus beneficios, que son obra de Dios, llega hasta la intimidad misma de los fieles en el Espíritu (ἐν ταῖς καρδίαις ἡμῶν).

1.2 La «confirmación»: horizonte teológico de las «promesas de Dios»

1.2.1 Horizonte retórico-teológico de las «promesas de Dios»

a) *La braquilogía del sintagma «promesas de Dios»*

En el epistolario corintio Pablo ha habituado a los creyentes a un tipo de expresión muy condensada, mostrando una tendencia a la braquilogía, movido de una intencionalidad *hermenéutica*[21]. En cuanto al tropo de abreviación, cabe señalar que su naturaleza es variable según el registro en el que Pablo desee moverse[22]: son *palabras de expresión bre-*

---

motivo de dicho juramento (cf. 2Cor 1,23–2,4). En cuanto al segundo, como ya indicara A. Oepke, porque cuando se invoca a Dios con un juramento, se inicia una dinámica teologicorreligiosa singular: Dios es el propio garante de sus promesas, pero cuando Pablo lo invoca lo hace teniendo en cuenta que dichas promesas y dicho juramento, tienen una fianza, que es cristológica. Cf. A. OEPKE, «μεσίτης κτλ», *ThWNT*, IV, 603.620.

[21] M.M. Mitchell nos recuerda algunas como la condensación del λόγος σταυροῦ en 1Cor 15,3-4 (cf. 1Cor 1,18-25), identificando tres modos: el uso de εὐαγγέλιον como término técnico sumario; breves alusiones a componentes del mismo, y a descripciones metafóricas de la transmisión del Evangelio. M.E. Thrall detecta otro uso similar en nuestra carta específicamente con el concepto de δόξα aplicado de Moisés (cf. 2Cor 3,10), que si bien tiene un significado más bien de «cualidad constante» y quizá algo exagerada, ello es símbolo del AT, que en relación con el NT se ha visto desfasado, ya que no tenía el Espíritu. Por lo tanto, δόξα, en su relación con el AT sería un concepto sustancial *abreviado*. En cuanto a la nota hermenéutica paulina, advertimos que ha sido ampliamente detectada por los exegetas recientes. Finalmente discordamos de M.M. Mitchell en que ella defiende que no usa Pablo de metáforas en 2Cor, cuando los hechos más bien demuestran lo contrario: usa tanto la metáfora como la alegoría. Cf. M.M. MITCHELL, *Paul*, 9-10; ID., «Rhetorical Shorthands», 65.86; M.E. THRALL, *Second Corinthians*, I, 242; J. LAMBRECHT, *Second Corinthians*, 50-51.

[22] Puede ser una citación o evocación bíblica, como ἐν κυρίῳ (cf. Jr 9,22-23; 2Cor 10,17); la cita de Ex 16,18 (cf. 2Cor 8,14-15); su relación con la παρρησία partiendo de Sal 115,1 (cf. 2Cor 8,14-15); o la invocación de dos o tres testigos en una defensa judicial en la *probatio* IV (cf. 2Cor 13,1)· También podemos hallarnos con entimemas no sólo evocadores de la Biblia mas hermenéuticos: la oposición πνεῦμα – γράμμα (cf. 2Cor 3,6). Finalmente tenemos usos paulinos de «autointerpretación», es

ve pero significado denso. Además, para no repetir continuamente conceptos, como εὐαγγέλιον, λόγος, κήρυγμα, o secciones narrativas prolongadas, usa la sinécdoque[23]. De este modo construye un discurso flexible y disponible para una defensa con un λόγος alegórico de las «promesas de Dios». Aplicándonos al sintagma que nos ocupa, detectamos tanto su carácter abreviado como también su fuerza retórico-interpretativa del Antiguo Testamento. Ha recogido algunas escenas fundamentales interpretándolas cristológicamente, dejando también *in promptu* su carácter netamente «teo-lógico».

Debemos, pues, leer las «promesas de Dios» en el ámbito de la tropología antigua, no sólo aristotélico-escolar, sino más concretamente desde la retórica estoica neoplatónica. En cuanto a lo primero, la metáfora se encuentra en la base de su definición fundamental aunque no agota su amplio espectro[24]. Ésta se refiere a la *translatio* de una palabra solamente, pero cuando se trata de un concepto, se procede a la alegoría, total o imperfecta, según se pueda reconocer los términos reales a los que hace referencia[25]. En cuanto a lo segundo, la especificidad estoica-neoplatónica, nos hallamos con un proceso filofósico altamente

---

decir mecanismos retórico-hermenéuticos que el Tarsiota emplea para autocitarse e interpretarse adecuadamente. Es en un ámbito apologético donde desarrolla este mecanismo de auto-interpretación. El análisis retórico-literario certifica que es en perícopas de género más bien apologético-judicial donde aparecen. A ello cabe añadir el recurso a la metáfora, una vez más. Para una perspectiva más detenida de estos elementos: cf. M.M. MITCHELL, *Paul*, 9-10; A.T. HANSON, *Paul's Technique*, 169-191; M. WOLTER, «"Das Geschriebene tötet"», 369-370. Para una perspectiva más detenida de estos elementos: cf. M.M. MITCHELL, *Paul*, 9-10; A.T. HANSON, *Paul's Technique*, 169-191; M. WOLTER, «"Das Geschriebene tötet"», 369-370.

[23] Con εὐαγγέλιον: cf. 2Cor 4,3-4. Con λόγος + genitivo: cf. 2Cor 2,17; 4,2; 5,19. También está διακονία + genitivo: cf. 2Cor 5,18-19. Participios retóricamente económicos: cf. 2Cor 1,21-22; 4,5.10. La metáfora abunda en 2Cor: con las vasijas de barro (cf. 2Cor 4,7); lenguaje militar (cf. 2Cor 2,14-17). Igualmente está la sinécdoque con el tesoro del evento pascual de Cristo, corazón del Evangelio (cf. 2Cor 4,10-11). Cf. M.M. MITCHELL, «Rhetorical Shorthands», 68.75-88.

[24] Un tropo (τρόπος) es una forma de expresión impropia de un uso normalizado del discurso, produciendo en consecuencia otras palabras o bien expresiones que hayan su fundamento en la modificación de dichos vocablos. Cf. R. DRUX, «Tropus», *HWRh*, IX, 809; C. WALDE, «Allegorie», *DNP*, I, 523.

[25] Cf. R. DRUX, «Tropus», *HWRh*, IX, 810; E. EGGS, «Metapher», *HWRh*, V, 1103-1115; C. WALDE, «Allegorie», *DNP*, I, 524-525; «Metapher», *NThW*, 419; P. LÖSER – G. FIGAL – M. MÜHLING-SCHLAPKOHL – I. MÄDLER, «Metapher», *RGG*, V, 1165-1166; Lausberg, §§ 895-897; Un panorama más amplio se halla en: cf. H. CANCIK-LINDEMAIER – D. SIGEL, «Allegorese», *DNP*, I, 518-523; W. FREYTAG, «Allegorie, Allegorese», *HWRh*, I, 330-341.

intenso: el interés por la búsqueda del principio vital (no material e inexplicable, en parte) del sostén metafísico del relato[26]. En esta línea, Pablo apunta a llegar a la realidad divina de los relatos bíblicos veterotestamentarios, por medio de un acercamiento en parte estoico, apoyándose en el empleo de figuras de extensión semántica, como es la similitud o la metáfora, si bien la *brevitas* es más típica del segundo tropo que del primero[27]. Con todo si lo leemos en una clave integradora y no excluyente, podemos intuir cómo la alegoría, secuencia de metáforas continuada, se mueve en la esfera de la semejanza, aunque en un modo más bien alargado.

Ahora bien, en esta alegoría hallamos dos términos que polarizan toda la sección, vocablos paralelos, conceptos correlativos: ἐπαγγελίαι θεοῦ y lo que podríamos denominar la βεβαίωσις θεοῦ. En efecto, el sintagma ἐπαγγελίαι τοῦ θεοῦ no es el único recurso retórico-literario presente de modo más principal, la metáfora de la βεβαίωσις es también un dato teológico-bíblico importante: que tiene una función hermenéutica precisa dentro del conjunto del λόγος paulino sobre la voluntad salvífica de Dios[28]. Lo que caracterizará a este verbo, βεβαιῶν (cf. 2Cor 1,21a), es el sentido teológico que le aplicará Pablo, sin dejar de perder el ámbito metafórico, que asegura la presencia de otro término, ἀρραβῶν en 2Cor 1,22c también jurídico, redoblando el sentido natural de βεβαιῶν de «dar una fianza»[29], recibiendo dicha seguridad, análogamente superior al del mero mundo comercial, en virtud de la fidelidad de Dios (cf. 2Cor 1,18), la cual no cesará de ser válida hasta la venida de la escatología anunciada en el Antiguo Testamento a modo de promesa y llevada a plenitud en Cristo, aunque aún no totalmente realizada, sino cumplida y anticipada con el don del Espíritu (cf. 1Cor 1,8; 2Cor 1,22c)[30].

En definitiva, podemos concluir que es la misma seguridad de Dios en su existencia; su revelación (esto es la aportación cognoscitiva sin-

---

[26] Cf. G. SELLIN, *Allegorie – Metapher – Mythos – Schrift*, 18-23.

[27] Cf. Lausberg, § 558.

[28] En su contexto propio, βεβαίωσις venía utilizado en el ámbito jurídico, a saber, cuando se necesitaba una garantía de modo que el vendedor exigía al comprador una parte de la compra, para asegurar la venta total del producto. En 2Cor 1,7 Pablo describe el grado de esperanza (ἡ ἐλπὶς ἡμῶν βεβαία ὑπὲρ ὑμῶν) con que viven los corintios su implicación espiritual con los padecimientos de quien los llamó a la fe (εἰδότες ὅτι ὡς κοινωνοί ἐστε τῶν παθημάτων), a los que les anticipa un premio consolador (οὕτως καὶ τῆς παρακλήσεως), manteniendo el uso propio del vocablo. Cf. M.M. MITCHELL, *Paul*, 9-10; M. BACHMANN, «βέβαιος», *TBLNT*, I, 443-444.

[29] Cf. M. BACHMANN, «βέβαιος», *TBLNT*, I, 444.

[30] Cf. M. BACHMANN, «βέβαιος», *TBLNT*, I, 445.

gular de su designio salvífico), y su fidelidad providente, la que apoya a los fieles[31] en su participación en Cristo de los bienes escatológicos que personifica el Espíritu. Esta participación benefactora de Cristo y la escatología pneumatológica que aporta tiene una realidad a la que se refiere. El hecho de tener un término real al que referirse es propiedad de toda metáfora, en cuanto que se establece una relación analógica de semejanza-diferencia. Dicha cualidad contemplada desde diversas perspectivas hacen referencia a una única realidad que afianza a los fieles en su relación con Dios por medio del testimonio afianzador de Cristo (cf. 1Cor 1,6): la gracia de Dios misma[32].

b) *Las «promesas de Dios» y la confirmación*

Si centramos nuestro interés en nuestro caso, notamos como a partir de un concepto —las «promesas de Dios»— se forja toda una serie de relaciones, que permanecen intactas entre Dios, los hombres, una historia de salvación y su cumplimiento en Jesucristo. Las relaciones permanecen, aunque varíen los términos reales, de modo que podemos decir que más que con una metáfora, de corte más textual-literal, nos encontramos con una alegoría dentro del λόγος paulino del Evangelio: las «promesas de Dios» recogen los grandes temas del Antiguo Testamento y la voluntad universal de Dios y tienen su cumplimiento en un término litúrgico-sacral: el «Amén», que recoge la respuesta integral de la vida, ministerio y evento pascual de «Jesús, Cristo, el Hijo de Dios» (cf. 2Cor 1,19-20), de modo que afecta a los fieles a modo litúrgico-pneumático: con el sello, la confirmación y la signación (cf. 2Cor 1,20-22).

Dentro de su discurso alegórico sobre las «promesas de Dios», Pablo ha encuñado la metáfora de la βεβαίωσις, que presenta como acción es-

---

[31] Cf. M. BACHMANN, «βέβαιος», *TBLNT*, I, 445.

[32] Con la βεβαίωσις, pues, Pablo pretende establecer paralelismos con otros conceptos a los que alinea dentro de una misma idea teológica: en 2Cor 1,6 se habla de la παράκλησις, que concede rápidamente el paso a otro concepto, el de la ἐλπίς (cf. 2Cor 1,7), la cual consta de una cualidad: el ser afianzada (βεβαία). En definitiva, pues, se confirma la afirmación precedente sobre el λόγος de las «promesas de Dios»: nos hallamos ante un cuadro metafórico-narrativo donde Pablo asume lo esencial del Antiguo Testamento y lo traduce en clave caritológica, pero usando de unos términos que pertenecen al ámbito jurídico-comercial, del cual no quiere salirse. En este cuadro lógico, el Apóstol desea definir cómo Dios tiene un plan salvífico, del cual se participa no directamente, sino por medio del testimonio afianzado de Cristo crucificado y resucitado, es decir, de su evento pascual (cf. 1Cor 1,7.18-25). De aquí que Pablo insista en que obra confirmado por Dios, y no según la carne. Cf. M. BACHMANN, «βέβαιος», *TBLNT*, I, 446.

pecíficamente teológica de su λόγος (cf. 2Cor 1,18). En efecto, ya el mismo sintagma ὁ λόγος ἡμῶν ὁ πρὸς ὑμᾶς ya es una braquilogía que describe el carácter de su predicación: una narración lógica de eventos[33]. Y es en esa misma línea de comprensión como se debe interpretar nuestra categoría metafórica. El contexto inmediato ya nos ayuda (cf. 2Cor 1,18-22). Como decíamos en la distribución del texto (cf. 2Cor 1,15-22) en dos secciones, nos hallamos en el clímax de la argumentación paulina sobre su fallo en la agenda de viajes: pasa de la coyuntura al espesor teológico indicando que su discurso lógico habla sobre Jesucristo, el Hijo de Dios y las acciones que Dios por medio de su Amén realiza en los fieles, encabezándola con el participio retóricamente económico βεβαίων (cf. 2Cor 1,21a)[34].

A este sintagma le sigue un καί epexegético que describe dicha acción, prolongando también metafóricamente con otros términos participiales del mismo signo, que retóricamente brotan del entimema fundamental de 2Cor 1,20a: las «promesas de Dios» en Cristo son un Amén (que resulta una metáfora, más que una sinécdoque)[35]. De este modo, por medio de dos sinécdoques (cf. 2Cor 1,19.20) sigue con su exposición pero con el tenor alegórico, culminando en el don del Espíritu como anticipo escatológico. Dicha realización ya la anticipado en la tesis general de Segunda Corintios presentando el *terminus ad quem* de la βεβαίωσις: la vida «en la gracia de Dios» en el mundo (cf. 2Cor 1,12b), siendo ello el término real de nuestra expresión metafórica[36]

2. Dios confirma en Jesucristo, el Hijo de Dios, «sus promesas»

2.1 *El «sí» de Dios a «sus promesas» en Cristo*

Con el discurso teológico de 2Cor 1,15-22 nos encontramos con otra confesión de fe: ὁ τοῦ θεοῦ γὰρ υἱὸς Ἰησοῦς Χριστὸς ὁ ἐν ὑμῖν δι' ἡμῶν κηρυχθείς, δι' ἐμοῦ καὶ Σιλουανοῦ καὶ Τιμοθέου. De este modo confiesa que el peso de la predicación no radica en cuestiones menores

---

[33] Cf. M.M. MITCHELL, «Rhetorical Shorthands», 63-64.

[34] Cf. M.M. MITCHELL, «Rhetorical Shorthands», 85-86.

[35] Nos hacemos eco de la relación estrecha entre la metáfora, la sinécdoque y la metonimia, incluso en el mundo del AT. Cf. A.J. BJORNDALEN, *Untersuchungen*, 19-20.

[36] El énfasis que se pone en Cristo tiene como actividad directa no «la» persona de Él, ya que no lo identifica «con» la persona de Jesús, sino «en» el radio de acción e intervención cristológicas. Se da, pues, una distinción. Los discursos epangélicos tienen su realización. De aquí la importancia «teo-lógica» de la gracia, que obviamente está vinculada con el evnto pascual cristológico.

de terminología sobre Jesús o cuestiones organizativas, sino en la confesión de fe en Jesucristo, habida cuenta que en la metodología práctica que empleará, la predicación siempre tendrá como contenido y finalidad que Jesucristo es el Señor.

Nuestro punto de partida es otra abreviatura retórica[37]: la identificación jesuánico-teológica de la cristología paulina (ὁ τοῦ θεοῦ γὰρ υἱὸς Ἰησοῦς Χριστός). El trasfondo de la misma lo pedimos precisar de la siguiente manera: en la exposición del Evangelio según Pablo notaremos cómo se conjugan de manera excelente la continuidad histórica con las tradiciones de Jesús, si bien reelaboradas de manera que puedan ser anunciadas kerigmáticamente, manteniendo la sintonía teológica con el mensaje de Jesús. La clave de interpretación de la misma Escritura pasa a ser el Evangelio, elaborado con la ayuda de técnicas comunicativas tanto griegas como judías, sin excluir el midrás cristológico[38]. En virtud de ello la confirmación «teo-lógica» en Jesús es una categoría que el Apóstol empleará referido no sólo a la vida de Jesús sino a todo el Antiguo Testamento, entendida la misma voluntad de Dios[39].

En primer lugar, tenemos el dato teológico de la preexistencia y Encarnación del Hijo de Dios (cf. 2Cor 1,2.18; 8,9). Ya al inicio de su escrito, Pablo sitúa retóricamente en el ámbito divino a Dios, Padre nuestro y a Jesucristo, el Señor. Indirectamente el Apóstol está reconociendo la divinidad de la Persona de Jesús. En esta línea Pablo no pone diferencias sustanciales a la hora del origen de la gracia y la paz, en el ámbito divino, si bien sí que distingue a Dios (Padre) y a Jesucristo[40]. A conti-

---

[37] Cf. A. PITTA, *La Seconda Lettera ai Corinzi*, 205-206.

[38] Cf. G. SEGALLA, *Teologia biblica del Nuovo Testamento*, 405-420.

[39] En 2Cor se desarrollará la importancia teológica de Moisés, sobre todo en la *demonstratio* I (cf. 2Cor 2,14–4,6). En 2Cor 4,6 conviene colegir además de la especial atención a la Escritura (siendo Dios quien habla allí autoritativamente), conviene releer la figura de Moisés desde el esquema «protología–apocalíptica» de liberación, releyendo la pascua judía y Ex 34 desde el triple apoyo cristologizante de Pablo: la Biblia con la Torá como su *pars potior* (cf. Gn 1,3); la perspectiva profética (cf. LXX Is 9,1), su propia vocación, releída a la luz de Is 49,1; 42,1. Además de ello, no entramos en el dilema historizicante de averiguar si en la vocación paulina experimentó una cristofanía o una teofanía. Y aún con ello, no pierde la perspectiva cristológica, de modo que Dios es quien hace resplandecer, en contraste con Lucas que lo atribuye a Jesucristo. Cf. A. PITTA, *La Seconda Lettera ai Corinzi*, 198.207; J. LAMBRECHT, *Second Corinthians*, 69; C. STRECKER, *Die liminale Theologie des Paulus*, 137-147.

[40] El modo de preexistencia lo marca también el inicio de su escrito apostólico el Tarsiota, cuando en el «*exordium* mayor» (cf. 2Cor 1,3), bendice a Dios como ὁ θεὸς καὶ πατὴρ τοῦ κυρίου ἡμῶν Ἰησοῦ Χριστοῦ. Dios es el Padre de Jesucristo y por ello Jesucristo es su Hijo (cf. 2Cor 1,18). Hacemos obviamente referencia al lenguaje dog-

nuación podemos reseguir cómo Pablo presenta a Jesús, ciertamente Hombre, pero también perteneciente al ámbito divino con una singular participación de la realidad de Dios: su filiación divina (cf. 2Cor 1,18), aunque no insistirá explícitamente en el dato. Más bien remarcará tres aspectos: primero, cómo fueron «proexistentes», generosos, su convivencia en la tierra así como su ministerio (cf. 2Cor 8,9)[41]. Segundo, otro elemento es la omisión del juramento, aunque Pablo reelabora el material desde la fidelidad de Dios, elemento muy propio de la redacción mateana del Sermón de la Montaña (cf. Mt 5,1–7,28)[42]. Finalmente, tercero, recuerda la pasión de Jesús, releída desde el evento pascual y la propia experiencia vocacional del Apóstol, propiciando un fácil paralelismo paradigmático entre Jesús, Pablo y los eventuales sufrimientos que puedan padecer los fieles (cf. 2Cor 12,1-10)[43].

El proceso es recíproco y la teología del Antiguo Testamento se relee a la luz de Cristo. Así pues, la gloria de Dios que se revela a Moisés (cf. 2Cor 3,7), ahora se manifiesta en Cristo a través de la predicación del Evangelio (cf. 2Cor 4,4). La escatología bíblica del día del Señor también ha visto una cristologización (cf. 1Cor 15,1-56; 2Cor 1,14; 5,1-10). Con respecto al día de Jesús, nuestro Señor, interpretamos el genitivo también de modo cualitativo, es decir que la presencia de Jesús especifica de modo singular la escatología: es el día en que todo funcionará al modo de Él, con una dinámica de preexistencia antropológica, fundada en la fuerza que viene de Dios y de Cristo (cf. 2Cor 12,7). Con esta lectura, también permite una aplicación ética en las relaciones horizontales de los fieles[44].

---

mático de la ortodoxia cristiana, aunque también deseamos alargar los conceptos de la doctrina eclesiástica hacia nuevos horizontes. Cf. F.J. MATERA, *II Corinthians*, 40.

[41] Evitaremos un excesivo afán exacerbante de buscar paralelismos entre Pablo y Jesús en lo que a expresiones se refiere. Denunciamos, por tanto, con S. Sandmel y D. Wenham lo que denominan la *parallelomania*: cf. D. WENHAM, «The Rock», 193.202-206; A. PITTA, *La Seconda Lettera ai Corinzi*, 340-341; F.J. MATERA, *II Corinthians*, 191.

[42] De hecho notamos cómo 2Cor 1,19 nos sitúa en la esfera de Mt 5,37, siendo conscientes que no es el único material jesuánico que emplea Pablo en el epistolario paulino, aunque sí uno de los más evidentes.

[43] Varios argumentos apoyan la cuestión: el binomio clásico *nomen–omen* y la concurrencia de datos que aparecen en los sinópticos y que vienen evocados en esta perícopa. Cf. S.N. BRODEUR, *Il cuore di Cristo*, II, 169-172.

[44] Notamos con A. Pitta que los acentos en el epistolario paulino sobre el dato escatológico-cristológico no son los mismos: mientras que en 1Cor toma más relieve el hecho de resurrección en clave kerigmática; en 2Cor entra también el horizonte del sufrimiento y el juicio. Cf. A. PITTA, *La Seconda Lettera ai Corinzi*, 239.

El fundamento de dicha cristologización, a nuestro juicio, es la paradoja contínua que se da entre la muerte de Cristo y la gloriosa actuación del Resucitado[45], armónicamente relacionada. Ahora bien, en 2Cor 4,14 el Apóstol nos indica que pese a su atención cristológica fundamental, el Protagonismo sigue siendo de Dios, dentro de una comunión de acción entre el Padre y el Hijo: Dios es quien resucita a Jesús el Señor y a quienes creen en él. Y Dios y Cristo prosiguen su voluntad salvífica, por medio del don del Espíritu Santo y la comunicación de la gracia en quienes acepten la fe cristiana. En definitiva, está indicando que el origen y naturaleza del evento pascual de Jesucristo son divinos, incluyendo a Dios Padre y a Jesús. Pablo tiene en cuenta la base histórica de Cristo, si bien no se entretiene en los detalles, pasa rápidamente a las consecuencias del kerigma, asumiendo en él los rasgos capitales de su vida, como es la especial unión de Jesús con Dios, su empeño y fidelidad personales por la Divinidad[46].

2.2 Las «promesas de Dios» se confirman en el Evangelio

2.2.1 Jesucristo es Uno y fiel

a) *Fuerza retórico-teológica de Jesucristo, Uno y fiel*

En 2Cor 5,14 Pablo desarrolla uno de los fundamentos que ha expuesto en 2Cor 1,18-22, esto es que la fidelidad de Jesucristo, expresado metafóricamente con τὸ Ἀμὴν τῷ θεῷ (cf. 2Cor 1,20c), se ha expresado con su ἀγάπη y su sacrificio, y ello lo ha hecho en virtud que es el Uno (εἷς) cualitativo que podía hacerlo. De hecho Pablo nos está exponiendo la finalidad salvífica del contenido de su Evangelio, resumido a modo de abreviatura teológica, apoyada en la braquilogía, con el sintagma: ὁ τοῦ θεοῦ γὰρ υἱὸς Ἰησοῦς Χριστός (2Cor 1,19a). Primero se destaca la relación de Dios con Jesús, revelándose como Padre suyo, una paternidad que no anula ni disuelve la identidad y misión jesuánicas, sino que las contrasta en un doble modo: mostrando su filiación divina (ὁ κύριος ἡμῶν Ἰησοῦς Χριστός) y a la par el resultado glorificante del evento pascual en la carne histórica de Jesús, adquiriendo el nombre teológico de κύριος (cf. 2Cor 1,2.3; 4,6). Segundo, la relación de Jesús con el Evangelio paulino, siendo el objeto de la predicación paulina (cf. 2Cor 1,19; 4,5), remarcando aspec-

---

[45] Cf. F.J. MATERA, *II Corinthians*, 105.
[46] Cf. A. PITTA, *La Seconda Lettera ai Corinzi*, 228-229; ID., *L'evangelo di Paolo*, 175; K. STOCK, «Figlio di Dio», *TTB*, 501-502.

tos históricos de su vida que se prolongan en la gloria actual de su Persona (cf. 2Cor 8,9; 13,13). Finalmente la dimensión «proexistente» del Hijo de Dios que también tiene una singular expresión braquilógica en Segunda Corintios: Ἰησοῦς Χριστὸς ἐν ὑμῖν (cf. 2Cor 13,5), y otras paralelas sobre todo resaltamos las *probationes* I–II (cf. 2Cor 14–7,4)[47].

La fuerza retórica de Ἀμήν la hemos estudiado en el capítulo anterior, ahora conviene remarcar su impacto teológico cristológico. La primera nota cristológica de esta respuesta es su uso por parte de Jesús. Este lo emplea además de su uso litúrgico como *incipit* de sus aseveraciones a modo de prolepsis del contenido teológico que se dispone a exponer. De aquí se pasa a considerar a Jesús como el Fiel (el Amén), incluso en tradiciones no directamente paulinas como Ap 3,14[48]. Entre sendos extremos cristológicos, tenemos el estudio de cómo Jesús es fiel a la voluntad de Dios expresa en la Escritura, concretamente en las «promesas de Dios». Y dicha voluntad se concreta en que Jesucristo responde adecuadamente —de aquí el empleo del Sí litúrgico a Dios, a modo de *genus potius*— a la reconciliación del mundo con Dios. Debemos, pues, tener en cuenta el trasfondo conflictivo que sostiene el sustantivo, de modo que volvemos a encontrarnos en otro campo metafórico que Pablo usa para describir la situación antropológica previa a la fe y al encuentro salvífico con Cristo[49]. El momento capital donde dicha reconciliación se produce es en el evento pascual, descrito ya en Corinto con el λόγος de la Cruz (cf. 1Cor 1,18-25), si bien en esta ocasión remarca más, como ya dijéramos, el otro eje: la resurrección gloriosa de Jesús.

En definitiva, podemos sintetizar las aportaciones de este epígrafe en las siguientes ideas teológicas paulinas: las expresiones, densas de contenido y abreviadas en su forma, como εὐαγγέλιον, Ἰησοῦς Χριστός y εἰς Χριστόν en cuanto específicamente cristológicas poseen un espesor teológico singular: la identidad de Jesús como Hijo de Dios y manifestado en su gloria actual. También insiste el Tarsiota en la fidelidad de Jesús en relación con su evento pascual: se revela como el Uno que muere por todos, ocupando su lugar y solidarizándose con

---

[47] Cf. A. PUIG TÀRRECH, «Gesù Cristo», *TTB*, 552.
[48] Cf. B.D. CHILTON, «Amen», *AncBD*, I, 184-186.
[49] «Nel mondo del Mediterraneo "rinconciliare" significa fondamentalmente "passare dall'inimicizia all'amicizia", ponendo con ciò fine all'ostilità e stabilendo relazioni amichevoli tra le parti in conflitto» (J.T. FITZGERALD, «Riconciliazione [NT]», *TTB*, 1159).

ellos de modo vicario, mostrando consentáneamente su fidelidad a la voluntad de Dios. De este modo muestra la conexión entre la identidad divina de Jesús (el Preexistente que se encarna) y la vocación soteriológica de su Encarnación (la salvación por medio de la Cruz y la victoria sobre la muerte)[50]. Finalmente, ello Pablo lo ha cifrado en lenguaje apto para ser anunciado por primera vez, lo que podemos denominar argumento kerigmático.

2.2.2 La mediación de Jesucristo en las «promesas de Dios»

a) *Jesús media absolutamente las «promesas de Dios»*

En 2Cor 1,12 la ἁπλότης también viene mediada por Cristo, si bien explícitamente no en nuestra perícopa, sí que lo hará posteriormente, sobre todo en la *probatio* IV (cf. 2Cor 10,1–13,10). Con todo es de remarcar que en 2Cor 5,14-15, cuando nos indica que el movimiento antropológico hacia Dios se fundamenta en el evento redentor de Cristo muerto y resucitado[51]. Por la mediación absolutamente única, singular y específica de Cristo, con una actividad mediadora–finalizadora. Cristo es la finalidad de la confimación, es la garantía de que Dios posee a los fieles como «gente de su propiedad». Este es uno de los aspectos que Pablo presenta en su proclamación evangélica, la doble dimensión de la cristología: la categoría bíblica de la alianza que hemos considerado en el horizonte bíblico de la «teo-logía» paulina se prolonga y concreta en Cristo manifestando una continuidad en la confirmación de las promesas, y un aspecto novedoso, ya que la Alianza viene adjetivada con la peculiaridad de la καταγαλλή. Por ello el Evangelio de Cristo es una clave «teo-lógica» a la par que cristológica, porque nos ayuda a comprender las «promesas de Dios» en el conjunto mayor de la novedad de Cristo, sobre todo en el momento central de la Cruz[52].

b) *La mesianidad de «las promesas de Dios»*

Las «promesas de Dios» son mesiánicas, si bien con la confirmación de Cristo, dicha mesianidad pasa por dos intervenciones, que Pa-

---

[50] Aquí cobra sentido la expresión γέγονεν que Pablo aplica a Jesús cuando se convierte en Amén de las «promesas de Dios» mostrando la realización económica de la salvación en la que el evento pascual. Cf. J.R. HARRISON, *Paul's Language of Grace*, 250; I. DUGANDŽIĆ, *Das «Ja» Gottes in Christus*, 36.

[51] Cf. B. GÄRTNER – H. BIETERNHARD, «ἁπλότης», *TBLNTL*, II, 1847.

[52] Sobre la cuestión de la continuidad–discontinuidad con el AT en Cristo: cf. I. DUGANDŽIĆ, *Das «Ja» Gottes in Christus*, 19.

blo expresa con los sintagmas: ἐν Χριστῷ – διὰ Χριστοῦ. En efecto, los elementos hasta aquí relatados tienen que ver externamente con Jesús, en cuanto que se articulan orgánicamente con la misión salvífica de Dios, ahora bien, corresponde reflexionar sobre sí se da cumplimiento efectivo de las «promesas de Dios», dado que el Apóstol no emplea dicha terminología en modo explícito, con su consiguiente esquema soteriológica de promesa–cumplimiento. El esquema paulino, en cambio, se apoya en el doblete consuelo de Dios–mesianidad del cumplimiento. De hecho nos sostenemos en la intuición de A. Pitta, cuando afirma lo siguiente:

> Alla misericordia elettiva di Dio, Paolo aggiunge la sua azione consolante: per questo Dio di ogni consolazione. Non facile rendere in traduzione corrente il sostantivo *paraklêsis* che assume diverse accezioni: "consolazione", "conforto", "esortazione", "incoraggiamento", "supplica". Di fatto il termine non va confuso con un semplice sentimento di compassione o di pietà, ma esprime la prossimità di Dio che offre la possibilità e la capacità di operare secondo i suoi disegni. Anche per questo attributo divino fondamentale il retroterra ebraico del verbo *nhm*, utilizzato nell'AT soprattutto per la consolazione che il Signore promette e realizza nell'epoca messianica. Pertanto, Dio consola non soltanto per dimostrare la sua prossimità compassionevole ma anche per indurre i credenti a perseverare di fronte alla tribolazione o alle sofferenze, come nel caso presente: diremmo che la sua é una consolazione che induce i destinatari a non cadere nello scoraggiamento bensì a sperare nelle sue promesse[53].

Mesiánico es el tiempo en que las «promesas de Dios» surten efecto, y mesiánicos son sus resultados, porque dicha cualidad va vinculada a la actuación misericorde y confortante de Dios para con su Pueblo. De hecho, esta intuición nos pone en relación con las dos facetas que hemos querido resaltar ya anteriormente: la escatología verdadera y propia del cumplimiento de las palabras divinas y las manifestaciones de confirmación de dicha voluntad invariable, fiable y estable de Dios. Cristo se sitúa en esta dinámica colmando dicha mesianidad escatológica y económica de las «promesas divinas», aunque no agotando la escatología de las mismas, es decir, que deja espacio al subsiguiente desarrollo en la historia del contenido salvador de las «promesas de Dios», aunque siempre más referidas a su Persona. Nos adentraremos ahora en el contenido de dicha mesianidad, desarrollando la relación entre las

---

[53] A. Pitta, *La Seconda Lettera ai Corinzi*, 96.

promesas, su confirmación y el contenido específico de las mismas: la reconciliación de Dios.

2.3 *La vida de Dios en Cristo*

2.3.1 La reconciliación, confirmación de las «promesas de Dios»

Nos encontramos con cuatro proposiciones que tienen a Dios por sujeto y actor de una serie de acciones que directamente se refieren a una eclesiología pneumatológica, incluyendo una capacitación de los apóstoles para ser embajadores de la reconciliación con Dios y dispone a los fieles a acoger al Espíritu (cf. 2Cor 1,21-22). Su *dispositio* concreta debe entenderse a modo de proposiciones gramaticales coordinadas con un sentido cumulativo. Con todo, a la hora de la interpretación podemos alargar su sentido literal para poder abarcar mayormente su alcance teológico. En primer lugar, la posición enfática del nombre específicamente «teo-lógico» nos sitúa en el ámbito divino de modo y manera además del protagonismo divino nos encontramos en su radio de acción. Las dos primeras acciones y las dos segundas respectivamente van unidas bajo el mismo artículo determinado que las sustantiva: ὁ δὲ βεβαιῶν ἡμᾶς σὺν ὑμῖν εἰς Χριστὸν καὶ χρίσας ἡμᾶς con ὁ καὶ σφραγισάμενος ἡμᾶς καὶ δοὺς τὸν ἀρραβῶνα, respectivamente (cf. 2Cor 1,21.22).

Con todo la preponderancia del primer verbo (βεβαιῶν) no sólo radica en su posición inicial de esta serie, sino que también incluye la finalidad explícitamente teológica de su acción, de modo que podemos considerar como subordinadas las otras tres acciones (ungir, sellar y dar el anticipo del Espíritu) como consecuencia de esta primera acción. Por otro lado, el paralelismo de los miembros nos indica que dicha subordinación no significa una radical diferenciación de dichas acciones, sino que tienen una radical identidad no sólo de origen (divino), sino de mediación (cristológica) y de finalidad salvífica (pneumatológica). Nos disponemos a describirlos.

El afianzamiento de las «promesas de Dios» tienen en perspectiva a Cristo (εἰς Χριστόν). Si en el análisis particularizado de nuestra perícopa hemos mencionado el carácter horizontal de su sentido literal, ahora destacamos su sentido vertical, sobre todo en clave cristológica. Y la primera actividad teológica-cristológica que menciona el Apóstol es la unción. La segunda actividad de Dios con direccionalidad cristológica es la acción de sellar. Y en tercer lugar se habla de la colación de la prenda escatológica del Espíritu. Las tres acciones están coordinadas entre sí de tal manera que prolongan por medio de su expresión alegórica la acción de la redención en los fieles. En primer lugar se afirma el origen divino de la confirmación–reconciliación, que es Dios, expresado de manera enfática. La mediación e intervención se da en Cristo por medio no sólo de su fidelidad (cf. 2Cor 1,21a), sino también de las consecuencias benéficas del evento pascual. Finalmente la meta de toda esta realización divina es el don del Espíritu como anticipo de la vida eterna, del nuevo eón que conllevará una participación de Jesús en su filiación divina y en su fidelidad. Sin mencionarla expresamente, nos hemos hallado con todo un cuadro alegórico que nos sitúa delante de la resurrección de Cristo *quoad se* y *quoad nos*. De este modo Pablo dispone al auditorio corintio a recibir posteriormente las consecuencias eclesiológicas que va a exponer a lo largo de toda la presente carta. Con todo, no debemos, con todo, perder de vista el horizonte «teo-lógico» de la confirmación, ya que el afianzamiento en Cristo es un afianzamiento en la fe, que comunica Dios. Dios alía a los cristianos entre sí y con Cristo, haciéndolos verdaderos discípulos. Pablo parte de su experiencia paradigmática para que perciban a través del ministerio paulino (cf. 2Cor 1,7.15-17; 2,1-4; 11,21b-33; 12,1-10). Y pese a las peripecias difíciles que él experimenta en su apostolado, indica a los corintios cómo su cristología tiende a la confesión de Dios y a la confianza personal en Él, también en la pasión, es decir, las pruebas que por su fe en Cristo tienen que sufrir permaneciendo firmes[54].

a) *La confirmación pide retóricamente la reconciliación*

Otro factor que debemos tener en cuenta en Segunda Corintios con respecto a la confirmación y la reconciliación se halla en el hecho que el amor de Cristo conduce en definitiva a la reconciliación con Dios (cf. 2Cor 5,14-20). Notemos en 2Cor 5,20a el hipérbaton que sitúa en primer lugar el sintagma circunstancial ὑπὲρ Χριστοῦ, con un significado tanto vicario cuanto de favor[55]. Además de ello, tengamos en cuenta el paralelismo de las tres proposiciones principales y una *digressio*, cuya naturaleza específica es variable y potestativa[56]. La articulación de las tres proposiciones se ha hecho a modo de *recapitulatio*, que asume las ideas fundamentales con brevedad y una disposición tal que consigue la afectación del auditorio[57]: ὑπὲρ Χριστοῦ οὖν πρεσβεύομεν […] δεόμεθα ὑπὲρ

---

[54] Cf. A. FUCHS, «βεβαίωσις, εως, ἡ», *EWNT*, I, 505-506.
[55] Cf. A. PITTA, *La Seconda Lettera ai Corinzi*, 273-274.
[56] Cf. Lausberg, § 340.
[57] Cf. Lausberg, § 434.

Χριστοῦ, καταλλάγητε τῷ θεῷ (2Cor 5,20), que concretamente tiene por meta la καταλλαγή con Dios —que podemos concebir como entimema de toda la sección, de carácter demostrativo, porque la carta continúa—, y sintético porque resume la triple relación «teo-logía» – cristología – apostolado paulino. Además de ello el paralelismo del versículo hace que la *dispositio* peroracional nos haga entrever conjuntas la actividad de Dios y la de Cristo mostrando una vez más cómo la reconciliación es obra conjunta:

Paralelismo			Quiasmo
a.) ὑπὲρ Χριστοῦ		οὖν πρεσβεύομεν	α.)
b.)	ὡς τοῦ θεοῦ	παρακαλοῦντος δι᾽ ἡμῶν·	β.)
a.¹)	δεόμεθα	ὑπὲρ Χριστοῦ,	α.¹)
b.¹)	καταλλάγητε	τῷ θεῷ	γ.)
a.) Por Cristo,		pues, somos embajadores	α.)
b.) como estando Dios		exhortando por nosotros	β.)
a.¹) Os pedimos		por Cristo	α.¹)
b.¹) Reconciliaos		con Dios	γ.)

A la luz de estas consideraciones, podemos llegar a las mismas conclusiones que G.M. Sass en parte, difiriendo de él en algunos matices: él llegó en su monografía a la conclusión que 2Cor 1,18-22 tenía estrecha relación con 2Cor 6,14–7,1, que se recoge en un triple testimonio escriturístico: la confirmación, la amonestación y la promesa[58]. Con respecto a esta información creemos que es más preciso, a la luz de la lectura retórico-literaria identificar estas otras tres categorías: promesas, confirmación y reconciliación. Ya que las tres exponen tres fases de una misma voluntad de Dios y de realización de la misma: la presentación de que Dios pretende actuar salvíficamente y ello lo hace por medio de las promesas; el hecho de asegurar dicho querer, y ello por medio de la confirmación en Cristo, que las repropone y las empieza a cumplir, y la participación de dicho quehacer cristológico, y es la reconciliación, que consiste en la capacitación por parte de Dios tanto de fieles como de apóstoles para ello. Y el eje siempre permanece entre Dios y Jesucristo, al primero atribuyéndole el origen y la providente fidelidad a sus promesas, y al segundo atribuyéndole la mediación que ejecuta fielmente dicha voluntad divina.

---

[58] Cf. G.M. SASS, *Leben aus den Verheißungen*, 257-263.

2.3.2 Dios reconcilia al mundo consigo en la muerte de Cristo

La *narratio* I (cf. 2Cor 1,15–2,3) nos disponía en la justificación apologética del cambio de viajes paulino, en ella Pablo invoca la fidelidad de Dios manifestada en las «promesas de Dios» y confirmada en el Amén de Jesucristo, esto es, en el evento pascual de Cristo, en virtud del cual se comunica la gracia de Dios y se produce la reconciliación del mundo con Dios (cf. 2Cor 5,18-21).

Damos un paso adelante dentro de la cristología paulina en Segunda Corintios. Hemos partido del contexto escriturístico de la alianza con los Padres que confluye en la colación de la gracia divina; esta dirección nos ha conducido a Jesucristo, el Hijo de Dios, predicado por Pablo. Ello nos ha aportado puesto de relieve la importancia de la confirmación de las «promesas de Dios», que retóricamente pide avanzar en profundidad y latitud, conduciéndonos hasta la reconciliación de Dios en Jesucristo. Ahora conviene considerar la vinculación de la voluntad salvífica con la consecuencia antropológica de la renovación cosmológica de la pascua cristiana: el vivir en la esfera de acción de Cristo como una καινὴ κτίσις. Y partimos de 2Cor 5,16 donde el Doctor de las gentes expone la primera consecuencia de la muerte y resurrección de Cristo: el conocimiento no según la carne. No aparece el otro término antitético: no explicita cómo se conoce a Cristo, debemos inteligirlo de la crítica interna, que nos remite a 2Cor 1,12 cuando nos habla del régimen de la gracia de Dios: ἐν χάριτι θεοῦ, remitiendo tanto a la específica y singular soteriológica de Dios, actualizando el evento pascual en el creyente de Cristo y refiriéndose a un nivel ético, de modo que hace referencia a la persona que ya no actúa conforme a los estándares de una vida centrada en sí misma sino para Cristo, muerto y resucitado (cf. 2Cor 5,15).

La justicia aparece en relación con el ministerio apostólico cristiano relacionado por medio de antítesis con el Antiguo Testamento, que viene calificado como «ministerio de la condenación» (cf. 2Cor 3,9). Una de las notas de la ἱκανότης es la permanencia en la gloria de Dios, relacionando gloria y ministerio[59]. Y la finalidad de la misma, a saber, proponer la reconciliación obrada por Dios en Cristo a través del mensaje de la misma: ὁ λόγος τῆς καταλλαγῆς (cf 2Cor 5,19)[60], porque la justicia es la meta de toda la dinámica soteriológica que estamos descri-

---

[59] Cf. A. PITTA, *La Seconda Lettera ai Corinzi*, 164-165.
[60] Retóricamente hablando emplea un recurso ambivalente: el *argumentum a fortiori*. Cf. A. PITTA, *La Seconda Lettera ai Corinzi*, 175.

biendo, el justo es aquel que ha sido reconciliado con Dios por Jesucristo, aceptando el don de la gracia en Cristo, perteneciendo al ámbito divino, por ello la justicia es de Dios: ἵνα ἡμεῖς γενώμεθα δικαιοσύνη θεοῦ ἐν αὐτῷ (cf. 2Cor 5,21b)[61].

A ello cabe añadir un elemento antropológico-aretológico, no necesariamente relacionado con la justificación en la fe de Cristo[62]. Esto quiere decir que se debe incluir la dimensión social de la justicia que Dios comunica a sus fieles, no necesariamente en virtud de la fe, sino en relación a la capacitación que comunica a toda persona humana en virtud de su ser humano y, por ende, comunicativo, relacional. En este sentido se expresa en algunas ocasiones el Apóstol indicando cómo la justicia natural y religiosa debe vivirse en el ámbito de la vida cotidiana entendida por medio de otra metáfora: la bélica, esta aplicada a la vida humana globalmente considerada (cf. 2Cor 6,7. 14).

3. La «prenda del Espíritu»: consecuencia de la confirmación

3.1 *Actividad pneumatológica*

En este punto abordamos la identidad «personal» y «teo-lógica» del Espíritu Santo, tal como la podemos encontrar en Segunda Corintios, en cuanto Espíritu de Dios y de Jesucristo, el Hijo de Dios. Partiendo de 2Cor 1,15-22 notamos cómo es la primera aparición del Espíritu Santo en esta carta, y su mención es relativa a la alegoría midrásica de las «promesas de Dios» (cf. 2Cor 1,22), describiendo los efectos de la confirmación en Cristo de toda la Escritura. Pero no sólo en esta ocasión el Tarsiota define al Espíritu Santo, también manifiesta la identidad en términos absolutos del sujeto πνεῦμα, también las expondremos sucintamente.

3.1.1 El Espíritu, Uno y fiel

La primera relación fundamental con Dios Padre y Jesucristo aparece en 2Cor 13,13 cuando nuestro autor sagrado presenta de manera orgánica y conclusiva, eucológica y retóricamente perorativa la misión y comunión entre Dios Padre, Jesucristo y el Espíritu Santo, atribuyéndo-

---

[61] Sobre su contenido semántico: cf. H. MERKEL, «καταλλαγή, ῆς, ἡ», *EWNT*, II, 647. Aplicado en comentario a nuestro contexto: cf. A. PITTA, *La Seconda Lettera ai Corinzi*, 176.

[62] Como en 2Cor 1,9, que la mención a la resurrección corporal de los muertos no tiene por qué tener en mente en un sentido explícito, directo, verdadero y propio el evento pascual de Jesucristo. Cf. A. PITTA, *La Seconda Lettera ai Corinzi*, 102-103.

les funciones específicas que ha ido glosando de diversos modos a lo largo de todo su escrito apostólico. Asimismo, el Apóstol no entiende ni predica al Espíritu Santo en términos solamente absolutos, sino en una relación orgánica con Dios Padre y con Jesús, Cristo, el Hijo de Dios, que brota de la gloria de Dios en Jesucristo y, en definitiva, conduce a ella[63]. Y además, en lo que se refiere a la voluntad salvadora revelada en las «promesas de Dios», la voluntad de Dios se encuentra relacionada con la fidelidad de Dios, confirmada en el Sí de Jesús y en el don escatológico anticipado que es el Espíritu Santo[64]. Él es el Espíritu de Dios vivo (cf. 2Cor 3,3), que participa y es la gloria de Dios (cf. 2Cor 3,18), en relación con la libertad (2Cor 3,17). Con todo su relación con Dios Padre y con Jesucristo se definen diversamente como se muestra en diversos momentos, sobre todo en relación con Cristo, con quien aparece paralelamente en algunas ocasiones.

Económicamente hablando, el Espíritu es el Don fiel de las «promesas de Dios», ya que promesas y Espíritu están íntimamente asociados en la mente del Apóstol, quiza porque él era familiar con la formulación tradicional que las vinculaba (cf. Lc 24,49; Hch 1,4; Gál 3,14; 4,28-29)[65]. De hecho se le puede definir como el «anticipo» único, ya que Pablo lo presenta como las primicias de las «promesas divinas» con una clara dimensión escatológica (cf. 1Cor 1,8-9)[66]; una cualidad esta que depende de su unidad. Del hecho de ser la única anticipación nace el carácter definitivo tanto de su identidad personal como de su manifestación en la historia junto con Cristo y bajo Él. Si reseguimos el lenguaje de 2Cor 1,21-22, entendemos que la posesión del Espíritu en cuanto «anticipo» (cf. 2Cor 1,22d) es efectivamente otro modo de decir «sello» (cf. 2Cor 1,22a), ya que indica dos aspectos de una misma realidad teológica-pneumatológica: el Espíritu es efectivamente dado en el corazón de los fieles por mediación de Cristo, y a la par es recordatorio de que en el estadio presente la acción teológica es incipiente y está llamada a realizarse plenamente y definitivamente, de aquí que el Apóstol recuerde ya antes en varias ocasiones la conciencia de que debemos esperar firmemente, y que el Espíritu es un avance de lo que serán más bienes eternos y de una riqueza pneumatológica.

---

[63] Cf. A. PITTA, *La Seconda Lettera ai Corinzi*, 117.
[64] Cf. A. PITTA, *La Seconda Lettera ai Corinzi*, 115.
[65] Cf. V.P. FURNISH, *II Corinthians*, 147.
[66] Cf. M.E. THRALL, *Second Corinthians*, I, 158.

3.1.2 El Espíritu Santo, en comunión con Dios Padre y Jesucristo

a) *El Espíritu y la esfera escatológica*

También aborda la cuestión de la escatología, que ha tenido una patente cristologización, como ya hemos considerado previamente, pero que recibe ahora una nueva tonalidad complementaria a la de Cristo. Como punto de partida para ello tenemos que la seguridad que los fieles tienen en lo referente a la escatología se debe a una esperanza netamente pneumatológica, ya que la prenda que han recibido con la confirmación en Cristo se realizará plenamente el día en que comparecerán ante el tribunal de Cristo (cf. 2Cor 5,5)[67]. Otro elemento del mismo tenor se puede definir de la siguiente manera: mientras la esfera escatológica de Jesucristo es el tribunal del juicio de Dios definitivo, la sede escatológica del Espíritu es el corazón de los fieles, el centro más profundo del ser humano donde se forjan las acciones que Cristo tendrá en cuenta a la hora de ejecutar el juicio de Dios, en el día de su parusía. De este modo, la vinculación con el hombre es más bien centrada en el hecho de ser un Don (como nota definitoria de la identidad del Espíritu) y se caracteriza por el hecho de actuar en la sede más propia y personal de cada ser humano[68].

b) *El Espíritu Santo en el ministerio paulino*

Y en primer lugar del ministerio paulino, que podemos situar ya desde el genitivo de origen que identifica el apostolado análogamente a como el Espíritu es enviado cual don al corazón de los hombres[69], de este mismo modo Pablo es enviado como apóstol a las comunidades para el anuncio efectivo del Evangelio y la efectiva influencia de la gracia de Dios en los hombres (cf. 2Cor 3,8). A ello debemos añadir una lectura complementaria: la del genitivo cualitativo, en el sentido que es el Espíritu Santo quien capacita a Pablo y sus colaboradores a ser apóstoles. En 2Cor 3,1-3 detectamos que el Tarsiota fundamenta su idoneidad en dos horizontes: Cristo y el Espíritu Santo como el contenido efectivo del Evangelio predicado, que afecta e influye de modo serio y eficaz en

---

[67] Cf. A. PITTA, *La Seconda Lettera ai Corinzi*, 57.
[68] Cf. A. PITTA, *La Seconda Lettera ai Corinzi*, 125.
[69] Para considerar el trasfondo bíblico-judaico del corazón: cf. Ex 34,1-4.27-28; Jr 31,31-34; Ez 36,25-28; A. SACCHI, «Il pensiero di Paolo: origine e sviluppi», 353-355.

el corazón de los fieles⁷⁰. El modo como se realizará es el apostolado y la predicación paulina, toda ella entendida con su origen en la acción pneumatológica⁷¹.

c) *En el horizonte eclesial*

En segundo lugar en relación a la Iglesia en cuanto constituida por los bienes escatológicos recapitalados en el don de Cristo y del Espíritu Santo, sin descuidar la relación con la Escritura. En efecto, esta cuestión es altamente densa y no podremos agotarla, simplemente enunciaremos los temas que juzgamos fundamentales a la hora de abordar la pneumatología de las «promesas de Dios». Viene definido en relación con el ministerio de Moisés y con la letra (cf. 2Cor 3,6-14) a modo de contraposición. Dicha antítesis debemos interpretarla a modo de *argumentum a fortiori*, porque es mayor la obra final por su capacidad de comunicar la gloria de Dios revelada en la Cruz de Cristo má que en las antiguas manifestaciones que simplemente eran dispositivas de esta situación cristológica. Por ello Moisés y la letra son menores al Espíritu⁷². Ello nos lleva a pensar que Pablo reconoce en el Espíritu algo más que un mero instrumento soteriológico desde el momento en que contrapone instrumentos de la Escritura, con quien mantiene básicamente una relación de continuidad, al πνεῦμα a quien sitúa explícitamente en el ámbito de Dios y su gloria (cf. 2Cor 3,18). En contrapartida el Espíritu de la fe hace que los apóstoles hablen porque el contenido es cristológico pero también pneumatológico (cf. 2Cor 11,4). De aquí que el contenido de la reconciliación de Dios en Cristo se comunique en el Espíritu Santo también: la gracia que dirige los corazones de los hombres a la glorificación de la divinidad misma (cf. 2Cor 4,13-14). La centralidad del Espíritu, pues, en el ministerio paulino es explícita y además necesaria en lo que se refiere al contenido teológico de las «promesas de Dios»⁷³.

---

⁷⁰ Nótese una vez más el *usus abbreviatus* y la metáfora explícita con la epistolografía en 2Cor 3,3 para explicar la densidad de las relaciones entre Dios, Cristo y el Espíritu. Cf. A. PITTA, *La Seconda Lettera ai Corinzi*, 156.

⁷¹ Cf. H. FINDEIS, *Versöhnung – Apostolat – Kirche*, 196-211.

⁷² Es más bien un contraste hermenéutico que histórico-salvífico. Cf. A. PITTA, *L'evangelo di Paolo*, 158-159.177.

⁷³ Cf. A. PITTA, *La Seconda Lettera ai Corinzi*, 53; I. NAKAZATO, *The Spirit in Paul's Apology*, 58-60.

d) *Activo en el horizonte antropológico*

Finalmente el Espíritu Santo actúa en cada hombre, en cada fiel. Y en esta misma línea antropológica tenemos que la justicia es otra nota del ministerio paulino que podemos referir al Espíritu en cuanto que es la acción de Dios en la intimidad humana, siendo comprendido en el doble nivel de genitivo objetivo y el causal: el Espíritu es quien causa la justicia en el hombre y es de hecho la definición de lo que Pablo hace: comunica al Espíritu y sobreviene la justicia que brota del evento pascual de Jesucristo (cf. 2Cor 3,9)[74]. También en 2Cor 6,6 riqueza de vida interior encarada a la misión exterior.

3.2 *Antropología pneumática*

3.2.1 Una antropología de la confianza referida a Dios

La conciencia y el corazón son la sede de la acción de la gracia de Dios. Esta confianza se relaciona con la conciencia en la medida que esta testimonia a Dios. Se fundamenta en la venida definitiva de Cristo y el motivo de precio y alabanza, es decir, el motivo que Pablo más bien enfatica es que a causa de la irreprensibilidad de los fieles corintios, también los apóstoles podrán gloriarse en ello[75]. Naturalmente hablando, la conciencia monitoriza interiormente al ser humano con unos estándares interiores de diversa índole[76], ciertamente de valor instrumental, que conlleva un estado interno de παρρησία que se trasmite al exterior. Con todo, no se trata de una cuestión atemática, pues también tiene que ver con la verdad y el conocimiento, hasta el punto de poder emitir juicios internos no exento de su relación con Dios[77].

En 2Cor 1,12 Pablo introduce la temática general de Segunda Corintios, y en ella dispone de modo preparatorio a descubrir la sede donde se vive y se realiza antropológicamente el evento salvífico-pascual de Cristo: la conciencia (τὸ μαρτύριον τῆς συνειδήσεως ἡμῶν). En efecto, es en la conciencia, donde la gracia de Dios actúa, y Pablo en ella se gloría (cf. 2Cor 1,12ab). El premio de su conciencia, su καύχημα, no es su propia confianza —aunque ciertasmente la posea— sino el hecho de tener presente el dato escatológico-cristológico (cf. 2Cor 1,14) y que

---

[74] En otros términos: cf. A. Pitta, *La Seconda Lettera ai Corinzi*, 176.
[75] Cf. M.E. Thrall, *Second Corinthians*, I, 135.
[76] Cf. P. Bosman, *Conscience in Philo and Paul*, 265.
[77] Cf. P. Bosman, *Conscience in Philo and Paul*, 228-232.

ella, en el día de nuestro Señor Jesús, será juzgada delante de Dios «sin reproche», al menos en lo que se refiere a su trato con los corintios[78].

El καύχημα de su conciencia debemos, en este segundo punto de nuestra reflexión, ponerlo en situación con dos disposiciones más: la πεποίθησις (cf. 2Cor 1,15a) y la παρρησία (cf. 2Cor 3,12; 7,4). Brotan de la sinceridad y sencillez de dicho καύχημα, y se definen con el genitivo de autor: la πεποίθησις dispone a Pablo a asumir con alegría la buena acogida de los corintios al segundo hermano como buen signo de acogida de la χάρις (cf. 2Cor 8,22) y que le sostiene frente a las críticas que él mismo tiene que abordar y atajar (cf. 2Cor 10,2) en la *probatio* IV (cf. 2Cor 10,1–13,10). La παρρησία vuelve a ser un término de orden jurídico que amplía la metáfora al nivel del λόγος mitológico que enunciábamos con anterioridad con respecto a la formulación paulina sobre la voluntad de Dios benéfica[79]: Pablo habla como en un juicio, con osadía y firmeza, con el rostro descubierto (cf. 2Cor 2,17; 3,4.13), fundamentado en una confianza puesta en Dios (cf. 2Cor 1,15a), como un ministro de la Nueva Alianza, como después veremos, en el apartado eclesiológico-sacramental[80]. Finalmente, notemos como estas disposiciones son obra de Dios en el hombre, para que el hombre-Pablo actúe entre los hombres[81], y se encuentran en la línea de una disposición positiva y entusiasta que brota de una recta y correcta actitud frente a Dios (cf. 2Cor 3,4)[82], tanto en el tribunal escatológico de Cristo (cf. 2Cor 1,14) como en el de los hombres (cf. 2Cor 10,2).

---

[78] Cf. V.P. FURNISH, *II Corinthians*, 129.

[79] Cf. A. PITTA, *La Seconda Lettera ai Corinzi*, 307.

[80] En dicho uso metafórico, notemos dos cosas. Primero, que este concepto sitúa la acción paulina desde su finalidad: que los corintios —y en definitiva todos los seres humanos— abran su interioridad, a saber su alma, su corazón, su conciencia, a Dios, a la esperanza de la plenitud del señorío de Dios (cf. 2Cor 3,11-12). En segundo lugar, que nos hallamos en 2Cor 7,4 con la «*peroratio* menor» (cf. 2Cor 6,11–7,4) de la *probatio* I (cf. 2Cor 2,14–7,4), compuesta de tres *demonstrationes*. La tercera (cf. 2Cor 5,11–7,4) donde define su misión apostólica: reconciliar a las personas con Dios por medio de la reconciliación de Cristo (cf. 2Cor 5,11-21). En esta línea, pues, de defensa-argumento, Pablo se define comprensible de manera retórica *per modum iudicii* con este tenor. Cf A. PITTA, *La Seconda Lettera ai Corinzi*, 255-312; H.C. HAHN, «παρρησία», *TBLNT*, II, 1949.

[81] Cf. M.E. THRALL, *Second Corinthians*, I, 254, n. 445, donde hallamos anotado este rasgo de modo óptimo.

[82] De hecho, si leemos globalmente 2Cor con A. Pitta, tenemos que reconocer que Pablo argumenta y se defiende más bien delante de Dios que de los corintios. Cf. A. PITTA, *L'evangelo di Paolo*, 172; V.P. FURNISH, *II Corinthians*, 173; M.E. THRALL, *Second Corinthians*, 228.

Conviene ahora definir el contenido de la respuesta a la gracia de Dios, teniendo en cuenta el ejemplo, retóricamente paradigmático de la confianza de Pablo en Dios, la cual no es carnal, ni un vaivén de sentimientos, porque es en virtud de la fe en Cristo que el Apóstol presenta un carácter audaz y confiado[83]. En nuestra perícopa precisamente es este concepto el que la encabeza: Καὶ ταύτῃ τῇ πεποιθήσει (2Cor 1,15a)[84]. Dicha confianza tiene dos correlatos en nuestra carta, primero la esperanza (ἠλπίς) que tiene por objeto considerar el futuro de Dios en Cristo (cf. 2Cor 1,9), y en segundo lugar tiene la βεβαίωσις como correlato (cf. 2Cor 1,21), que ya hemos visto era la categoría metafórica para hablar del cumplimiento de la voluntad de Dios en la interioridad de los fieles acogiendo sus obras maravillosas, que se pueden reducir también *per modum brevitatis* a una de las experiencias antropológicas que más clara referencia hacen a la trascendencia de Dios y su inabarcabilidad: la resurrección de los muertos, argumento excelente para la fe, sobre todo cristológica (cf. 2Cor 1,9-10). De aquí que con la confirmación tengamos que leer conjuntamente la acción de la gracia de Dios y la capacitación que Él mismo otorga para que el hombre acoja con sinceridad y sencillez la trascendencia de Dios, siguiendo el ejemplo —una vez más— de Pablo (cf. 2Cor 1,12).

3.2.2 El hombre responde a Dios por el Espíritu

Dicha respuesta se caracteriza por ser una una respuesta ético-espiritual. La posesión de la fe es ya la posesión de las «promesas de Dios», pero ello aquí no es directamente explicitado, se debe inteligir de las expresiones mismas de Pablo. La confianza en el Dios fiel, consiste en una disposición que dirige al hombre hacia el pasado y el presente, que tiene su realización en la cristología. Se opone a unos criterios de cálculo mundano y egocentrismo, prefiriendo la integridad moral y la acción divina. Precisamente sirve retóricamente de introducción a la primera sección de nuestro fragmento (cf. 2Cor 1,15-17) y dispone para una comprensión de toda la perícopa desde esta categoría

---

[83] Cf. 2Cor 1,9.15; 2,3; 3,4; 5,11; 8,22; 10,2.

[84] Con esta expresión resume todo lo el exordio de la carta, incluida la «*propositio mayor*», que es posfacio de un expediente retórico: el ἔμφασις (cf. 2Cor 1,9-11). Efectivamente, como corresponde a la naturaleza de este, Pablo afirmando tesis muy densas en contenido religioso pero ha ido conduciendo la atención del auditorio corintio en la tesis general (cf. 2Cor 1,12-14) y en las *narrationes* pertinentes, como respuesta a la expectativa iniciada después de la bendición de Dios por su παράκλησις (cf. 2Cor 1,3-8). Dicho énfasis centra la lectura en la πεποίθησις de 2Cor 1,15a.

que recoge la aportación de Segunda Corintios: la actuación de Dios suscita en el hombre la gracia, no la sabiduría de la carne, y ello se vive desde la serenidad y confianza de conciencia puesta en Dios. Y es precisamente en el contexto posterior a nuetra perícopa donde se descubre la manifestación que junto a la χάρις le dan claridad y comprensión definitivas: la fe de los creyentes (cf. 2Cor 1,23–2,4)[85].

Si buscásemos el modo de decir brevemente la sustancia de este epígrafe sería con la expresión glosada de 2Cor 1,12: el criterio de la carne ha sido anulado frente a la fe. De aquí, la consecuencia antropológica que se sigue en nuestra perícopa a nivel ético-pneumático la encontramos en 2Cor 1,17b donde aparece la expresión κατὰ σάρκα, perfilada con la inclusión de 2Cor 1,12: ἐν σοφίᾳ σαρκικῇ[86]. La sabiduría carnal ya no es criterio de actuación. Partimos de una constatación: la sabiduría de Dios está presente también en Segunda Corintios, aunque no de modo materialmente abundante[87]. Conviene, pues, remarcar que el horizonte en el que el ser humano se mueve una vez participa del evento pascual de Cristo y, por ello, de Dios, tiene que ver con el ámbito de la gracia, y ello se traduce éticamente en una antropología.

La ética que propone Pablo en Segunda Corinto tiene como apoyo toda la dinámica «teo-lógica» de las «promesas de Dios» y que culmina en la colación del don anticipatorio del Espíritu Santo en los corazones. Y en el ámbito más prácticamente antropológico tiene por sustrato la esperanza: la manifestación del horizonte «teo-lógico» en la antropología. De ello se deduce la consecuencia antropológica en Pablo y sus colaboradores es la ἐλπίς (cf. 2Cor 1,10c), siendo testigos del poder de Dios escatológico en virtud de su cualidad de capaz de resucitar a los

---

[85] De hecho, sobre este punto ya habló Clemente de Alejandría en el s. II d.C. dando pie a una incipiente «teología de la fe». En ella se pone de manifiesto la relación entre la revelación de Dios y la respuesta del fiel, que es la misma fe, respondiendo a la fidelidad que el Revelador ofrece al hombre a quien se manifiesta. Y para ello se sustenta en nuestro texto. De aquí que abrimos otro aspecto importante y en paralelo al de la χάρις: la πίστις del hombre en Dios. Cf. *Str.*, VI, 27,3–28,1; *Paed.*, I,29,3.

[86] Concordamos con M.D. Goulder, según el cual es notable la ausencia de σοφία en 2Cor. Con todo, su ausencia no es cualitativa ya que se halla en la «*propositio mayor*» de la carta, sino cuantitativa. De aquí que nos afiancemos más en la necesidad de incorporar más habitualmente la lectura exegético-retórica para una mejor comprensión de Pablo y su epistolario. Con todo no es el interés primordial del Apóstol en esta carta abordar esta temática, que ya trató abundantemente en 1Cor. Cf. M.D. GOULDER, «Σοφία in 1 Corinthians», 517-523; J. LAMBRECHT, *Second Corinthians*, 26-27.

[87] Cf. W.F. ORR – J.A. WALTHER, *I Corinthians*, 152.

muertos, el Apóstol lo ha trasladado a su estado de vida actual, que no siempre es fácil, más bien incluye dificultades extremas, como demuestran sus elencos en Segunda Corintios[88]. La esperanza que Pablo define nace de la fidelidad de Dios y tiene un específico contenido «teológico», pues confía en el Dios que resucita a los muertos (cf. 2Cor 1,9) y aporta una comprensión cosmológica apocalíptica, y contempla la paradoja fuerza–debilidad.

Siguiendo el reto de investigar los fundamentos y las consecuencias éticas de la antropología pneumática, nos volvemos a remontar a la tesis general de Segunda Corintios (cf. 2Cor 1,13-14), y de ella extraemos, con la ayuda de I. Vegge, dos consecuencias del apoyo del hombre en la reconciliación de Dios en Cristo como respuesta a la confirmación de las «promesas de Dios»: la concordia y la amistad[89]. De hecho Pablo escribe Segunda Corintios con esta intención, entre otras[90]. En efecto, se parte de la afirmación que Pablo hace de los corintios en 2Cor 1,12 cuando informa del conocimiento parcial (ἐπέγνωτε ἡμᾶς ἀπὸ μέρους) de estos fieles con respecto al quehacer ministerial de Pablo y su equipo, que debiera ser para ellos motivos de gratificación personal. Si lo leemos como argumento *a minore ad maius*, entonces obtenemos que dichas comunidades no vivían entre sí los criterios de la fe y la gracia de Dios sino parcialmente y estaban llamados a un estilo de vida fundado en una perfecta reciprocidad de voluntades por medio de la reconciliación. De esta premisa mayor extiende las consecuencias a premisas menores como son las interrelaciones con el Apóstol y el resto de fieles[91].

En resumidas cuentas, en lo referente a la ética y a la antropología, podríamos sintetizar diciendo que una antropología que contiene una definición pneumatológica en Segunda Corintios la podríamos caracterizar por ser una antropología «teorreferencial»: ya que es el Dios fiel en su gracia quien actúa en el hombre; una antropología moral porque Dios actúa en la conciencia éticamente, y una antropología sobrenaturalizada: Dios suscita la respuesta de la χάρις[92].

---

[88] Cf. 2Cor 4,8-10; 6,4-10; 11,23-29.

[89] Cf. I. VEGGE, *Second Corinthians*, 172-175.

[90] Sobre todo en el interés de retomar el diálogo con los corintios que está roto. Cf. S.N. BRODEUR, *Il cuore di Cristo*, II, 138.

[91] Cf. I. VEGGE, *Second Corinthians*, 175.

[92] D.W. Odell-Scott habla sobre la «teonomización» de las promesas de Dios. La compartimos sólo en parte. Cf. D.W. ODELL-SCOTT, *Paul's Critic of Theocracy*, 108-109; A. PITTA, *La Seconda Lettera ai Corinzi*, 238

3.3 *Una eclesiología pneumatológico-sacramental*

3.3.1 La Iglesia como un *plurale ecclesiologicum* en el Espíritu

La Iglesia es el primer fruto de las «promesas de Dios» en el Espíritu, lógicamente y cronológicamente después del evento pascual de Jesucristo. Lógicamente brota esta consecuencia de la acción confirmante en el Espíritu Santo ya que son los fieles quienes vienen confirmados por las «promesas de Dios» y según las realidades de las cuales hace referencia. Volver a repasar tanto las consecuencias «teo-lógicas» como cristológicas no es posible en este momento, pero hemos de tenerlas en cuenta, sobre todo el Protagonismo de Dios Padre, y la mediación total de Cristo en la confirmación de la voluntad divina. Ahora bien, no sólo por la mediación absoluta, única, singular y específica de Cristo, sino también por la acción genéricamente diversa del Espíritu[93], se realizan los planes salvíficos de Dios revelados en Abrahán. Tanto Cristo como el Espíritu Santo cooperan con la voluntad de Dios y la actividad mediadora–finalizadora de Cristo. Y el primer sujeto teológico no divino que lo atestigua es la Iglesia.

a) *Una pluralidad en comunión*

La Iglesia se revela en las «promesas de Dios» como una comunión de fieles. En efecto, el uso del plural en Pablo es peculiar en Segunda Corintios, y si bien divergen las interpretaciones, nos parece más adecuado realizar una lectura armonizante de las mismas, a saber: el *plurale maiestatis* y el *plurale* que denominamos *ecclesiologicum*. El uso del plural, como bien detecta la primera postura exegética, tiene una dimensión retórico-pastoral: habla de sí mismo pero al plural, con una clara intencionalidad de protección y autodefensa[94]. Ahora bien, en toda nuestra perícopa aparece en sendas secciones (cf. 2Cor 1,15-17.18-22) un uso interactivo de dicho accidente gramatical. Además de ello, la continua función apologética nos debe hacer retener que el Apóstol insiste en que la comunión horizontal de los fieles no sólo debe ser entre ellos, sino también con los apóstoles evangelizadores, estableciéndose una comunión con los ministros de la reconciliación[95].

---

[93] Cf. M.E. THRALL, *Second Corinthians*, I, 156.
[94] Cf. M.E. THRALL, *Second Corinthians*, I, 154.159. *Pace* V.P. FURNISH, *II Corinthians*, 132, que habla de un predominio del singular. No hablaríamos tanto de ello, cuanto de un uso interactivo, ya que Pablo va alternando según su argumentación, que en este caso es narrativa.
[95] Cf. I. VEGGE, *Second Corinthians*, 166-167.

b) *Dimensión escatológica del* plurale ecclesiologicum

El conjunto pronominal ἡμᾶς σὺν ὑμῖν (cf. 2Cor 1,21a) tiene un antecedente inmediato: la acción fortalecedora y sustentante de Dios (Padre), el cual es Agente último de dicha acción benéfica-soteriológica (ὁ δὲ βεβαιῶν), y tiene una finalidad: la participación plena y definitiva con Cristo (εἰς Χριστόν). Dicha participación se expresa gramatical y sintácticamente con el *plurale ecclesiologicum*, y su contenido consiste en una anticipación en la vida presente de la relación unificadora de Pablo mismo con los corintios cristianos en el Día del Señor (cf. 2Cor 1,14; 4,14)[96].

c) *Una Iglesia de bautizados–confirmados que ora*

El ámbito de la oración como expresión de la virtud tanto del fiel como de la comunidad religiosa, se expresa con la mención del *Mneiamotiv* en Segunda Corintios (cf. 2Cor 1,8-11). De ella destacamos su dimensión eclesiológica: porque efectivamente la capacidad eclesial que el Apóstol supone en los fieles es orar impetrando, en un ejercicio conjunto de glorificación de Dios que efectivamente hacen los apóstoles (cf. 2Cor 1,20d), y que ahora resulta extendido también a los fieles (cf. 2Cor 1,11.21-22). En 2Cor 1,11a el empleo del verbo συνυπουργέω reclama también una colaboración simultánea pero diversa, ya que la oración que describe Pablo como ayuda en vistas a τὸ εἰς ἡμᾶς χάρισμα (2Cor 1,11c) tiene como directo *partner* a Dios, ya que el término central de este sintagma habitualmente refiere o un acto llamativo de poder por parte de Dios en un claro sentido vertical Dios–humanidad, y también en una actividad antropológica apoyada en el poder activo de Dios en el quehacer moral específico del cristianismo[97].

Podríamos definir a la Iglesia como la comunidad del Amén en Cristo, apoyados en la importancia del lenguaje litúrgico para hablar de Dios en Pablo. Esta idea va apareciendo a lo largo de todo comentario de Segunda Corintios: la referencia al mundo litúrgico que se mueve en

---

[96] Cf. M.E. THRALL, *Second Corinthians*, I, 159.

[97] En 2Cor, nos hallamos con carisma como acto poderoso llamativo de Dios, que se puede entender de diversos modos: unido al inmediato παράδειγμα paulino de la situación en Asia (cf. 2Cor 1,8-9.11), y entonces se encuentra vinculado al hecho de ser sorprendentemente rescatados de la muerte. También puede indicar la posesión de la fe en cuanto don espiritual; los privilegios del pueblo de Israel, en cuanto voluntad de Dios; la continencia sexual del fiel cristiano, y dones específicos de carácter netamente trascendente Cf. K. BERGER, «χάρισμα, ατος, τό», *EWNT*, III, 1105; BDAG, «χάρισμα, ατος, τό», 1081; M.E. THRALL, *Second Corinthians*, I, 122-124.

la esfera judía y cristiana. De aquí viene que se le tenga que reconocer su importancia: primero porque Pablo nos ofrece otro signo de continuidad con la Escritura por medio de la resonancia bíblica (cf. Is 65,15-16) que aparece en 2Cor 1,18.20. Segundo, porque la relación con la sinagogal también subyace con la respuesta litúrgica puesto que es la que se emplea para sancionar humanamente las palabras de Dios escuchadas. Finalmente, la especificidad cristiana se percibe con el eco bautismal del lenguaje empleado en la segunda sección de la perícopa en estudio (cf. 2Cor 1,18-22), con su componente comunitario y responsorial[98]. Finalmente, una Iglesia que ora se traduce en una Iglesia solidaria del amor de Cristo. De hecho, la colecta de Jerusalén (cf. 2Cor 8–9) es también un dato pastoral que se fundamenta en un amplísimo fondo teológico y pneumatológico, es una consecuencia de la obra del Espíritu Santo: a nivel escatológico, comunional y cristorreferencial.

3.3.2 El bautismo: sacramento del Espíritu y de la Iglesia

Revisitamos la cuestión de la terminología pneumatológica desde una perspectiva relativa, destacando la fuerza metafórica de la misma y deducir cuál es la realidad *translata* a la que Pablo desea hacer referencia. La primera relación que conviene destacar es que a la luz del discurso paulino, el bautismo es una consecuencia sacramental de la «promesas de Dios». En efecto, el uso de términos como βεβαίωσις, σφραγίς o ἀρραβών se mueven dentro de la metáfora[99]. Pablo aplica esta metáfora a la acción pneumatológica de Dios: Dios confirma en vistas a incorporar a los fieles a Cristo, y para expresar la actividad del Espíritu Santo que es el sujeto específico que lo ejecuta, el Apóstol lo hace usando de un campo semántico vinculado a lo jurídico-comercial. Resulta interesante que el Tarsiota no emplee lenguaje directamente pneumatólogico para presentar la actuación del Espíritu. Sobre todo amplía la conexión entre el Espíritu y el bautismo, incluyendo experiencias posbautismales, a las que alude en Gál 3,2-5[100].

---

[98] Cf. G.M. SASS, *Leben aus den Verheißungen*, 246-251; A. FUCHS, «βεβαίωσις, εως, ἡ», *EWNT*, I, 504.
[99] Cf. M.M. MITCHELL, «New Testament Envoys», 641; S.N. BRODEUR, *Il cuore di Cristo*, II, 133-134.
[100] Cf. M.E. THRALL, *Second Corinthians*, I, 155, n. 192; H. SCHERER, *Geistriche Argumente*, 148-149.

PARTE TERCERA

CONCLUSIÓN

CAPÍTULO VII

Teología retórica sobre las «promesas de Dios»

1. Cotejo de Gál 3,19-22 y 2Cor 1,15-22

1.1 *Síntesis de Gál 3,19-22*

En nuestra monografía, la síntesis teológica de Gál 3,19-22 ha dispuesto los siguientes argumentos teológicos. En primer lugar, Pablo nos introduce en una argumentación de horizonte trinitario, aportando tres categorías no idénticas, pero sí pertenecientes al ámbito divino-trascendente: primero, Dios uno y fiel a quien los creyentes podrán invocar como Padre (cf. Gál 4,4), segundo, Jesucristo, que ha realizado el contenido de las «promesas de Dios» como «descendencia» de Abrahán biológica y religiosamente, aportando *efectivamente* la novedad de la filiación divina, y tercero, el Espíritu que vivifica a los creyentes por medio de la fe de Jesucristo.

En segundo lugar hemos prestado atención a cómo el Apóstol ha insistido en la unidad de Dios (cf. Gál 3,19c) y en su fidelidad a la hora de querer para la humanidad una participación de un estatus soteriológico de filiación. La unidad y la fidelidad se identifican de Dios, ya que las «promesas de Dios» son revelación de la unidad y fidelidad del mismo. Esta dinámica manifiesta cómo la ley tenía un peso singular, respondiendo a las transgresiones de los hombres (situación antropológica previa a la llegada de la fe de Jesucristo). Era una respuesta fiel pero accesoria de Dios, que afrontaba la situación antropológica que impedía la acogida de dicha υἱοθεσία. Con todo, el don de la justicia de Dios y la realización de las «promesas de Dios» vienen por la sumisión a la providencia del Dios único, Padre de Jesús (cf. Gál 3,21cd; 4,4).

En tercer lugar hemos tenido en consideración cómo Pablo ha respondido al contexto histórico específico de las iglesias gálatas, ofreciendo una perspectiva pneumatológica eclesiológica que se fundamenta en el Evangelio predicado y la experiencia pneumática de los fieles y tiene su consecuencia moral y comunitaria. De este modo el don de Dios por Jesucristo en el Espíritu se concreta en la vida eclesial con unos estándares precisos de conducta humana, que no deben confundirse con el fundamento veterotestamentario de la ley sino en la libertad que aporta la justicia de Cristo. Éste no destruye la ley sino que la resitúa en el ámbito preciso de la revelación de las «promesas de Dios». Efectivamente, la fidelidad de Dios es quien perdona, justifica, vivifica y une *per modum participationis* de su misma divinidad[1].

1.2 *Síntesis de 2Cor 1,15-22*

De 2Cor 1,15-22 hemos obtenido los siguientes resultados. En primer lugar, se acentúa indirectamente la unidad de Dios. Económicamente hablando Cristo responde a «las promesas de Dios» con su vida proexistente y confirmando la voluntad de Dios. No aparecen mencionados directamente justicia, pecado ni Escritura, aunque contextualmente el interés paulino se centra en disponer al auditorio a la reconciliación y a una eclesiología específica. Insiste más todavía en el horizonte bíblico de su argumentación, sólida en contenido escriturístico, y teniendo más en cuenta la acción de la gracia de Dios, y remarca explícitamente su vertiente «teo-lógica»[2], cristológica (cf. 2Cor 8,9), eclesiológica (cf. 2Cor 1,15c; 4,4) y antropológica (cf. 2Cor 8,7.19).

Con respecto a la voluntad de Dios reflejada en las «promesas», el vínculo teológico que Pablo propone es la unidad, fidelidad y poder de Dios Padre. Además se da el envío de Jesús como respuesta «confirmatoria» de las mismas dejando espacio a una riqueza de consecuencias en diversos órdenes. La eclesiología nace y se desarrolla en este apoyo del ámbito divino, muy remarcado además por el ejemplo paulino.

Finalmente, la respuesta al cuadro sociológico-eclesiológico al que el Tarsiota desea contestar es una llamada insistente a la reconciliación con Dios, entre ellos y con él, de manera análoga a como Dios les ha reconciliado consigo mismo a través del evento pascual de Cristo. Específicamente teológica es la colación de la gracia divina, que se comunica a través de la predicación y mediación de los apóstoles, la aco-

---

[1] Alargamos la visión de P. Lima Vasconcellos ya que abundamos en el significado de vida como contenido de las promesas a nivel cristológico, pneumatológico y eclesiológico. Cf. ID., «Promessa», *TTB*, 1095

[2] Cf. 2Cor 1,2.12; 4,15; 6,1; 8,1; 9,8.14.

gida del evangelio paulino (cf. 2Cor 1,18) y la sacramentología que ha vivido Corinto, concretamente el bautismo (cf. 2Cor 1,22), complementado todo ello con una ética que brota del perdón de Dios.

1.3 *Semejanzas entre Gál 3,19-22 y 2Cor 1,15-22*

1.3.1 Una semejanza retórico-dispositiva

En la primera perícopa analizada (cf. Gál 3,19-22), nos encontramos con dos secciones incoadas por un *quaesitum* que procede a responder, en medio de una prueba de Escritura muy prolongada, reflejando el dominio de dos campos de elocución: el judío y el helénico. En el segundo texto seleccionado (cf. 2Cor 1,15-22), tenemos también dos secciones con dos *interrogationes rhetoricae*. En sendos momentos el Apóstol introduce una cuestión para hacer avanzar el discurso y la reflexión, con lo que conlleva de carácter muy espontáneo y *quasi ad casum* de su argumentación, si bien no improvisado.

1.3.2 Horizonte trinitario

El ámbito divino según Gálatas y Segunda Corintios se presenta muy con una doble hermenéutica teológica: Dios es uno y único, pero a la vez ofrece una diferencia interna que no interrumpe la continuidad monoteística del credo paulino. Efectivamente, Dios es único, fiel y vivificante, que devuelve la vida a los muertos, misericordioso y pacífico. Estas tradiciones se desarrollan teológicamente en la Torá, aunque cronológicamente son el resultado de otras tradiciones críticamente más antiguas[3]. Dios, considerado en sí mismo, es el Uno que da origen tanto a la creación como a la dinámica soteriológica, expresada con términos semejantes, como a continuación veremos veremos. La existencia de Dios viene seriamente supuesta, no se duda de ella ni se altera: simplemente se matiza, aunque dichos matices provocan una fuente de novedad teológica, primero por la equiparación teológica de Jesucristo y del Espíritu en el mundo divino, y segundo, porque mantienen su identidad personal y su característica económica a un mismo nivel: el del Dios único, fiel y poderoso en sus obras.

1.3.3 La «teo-logía» de la unidad de Dios

La «teo-logía» de Pablo tiene dos pilares de redefinición con respecto a su *background* original: primero, manteniendo que Dios Padre se

---

[3] Cf. C. BREYTENBACH, «Der einzige Gott», 53-54.

mantiene como Agente y Sujeto absolutos de toda la revelación y la salvación, es Uno, es único, es fiel, pero no actúa ni está solo. Segundo, la soteriología ha manifestado *ex eventu* cómo Dios en su identidad y su providencia no actúa solo, sino como Padre de Jesús y Efusor del Espíritu, sin confundirse con ellos, pero sin ser diferente de ellos. Los tres se conjugan en unidad, fidelidad y potencia divinas, aunque el evento pascual se atribuye a Cristo y la prenda anticipatoria de la escatología al Espíritu.

1.3.4 La Escritura, fundamento «teo-lógico»

Las «promesas de Dios» son una expresión metonímica de la Escritura, concretamente de Génesis Y a su vez, la Escritura, personificada, es la metonimia de la voluntad de Dios. En la revelación de Dios, la novedad de Cristo nos indica la concreción de la paternidad de Dios en Jesús, y dicha concreción conlleva la necesaria relectura paulina de todo el Antiguo Testamento. Primero, a nivel de contenido, ya que la Biblia paulina no era sólo un texto, sino una categoría que definía una época. Ahora con Cristo y el Espíritu se ha inaugurado otra época, la definitiva, que ha comenzado y se está desarrollando. Las «promesas de Dios» —y por ende la Escritura entera— se están confirmando, porque en Cristo se realizan produciendo novedad de sentido.

Segundo, Pablo aporta una relectura escatológica, ya que identifica el tiempo posterior al evento pascual como el tiempo esperado por la Escritura: la situación previa a la fe en Cristo (el hombre bajo el pecado en Gálatas, y el tiempo de la letra y el ministerio de muerte, en Segunda Corintios, respectivamente) se han visto transformados por la donación del Espíritu, que causa la filiación con Dios con Jesús y como Jesús, y que anticipa los beneficios que supone la misma, a saber: una vida de justicia divina, de hijos de Dios y de amor en la fe y la verdad. Y hacemos notar finalmente cómo la justicia viene tratada igualmente en sendas cartas: dentro del aparatado probatorio de las mismas (cf. Gál 3,22; 2Cor 3,9; 5,21; 6,14; 11,15).

1.3.5 Dios, fundamento real de la Iglesia

En este epígrafe se parte del elemento sociológico-coyuntural que ha producido sendas cartas paulinas. Los escritos bíblicos de nuestro análisis son dos respuestas muy cercanas en el tiempo a una necesidad de índole comunitaria que reclamaban de Pablo una respuesta inmediata. Y en dicha contestación la importancia no recae ni retóricamente ni contenutísticamente en la persona, acciones y reacciones del Apóstol, sino en el celo por la conservación del mensaje evangélico y sus benéficas consencuencias. Éstas han surgido del evento pascual de Cristo y se aplican a cada fiel y a la comunidad en general por la fe de Jesucristo y en el Espíritu, que mantiene la comunión eclesial.

1.4 *Diferencias entre Gál 3,19-22 y 2Cor 1,15-22*

1.4.1 Una *dispositio rhetorica* diversa

La primera diferencia notable es la retórico-dispositiva. Mientras que con Gálatas se encuentra en plena *probatio* II (cf. Gál 3,1–4,7), en Segunda Corintios el Apóstol está ofreciendo una primera *narratio* (cf. 2Cor 1,15–2,3) que pone en precedentes sobre la situación conflictiva que vivía la iglesia corintia. Otra diferencia dentro de este campo es la longitud de la perícopa sensiblemente diversa en sendos textos: la primera es breve y sucinta, buscando el clímax en Gál 4,1-7, mientras que 2Cor 1,15-22 es más larga y rica en detalles, igualmente densa en contenido y con mayor prolijidad en los detalles.

1.4.2 Acentos diversos en la argumentación

Sobre la cuestión del contenido argumental, nos centramos en el detalle del Protagonismo de Dios, en primer lugar. Mientras que en Gál 3,20 aparece definido como uno (ὁ δὲ θεὸς εἷς ἐστιν), en 2Cor 1,18 se pone el acento en su fidelidad (πιστὸς δὲ ὁ θεός). En segundo lugar, otro acento claramente manifiesto son las expresiones como γραφή, ἐπαγγελίαι θεοῦ, ἐπαγγελία, πίστις, que aparecen en litigio con la ley, sus disposiciones y los agentes que participan en su colación. Gál 3,19-22 es una perícopa de transición y de litigio que no se entiende plenamente si no es en su conjunto argumental, con la Escritura como aval fundamental de su desarrollo, mientras que sorprendentemente detectamos la ausencia absoluta en 2Cor 1,15-22 de la ley, la angelología y la presencia del mediador anejas que Gál 3,19 explicitaba.

Otro elemento a tener en cuenta es la presencia del pecado, entendida como categoría abreviada retóricamente que hace referencia al lapso antropológico entre la creación de la especie hasta la justificación en virtud de la fe de Jesucristo. La insistencia en este aspecto nos muestra la función propia del evento pascual de Cristo de remover el pecado, su estructura y su régimen en el ser humano. De hecho, una vez dada su presencia es la Escritura misma la que se encarga de dejarlo todo cerrado bajo dicha entidad negativa para que el poder de Dios, la vida y la fe «teo-lógicas» se manifiesten con mayor claridad. De este modo, a nivel retórico con una *dispositio* climáctica, mientras que a nivel teológico, se expone la fidelidad de Dios pese a la infidelidad del hombre.

Finalmente un último acento es la orientación doxológica que 2Cor 1,20 explicita y que Gál 3,19-22 omite. Orientación que tiene la confirmación de las «promesas de Dios» y que consiste en la acción de Jesús y de los apóstoles tiene como meta la gloria de Dios, una gloria de la que penden las consecuencias de ésas. En cambio, en Gálatas se define la promesa como un don que se da en la medida en que se tiene fe en Jesucristo.

1.4.3 Las «promesas de Dios»: entre confirmación y don

Cabe ahora señalar las especificidades en la identificación de la misión salvífica de las «promesas de Dios». En Gálatas las «promesas de Dios» venían relacionadas con la justicia por la fe de Jesucristo, en Segunda Corintios vienen presentadas desde la perspectiva de su confirmación, realidad ignorada en Gálatas, cuya raíz semántica ni aparece. La justicia, en cambio, viene relacionada en Segunda Corintios sea con el ministerio apostólico de la Nueva Alianza sea con la disposición cristológico-antropológica, primer fruto de la reconciliación en la acogida del fiel por medio de la fe. A ello cabe añadir que hay obviamente las realidades que describe son las mismas, siendo el mismo tanto el autor apostólico como el evangelio cristiano que predica, con todo detectamos diferencias lexicales cuando se refiere al mismo ámbito teológico, con las consecuencias que tiene. Así describe la situación antropológica previa a la fe como παράβασις en Gál 3,19b mientras que en 2Cor 1,17 viene descrita como σάρξ. La fidelidad de Jesús viene definida con términos diversos: πίστις Ἰησοῦ Χριστοῦ (cf. Gál 3,22) y como ἀμήν/ναί (cf. 2Cor 1,20). También cabe destacar el uso polisémico de χάρις que tiene en 2Cor 1,15c y que a lo largo de la misma desarrollará, cosa que Gálatas no tiene tanto en mente.

En referencia a la πίστις, debemos indicar también la ausencia explícita de la misma en 2Cor 1,15-22, mientras que en Gál 3,22 aparece como el paso siguiente a las «promesas de Dios», que no se consideran confirmadas, sino como un don que el creyente en Jesucristo recibe. En Segunda Corintios, la fe queda relegada a otros momentos y no expresamente relacionada con las «promesas de Dios» (cf. 2Cor 1,24; 4,13; 5,7; 8,7; 10,15; 13,5).

Hay otros datos que secundariamente no coinciden entre ambas perícopas. Son conceptos circundantes del ámbito teológico que divergen sensiblemente en el desarrollo argumental: la mención de los ángeles explícita sólo en Gál 3,20; la función de la Ley peyorativa (cf. Gál 3,19); la acción vivificadora de la Escritura, mientras que en 2Cor se traslada a otra sección. Finalmente notamos una ligera variación en el significado continuo-discontiuo πίστις–πιστός (Gal 3,22; 2Cor 1,18). Son, en definitiva, estos y otros elementos peculiares de cada carta no directamente teológicos pero ayudan a comprender estas diferencias, de modo que podremos concluir que no son deliberadas omisiones teológicas ni contradicciones teológicas.

2. Definición de rasgos que conducen a un discurso «teo-lógico»

2.1 *El Antiguo Testamento: entre fidelidad y novedad hermenéutica*

Pablo sintetiza el Antiguo Testamento de manera personal, a la luz de su vocación cristofánica y la experiencia ministerial de predicación del Evangelio a los gentiles, a la luz de tres «horizontes» de trabajo. El primero es el contexto comunitario de sus iglesias. En efecto, cada carta nace en el contexto eclesial específico ante el cual Pablo desea responder teniendo por elemento fundamental el mensaje evangélico que ha constituido a dichas comunidades. Así pues, en Galacia, a la luz de su contexto, debemos entender el discurso sobre Dios que desarrolla tanto en su evangelio como en su λόγος sobre las «promesas de Dios». Partiendo de la tradición veterotestamentaria de Abrahán y el conjunto de bienes prometidos, el Apóstol incorpora por primera vez en su epistolario un argumento bíblico relativamente más desarrollado a través del midrás cristiano, aplicándolo paradigmáticamente a los creyentes, culminando en el evento pascual de Jesucristo y la comunicación de la fe —por medio de una justicia de Dios—, el Espíritu Santo y el estatus soteriológico de hijos de Dios.

En Corinto, Pablo destaca la necesidad de insistir en la reconciliación, insistiendo más en los elementos apologéticos en vistas a una consideración más precisa de la importancia del ministerio de los apóstoles, así como en la identificación de la Nueva Alianza, que no es abrogación de la antigua, sino que en virtud de la comunicación de la gloria divina, de una renovación efectiva de la creación y de la colación del Espíritu, la Nueva tiene un estatus soteriológico análogo al de las «promesas de Dios»: tienen su confirmación en Cristo y desde ésta se van desarrollando hasta culminar en la plena consumación gloriosa de Dios. De aquí que el ministerio sea importante, así como la comunión orgánica con las otras iglesias, que se concreta en el caso de Corinto con la ejecución de la colecta, insistiendo a su vez en la necesidad de que sean generosos. En definitiva, dos contextos diversos que nos van a dar dos horizontes diversos: no opuestos sino complementarios, como ahora veremos.

El segundo horizonte de trabajo sobre el Antiguo Testamento es el «teo-lógico». Las tradiciones abrahámicas de Génesis han servido a modo de fundamento *dogmático* para el discurso sobre Dios. Se inserta en Gálatas dentro de una «teo-logía» más amplia en la cual podemos situar dos niveles de definición de Dios a la luz de su carta: la identidad divina y su actuación externa. En lo referente al primer punto, destacamos las siguientes notas teológicas centrales: su existencia implícitamente asumida, caracterizado por su unidad; su fidelidad; su providencia y justicia, así como su paternidad singular con respecto a su hijo, Jesucristo[4]. En cuanto a su revelación y actividad externa, tenemos la afirmación de su paternidad con respecto a los creyentes; revela a Jesús, en la gloria de la resurrección y en la de Pablo; se implica en el desarrollo de cada fiel desde su acogida de la fe hasta la consumación filial en Cristo y el Espíritu, y es quien comunica la gracia por Cristo, la paz y la misericordia, quedando establecidas una realidad social antropológica estable como la Iglesia de Dios; el Israel de Dios, y el reino de Dios[5].

En la «teo-logía» de Segunda Corintios, obtenemos una perspectiva más amplia y desarrollada que en Gálatas. En cuanto a la identidad de Dios, se afirma una existencia gloriosa que debe ser reconocida intelectual y religiosamente[6], lo cual se da en virtud del evangelio de Cristo[7], y además es horizonte de bendición continua[8]. Dios es Padre de nuestro Señor Jesucristo[9], el cual es Imagen de Dios[10]. El Espíritu está íntimamente relacionado con el ámbito del Dios vivo[11]. Dios es poderoso, fiel, amoroso, santo, celoso, sencillo, cuya gloria se debe conocer[12]. En cuanto a su revelación externa, Pablo nos informa de que Dios ha dado a conocer su voluntad, siendo Actor principal de la gracia de Cristo[13].

---

[4] Cf. Gál 1,3; 3,18.20; 6,7.
[5] Cf. Gál 1,1.3.4.6.13.15-16; 3,5; 4,1-7; 5,21; 6,16.
[6] Cf. 2Cor 4,7.15; 9,13.
[7] Cf. 2Cor 2,17; 4,2; 10,5; 11,7.
[8] Cf. 2Cor 1,3; 11,31.
[9] Cf. 2Cor 1,3.19; 11,31.
[10] Cf. 2Cor 4,4.
[11] Cf. 2Cor 3,3.
[12] Cf. 2Cor 1,1.12.18; 4,4; 6,1.7; 7,1; 8,1.5; 9,14; 11,2; 13,4.13.
[13] Cf. 2Cor 1,12; 6,1; 8,1; 9,14.

En él el hombre se puede apoyar, porque ha reconciliado el mundo consigo, haciéndonos justicia suya en Jesucristo, su Hijo[14]. Este apoyo se concreta en que efectivamente nos consuela[15], y nos confirma, comunicándonos al Espíritu Santo con una intensa única, a saber, ungiendo, sellando y gozando anticipadamente de la gloria de Dios[16]. El hombre puede jurar verazmente por Dios y hallar en Él el criterio fundamental de un comportamiento humilde, místico y práctico[17]. Además de ello, Dios sostiene una intimidad con los fieles prometida y ser templos suyos[18], eligiendo a algunos ministros del evangelio y la nueva alianza, confiriéndoles la idoneidad que la misión cristológica requiere[19]. Y ello se produce también en el horizonte eclesiológico[20], en que nos movemos durante toda la lectura de esta carta.

Finalmente está el «horizonte» hermenéutico en el cual se ubica el discurso paulino de las «promesas de Dios». Pablo ha procedido a una lectura bíblica interpretativa empleando el instrumental judío y helénico, sobre todo el retórico estoico[21]. Ahora bien, cabe señalar cómo se debe entender la continuidad entre sendas alianzas (cf. Gál 4,21-31; 2Cor 3,1-18) ya que los discursos teológicos en cuestión se han construido sobre la base retórica de la polémica. La respuesta adecuada a esta pregunta es que, en ningún momento Pablo entiende sendas categorías como opuestas al mismo nivel: ley-promesas o letra-Espíritu, sino que debe interpretarse a la luz de la economía de una única eterna Alianza de Dios con dos momentos de revelación. Seguimos también la opinión de G. Barbaglio que presenta la continuidad de Pablo con su tradición judía precedente, sobre todo cuando reelabora y reinterpreta las tradiciones del AT sobre Abrahán. En definitiva, es una única voluntad de Dios que se revela de dos modos consecutivamente pero suplementariamente. Y el fundamento de dicha novedad tiene su apoyo en la propia experiencia de adhesión a la fe cristiana y a la experiencia carismática del Espíritu Santo en el conjunto de la Iglesia[22].

---

[14] Cf. 2Cor 3,4; 5,18-21.
[15] Cf. 2Cor 1,3-4; 7,6.
[16] Cf. 2Cor 1,21; 5,5.
[17] Cf. 2Cor 1,18.23; 7,8-12; 9,7-8; 10,13; 11,11; 13,7-9.
[18] Cf. 2Cor 6,16; 13,11.
[19] Cf. 2Cor 3,3; 5,18; 6,4.
[20] Cf. 2Cor 1,2.
[21] Cf. M. GRILLI, «Unità», 1465-1467; G. BARBAGLIO, *Gesù di Nazaret*, 193-195.
[22] Cf. F.J. MATERA, *God's Saving Grace*, 89.

2.2 Teología sobre «la existencia de Dios» (Deus ad intra)

2.2.1 La unidad, nota «teo-lógica»

Dios es uno y fiel. La unidad de Dios *quoad se* se reconoce intrahistóricamente a través de la revelación de sí mismo a través de la Alianza establecida con Abrahán (cf. Gn 12,1-9)[23]. Pablo se apoya en el testimonio de la unidad de Dios para mostrar el fundamento de su fidelidad, quedando claro así que es gracias a que Dios existe en su unidad que es fiel a su voluntad, claramente una y única, y por ello universal en lo que se refiere a su alcance. De aquí que en la concreción cristológica de la realización de sus promesas, se oponga a Cristo-Uno el conjunto del «todos», sea de los pecadores, sea el de los fieles unificados en Cristo, participando de la unidad divina como hijos adoptados por Él (cf. Gál 4,1-7)[24]. Por ello, cuando Pablo relaciona la Escritura con el pecado de los hombres (cf. Gál 3,22), emplea retóricamente el vocablo con un fuerte sentido teorreferencial, esto es, implicando a Dios de modo indirecto: es Dios quien permite el pecado precisamente porque es fiel a su Alianza. Su fidelidad es origen de la Alianza y de la ley que sirve de arreglo temporal frente a la disfunción humana del pecado. Alianza y ley, pese a ser entidades diversas, y no relacionarse igual con la unidad–fidelidad de Dios, son expresiones diversas de la misma voluntad de Dios.

Otro aspecto importante sobre la concepción «teo-lógica» paulina en las «promesas de Dios» es que la unidad de Dios es origen y fuente de la gracia. La gracia de Dios se fundamenta en la condición amorosa de la fidelidad «teo-lógica», un amor ejemplificado y causado por la pasión y glorificación de Cristo, que se comunica a los fieles con tal eficacia que consigue no sólo borrar la dimensión negativa que supone el pecado, sino que ingresa al hombre en el mismo ámbito divino con una justicia renovadora de la humanidad: la justicia de Dios. De hecho la finalidad de la reconciliación es la manifestación de la justicia de Dios en la Iglesia en Cristo. La referencialidad de Cristo no anula ni distrae del teocentrismo de la soteriología, sino que la caracteriza: la «teología» de la salvación pasa a través de Cristo[25].

---

[23] Para valorar la importancia de la Alianza en lo que se refiere a la «teo-logía» paulina en nuestros contextos (cf. 2Cor 3,1-3; 4,7-10), hemos de tener en cuenta también que usará de metáforas. Cf. G.M. SASS, *Leben aus den Verheißungen*, 493-494; J.L. WHITE, *Apostle of God*, 36-37.

[24] Sobre la polarización cristológica de toda la tradición veterotestamentaria: cf. G.M. SASS, *Leben aus den Verheißungen*, 492-493

[25] Cf. I. DUGANDŽIĆ, *Das «Ja» Gottes in Christus*, 110.

Un tercer acento sobre la unidad de Dios es la riqueza interna que manifiesta, porque dicho adjetivo numeral se aplica no sólo a Dios en Gál 3,20b, sino también a Jesucristo (cf. Gál 3,14; 2Cor 5,14) y también a los destinatarios de la misma reunidos en la unidad de la Iglesia (cf. Gál 3,28; 2Cor 1,20c). Esta última realidad tiene su consistencia no en virtud de sus méritos previos, sino de la fuerza de la fe de Jesucristo, que es quien vivifica a los fieles (cf. Gál 3,21c); los dispone por medio de una intensa acción sobre ellos (cf. 2Cor 1,22), insertándolos en el ámbito humano-divino cristológico, por medio de la misma consagración con la unción, y por medio de la comunicación de los bienes escatológicos. La unidad eclesial, pues, se apoya y fundamenta en la previa unidad pneumatológica, siendo este también partícipe del ámbito divino.

2.2.2 La revelación del Dios uno y rico en su unidad

Dios actúa fuera de sí, sale de su ámbito de identidad, Dios obra *ad extra*. Si Pablo no escatima en detalles y en intensidad cuando parte de la unidad divina manifestada en Dios Padre, Jesucristo y el Espíritu Santo, más aún se apoya en el modo cómo se revela a la humanidad. Su predicación tiene un triple frente: el contenido de la revelación; el receptor de la misma, y las consecuencias.

El contenido de la revelación parte de la consideración de sus cualidades que ponen de manifiesto su unidad poderosa. Ya hemos indicado en el apartado anterior los adjetivos que brotan del *Deus unus* que el Apóstol tiene como punto de partida: santidad, fidelidad, unidad, potencia, fuerza[26]. Ahora llega el momento de articular un concepto previo que nos ayude a interpretar las «promesas de Dios» en su profundidad teorreferencial o «teo-lógica», que se define por un principio fundamental que ya en la vocación abrahámica aparece: la voluntad de santificar a los hombres, a que salgan de su condición mínima y accedan a la vocación máxima, a un estatus soteriológico tal que puedan recibir y devolver la gloria de Dios. De aquí la importancia de la dimensión doxológica de la revelación y en la que insistirá en las dos cartas de nuestra monografía.

El destinatario de la revelación es la humanidad misma, considerada en su condición de criatura bajo el pecado. En cuanto criatura, Dios

---

[26] Cf. I. DUGANDŽIĆ, *Das «Ja» Gottes in Christus*, 314-315; G.M. SASS, *Leben aus den Verheißungen*, 503-514; F.J. MATERA, *God's Saving Grace*, 226-231; S.N. BRODEUR, *Il cuore di Cristo*, II, 289-298.

continúa manteniendo en la existencia a los hombres manteniéndolos en su naturaleza, aun permitiendo el pecado, que no viene del todo definido, sino simplemente enunciado. Con todo, como respuesta a la misma tenemos dos categorías que hallan su confirmación y cumplimiento en Cristo. Según la nomenclatura de Gálatas es la «promesa» que conduce a la «justificación por la fe» de Cristo; según Segunda Corintios, es la reconciliación de Dios consigo mismo. Sendas categorías tienen en el fondo un diálogo soteriológico intenso e interesante. Por un lado, está los dos constructos soteriológicos de origen divino: la Antigua y la Nueva Alianza. La nueva permanece mientras que la primera queda como anticipación, promesa y preparación de la acogida de Cristo, que con su muerte pascual resuelve el conflicto del pecado. El otro constructo es el diálogo entre Alianza y ley, que relacionadas desde el plano salvífico, no son iguales, ya que la segunda es un dispositivo que prepara al hombre por medio del reconocimiento de la propia esclavitud bajo un régimen peyorativo, a reconocer igualmente el amor fiel y poderoso de Dios cuando venga con la efusión de su gracia por medio del evento Pascual de Cristo y la efusión del Espíritu, prenda de lo porvenir glorioso y benéfico.

Finalmente, la revelación tiene unas consecuencias a dos niveles: intrahistóricos y escatológicos. En cuanto al primero, debemos reconocer todo un léxico que Pablo desarrolla en una línea de máximas, sobre todo de confianza en Dios y en el ministerio recibido de predicar (cf. 2Cor 1,19cd). El ministerio apostólico es ya un don del Resucitado que está en función de suscitar no sólo conciencias humanas aisladas que acojan la fe de Cristo, sino comunidades unidas con los vínculos de la fe y los sacramentos, sobre todo el bautismal, para que crezca la gracia de Dios, no tanto en sí misma, sino en cuanto al eco efectivo que tenga en el resto de la sociedad humana. La salvación de Dios en Cristo, la justicia de Dios en Cristo y en la fe cristiana tiene un eco a su vez antropológico, traduciéndose en un comportamiento común y privado que acoge desde la liturgia y la oración hasta la presentación personal ante los demás. Y aquí juega un papel capital el παράδειγμα paulino, que se pone al mismo nivel que el abrahámico y el cristiano, y que podemos enunciar con categorías como valentía, confianza; vivir según la gracia de Dios y no conforme a la ligereza o a la carne. El mismo Pablo insiste con su ejemplo y el de Abrahán, así como el de Cristo en no quedar encerrados en el pecado (cf. Gál 3,22) sino en acoger por la vía de Cristo y su comunidad la gloria de Dios (cf. 2Cor 1,20cd).

2.3 *Antropología teológica de la gracia (*Deus quoad nos*)*

La actuación *ad extra* de Dios en la humanidad y en el mundo no es meramente declarativa, sino performativa, esto es, que infiere en los que reciben su manifestación una condición nueva, un *quid* novedoso que Pablo define con categorías bíblicas y metafóricas, que podemos situar desde los efectos de Dios en la creación y en el hombre.

Dios llama a través de su gracia (cf. Gál 1,15). Con esta experiencia, Saulo de Tarso entra en el ámbito de Dios a través de una manifestación cristológica (cf. 1Cor 9,1; Gál 1,13-17). La Iglesia es una comunidad unida en virtud de la llamada de Dios por medio de la gracia de Cristo, que se manifiesta con la escucha del Evangelio del Crucificado, la recepción del Espíritu escatológica y vivir conforme a sus estándares socio-éticos. Esto se resume en la expresión braquilógica: escucha de la fe (cf. Gál 3,1-5). En este contexto la llamada de Dios tiene un pre-evangelio en Abrahán, a saber en la Escritura, que es la expresión de la voluntad de Dios mismo (cf. Gál 3,8). Por ello la antropología soteriológica que nos ofrece el Apóstol se entiende en Iglesia y desde la llamada caritológica en Cristo y en el Espíritu.

Dicha antropología eclesial tiene una triple perspectiva que refieren el hombre a Dios: primero, el Apóstol nos hace contemplar la continuidad de la novedad cristiana con la acción creadora de Dios (cf. 2Cor 4,4; 5,21; Gál 6,15). En este sentido nos muestra que lo esencial de las Alianzas de Dios se mantiene y pervive: la unidad de Dios se revela en la unidad de su acción, incluso eclesiológica. Segundo, la realización sacramental de la fe conducen a los fieles a vivir la misma experiencia filial de Jesús, por medio del rito bautismal entendido de modo sacramentla y histérico, pero que no es distante de la historia del mismo Señor. El grito filial de «Padre» resuena en sendas cartas, como buena prueba de ello, además de otras tradiciones sinópticas subyacentes. Finalmente, la antropología eclesial favorece y entrega por vía de tradición, gracias al ministerio de los apóstoles, un comportamiento de salvados, una ética soteriológica, que tiene el amor de Dios y de Cristo como ejes fundamentales de un modo de vivir en libertad (cf. Gál 5,1.13) y de reconciliación con Dios y con los hombres (cf 2Cor 5,20), siendo obra de la iniciativa de Dios entre los hombres.

3. Teología sobre las «promesas de Dios»

Las «promesas de Dios» se relacionan con el mensaje evangélico paulino. Son una categoría interna y tangencial que tiene como función retórico-teológica la de mostrar la fidelidad de Dios a sus promesas y cómo las diversas respuestas antropológicas se pueden condensar en la πεποίθησις, entendida como sinónimo y en relación directa sea con la fe sea con la esperanza. De hecho, el εὐαγγέλιον tiene en su haber la divinidad del Padre y la filiación divina de Jesús como motor del Antiguo Testamento, leído braquilógicamente en el término γραφή, y de la nueva Alianza, fundada en la colación del Espíritu Santo, Agente de la Iglesia y de la misión cristológica de la misma:

> Arguably, 1 and 2 Corinthians yield an even better view of Paul's "theology" than Romans, for in these letters we encounter the apostle thinking through the truth of the gospel in the context of the hard realities of life in the Greco-Roman world. The particular significance of 2 Corinthians derives, in the first place, from what it discloses about Paul's understanding of apostleship. But because he believed that the vocation of apostles is defined by the gospel with which they are entrusted, 2 Corinthians is equally important as a source for his understanding of the gospel.[27]

Indicamos también el carácter «teo-lógico» de nuestra exposición y los ejes en los que se apoya. Primero: nos hallamos dentro del ámbito propiamente «teo-lógico». Aborda y supone la naturaleza misma de Dios, en cuanto Ser divino que se revela y manifiesta como Padre, en Cristo y en el Espíritu, siendo realidades diferenciables dentro del único ámbito divino. Esta unidad divina con riqueza tripersonal es una concepción a caballo entre la continuidad que se da con la Escritura en tiempos del Pablo y la novedad del evento pascual de Cristo. Finalmente, dos puntos importantes pero derivados del enunciado teológico serán el eclesiológico como marco donde se realiza dicha revelación divina y como receptora validada por Cristo, así como el antropológico, desarrollando aspectos que el Apóstol remarca de la antropología a la luz de la cristología, con lo que hablamos de una «teologización – cristologización – pneumatización» de la antropología.

3.1 *Definición de las «promesas de Dios»*

3.1.1 Argumento bíblico-cristiano

Las «promesas de Dios» no son sólo un concepto[28], sino que articulan una descripción teológica de fundamento bíblico que tiende a constituir un discurso teológico condensando e interpretando los datos de la

---

[27] V.P. FURNISH, «Paul and the Corinthians», 229.
[28] *Pace* «Verheißung», *NThW*, 666.

revelación recogidos en el Antiguo Testamento. Asimismo las «promesas de Dios» son un principio teológico básico[29]: remiten al Dios que se revela, a modo de *analogatum princeps*. Dicha revelación, y por ende, las «promesas de Dios», tiene un culmen y una finalidad: la restauración de la humanidad lacerada por el pecado, y la colación de la adopción filial del hombre por parte de Dios en Cristo.

3.1.2 Relectura de la Escritura en clave pretrinitaria

Las «promesas de Dios» son también un argumento bíblico-pretrinitario[30]. Efectivamente, la «teo-logía» no se puede entender aisladamente sin la tendencia trinitaria del argumento del Apóstol. De hecho, somos conscientes del anacronismo del término, ya que τρίας aplicado teológicamente a Dios es posterior a la época paulina, pero como término-concepto ayuda para sintetizar la teología paulina misma, conjugando dos ejes «teo-lógicos»: la identidad misma de Dios, en cuanto único y rico en su identidad, y su manifestación salvífica en la historia humana.

3.1.3 Una «teo-logía» eclesiológica

Son un argumento de eclesiología «teo-lógica», elemento pregnante en la teología de las «promesas de Dios», primero por la coyuntura en que se encuentran —en unas cartas que tratan de problemas eclesiásticos— y en segundo lugar, porque pretenden influir e incidir en una visión de Iglesia que acoge la riqueza divina que supone el evento pascual de Cristo y la gracia de Dios, y la riqueza de esta vida cristiana, teológica y pneumatológica compartida en una asamblea que cree y celebra la fe de Jesucristo. Finalmente, el elemento ético también se deduce de nuestras perícopas y afecta de manera remota afecta en el ámbito de los principios fundamentales de las decisiones morales[31].

Dentro de la eclesiología, tenemos que se ha desarrollado, aunque sólo incipientemente una «teo-logía» sacramental. En esta línea hemos abordado la importancia de los sacramentos, sobre todo en lo que se refiere al Bautismo y a lo que actualmente denominamos Iniciación a la

---

[29] Cf. M.E. THRALL, *Second Corinthians*, I, 136.

[30] Pretrinitario en el sentido de que es anterior a la definición dogmática de la divinidad del Padre, del Hijo y del Espíritu Santo, definida en los siglos siguientes, no en cuanto al contenido teológico, que *in nuce* ya está formulado. Cf. DH 112; 125-126; 150.

[31] La aportación de S.N. Brodeur amplía nuestro horizonte en este campo teológico en su actualización eclesiológica del mensaje paulino orientada en tres estadios. Cf. ID., *Il cuore di Cristo*, II, 390.

vida cristiana, en general y precisado algunos elementos en particular, sobre todo en relación con el Espíritu Santo. También hemos tenido en cuenta la función de los apóstoles y de los fieles, desde la perspectiva de continuidad (llamados y confirmados por Dios en Cristo) y de la discontinuidad (rol específico de los misioneros enviados por Cristo a evangelizar).

3.1.4 Una «teo-logía» de salvación antropológica

La importancia que se da a la antropología en las «promesas de Dios» tampoco pasa desapercibida, se trata de una «antropología de salvación» que remarca el efecto de la gracia de Dios en el hombre que es salvado efectivamente por Cristo y la llamada escatológica a la vida definitiva y posmortal con Dios («antropología viva en Cristo»). Incluiremos en este aspecto la aportación que nos ofrecen las promesas divinas, en cuanto a claves para una teología moral fundamental. Primero por lo que supone de superación de un discurso apologético acerca del dilema, ya resuelto oficialmente, entre la validez soteriológica de la fe para la salvación en Cristo y el merecimiento de las buenas obras. Destacamos la importancia de Dios Padre en este «proceso soteriológico» en cuanto complementario tanto a la cristología como a la pneumatología soteriológica, que el Magisterio reciente ofrece ante la cuestión sobre la justificación. Dios es el Agente intelectual y material de la salvación y su plasmación se da en Cristo y el Espíritu Santo, siendo como son las «promesas de Dios» una categoría paulina que aúna sendas perspectivas: por el lado de «promesas» (en cuanto palabras–acciones eficaces) y por el lado de «Dios» (genitivo de promitente).

3.2 *El cumplimiento definitivo de las «promesas de Dios»*

3.2.1 Horizonte de plenitud: el día del Señor Jesús

La obra de justicia de Dios, de restablecimiento de la paz entre Dios y la humanidad, anula las barreras propias de un régimen opuesto al divino y suscita en el creyente la esperanza firme (cf. Gál 5,5; 2Cor 1,7). Por un lado está la acción de Dios cuando la confiere, que es suscitar consuelo en el fiel, expresado con los términos de raíz *παρακαλ- presentes en Segunda Corintios. Dicho consuelo se apoya en la salvación realizada por Dios a través de Cristo y que sirve de fuente objetiva de renovada relación benéfica con Dios y de fuente ejemplar para afrontar las dificultades inherentes al ministerio apostólico (cf. 2Cor 1,6; 5,20).

La segunda faceta se puede definir como se sigue: la esperanza escatológica tiene también su componente dinamizador de actividades de orden apostólico como son la predicación cristiana y los signos de comunión fraterna eclesial. En efecto, el consuelo de Pablo, el de la nueva Alianza, tiene por apoyo la salvación divina, cuyo sentido y fundamento en la gracia de Dios no debe ser despreciada ni aborrecida (cf. 2Cor 6,1). Ésta conduce a un comportamiento externo de valentía y capacidad de comunicar públicamente el Evangelio de Cristo (cf. 2Cor 7,4), tal como han hecho Pablo, Timoteo y Silvano (cf. 2Cor 1,19), y también Tito, llevando a cabo su responsabilidad de liderar la colecta para Jerusalén (cf. 2Cor 7,14).

Finalmente, la esperanza escatológica hace mirar y valorar el mundo presente con una relativización sustancial del mismo: este mundo pasa con su representación (cf. 1Cor 7,31), así como sus exigencias. La esperanza dispone a los creyentes a modo de jueces, cuyo valor de juicio es el amor de Cristo que empuja, impele e incluso violenta frente a una realidad nueva que ya está empezando (cf. 2Cor 5,14b): el amor de Dios está realizando la etapa última de la historia presente, su culminación por medio de Cristo para la gloria de Dios. Finalmente Pablo contempla esto desde la dimensión del mundo presente en la que debemos seguir luchando en medio de dificultades y sufrimientos. Él es paradigma de ello (cf. 2Cor 1,8-11; 11,31).

3.2.2 La escatología en la vida presente: el valor del amor

El amor fraterno es el reverso de la fe y de la esperanza. Tanto en Gálatas como en Segunda Corintios no se nos escapa que una intención paulina es responder a las objeciones presentadas a su modo personal de ejercer su ministerio. De hecho él se defiende con gran solvencia, aunque también insiste y ofrece en que el verdadero cuadro de juicio es el escatológico y que su contenido no es la discusión estéril de minucias, sean caracteriológicas (cf. 2Cor 10,1) o muy accidentales (cf. 2Cor 1,15-16). Más bien se fundamenta en la radicalidad de la revelación del amor de Dios en la cruz de Cristo, contenido sustancial de la ley (cf. Gál 6,2), gracias a Cristo, y que se evoca en el mensaje prepascual jesuánico (cf. Mt 12,34-40; Mc 12,34-38; Lc 10,25-37). La meta de la misma vida humana delante de Dios, la auténtica voluntad de Dios cuando se reveló en sus promesas.

La insistencia en el amor generoso y sincero al prójimo efectivo, real y material (cf. 2Cor 9,7) es la visibilización y criterio de verificación de que el Espíritu actúa realmente en el corazón de los fieles, siendo este el último contenido de la unción de Cristo en los fieles (cf. Gál 5,22; 2Cor 1,22). Además es análogamente a la Encarnación y la salvación en Cristo la otra cara de la fe, como afirma Pablo en Gál 5,6: ἐν γὰρ Χριστῷ Ἰησοῦ οὔτε περιτομή τι ἰσχύει οὔτε ἀκροβυστία ἀλλὰ πίστις δι' ἀγάπης ἐνεργουμένη. La fe trabaja activamente cuando obra en el amor y desde el amor fraterno, adquirido por Cristo[32].

3.3 *Criterios teológico-retóricos*

Con este último apartado deseamos concluir nuestras reflexiones con respecto al discurso sobre Dios en la tradición abrahámica de las «promesas de Dios» que Pablo elabora y sitúa en su discurso evangélico, tal como se trabaja en Gálatas y Segunda Corintios. Para ello, retomaremos los datos que nos han ayudado en la dirección de nuestro estudio.

3.3.1 La retórica, vehículo de contenido teológico

Destacamos tres elementos retórico-teológicos que atraviesan nuestro trabajo. Primero, las aportaciones positivas que hace para una relectura paulina de su doctrina favoreciendo el doble nivel de comprensión netamente «teo-lógico» del discurso cristiano: las «promesas de Dios» hablan sobre la identidad triple en Dios, con sus nombres específicos y un modo de actuar común a los tres, pero con posibilidad de distinguir *munera* soteriológicos en cada uno de ellos. A esto debemos añadir la importancia que da el concepto teológico ἐπαγγελίαι θεοῦ al «modo» como Dios actúa la salvación en Cristo. De aquí que insistimos en que nuestra novedad no radica en un cambio sustancial de la teología paulina, como la entiende F.J. Matera[33], sino en un elemento tangencial pero que aporta y robustece una perspectiva más histórica y actualmente plausible para una mentalidad moderna. Finalmente, mostraremos cómo queda realzada la disciplina teológica de la pneumatología, ya que en nuestro estudio hemos tenido que señalar en múltiples ocasiones el papel del Espíritu Santo en el evento pascual de Cristo.

---

[32] Sobre el valor escatológico de la fe y el amor, así como la trasferencia de la unción de Cristo a los fieles: cf. B. NEUNHEUSER – P. DE NAVASCUÉS, «Unzione», *NDPAC*, III, 5512.

[33] Indirectamente opone discurso paulino a pensamiento del Pablo histórico. De este modo pretende alargar su reflexión acogiendo las cartas deuteropaulinas, sin cuestionar su autoría material. Al inicio parecería interesante la opción, pero se revela en parte deficiente sobre todo en Gál y 2Cor cuya autoría no es dicustida seriamente. Cf. F.J. MATERA, *God's Saving Grace*, 2-11.

3.3.2 Carácter *in fieri* del discurso paulino

En segundo lugar, se encuentra el carácter *in fieri* del discurso teológico en Pablo. En efecto, la reflexión sobre Dios se debe concebir en Pablo como una realidad que se va produciendo a medida que se va desarrollando su ministerio apostólico. De hecho si cotejamos los datos que han salido de nuestra reflexión con otras síntesis teológicas neotestamentarias paulinas recientes, como son las de F.J. Matera (2012) o las de S.N. Brodeur (2013)[34], destacamos que la complejidad que ellas aportan nuestro discurso simplemente lo enuncia. El primer autor, introduce una serie de once elementos de síntesis del discurso sobre Dios Padre en toda la exposición evangélica paulina. Las primeras se refieren a la misma revelación de Dios, mientras que el resto se refiere a una visión de conjunto. De Gálatas y Segunda Corintios señala específicamente la importancia del episodio de Asia (cf. 2Cor 1,8-11) y lo vital que fue verse liberado de aquella situación fatal, experimentando la fuerza del Dios que resucita a los muertos. Ello se deja traslucir en otras experiencias posteriores como la grandeza del ministerio apostólico y la pequeñez e indignidad personales suyas para ello (cf. 2Cor 4,17). Por otro lado, insiste con Gálatas en la teología del Dios que elige, con el matiz de la redención, sobre todo partiendo de su misma conversión que Pablo propone de modo probatorio-paradigmático[35]. Ahora bien, su desarrollo discursivo toma dos matices: uno continuista cuando cita la Escritura para mostrar cómo la voluntad salvífica de Dios no ha cambiado, y otro novedoso con la inclusión de los gentiles en la vocación a la salvación en Jesucristo que predica el Tarsiota[36].

S.N. Brodeur insiste también en la misma línea que el anterior exegeta estadounidense aunque centrando el expediente netamente «teológico» a la voluntad salvífica del mismo. En su síntesis reconoce que el discurso de Pablo sobre Dios tiene su apoyo en el Antiguo Testamento y la convicción religiosa judía que insiste en la trascendencia de Dios, sobre todo por su relación con la Creación. Con todo en la revelación de Cristo manifiesta su cercanía y amor entrañable, principalmente en su muerte y resurrección, resaltando de modo intenso la paternidad de Dios no sólo en relación con Jesús, sino también con los cristianos, e

---

[34] También propone A. Pitta en su introducción reciente a las cartas autoriales una serie de elementos característicos del evangelio–discurso teológico paulino, pero centrándose más bien en el kerigma con sus ejes cristológico y ético-soteriológico. Cf. ID., *L'evangelio di Paolo*, 50-64.

[35] Cf. F.J. MATERA, *God's Saving Grace*, 227-229.

[36] Cf. F.J. MATERA, *God's Saving Grace*, 230-231.

incluso con todo el cosmos creado[37]. Sendas perspectivas del Dios, sujeto único se entrelazan armoniosamente y de modo enteramente complementario. El proyecto de salvación de Dios viene leído por el exegeta desde la clave de la πρόθεσις, que ayuda al Apóstol de las gentes a ampliar su horizonte de comprensión del Dios salvador superando su formación judía farisaica estricta apostando por la elección por la oferta sobrenatural de Dios a sus criaturas humanas, realizada en concreto con Cristo[38].

3.3.3 Criterios retórico-teológicos importantes

En la producción epistolar del Apóstol que hemos estudiado se puede reconocer una doble dirección argumental: teológica y cristológica. En efecto, en Gálatas y Segunda Corintios se da una inclusión de la pneumatología y la antropológico-eclesiológica en la concepción del Dios único, fundado en la fe monoteística judía del Segundo Templo. Especial importancia han tenido para nuestra reflexión el estudio del empleo de la retórica de Pablo ha empleado, y de los que señalamos tres: el entimema, la braquilogía y la alegoría tipológica[39].

a) *La braquilogía*

Si consideramos el carácter braquilógico de las «promesas de Dios» en Gálatas, notamos que más bien Pablo está abordando el conjunto de la economía de la revelación de Dios a partir de sus dos fundamentos capitales: la voluntad de Dios expresada en el Antiguo Testamento y la novedad soteriológica de Cristo, deduciendo de ello una comprensión teológica específica: la comunicación de la justicia de Dios que redime al creyente y que lo adentra en el ámbito de acción del Espíritu Santo. Pablo aborda la temática bíblica y se sirve de ella reelaborándola instrumentalmente. En Segunda Corintios el argumento de las «promesas de Dios» a Abrahán toma otro cariz, la braquilogía tiene un sentido mucho más orgánico, si bien atañe a la sustancia de la revelación de Dios: su fidelidad y su bondad amorosa, quedando más claro y articulado el discurso, que en nuestro caso no es fundamental, ya que Pablo en Segunda Corintios desea invitar a la reconciliación.

En definitiva, podemos afirmar que Pablo toma el *genio interpretativo* de la Escritura. Universaliza la salvación y la predilección de Dios

---

[37] Cf. S.N. BRODEUR, *Il cuore di Cristo*, II, 291.
[38] Cf. S.N. BRODEUR, *Il cuore di Cristo*, II, 293-298.
[39] Cf. J.L. WHITE, *Apostle of God*, xxxii-xxxv.

por el Pueblo a la luz de la salvación de Cristo: Dios es el Único Señor y Dueño del cosmos. Cristo es, a su vez, su único Redentor, reconciliador por medio de su cruz (cf. 2Cor 5,19). Y en ello también Pablo va descubriendo la amplitud de miras que Cristo instaura en lo que a la salvación de refiere[40].

b) *La alegoría tipológica*

Esta se define por tres elementos: el uso de una palabra por otra, la motivación que impulsa al autor a usar de ella y la riqueza de la metáfora continuada. En cuanto a los sentidos, usa el mundo de la ciencia lingüística, la filosofía, la religión, la teología y el arte. La metáfora, dependiendo de su uso, puede desembocar en una alegoría, cuando se trata de un uso continuado de esta trasposición de términos, y de un mito, cuando se encuadra dentro de una narración. La alegoría, por su parte, se sitúa pues en el nivel del *exemplum* o παράδειγμα con la salvedad de que no queda totalmente clara, al menor *prima facie*, la identificación de la misma. Esta actividad, llamada «alegoresis», técnica hermenéutica poético-retórica, consiste en codificar términos reales para expresarlos de manera más ágil, dúctil y breve. Son realidades que, de por sí, resultan más bien abstractas. En la retórica neoplatónica de corte estoico nos hallamos con que el relato escrito tiene una dinámica interna propia (o bien era *Lebendiges Mythos*), que cayó en la época helenorromana coetánea al Apóstol de las gentes en una doble tendencia, a causa de un uso más prolífero de criterios racionalísticos, que se preocupaban de la búsqueda del sentido más profundo.

En el proceso interno de Ilustración griega, el neoplatónico estoico tiende a una doble tendencia que en Pablo pueden hallarse, si bien en diversa medida: por un lado, la purificación de elementos mitológicos o amplificadores del relato mitopoético, por otro lado, tenemos el camino de la alegoresis, como inicio de una interprtación deseada. El Logos subyace a la letra (principio material), pero está unido a ella por un vínculo natural (*natürliche Verbindung*).

Metáforas que en 2Cor 1,15-22 podemos hallar son los términos como βεβαίωσις, σφραγίς, χρίσμα, ἀρραβῶν, que siempre aparecen en la sección teológica (cf. 2Cor 1,18-22), y la categoría ἐπαγγελίαι θεοῦ. Podemos afirmar que dependen de ésta última el resto de elementos, de manera que han conformado una alegoría a base de estas cuatro metáfo-

---

[40] Acerca del problema del universalismo: cf. J.M. GUNDRY-VOLF, «Universalismo», *DPL*, 1572-1573.

ras. A ello cabe añadir las expresiones braquilógicas, como son ὁ τοῦ θεοῦ γὰρ υἱὸς Ἰησοῦς Χριστός; τὸ Ἀμὴν τῷ θεῷ; εἰς Χριστόν, que la clarifican. En síntesis, la βεβαίωσις concreta la voluntad salvífica de Dios manifiesta en el Antiguo Testamento por medio de un triple mecanismo: la metáfora, la braquilogía[41] y la incorporación de un dato teológico capital para Pablo: la gracia de Dios. De este modo convierte el discurso de las ἐπαγγελίαι τοῦ θεοῦ más específicamente en un λόγος sobre la voluntad de Dios de salvación antropológica por medio de la comunicación en Cristo de su χάρις.

En lo referente al apostolado paulino como ministerio de la Nueva Alianza, señalamos sucintamente algunos apuntes para posteriores desarrollos. En primer lugar, notamos la fuerza del παράδειγμα paulino, tanto a nivel de eetórica: a partir del sustrato social *servus/amicus Caesaris*, como argumento apologético, estableciendo una analogía eclesial con el *servitus* eclesial (cf. 2Cor 4,5) y la διακονία de la reconciliación (cf. 2Cor 5,18). Además de ello notamos su fuerza cristológica, tanto por la centralidad de Jesucristo como por la verdadera libertad en Jesucristo. Finalmente su fuerza eclesiológica radica en el hecho de que como objetivo pastoral está el convertirse en justicia de Dios (cf. 2Cor 5,21), y constituir a la Iglesia como comunidad de la redención.

c) *El entimema*

El entimema, verdadera y propia demostración, ha servido a Pablo para proseguir con la argumentación teológica. Este silogismo es capital para la construcción teológica posterior, teniendo a su vez un carácter programático. El entimema de Gál 3,22a sintetiza en breves palabras una prueba esencial presentando una correcta interpretación de la ley y sus obras en el cuadro soteriológico teológico. Ésta consiste en que la voluntad de Dios no son primero buenas obras sino el don de la fe y la gracia por medio de Jesucristo crucificado y la experiencia del Espíritu Santo (cf. Gál 3,1.5). La centralidad conceptual de la perícopa recae sobre el entimema, cuyo contenido es la afirmación monoteística: Ὁ δὲ θεὸς εἷς ἐστιν (Gál 3,20d).

En Segunda Corintios ha centrado toda la argumentación teológica con un entimema que describe el modo como Dios obra: cumpliendo fielmente sus promesas en Cristo y su conexión con la fundación de iglesias por parte del equipo apostólico de Pablo, fungiendo el ministe-

---

[41] Cf. C. KALLENDORF, «Brevitas», *HWRh*, II, 53-56; M.M. MITCHELL, «Rhetorical Shorthands», 63-69.

rio de la Nueva Alianza, que describe a lo largo de su carta (cf. 2Cor 1,20-22). La motivación teológica posee un espesor «trinitario» como un eje que unifica toda la perícopa. También podemos hallarnos con entimemas no sólo evocadores de la Biblia mas hermenéuticos: la oposición πνεῦμα – γράμμα (cf. 2Cor 3,6). Finalmente tenemos usos paulinos de «autointerpretación», mecanismos retórico-hermenéuticos que el Tarsiota emplea para autocitarse e interpretarse adecuadamente. Es en un ámbito apologético donde desarrolla este mecanismo de autointerpretación.

En definitiva, el análisis retórico-literario certifica que nuestras dos perícopas, aun hallándose en secciones diversas, han empleado un mismo argumento y lo han desarrollado de modo diverso, vehiculando su mensaje por medio de recursos propios de la retórica. Pablo ha empleado de la retórica para canalizar el mensaje de la salvación construyendo una teología retórica.

GLOSARIO DE TÉRMINOS TÉCNICOS

Retórica

A minore ad maius Especie de argumentación que parte de una afirmación menor para concluir con la afirmación mayor o más principal.

Accumulatio Figura retórica de la palabra que consiste en la unión de diversos elementos por medio de procedimientos coordinantes o subordinantes, sin que se repitan miembros de la frase.

ἀδύνατον Figura retórica que consiste en una hipérbole en forma de paradoja para comunicar ideas de absolutez prácticamente imposibles, enigmas o alegorías.

Alegoría Figura retórica del pensamiento que consiste en el empleo prolongado de una metáfora, intercambiando las palabras o el sentido de un término imagen con los de un término real.

Alegoría tipológica Expediente empleado en nuestra monografía que consiste en remarcar cómo la figura retórica «alegoría», en algunos casos intencionales del orador tiene por especificidad resaltar el motivo de conexión intrínseca entre las diversas cualidades entre los términos real y modelo (o τύπος), sobre todo en el ámbito del pensamiento, aunque incluyendo el de la palabra.

Amplificatio (= αὔξησις). Género de *probatio* consistente en el aumento de una prueba o una figura retórica mediante el cual se pretende una adhesión mayor al discurso por parte del auditorio.

Amplificatio digressiva	*Amplificatio* aplicada con la intención de incorporar una *digressio*.
Anacoluto	Ruptura en la construcción sintáctica de una oración gramatical.
Anadiplosis	(= *Reduplicatio*). Figura retórica de la palabra que consiste en la repetición de la última parte de un segmento dado en la primera parte del siguiente.
Analogía	(= *proportio*). Argumento *a simili* aplicado al lenguaje, en virtud del cual se argumenta partiendo de lo conocido para inferir lo desconocido.
Antítesis	Figura retórica del pensamiento que consiste en la contraposición de ideas en expresiones dispuestas en correspondencia.
Apóstrofe	Figura retórica del pensamiento que consiste en la desviación del discurso a manera de paréntesis, generalmente exclamativo.
Aretología	Género de discurso del *genus epidicticum* cuyo objeto es la alabanza de la virtud (ἀρετή).
Braquilogía	Figura retórica del pensamiento que consiste en el uso de las palabras imprescindibles para comunicar una idea, produciendo concisión en la expresión.
Captatio benevolentiae	Argumento dirigido al auditorio para congraciarse su atención o complacencia con el discurso a él dirigido.
Clímax (climáctico)	(= *Gradatio*). Figura retórica de la palabra que consiste en la concatenación de elementos en vistas a ofrecer un momento conceptualmente álgido del discurso.
Commendatio	Género de *exordium* que tradicionalmente se aplica cuando se tiene por finalidad captar la benevolencia del juez, alabando la propia causa o persona.
Commoratio	Figura retórica del pensamiento que consiste en amplificar por la adición de ideas que redundan en el

mismo concepto, sea interpretándolo por paráfrasis, sea retocando el núcleo conceptual básico por medio de informaciones adicionales suplementarias.

Compositio Vid. *Dispositio (rhetorica)*.

Congeries
  [rerum plurium] (= *enumeratio*). Figura retórica de la palabra que consiste en la acumulación coordinante de elementos que complementan un argumento, enfocándolo desde perspectivas complementarias.

Correctio Figura retórica del pensamiento que consiste en aclarar semánticamente un concepto por medio de una contraposición o una mejora.

Diatriba Género retórico basado en un discurso dialogado, compuesto de proposiciones breves a fin de convencer por la sencillez y la fuerza de los argumentos

Declinación (= políptoton). Figura retórica del pensamiento que consiste en recurrir a un vocablo con función sintáctica diversa a la esperada en el enunciado en cuestión, en enunciados contiguos conectados entre sí.

Demonstratio Vid. Hipotíposis.

Diegético Relativo a la διήγησις o *narratio*.

Digressio Figura retórica del pensamiento que consiste en el abandono del objeto del argumento en curso para desarrollar uno o varios temas concomitantes.

Dispositio (*rhetorica*) Organización del discurso en general y de sus componentes en particular en vistas a conseguir la comunicación deseada de un mensaje por parte de un emisor a un receptor.

Elipsis Figura retórica de la palabra que consiste en omisión de uno o varios vocablos que presumiblemente debe constar. Puede ser de dos tipos: retórica o gramatical.

Énfasis	Tropo que consiste en el aislamiento de una idea con el fin de mostrar una pregnancia mayor de significado.
Entimema	(= ἐνθύμημα). Especie de silogismo que deja implícitas una premisa o una conclusión de la propia demostración.
Epanalepsis	(= ἐπανάληψις). Repetición al final de una cláusula o proposición de una palabra o conjunto de palabras inicial.
Epanadiplosis	(= inclusión). Figura retórica de la palabra que consiste en recurrir a una o varias palabras al inicio y al final de un segmento comunicativo.
Etiología	Figura del pensamiento del género de la definición, que consiste en exponer un motivo que tiene conexión causal con el objeto del discurso.
Exemplum	(= παράδειγμα). Figura retórica del pensamiento, elemento de *ornatus*, que consiste en la explicación de un episodio con el fin de confirmar el argumento de que se trata.
Exordium	(= proemio). Sección introductiva de un mensaje retóricamente articulado.
Expolitio	(= ἐξεργασία). Figura retórica de pensamiento, expediente de amplificación, que consiste en volver sobre una temática ya abordada y añadir información complementaria.
Generalización	(= *vulgare*). Vicio o licencia en el *exordium* que consiste en emplear un género de discurso que puede servir para diversas causas, intuyéndose un vicio en la *inventio*.
Genus deliberativum	Géenro retórico cuya finalidad es mostrar la utilidad o inutilidad de una realidad. Se distingue específicamente en persuasivo o disuasorio.

Genus epidicticum	(o *demonstrativum*). Género retórico que se propone mostrar la virtud que se debe asimilar y el vicio que se debe rechazar. Se distingue específicamente entre elogioso y recriminatorio.
Genus iudiciale	Género retórico que se propoe determinar lo que es justo frente a lo injusto. Se distingue específicamente en apologético o acusador.
Hipérbaton	Figura retórica de la palabra que consiste en la traslación un componente de la proposición gramatical que se interpone a dos constituyentes de otro sintagma, modificando sensiblemente el orden sintáctico de la oración.
Hipérbole	Figura retórica del pensamiento que consiste en exagerar amplificando o reduciendo excesivamente la presentación de la realidad de la cual se trata.
Hipotíposis (hipotípico)	(= *demonstratio*) Figura retórica del pensamiento, que consiste en la amplificación de un concepto por medio de una descripción con sinónimos con el fin de poner en evidencia rasgos particulares del mismo.
Initium narrationis	Comienzo de la *narratio*.
Interpellatio	Modalidad de *digressio* con extensión variable debido a un motivo que pide la intervención del orador apelando al afecto de auditorio.
Interrogatio rhetorica	(= pregunta retórica). Enunciación elevada por el orador con tono de pregunta, cuyo objeto es resaltar la información que propone, sin necesidad inmediata de obtener una respuesta.
Ironía	Tropo del pensamiento que consiste en invertir semánticamente la representación de la realidad de la cual se está tratando, sea por oposición, burla, paradoja.
Mímesis	(= *sermocinatio*). Figura retórica del pensamiento que consiste en distanciarse del discurso para reproducir palabras o actos de un tercero, del cual se está

	hablando. En relación con la poética, es el vínculo que se establece entre la obra y su reproducción por el artífice.
Narratio	(= διήγησις). Exposición de hechos relacionados con el argumento de que se trata y que se vehiculan con diversas finalidades a tenor del *genus rhetoricum* que el orador adopte.
Oratio perpetua	Inserción por parataxis de las oraciones gramaticales en la sucesión natural de sus contenidos.
Oratio soluta	Inserción sintáctica arbitraria y relajada, afín al lenguaje coloquial y al estilo epistolar.
Ornatus	Disposición retórica realizada con juicio en vistas a armonizar las partes del discurso con el género retórico y la finalidad del orador. Aplicado al *exemplum*, consiste en el empleo adecuado y juicioso de una prueba que no nace directamente de la causa, de modo que no se vicia la *probatio*.
Παράδειγμα	*Vid. Exemplum.*
Paréntesis	Figura retórica del pensamiento que consiste en la inserción en un enunciado de un segmento comunicativo de longitud y constitución sintáctica variable.
Perífrasis	(= Circunloquio). Tropo consistente en el uso de un giro de palabras con el fin de sustituir un único término para definirlo o parafrasearlo.
Peroratio	Conclusión de la comunicación retórica que amplifica la relación del remitente y el destinatario del mensaje y que recapitula el argumento desarrollado en la *probatio*.
Probatio	Desarrollo de la *propositio* de un argumento.
Prolepsis	(= *anticipatio*). Figura dialéctica que tiene por objeto preparar el desarrollo de todo el discurso presentando ya el resultado o resultados del mismo.
Propositio	Presentación de la tesis que se desea argumentar.

Recapitulatio	(= ἀνακεφαλαίωσις). Subdivisión lógica de la *peroratio* que consiste en recordar la temática desarrollada por medio de una acumulación breve de sus argumentos específicos.
Redditio	*Vid*. Epanadiplosis.
Regressio	(= παλλιλογία). *Vid*. Anadiplosis.
Quaesitum	Interrogación retórica que tiene por objeto introducir elementos nuevos en el desarrollo de la argumentación por medio de una pregunta cuyo objeto es ser respondida ampliamente.
Quiasmo	(= retruécano). Figura retórica del pensamiento que consiste en cruzar uno o varios miembros contiguos y correspondientes entre sí en una sucesión inversa entre ellos.
Sinónimo	Ornato retórico consistente en la sustitución de una palabra por otra u otras semánticamente afines.
Sentencia	Figura retórica de pensamiento que consiste en una idea común que se expresa con la intención de presentar una norma relevante y cognoscible por todo el auditorio.
Subiectio	(= ὑποφορά). Figura retórica de pensamiento que consiste en responder a las preguntas formuladas al auditorio, de modo que se dramatiza el desarrollo de la argumentación.
Tipología	Figura retórica de la palabra que consiste en el cambio de uno o diversos vocablos considerados «término real» considerados como su reflejo («término imagen» o τύπος), generalmente en virtud de la analogía.
Tropo	Sustitución del contenido verdadero y propio de una palabra o expresión por otra de sentido traslaticio.

Epistolografía

Adscriptio — Componente del *praescriptum*, que contiene la referencia del destinatario, generalmente en caso dativo.

Postscriptum — Sección epistolográfica conclusiva con finalidad habitualmente persuasiva, que contiene los saludos finales de la misma.

Praescriptum — Sección epistolográfica inicial que contiene los datos que relacionan un remitente con su destinatario.

Salutatio — Componente del *praescriptum* epistolar, que incluye los saludos entre remitente y destinatario.

Superscriptio — Fórmula epistolar que refiere el nombre del remitente, generalmente en nominativo.

Titulatio — Subsección epistolar que conforma el *praescriptum* e incluye la *salutatio* y la *adscriptio*.

Gramática y sintaxis

Adiunctum (-a) — Parte o partes de una proposición gramatical que no es autónomo sintácticamente, y se articula con el resto por medio de la figura retórica de la *adiunctio*.

Adversativo — Relativo o perteneciente a las conjunciones o proposiciones coordinadas, que denota contrariedad de sentido.

Anártrico — Relativo o perteneciente a la ausencia de un artículo determinante.

Conjunción — Parte invariable de la oración gramatical cuya es función unir dos o más segmentos oracionales, coordinando o subordinándolos.

Epexegético — (= explicativo). Relativo o perteneciente al hecho de explicar o aclarar un concepto.

Ilación (ilativo)	Conexión filológica entre unas premisas y su consecuencia. Gramaticalmente las conjunciones ilativas son aquellas que vehiculan dicha conexión.
Posclítico	Relativo o perteneciente al fenómeno gramatical de incluir elementos posteriormente a un término dado.

Otros expedientes

A posteriori	«Posteriormente», es decir: una vez acaecida la acción de que informa el núcleo verbal de un predicado.
Analogatum princeps	Concepto de la escolástica aristotélico-tomista que significa la idea fundamental que sirve de sustento argumentativo a posteriores silogismos, relacionados por medio de la analogía.
Excursus	Ruptura de la argumentación de un discurso con el fin de proponer tema o temas que no tienen que ver directamente con el objeto de que se está tratando.
Hapax legomenon	(= dicho una sola vez). Aplícase a la expresión que sólo aparece una vez mencionada.
Homeoteleuton	Fenómeno redaccional que consiste en la confusión de un segmento por otro debido a las coincidencias en la parte final de ambos.
Incipit	(= da comienzo). Primeras palabras de una afirmación dada.
Lectio asprior	(= lectura más áspera). *Vid. Lectio difficilior.*
Lectio brevior	(= lectura más breve). Descripción crítica del texto clásico, en virtud de la cual se compara con otras variantes del mismo y se constata que es menos largo. Habitualmente se tiende a preferir como lectura más plausible y cercana al original la lectura más breve.
Lectio conflata	(= lectura organizada o acumulada). Descripción crítica del texto que lo define como más organizado en sus componentes en relación a otras variantes, o

	también que acumula más elementos que otras posibilidades textuales.
Lectio difficilior	(= lectura más difícil). Descripción crítica de un texto clásico en virtud de la cual se le valora como más difícil en relación a otros. El grado de dificultad puede venir de diversas perspectivas: la complejidad del texto formal o conceptual, su redacción, su composición o sencillez, entre otros factores.
Lectio facilior	(= lectura más fácil). Descripción crítica de un texto clásico en virtud de la cual se le valora como más fácil de redactar en comparación con otras variantes que se presumen más complejas o difíciles.
Lectio politior	(= lectura más elegante o refinada). *Vid. Lectio brevior*.
«Pre-texto»	Neologismo aplicado *ad casum* que significa todo aquello que antecede al tratamiento crítico directo del texto.
Terminus a quo	Término desde el cual se establece el inicio del límite de una realidad representada, filológica o textual o cronológica, en el caso de nuestra monografía.
Terminus ad quem	Término hacia el cual se establece como meta en el límite de una realidad representada, filológica o textual o cronológica, en el caso de nuestra monografía.
Parallelismus membrorum	Paralelismo de miembros.

SIGLAS Y ABREVIATURAS

§/§§	párrafo/párrafos
ABRL	Anchor Bible Reference Library
a.C.	antes de Cristo
ACFEB	Association Catholique Française des Études Bibliques
A.J.	FLAVIO JOSEFO, *Antiquitates Iudaicae*
Ag	Libro del profeta Ageo
al.	*alii* (esto es, «otros»)
AnBib	Analecta Biblica
AncB	Anchor Bible
AncBD	D.N. FREEDMAN – *al.*, ed., *The Anchor Bible Dictionary*, I-VI, New York – London – Toronto – Sydney – Auckland 1992.
ANRW	H. TEMPORINI – W. HAASE, ed., *Aufstieg und Niedergang der römischen Welt: Geschichte und Kultur Roms im Spiegel der neueren Forschung*, Berlin, 1972–
Ap	Libro del Apocalipsis
AssMo	*Asunción de Moisés*
AT	Antiguo Testamento
B.J.	FLAVIO JOSEFO, *De Bello Iudaico*
BA	La Bible d'Alexandrie, I–XXV.2
BBB	Bonner Bibliche Beiträge
BDAG	W. BAUER – F.W. DANKER – W.F. ARNDT – F.W. GINGRICH, *A Greek-English Lexicon of the New Testament and other Early Christian Literature*, Chicago – London 1957, 2000³
BDB	F. BROWN – S.R. DRIVER – C.A. BRIGGS, ed., *A Hebrew and English Lexicon of the Old Testament with an Appendix Containing the Biblical Aramaic*, Oxford 1962

BDR	F. BLASS – A. DEBRUNNER – F. REHKOPF, *Grammatik des neutestamentlichen Griechisch*, Göttingen 1896, 2001[18]
BHQ	R. ALTHAN – al., *Biblia hebraica: quinta editione cum apparatu critico novis curis elaborato*, Stuttgart 2004–2011
BHS	K. ELLIGER – W. RUDOLPH, ed., *Biblia Hebraica Stuttgartensia*, Stuttgart 1969–1975
Bib	*Biblica*
Bill.	H.L. STRACK – P. BILLERBECK, *Kommentar zum Neuen Testa-ment aus Talmud und Midrasch*, I–VI, München 1974
BNPSS	Brill's New Pauly, Supplements series
BNPSup	A.-M. WITTKE – E. OLSHAUSEN – R. SZYDLAK, ed., *Brill's New Pauly: Supplements*, BNPSS III, Stuttgart 2010
BZ	*Biblische Zeitschrift*
BZAW	Beiheft zur Zeitschrift für die alttestamentliche Wissenschaft
c.	*circa* (es decir, «alrededor de»)
cap.	capítulo
CB	Commenti Biblici
CBNT	Commentaire biblique. Nouveau Testament
CBQ	*Catholic Biblical Quarterly*
Cf.	*confer* (es decir, «compara»)
Col	Carta a los Colosenses
CTP	A. QUACQUARELLI, dir., Collana di Testi Patristici
cur.	curavit / curaverunt
d.C.	después de Cristo
DBSup	L. PIROT – A. ROBERT, *Dictionnaire de la Bible. Supplément*, I–X, Paris 1928–
DCT	J.-Y. COSTES, ed., *Dictionnaire critique de théologie*, Paris 2007
DEB	CENTRE INFORMATIQUE ET BIBLE – ABBAYE DE MAREDSOUS, *Dictionnaire encyclopédique de la Bible*, Turnhout 1987
DEJ	J.J. COLLINS – D.C. HARLOW, ed., *The Eerdmans Dictionary of Early Judaism*, Grand Rapids – Cambridge 2010
DH	H. DENZINGER – P. HÜNERMANN, ed., *Enchiridion Symbolorum, definitionum et declarationum de rebus fidei et morum*, Freiburg im Breisgau 1991[40]
dir.	director
Dn	Libro de Daniel
DNP	H. CANCIK-LINDEMAIER – H. SCHNEIDER, ed., *Der Neue Pauly. Enzyklopädie der Antike*, I–XVI, Stuttgart 1996–2003
Doctr. Chr.	AURELIO AGUSTÍN, *De Doctrina Christiana*, I–IV

DP	F. Pastor Ramos, dir., *Diccionario de San Pablo*, MC 4, Burgos (España) 1999
DPL	R. Penna, trad., *Dizionario di Paolo e le sue lettere*, Milano 1999; orig. inglés, G.F. Hawthorne – R.P. Martin – D.G. Reid, ed., *Dictionary of Paul and His Letters. A Compendium of Contemporary Biblical Scholarship*, Downers Grove 1993
Dt	Deuteronomio
DUS	Donne e Uomini nella Storia
DV	Concilium oecumenicum Vaticanum II, Constitutio dogmatica de Divina Revelatione, *Dei Verbum* (AAS 58 [1966] 817-836)
E	Este (punto cardinal)
Ecclo	Libro del Eclesiástico (Sirácida)
ECNT	Baker Exegetical Commentary on the New Testament
ED	*Euntes Docete*
ed.	editor, editores
EJ	C. Roth – G. Wigober, ed., *Encyclopaedia Judaica*, I–XXVI, Jerusalem 1971-1994
Esd	Libro de Esdras
EstAug	*Estudio Agustiniano*
EtB	Études Bibliques
EWNT	H. Balz – G. Schneider, ed., *Exegetisches Wörterbuch zum Neuen Testament*, I–III, Stuttgart – Berlin – Köln 1980, 1992²
Ex	Libro del Éxodo
Ez	Libro del profeta Ezequiel
Flm	Carta a Filemón
Flp	Carta a los Filipenses
FRLANT	Forschungen zur Religion und Literatur des Alten und Neuen Testaments
Fs	Festschrift
FzB	Forschung zur Bibel
Gál	Carta a los Gálatas
GER	*Grande Enciclopedia Rialp*, I–XXVI, Madrid 1971–1987
Gesenius	F.H.W. Gesenius – U. Rütersworden – R. Meyer – H. Donner – J. Renz, ed., *Hebräisches und Aramäisches Handwörterbuch über das Alte Testament*, Berlin – Springer – Heidelberg – New York 1987-2012¹⁸
Gn	Libro del Génesis
h.	hacia el año
Hab	Libro de Habacuc

Hch	Hechos de los Apóstoles
Heb	Carta a los Hebreos
HThK	Herders Theologischer Kommentar zum Neuen Testament, I-XIII
HTS	Harvard Theological Studies
HWRh	G. ÜDING, ed., *Historisches Wörterbuch der Rhetorik*. I. *A – Bib*. II. *Bie –Eul*. III. *Eup–Hör*. IV. *Hu–K*. V. *L–Musi*. VI. *Must–Pop*. VII. *Pos–Rhet*. VIII. *Rhet–St*. IX. *St–Z*. X. *Nachträge A–Z*, Tübingen 1992-2012
ICC	International Critical Commentary
IDBSup	K. CRIM, ed., *Interpreter's Dictionary of the Bible: Supplementary Volume*, Nashville 1976
ID.	IDEM (es decir, «el mismo»)
IntEB	Introducción al estudio de la Biblia
Inst.	QUINTILIANO, *Institutio oratoria*
Is	Libro del profeta Isaías
Jastrow	M. JASTROW, ed., *A Dictionary of the Targumim, the Talmud Babli and Yerushalmi, and the Midrashic Literature*, New York 1950
JBL	*Journal of Biblical Literature*
JJS	*Journal of Jewish Studies*
Jl	Libro del profeta Joel
Jn	Evangelio de Juan
Jos	Libro de Josué
Joüon	P. JOÜON, *Grammaire de l'hébreu biblique*, Rome 1925
Jr	Libro de Jeremías
Jue	Libro de Jueces
KEK	Meyers Kritisch-Exegetischer Kommentar über das Neue Testament
κτλ	καὶ τὰ λοιπά (etcétera)
LAB	PSEUDO-FILÓN, *Liber Antiquitatum Biblicarum* (SC 229–230)
Lausberg	H. LAUSBERG, *Handuch der literarischen Rhetorik. Eine Grundlegung der Literaturwissenschaft*, München 1960
LB.NT	I Libri Biblici. Nuovo Testamento
Lc	Evangelio según san Lucas
LeDiv	Lectio Divina
Legat.	FLAVIO JOSEFO, *Legatio ad Gaium*
Liturgia	D. SARTORE – A.M. TRIACCA – C. CIBIEN, cur., *Liturgia*, I dizionari San Paolo, Cinisello Balsamo 2001

LSJ	H.G. Liddell – R. Scott – H.S. Jones, *A Greek-English Lexicon,* Oxford, 1996⁹
Lv	Libro del Levítico
LXX	*Septuaginta*
Mal	Libro del profeta Malaquías
Mc	Evangelio según san Marcos
MC	Monte Carmelo
MG	W.F. Moulton – A.S. Geden – I.H. Marshall, ed., *Concordance to the Greek New Testament,* London – New York 1897, 2002⁶
Mortara Garavelli	B. Mortara Garavelli, *Manuale di retorica,* Tascabili Bompiani 94, Milano 2008
Mos.	Filón de Alejandría, *De vita Moysis,* I–II
MSBen	Série monographique de Benedictina: Section paulinienne
MSSNTS	Monograph Series. Society for New Testament Studies
Mt	Evangelio según san Mateo
N	Norte (punto cardinal)
n.	nota
NA²⁸	E. Nestle – K. Aland, ed., *Novum Testamentum graece,* Stuttgart 2012²⁸
NBE.C	Nueva Biblia Española. Comentario
NDPAC	A. di Berardino, dir., *Nuovo Dizionario Patristico e di Antichità Cristiane,* I–III, Genova-Milano 1983, 2008²
NIB	L.E. Keck – *al.*, ed., *The New Interpreter's Bible,* I–XII, Nashville 1994–2004
NIBD	K. Doob Sakenfeld – *al.*, ed., *The New Interpreter's Dictionary of the Bible,* I–V, Nashville, 2006–2009
NICNT	The New International Commentary on the New Testament
NIGTC	The New International Greek Text Commentary
NJBC	Brown, R.E. – Fitzmyer, J.A. – Murphy, R.E., *The New Jerome Biblical Commentary,* Englewoods Cliffs 1990
Nm	Libro de los Números
NT	Nuevo Testamento
NT.CES	Nuovo Testamento. Commento esegetico e spirituale
NThW	H. Vorgrimler, *Neues Theologisches Wörterbuch,* Freiburg – Basel – Wien 2000, 2008⁶
NTOA	Novum Testamentum et Orbis Antiquus
NTS	*New Testament Studies*
NT.S	Supplements to Novum Testamentum

NTT	New Testament Theology
NTTS	New Testament Tools and Studies
NVBTO	Nuova Versione della Bibbia dai Testi Originali
OHA	C. SHIELDS, ed., *The Oxford Handbook of Aristotle*, Oxford 2012
orig.	Original
Os	Libro del profeta Oseas
Paed.	CLEMENTE DE ALEJANDRÍA, *Paedagogus*, I–III (SC 70)
PKNT	Papyrologische Kommentare zum Neuen Testament
Prov	Libro de los Proverbios
PT	Plenitudo Temporis
RB	*Revue Biblique*
Resp.	M.T. CICERÓN, *De republica*, I–VI
RExp	*Review and expositor*
RGG	H.D. BETZ – al., *Religion in Geschichte und Gegenwart*, I–IX + register, Tübingen 1998–2007[4]
Rhet.	ARISTÓTELES, *De Rhetorica*, I–III
RhS	Rhétorique Semitique
Rom	Carta a los Romanos
Robertson	A.T. ROBERTSON, *A Grammar of the Greek New Testament in the Light of Historical Research*, Nashville, 1934[3]
S	Sur (punto cardinal)
s./ss.	siglo/siglos
Sab	Libro de la Sabiduría
Sal	Libro de los Salmos
Sant	Carta de Santiago
SBFA	Studium Biblicum Franciscanum. Analecta
SBFLA	*Studii biblici franciscani liber annuus*
SBG	Studies in Biblical Greek
SBL.DS	Society of Biblical Literature. Dissertation Series
SC	Sources Chrétiennes
SN.S	Studia Neotestamentica. Subsidia
SOC	Scritti degli origini cristiane
Somn.	FILÓN DE ALEJANDRÍA, *De somniis*, I–II
SP	Sacra Pagina
SPIB	Scripta Pontificii Instituti Biblici
Spicq	C. SPICQ, *Notes de Lexicographie néo-testamentaire*, I–III, OBO 22/1–3, Göttingen 1978
Springhetti	E. SPRINGHETTI, *Introductio historica-grammatica in graecitatem Novi Testamenti*, Roma 1966.

Str.	CLEMENTE DE ALEJANDRÍA, *Stromata*, I–VII (SC 30, 38, 278-279, 428, 446)
SubBi	Subsidia Biblica
Taylor	B.A. TAYLOR, ed., *Analytical Lexicon to the Septuagint. Expan-ded edition*, Peabody 2009
TBLNTL	L. COENEN – K. HAACKER, ed., *Theologisches Bregriffslexicon zum Neuen Testament*, Wuppertal – Neukirchen 1997, 2005²
TestMo	Testamento de Moisés
TestXII.Dan	*Testamento de los XII Patriarcas. Testamento de Dan*
TestXII.Jud	*Testamento de los XII Patriarcas. Testamento de Judá*
TG.T	Tesi Gregoriana. Serie Teologia
TgN	Targum Neofiti
Thayer	J.H. THAYER, *A Greek-English lexicon of the New Testament: being Grimm's Wilke's Clavis Novi Testamenti*, Grand Rapids 2000
ThBN	Themes in Biblical Narrative
ThWAT	G.J. BOTTERWECK – *al.*, *Theologisches Wörterbuch zum Alten Testaments*, I–X, Stuttgart 1973–2000
ThWNT	G. KITTEL – *al.*, *Theologisches Wörterbuch zum Neuen Testament*, I–XI, Stuttgart 1939–1979
Tit	Carta a Tito
TM	texto masorético
TS	*Theological Studies*
TTB	R. PENNA – G. PEREGO – G. RAVASI, ed., *Temi teologici della Bibbia*, Dizionari San Paolo, Cinisello Balsamo 2010.
trad.	Traductor
UBS	United Bible Societies
UPSA	Universidad Pontificia de Salamanca
UTB	Uni-Taschenbücher
VD	*Verbum Domini*
Vid.	*Videatur / videantur* (esto es, véase / véanse)
VT.S	Vetus Testamentum. Supplementum
W	Oeste (punto cardinal)
Wallace	D.B. WALLACE, *Greek Grammar Beyond the Basics: An Exegetical Syntax of the New Testament. With Scripture, Subject, and Greek Word Indexes*, Grand Rapids 2000.
WBC	World Biblical Commentary
WSA	The Works of Saint Augustine. A Translation for the 21st Century, I –III, New York 1991–2012

WW	*Word and World*
WUNT.NF	Wissenschaftliche Untersuchungen zum Neuen Testament. Neue Folge
Zac	Libro del profeta Zacarías
Zerwick	M. ZERWICK – M. GROSVENOR, *A Grammatical Analysis of the Greek New Testament*, SubBi 39, Roma 1974, 1996^5; orig. latín: *Analysis Philologica Novi Testamenti Graeci*, SPIB 107, Roma 1974, 1996^5
Zorell	F. ZORELL, *Lexicon Graecum Novi Testamenti*, Roma 1960, 1990^5
Zorell – Vogt	F. ZORELL – *al.*, ed., *Lexicon Hebraicum et Aramaicum Veteris Testamenti*, Romae 1964
1Cor	Primera carta a los Corintios
1Cro	Primer libro de Crónicas
2Bar	Libro segundo de Baruc
2Cor	Segunda carta a los Corintios
2Cro	Segundo libro de Crónicas
1Jn	Primera carta de San Juan
3Jn	Tercera carta de Juan
1Mac	Primer Libro de los Macabeos
1Pe	Primera carta de Pedro
1Sm	Primer libro de Samuel
2Sm	Segundo libro de Samuel
1Tes	Primera carta a los Tesalonicenses
2Tes	Segunda carta a los Tesalonicenses
1Tim	Primera carta a Timoteo
2Tim	Segunda carta a Timoteo

BIBLIOGRAFÍA

AGUILAR CHIU, J.E., «Justification and Spirit in Paul: Is There a Relation?», en J.E. AGUILAR CHIU – al., ed., *«Il Verbo di Dio è vivo»*, Fs. A. Vanhoye, Roma 2007, 357-377.

AGUIRRE MONASTERIO, R., «El proceso de surgimiento del cristianismo», en ÍD., ed., *Así empezó el cristianismo*, Agora 38, Estella 2010, 11-38.

AGUIRRE MONASTERIO, R. – RODRÍGUEZ CARMONA, A., *Evangelios sinópticos y Hechos de los Apóstoles*, IEB 6, Estella 1992.

ALETTI, J.-N., «La présence d'un modèle rhétorique en Romains: son rôle et son importance», *Bib* 71 (1990) 1-24.

———, *Comment Dieu est-il juste? Clefs pour interpréter l'épître aux Romains*, Paris 1991.

———, «La *dispositio* rhétorique dans les épîtres pauliniennes: proposition et méthode», NTS 39 (1992) 385-401.

———, «Mystère et sagesse chez Paul. Reflexions sur le rapprochement de deus champs lexicographiques», en CONGRÈS ACFEB (PARIS, 1993), *La sagesse biblique. De l'Ancien au Nouveau Testament*, LeDiv 160, Paris 1996, 357-384.

———, «Paul et la rhétorique. État de la question et proposition», en CONGRÈS ACFEB (STRASBOURG, 1995), *Paul de Tarse*, LeDiv 165, Paris 1996, 27-50.

———, «Où en sont les études sur Sant Paul? Enjeux et propositions», *RSR* 90 (2002) 329-352.

———, «Le statut de l'Église dans les lettres pauliniennes: Réflexions sur quelques paradoxes», *Bib* 83 (2002) 153-174.

———, La rhétorique paulinienne: construction et communications d'une pensée», en A. DETTWILER – J.-D. KAESTLI – D. MARGUERAT, dir., *Paul, une théologie en construction*, Le Monde de la Bible, 51, Génève 2004, 47-66.

ALETTI, J.-N., «Paulinienne (théologie)», *DCT*, 1045-1052.

———, «Presentación», en A. PEREIRA DELGADO, *De Apóstol a esclavo. El exemplum de Pablo en 1 Corintios 9*, AnBib 182, Roma 2010, 7.

———, «La raison d'être de l'Église. Les réponses de la tradition paulinienne», *RSR* 100 (2012) 383-402.

ALETTI, J.-N. – al., *Vocabulaire raisonné de l'exégèse biblique. Les mots, les approches, les auteurs*, Paris 2005.

ALETTI, J.-N. – N. DERREY, «Mystère», *DCT*, 929-933.

ALEXANDER, P.H. – KUTSKO, J.F. – ERNEST, J.D. – DECKER-LUCKE, S. – PETERSEN, D.L., ed., *The SBL Handbook of Style*, Massachusetts 1999.

ALLEN, L.C., *Ezekiel 20–48*, WBC 29, Dallas 1990.

ALONSO ALONSO, F., «Demonios», *DP*, 371-382.

ALONSO SCHÖKEL, L. – SICRE, J.L., *Profetas. I. Isaías – Jeremías. II. Ezequiel – Doce profetas menores – Daniel – Baruc – Carta de Jeremías*, NBE.C, Madrid 1980.

ALVAREZ CINEIRA, D., «Los adversarios paulinos en 2 Corintios», *EstAug* 37 (2002) 249-274.

ARMITAGE, D.J., «An Exploration of Conditional Clause Exegesis with Reference to Galatians 1,8-9», *Bib* 88 (2007) 365-392.

ARNOLD, C.E., «"I Am Astonished That You Are So Quickly Turning Away!" (Gal 1,6): Paul and Anatolian Folk Belief», *NTS* 51 (2005) 429-449.

BACHMANN, M., *Antijudaismus im Galaterbrief? Exegetische Studien zu einem polemischen Schreiben und zur Theologie des Apostels Paulus*, NTOA 40, Göttingen 1999.

———, «βέβαιος», *TBLNT*, I, 442-450.

BADEN, J.S., «The Morpho-Syntax of Genesis 12:1-3: Translation and Intepretation», *CBQ* 72 (2010) 223-237.

BAKHOS, C., «Midrash, Midrashim», *DEJ*, 944-949.

BALIL, A., «Corinto», *GER*, VI, 513-514.

BALZ, H., «καπηλεύω», *EWNT*, II, 615.

———, «ἐλαφρία, ας, η», *EWNT*, II, 1038.

———, «μήτι», *EWNT*, II, 1049.

———, «οὔ», *EWNT*, II, 1318.

———, «προπέμπω», *EWNT*, III, 385.

———, «Τίτος, ου», *EWNT*, III, 870-871.

BANDSTRA, A.J., «The Law and Angels», *CalTJ* (1989) 223-240.

BARBAGLIO, G., *Le lettere di Paolo*, I–III, CB, Roma 1980.

BARBAGLIO, G., *La Prima Lettera ai Corinzi*, SOC 7, Bologna 1995.

———, *Il pensare dell'apostolo Paolo*, La Bibbia nella storia, Bologna 2004, 2005².

———, *Gesù di Nazaret e Paolo di Tarso. Confronto storico*, La Bibbia nella storia, Bologna 2006.

BARNETT, P.W., *The Second Epistle to the Corinthians*, NICNT, Cambridge 1997.

BARTH, G., «πίστις, εως», *EWNT*, III, 216-231.

———, «πιστός», *EWNT*, III, 231-233.

BAUER, T.J., *Paulus und die kaiserzeitliche Epistolographie. Kontextualisierung und Analyse der Briefe an Philemon und an die Galater*, WUNT.NF 276, Tübingen 2011.

BEHM, J., «ἀρραβών», *ThWNT*, I, 475.

———, «διαθήκη», *ThWNT*, II, 106-137.

———, «καρδία», *ThWNT*, III, 609-616.

———, «κυρόω», *ThWNT*, III, 1098-1099.

BECKER, J., *Paulus: der Apostel der Völker*, Tübingen 1989, 1992².

BELLEVILLE, L.L., «"Under Law": Structural Analysis and the Pauline Concept of Law in Galatians 3,21–4,11», *JSNT* 26 (1986) 53-78.

BERGER, K. «χάρισμα, ατος, τό», *EWNT*, III, 1102-1106.

BERTRAM, G., «ἔργον», *ThWNT*, II, 631-653.

BETZ, H.D., «The Literary Composition of Paul's Letter to the Galatians», *NTS* 21 (1975) 353-379.

———, *2 Corinthians 8 and 9: A Commentary on Two Administrative letters of the Apostle Paul*, Philadelphia 1985.

BEUTLER, J., «ἀδελφός, οῦ, ὁ», *EWNT*, I, 67-72.

BIANCALANI, A., *Ministero apostolico e nuova creacione. La salvezza in Cristo tra mediazione e compimento in 2Cor 5,11–6,2*, FTIC 4, Firenze – Siena 2011.

BIANCHINI, F., *Lettera ai Galati*, NT.CES, Roma 2009.

———, *Lettera ai Filippesi. Introduzione, traduzione e commento*, NVBTA 47, Milano 2010.

BIANCHINI, F., *L'analisi retorica delle lettere paoline. Un'introduzione*, Comprendere la Bibbia, Cinisello Balsamo 2011.

BIANCHINI, F. – ROMANELLO, S., «Jean-Noël Aletti: un maestro nel metodo», en en F. BIANCHINI – S. ROMANELLO, ed., *Non mi vergogno del Vangelo, potenza di Dio. Fs J.-N. Aletti*, AnBib 200, Roma 2012, 5-13.

BIGUZZI, C., «Angeli», *TTB*, 42-45.

BJORNDALEN, A.J., *Untersuchungen zur allegorischen Rede der Propheten Amos und Jesaja*, BZAW 165, Berlin – New York 1986.

BOORE, S., *The Promise of the Land as Oath. A Key to the Formation of the Pentateuch*, BZAW 205, Berlin – New York 1992.

BOSMAN, P., *Conscience in Philo and Paul. A Conceptual History of the Synoida Word Group*, WUNT.NF 166, Tübingen 2003.

BREYTENBACH, C., «Der einzige Gott–Vater der Barmherzigkeit. Thoratexte als Grundlage des paulinisches Reden von Gott», *BThZ* 22 (2005) 37-54.

BRODEUR, S.N., *The Holy Spirit's Agency in the Resurrection of the Dead. An Exegetico-theological Study of 1 Corinthians 15,44b-49 and Romans 8,9-13*, TG.T 14, Roma 1996.

———, *Il cuore di Paolo è il cuore di Cristo. Studio introduttivo esegetico-teologico delle lettere paoline*, I, Theologia 2, Roma 2011.

———, *Il cuore di Cristo è il cuore di Paolo. Studio introduttivo esegetico-teologico delle lettere paoline*, II, Theologia 11, Roma 2013.

BROER, I., «ἄγγελος, ου, ὁ», *EWNT*, I, 32-37.

BROWN, R.E., *An Introduction to the New Testament*, New Haven – London 1997.

BRUCE, F.F., *Commentary on the Book of the Acts*, NICNT, Michigan 1954.

———, *The Epistles to the Colossians, to Philemon, and to the Ephesians*, NICNT, Grand Rapids 1984.

———, *The Book of the Acts*, NICNT, Grand Rapids 1988.

———, *The Epistle of Paul to the Galatians*, NIGTC, Exeter 1982.

BRUCE, F.F., «Paolo negli Atti e nelle Lettere», *DPL*, 1130-1152.

BRYANT, R.A., *The Risen Crucified Christ in Galatians*, SBL.DS 185, Atlanta 2001.

BULTMANN, R.K., «πεποίθησις», *ThWNT*, VI, 8-9.

———, *Der zweite Brief an die Korinther*, KEK 6, Göttingen 1987.

BURNYEAT, M.F., «Enthymeme: Aristotle on the Rationality of the Rhetoric», en A. OKSENBERG RORTY, ed., *Essays on Aristotle's Rhetoric*, Philosophical Traditions, Berkeley – Los Ángeles – London 1996, 3-55.

———, «Rationality of the Rhetoric», en A. OKSENBERG RORTY, ed., *Essays on Aristotle's Rhetoric*, Philosophical Traditions, Berkeley – Los Ángeles – London 1996, 88-115.

BURTON, E.W., *Syntax of the Moods and Tenses in New Testament Greek*, Edinburgh 1898[3].

BUSCEMI, A.M., «Struttura della Lettera ai Galati», *ED* 34 (1981) 409-426.

BUSCEMI, A.M., «La funzione della legge nel piano salvifico in Gál 3,19-25», *SBFLA* 32 (1982) 109-132

———, *L'uso delle preposizioni nella Lettera ai Galati*, SBFA 17, Gerusalemme 1987.

———, *Lettera ai Galati. Commentario esegetico*, SBFA 63, Gerusalemme 2004.

BUSSE, U., «διέρχομαι», *EWNT*, I, 776-777.

CABALLERO, J.L., «La promesa a Abrahán según Gál 3,1-29», *ScrTh* 36 (2004) 259-272.

CALLAN, T.D., «Pauline Midrash: The Exegetical Background of Gal 3:19b», *JBL* 99 (1980) 549-567.

———, «The Style of Galatians», *Bib* 88 (2007) 496-516.

CAMBIER, J., «Paul (Vie et doctrine de saint)», *DBSup* VII, 279-387.

CANCIK-LINDEMAIER, H. – SIGEL, D., «Allegorese», *DNP*, I, 518-523.

CARTER, T.L., *Paul and the Power of Sin. Redefining «Beyond the Pale»*, MSSNTS 115, Cambridge 2002.

CHILTON, B.D, «Paul and the Pharisees», en J. NEUSNER – B.D. CHILTON, ed., *In Quest of the Historical Pharisees*, Waco (Texas) 2007, 149-173.

———, «Amen», *AncYBD*, I, 184-186.

CHRISTENSEN, D.L., *Deuteronomy 21,10–34,12*, WBC 6b, Nashville 2002.

COLLINS, R.F., *First Corinthians*, SP 7, Collegeville 1999.

CONZELMANN, H. – ZIMMERLI, W., «χάρις κτλ», *ThWNT*, IX, 363-393.

CULLMANN, O., *Die Christologie des Neuen Testaments*, Tübingen 1957, 1975[5].

DAVIES, W.D., «A Note on Josephus, Antiquities 15,136», *HTR* 47 (1954) 135-140.

DEBRUNNER, A. – *al.*, «λέγω, κτλ.», *ThWNT*, IV, 69-140.

DELLING, G., «διατάσσω», *ThWNT*, VIII, 34-36.

DÍAZ RODELAS, J.M., «Textos paulinos sobre la Encarnación», en J.E. AGUILAR CHIU – *al.*, ed., *«Il Verbo di Dio è vivo»*, Fs A. Vanhoye, Roma 2007, 337-355.

DILLON, D.J., «Acts of the Apostles», *NJBC*, 203-271.

DRUX, R., «Tropus», *HWRh*, IX, 809-830.

DUFF, P.B., «Metaphor, Motif, and Meaning: The Rhetorical Strategy behind the Image "Led in Triumph" in 2 Corinthians 2:14», *CBQ* 53 (1991) 79-92.

DUGANDŽIĆ, I., *Das «Ja» Gottes in Christus. Eine Studie zur Bedeutung des Alten Testament für das Christusverständnis des Paulus*, FzB 26, Würzburg 1977.

DUNN, J.D.G., «Paul's Epistle to the Romans: An Analysis of Structure and Argument», *ANRW*, 25/4, 2842-2890.

DURIDANOV, L., «Makedonia, Makedones», *DNP*, VII, 726-741

EGAN, R.B., «Lexical Evidences on Two Pauline Passages», *NT* 19 (1977) 34-62.

EGGS, E., «Metapher», *HWRh*, V,1099-1183.

EßER, H.-H. – AVEMARIE, F. – HAACKER, K., «νόμος», *TBLNT*, II, 436-456.

FABRIS, R., *Paolo, l'apostolo delle genti*, DUS 6, Milano 1997.

FABRIS, R. – ROMANELLO, S., *Introduzione alla lettura di Paolo*, NVE, Roma 2006, 2009².

FEE, G.D., «ΧΑΡΙΣ in II Corinthians 1.15», *NTS* 24 (1978) 533-538.

FINDEIS, H.-J., *Versöhnung–Apostolat –Kirche. Eine exegetisch-theologisch und recepzionsgeschichtliche Studie zu den Versöhnungsaussagen des Neuen Testament (2Kor, Röm, Kol, Eph)*, FzB 40, Würzburg 1982.

FITZER, G., «σφραγίς κτλ», *ThWNT*, VII, 939-954.

FITZGERALD, J.T., «Riconciliazione (NT)», *TTB*, 1158-1162.

FITZMYER, J.A., «The Use of the Explicit Old Testament Quotations in Qumran Literature and in the New Testament», *NTS* 7 (1960) 297-333.

———, «The Letter to the Galatians», *NJBC*, 780-790.

———, «Paul», *NJBC*, 1329-1337.

———, *The Biblical Commission's Document «The Interpretation of the Bible in the Church». Text and Commentary*, SubBib 18, Roma 1995.

———, *Acts of the Apostles*, AncB 31, New York – London – Toronto – Sydney – Auckland 1998.

FOERSTER, W., «Ἰησοῦς», *ThWNT*, III, 284-294.

FREESE, J.H., «Aristotle. The "Art" of Rhetoric», en G.P. GOOLD – al., ed., *Aristotle*, I–XXIII, Cambridge – London 1923-1926.

FREYTAG, W., «Allegorie, Allegorese», *DNP*, I, 330-393.

FRIEDRICH, G., «κηρύσσω», *ThWNT*, III, 695-714.

FUCHS, A., «βεβαίωσις, εως, ἡ», *EWNT*, I, 504-506.

FURNISH, V.P., «The Letter of Paul to the Galatians», en C.M. LAYMON, ed., *The Interpreter's One-Volume Commentary on the Bible. Introduction and Commentary for Each Book of the Bible Including the Apocrypha*, Nashville – New York 1971.

FURNISH, V.P., *II Corinthians*, AncB 32A, New York 1984.

———, «Paul and the Corinthians. The Letters, the Challenges of Ministry, the Gospel», *Interp.* 52 (1998) 229-245.

GARLAND, D.E., «Paul's Defense of the Truth of the Gospel Regarding Gentiles (Galatians 2,15–3,22), *RExp* 91 (1994) 165-181.

GARLINGTON, D., «Paul's "Partisan ἐκ" and the Question of Justification in Galatians», *JBL* 127 (2008) 567-589.

GÄRTNER, B. – BIETERNHARD, H., «ἁπλότης», *TBLNTL*, II, 1846-1847.

GIBLIN, C.H., «Three Monotheistic Texts in Paul», *CBQ* 37 (1975) 527-547.

GIESEN, G., *Die Wurzel שׁבע "Schwören". Eine semasiologische Studie zum Eid im Alten Testament*, BBB 56, Bonn 1981.

GINZBERG, L., *The Legends of the Jews*, I–VII, Philadelphia 1967-1969.

GIUNTOLI, F., *Genesi 12–50*, NVBTA, 1.2, Cinisello Balsamo 2013.

GOODMAN, M., «Proselytising in Rabbinic Judaism», *JJS* 40 (1989) 175-185.

GOSSE, B., «Abraham comme figure de substitution à la royauté davidique, et sa dimension internationale à l'époque postexilique», *Theoforum* 33 (2002) 163-186.

GOULDER, M.D., «Σοφία in 1 Corinthians», *NTS* 37 (1991) 516-534.

GRÄBE, P.J., *The Power of God in Paul's Letters*, WUNT.NF 123, Tübingen 2000.

GREENBERG, M., *Ezekiel 1–20. A New Translation with Introduction and Commentary*, AncB 22, New York 1983.

GRILLI, M., «Unità tra Antico e Nuovo Testamento», *TTB*, 1459-1468.

GRUNDMANN, W., «χρίω», *ThWNT*, IX, 482-576.

GRUNDMANN, W. – HESSE, F. – DE JONGE, M. – VAN DER WOUDE, A.S., «χρίω κτλ», *ThWNT*, IX, 482-576.

GRUNDMANN, W. – VON RAD, G. – KITTEL, G., ««ἄγγελος»», *ThWNT*, I, 74-86.

GUNDRY-VOLF, J.M., «Universalismo», *DPL*, 1566-1573.

GUTBROD, W., «Ἰσραήλ», *ThWNT*, III, 356-394.

HAFEMANN, S.J., «Corinzi, Lettere ai», *DPL*, 298-324.

HAHN, F., «Χριστός, οῦ, (ὁ)», *EWNT*, III, 1147-1165.

———, *Studien zum Neuen Testament. I. Grundsatzfragen, Jesus-forschung, Evangelien; II. Bekenntnisbildung und Theologie in urchristlicher Zeit*, WUNT.NF 191-192, Tübingen 2006.

———, *Theologie des Neuen Testaments. I. Die Vielfalt des Neuen Testaments (Theologiegeschichte des Urchristentums). II. Die Einheit des Neuen Testaments (Thematische Darstellung)*, Tübingen 2002, 2011³.

HAHN, H.C., «παρρησία», *TBLNT*, II, 1948-1949.
HAHN, S.W., *Kinship by Covenant. A Canonical Approach to the Fulfillment of God's Saving Grace*, ABRL, New Haven – London 2009.
HAMMAN, A. – *al.*, «Battesimo», *NDPAC*, I, 735-746.
HAENCHEN, E., *Die Apostelgeschichte*, KEK, III, Göttingen 1977.
HANSE, H., «ἔχω κτλ», *ThWNT*, II, 816-832.
HANSEN, G.W., «Galati, Lettera ai», *DPL*, 657-676.
HANSON, A.T., *Studies in Paul's Technique and Theology*, London 1974.
HARMON, M.S., *She Must and Shall Go Free. Paul's Isaianic Gospel in Galatians*, BZNW 168, Berlin – New York 2010.
HARRIS, M.J., *The Second Epistle to the Corinthians. A Commentary on the Greek Text*, NIGTC, Grand Rapids 2005.
HARRISON, J.R., *Paul's Language of Grace in Its Graeco-Roman Context*, WUNT.NF 172, Tübingen 2003.
HAYS, R.B., «The Letter to the Galatians», *NIB*, XI, 181-348.
HEILIGENTHAL, R., «ἔργον, ου, τό», *EWNT*, II, 123-127.
HERTOG, C. DEN – LABAHN, A. – POLA, TH., «Deuteronomion», en E. BONS – *al.*, *Septuaginta Deutsch. Erläuterungen und Kommentare zum griechischen Alten Testament*, I, Stuttgart 2011, 523-604.
HESTER, J.D., «Epideictic Rhetoric and Persona in Galatians 1 and 2», en M.D. NANOS, ed., *The Galatians Debate. Contemporary Issues in Rhetorical and Historical Interpretation*, Peabody 2002, 181-196.
HICKLING, C.J.A., «The Sequence of Thought in II Corinthians, chapter three», *NTS* 21 (1975) 380-395.
HILL, E., *Teaching Christianity. De Doctrina Christiana*, WSA, I/11, New York 1996.
HOTZE, G., *Paradoxien bei Paulus. Untersuchungen zu einer elementaren Denkform in seiner Theologie*, NTAb 53, Münster 1997.
HOWARD, G.B., *Paul: Crisis in Galatia. A Study in Early Christianity*, MSSNTS 35, London – New York – Melbourne 1979.
HUBBARD, M.V., *New Creation in Paul's Letters and Thought*, MSSNTS 119, Cambridge 2004.
HÜBNER, H., «νόμος, ου, ὁ», *EWNT*, II, 1158-1172.
———, «γραφή, ῆς, ἡ», *EWNT*, I, 633-634.
IZQUIERDO, C., «Cristo "Mediador". Perspectiva bíblica», *ScrTh* 40 (2008) 695-732.
JEPSEN, A., «אמן», *ThWAT*, I, 313-348.
JEREMIAS, J., «Μωυσῆς», *ThWNT*, IV, 852-878.

JERVIS, L.A., «Galatians 3,19-25 as an Argument for God's Faithfulness: Reading Paul's Rhetoric in Light of His Strategy», *WW* 20 (2000) 291-289.

JEWETT, R., «The Agitators and the Galatian Congregation», en M.D. NANOS, ed., *The Galatians Debate. Contemporary Issues in Rhetorical and Historical Interpretation*, Peabody 2002, 334-347.

JOHNSON, L.T., *The Acts of the Apostles*, SP 5, Collegeville 1992.

JOUBERT, S.J., «ΧΑΡΙΣ in Paul. An Investigation into the Apostel's "Performative" Application of the Language of *Grace* within the Framework of His Theological Reflection on the Event/Process of Salvation», en J.G. VAN DE WATT, *Salvation in the New Testament. Perspectives on Soteriology*, NT.S 121, Leiden–Boston 2005, 187-211.

KALLENDORF, C., «Brevitas», *HWRh*, II, 53-60.

KELLERMANN, U., «σπέρμα, ατος, τό», *EWNT*, III, 629-632.

KERTELGE, K., «δικαιοσύνη, ης, ἡ», *EWNT*, I, 784-796.

———, «δικαιόω», *EWNT*, I, 796-807.

KILLIAN, J., «Paraphrase», *HWRh*, VI, 556-562.

KIRBY, J.T. – POSTER, C., «Klimax», *HWRh*, IV, 1106-1115.

KLEIN, J., «Exemplum», *HWRh*, III, 60-70.

KLEINKNECHT, H. – *al.*, «πνεῦμα πνευματικός», *ThWNT*, VI, 330-450.

KLEINKNECHT, H. – GUTBROD, W., «νόμος», *ThWNT*, IV, 1016-1077.

KLEINKNECHT, H. – QUELL, G. – STAUFFER, E. – KUHN, K.G., «θεός κτλ», *ThWNT*, III, 65-120.

KÖCKERT, M., *Vätergott und Väterverheißungen. Eine Auseinandersetzung mit A. Alt und seinen Erben*, FRLANT 142, Göttingen 1988.

———, «Die Geschichte der Abrahamsüberlieferung», en A. LEMAIRE, ed., *Congress Volume Leiden 2004*, VT.S 109, Leiden 2006, 103-128.

KREITZER, L.J., «Escatologia», *DPL*, 556-582.

KRUGER, M.A. «The Law and the Promises in Galatians», *Neot* 26 (1992) 319.

KÜMMEL, W.G. – FEINE, P. – BEHM, J., *Enleitung in das Neue Testament*, Tübingen 1913 – Heidelberg 1983[21].

LACEY, J.R. DE, «Jesus as a Mediator», *JSNT* 29 (1987) 101-121.

LACHS, S.T., *A Rabbinic Commentary on the New Testament. The Gospels of Matthew, Mark, and Luke*, Hoboken – New York 1987.

LAMBRECHT, J., *Second Corinthians*, SP 8, Collegeville 1998.

LAMPE, P., «ἵνα», *EWNT*, II, 460-466.

LANGKAMMER, H., «πᾶς, πᾶσα, πᾶν»» *EWNT*, III, 112-117.

LE DÉAUT, R., *Targum du Pentateque*, IV, SC 271, Paris 1980.

LÉGASSE, S., *Paul Apôtre. Essai de biographie critique*, Toulouse 1989.

LEMAIRE, A., «Semailles, *DEB*, 1187.

LÉMONON, J.-P., *L'épître aux Galates*, CBNT 9, Paris 2008.

LIERMANN, J., *The New Testament Moses. Christian Perceptions of Moses and Israel in the Setting of Jewish Religion*, WUNT.NF 173, Tübingen 2004.

LIM, K.Y., *«The Sufferings of Christ Are Abundant in Us» (2 Corinthians 1.5). A Narrative Dynamics Investigation of Paul's Sufferings in 2 Corinthians*, LNTS 399, London – New York 2009.

LIMA VASCONCELLOS, P., «Promessa», *TTB* 1091-1096.

LÖSER, P. – FIGAL, G. – MÜHLING-SCHLAPKOHL, M. – MÄDLER, I., «Metapher», *RGG*, V, 1165-1170.

LOHSE, E., «χείρ», *ThWNT*, IX, 412-424.

LONGENECKER, R.N., *Galatians*, WBC 41, Dallas 1990.

LORUSSO, G., *La Seconda Lettera ai Corinzi*, SOC 8, Bologna 2007.

LÜDEMANN, G., «ἐκ», *EWNT*, I, 977-980.

LULL, D.J., «"The Law Was Our Pedagogue": A Study in Galatians 3,19-25», *JBL* 105 (1986) 481-498.

MACRO, A.D., «The Cities of Asia Minor under the Roman Imperium», *ANRW*, II, 7.2, 659-695.

MANZI, F., *Seconda Lettera ai Corinzi. Nuova versione, traduzione e commento*, LB.NT, Milano 2008.

MARÍN HEREDIA, F., «El Evangelio de la gracia», *Cartaginensia* 6 (1990) 3-317.

MARTIN, R.P., *2 Corinthians*, WBC 40, Waco (Texas) 1986.

MARTITZ, W. VON – al., «υἱός κτλ», *ThWNT*, VIII, 334-402.

MARTYN, J.L., *Galatians*, AncB 33A, New York 1998.

MATERA, F.J., *Galatians*, SP 9, Collegeville 1992.

———, «Galatians in Perspective: Cutting a New Path through Old Territory», *Interp.* 54 (2000) 233-245.

———, *God's Saving Grace. A Pauline Theology*, Grand Rapids 2012.

MATLOCK, R.B., «The Rhetoric of πίστις in Paul: Galatians 2.16,3.22, Romans 3.22, and Philippians 3.9», *JSNT* 30 (2007) 173-203.

MAURER, C., «προστίθημι», *ThWNT*, VIII, 169.

MCCARTHY, C., *Deuteronomy*, BHQ 5, Stuttgart 2007.

MERKEL, H., «Ἀπολλῶ, ῶ», *EWNT*, I, 328-329.

———, «καταλλαγή, ῆς, ἡ», *EWNT*, II, 644-650.

METZGER, B.M., *The New Testament. Its Background, Growth and Content*, London 1969.

MEYNET, R., *Traité de rhétorique biblique*, RhS 4, Paris 2007.

———, *Lettre aux Galates*, RhS 10, Paris 2011.

MICHEL, O., «συγκλείω», *ThWNT*, VII, 744-746.

MITCHELL, M.M., *Paul and the Rhetoric of Reconciliation. An Exegetical Investigation of Language and Composition of 1 Corinthians*, Tübingen 1992.

———, «New Testaments Envoys in the Context of Greco-Roman Diplomatic and Epistolary Conventions: The Example of Timotheus and Titus», *JBL* 111 (1992) 641-662.

———, «Rhetorical Shorthands in Pauline Argumentation: The Functions of "The Gospel" in the Corinthian Correspondence», en L.J. JERVIS, ed., *Gospel in Paul. Studies on Corinthians, Galatians and Romans for R.N. Longenecker*, JSNTSS 108, Sheffield 1994, 63-88.

MITCHELL, M.M., *Paul, the Corinthians and the Birth of Christian Hermeneutics*, Cambridge 2010.

MITCHELL, S. «Population and the Land at the Roman Galatia», *ANRW*, II, 7.2, 1053-1081.

MORALES, N., «¿A Cristo por la Ley? Estudio exegético de Gál 3,19-24», *Kairós* 21 (1997) 29-50.

MOMIGLIANO, A., *The Development of Greek Biography*, Cambridge 1971.

MUÑOZ LEÓN, D., «Libro IV de Esdras. Introducción», en A. DÍEZ MACHO – A. PIÑERO, *Apócrifos del Antiguo Testamento*, VI, Madrid 2009, 301-355.

MURPHY-O'CONNOR, J., «The First Letter to the Corinthians», *NBJC*, 798-815.

———, *Paul. His Story*, Oxford 2004.

———, «Co-Autorship in the Corinthian Correspondence», *RB* 100 (1993) 562-579.

———, *Keys to Galatians: Essays Collected*, Collegeville 2012.

MUSSNER, F., *Der Galaterbrief*, HThK 9, Freiburg – Basel – Wien 1974.

NAKAZATO, I., *The Spirit in Paul's Apology: Exegetico-Theological Study of 2 Corinthians*, Roma 2011.

NANOS, M.D., *The Galatians Debate. Contemporary Issues in Rhetorical and Historical Interpretation*, Peabody 2002, xi-xli.

NEUNHEUSER, B. – NAVASCUÉS, P. DE, «Unzione», *NDPAC*, III, 5512-5515.

ODELL-SCOTT, D.W., *Paul's Critique of Theocracy: A/theocracy in Corinthians and Galatians*, JNTS.SS 250, London – New York 2003.

OEPKE, A., «διά», *ThWNT*, I, 64-69.

———, «εἰς», *ThWNT*, II, 418-432.

———, «ἐν», *ThWNT*, II, 534-539.

OLSHAUSEN, E., «Achaia. [römische provinz]», *DNP*, I, 56-57.

———, «Roads and Routes in the Imperium Romanum», *BNPSup*, III, 194-195.

OMANSON, R.L., *A Textual Guide to the Greek New Testament*, Stuttgart 2006.

ONWUKA, P.C., *The Law, Redemption and Freedom in Christ. An Exegetical-theological Study of Galatians 3,10-14 and Romans 7,1-6*, TG.T 156, Roma 2007.

ORR, W.F. – WALTHER, J.A., *I Corinthians*, AncB 31, New York 1976.

PAIGE, T., «Spirito Santo», *DPL*, 1489-1504.

PATTENGALE, J.A., «Achaia», *AncBD*, I, 53.

PAULSEN, H., «ἐνεργέω», *EWNT*, I, 1106-1109.

PELLEGRINO, C., *Paolo, servo di Cristo e padre dei Corinzi*, TG.T 139, Roma 2006.

PENNA, R., «Atteggiamenti di Paolo verso l'Antico Testamento», *RivBiblIt* 32 (1984) 175-210.

———, *Lettera ai Romani*, SOC 6, Bologna 2004–2010.

PEPPERMÜLLER, R., «ἤ», *EWNT*, II, 275-277.

PEREIRA DELGADO, A., *De apóstol a esclavo. El exemplum de Pablo en 1 Corintios 9*, AnBib 182, Roma 2010.

———, «Segundas audiencias en las cartas paulinas», en F. BIANCHINI – S. ROMANELLO, ed., *Non mi vergogno del Vangelo, potenza di Dio. Fs J.-N. Aletti*, AnBib 200, Roma 2012, 99-116.

PERRIN, M.-Y., «La nascita del cristianesimo», en A. BARBERO, dir., *Storia di Europa e del Mediterraneo*, I–XI, Roma 2006, 703-744.

PERRONI, M., «Battesimo», *TTB*, 116-122.

PHILIP, F., *The Originis of Pauline Pneumatology. The Eschatological Bestowal of the Spirit upon Gentiles in Judaism and in the Early Development of Paul's Theology*, WUNT.NF 194, Tübingen 2005.

PITTA, A., *Disposizione e messaggio della Lettera ai Galati*, AnBib 131, Roma 1992.

———, *Lettera ai Galati*, SOC 9, Bologna 1997, 2009².

———, *Paolo. La vita, le lettere, il suo vangelo*, La Bibbia nelle nostre mani, Cinisello Balsamo 1997.

———, *Lettera ai Romani*, LB.NT 6, Milano 2001.

PITTA, A., *La Seconda Lettera ai Corinzi*, CB, Roma 2006
———, *Lettera ai Filippesi*, LB.NT 11, Milano 2010.
———, *L'evangelo di Paolo. Introduzione alle lettere autoriali*, Graphé 7, Torino 2013.
PODELLA, T. –PAHLITZSCH, J., «Palaestina, *DNP*, IX, 160-162.
POLHILL, J.B., *Paul and His Letters*, Nashville 1999.
POLLMANN, I., *Gesetzeskritische Motive im Judentum un die Gesetzeskritik des Paulus*, NTOA 98, Göttingen 2012.
PORTER, S.E., *Verbal Aspect in the Greek of the New Testament, with Reference to Tense and Mood*, SBG 1, New York 1989.
PRATSCHER, W. – BUB, W., «σπείρω», *TBLNT*, 1527-1531.
PRIDIK, K.-H., «δέ», *EWNT*, I, 665-668.
PUIG TÀRRECH, A., «Gesù Cristo», *TTB*, 541-554.
PULCINELLI, G., *Paolo, scritti e pensiero. Introduzione alle lettere dell'apostolo*, Cinisello Balsamo 2013.
PURY, A. de, *Promesse divine et légende cultuelle dans le cycle de Jacob: Genèse 28 et les traditions patriarcales*, EtB, I–II, Paris 1975.
PYNE, R.A., «The "Seed", the Spirit and the Blessing of Abraham», *BS* 152 (1995) 211-222.
RACIONERO, Q., *Aristóteles. Retórica*, BCG 142, Madrid 1990.
RADL, W., «ἀλλά», *EWTN*, I, 146-148.
RAPP, C., «Psychology of Persuasion», *OHA*, 589-611.
RASTOIN, M., *Tarse et Jérusalem. La double culture de l'Apôtre Paul en Galates 3,6–4,7*, AnB 152, Roma 2003.
REICKE, B., «'Αχαΐα, ας», *EWNT*, I, 447-448.
———, «Γαλλίων, ωνος», *EWNT*, I, 562.
RHYS ROBERTS, W., «Rhetorica», en W.D. ROSS, ed., *The Works of Aristotle translated into English*, I–XII, Oxford 1928–1952, XI, 1354a–1419b.
RIESENFELD, E.H., «παρά», *ThWNT*, V, 724-733.
RIESNER, R., *Die Frühzeit des Apostels Paulus. Studien zur Chronologie, Missionsstrategie und Theologie*, WUNT.NF 72, Tübingen 1994.
RITT, H., «λόγος, ου, ὁ», EWNT, II, 880-887.
ROPES, J.H., *The Singular Problem of the Epistle to the Galatians*, HTS 14, London 1929.
ROSSÉ, G., *Atti degli Apostoli*, NVBTA 41, Cinisello Balsamo 2010.

SACCHI, A., «Il ministerio della nuova Alleanza (2Cor 3,1-18)», en A. SACCHI – al., *Lettere paoline e altre lettere*, L.CSB 6, Torino 1995, 351-369.

SÄNGER, D., «μεσίτης, ου, ὁ», *EWNT*, II, 1010-1012.

SAMPLEY, J.P., «The Second Letter to the Corinthians», *NIB*, XI, 1-180.

SÁNCHEZ BOSCH, J., «La chronologie de la Première aux Thessaloniciens et les relations de Paul avec d'autres églises», *NTS* 37 (1991) 336-347.

———, *Escritos paulinos*, IntEB 7, Navarra 1998.

———, «ὑπό», *EWNT*, III, 958-961.

SASS, G.M., *Leben aus den Verheißungen. Traditionsgeschichtliche und biblisch-teologische Untersuchungen zur Rede von Gottes Verheißungen im Frühjudentum und beim Apostel Paulus*, FRLANT 164, Göttingen 1995.

———, «Verheißung», *TBLNT*, 1743-1751.

SASSE, H., «αἰών», *ThWNT*, I, 197-209.

SCHENK, W., «καί», *EWNT*, II, 558-562.

SCHERER, H., *Geistreiche Argumente. Das Pneuma-Konzept des Paulus im Kontext seiner Briefe*, NTAb 55, Münster 2011.

SCHLIER, H., *Der Brief an die Galater*, Göttingen 1949, 1971[4].

———, «ἀμήν», *ThWNT*, I, 339-342.

———, «βέβαιος, κτλ», *ThWNT*, I, 600-603.

SCHMUDE, M.P., «Parataxe/Hypotaxe», *HWRh*, VI, 565-570.

SCHNEIDER, G., «ἀκούω», *EWNT*, I, 126-131.

———, «ἀνθύπατος, ου, ὁ», *EWNT*, I, 249.

———, «Ἰησοῦς, οῦ», *EWNT*, II, 440-452.

———, «πεποίθησις, εως, ἡ», *EWNT*, III, 166-167.

———, «Σιλᾶς, ᾶ», *EWNT*, III, 580-582.

SCHNEIDER, J., «ὀμνύω», *ThWNT*, V, 177-185.

———, «παράβασις», *ThWNT*, V, 736-737.

———, «ὅρκος κτλ», *ThWNT*, V, 458-467.

SCHNIEWIND, J. – FRIEDRICH, G., «ἐπαγγέλλω», *ThWNT*, II, 572-583.

SCHÖPSDAU, K., «Exordium», *HWRh*, III, 136-140.

SCHOTTROFF, L., «ζῳοποιέω», *EWNT*, II, 272-274.

SCHRENK, G., «βούλομαι», *ThWNT*, I, 628-631.

———, «δίκαιος», *ThWNT*, II, 184-193.

———, «δικαιοσύνη», *ThWNT*, II, 194-214.

———, «γράφω», *ThWNT*, I, 742-773.

SCHULZ, S. – QUELL, G. – KÖSTER, H., «σπέρμα», *ThWNT*, VII, 537-547.

SCHWEITZER, E. – BAUMGÄRTEL, F. – MEYER, R., «σάρξ», *ThWNT*, VII, 98-151.

SCHWERTNER, S.M., *Internationales Abkürzungsverzeichnis für Theologie und Grenzgebiete*, Berlin – New York 1992.

SCHWERTHEIM, E., «Troas», *DNP*, XII/1, 848-850.

SEGALLA, G., *Teologia biblica del Nuovo Testamento. Tra memoria escatologica di Gesù e promessa del futuro regno di Dio*, Logos 8/2, Torino 2005.

SEIFRID, M.A., «Leben aus den Verheißungen: Traditionsgeschichtliche und biblisch-theologische Untersuchungen zur Rede von Gottes Verheißungen im Frühjudentum und beim Apostel Paulus», *JBL* 116 (1997) 148-150.

SELLIN, G., *Allegorie – Metapher – Mythos – Schrift. Beiträge zur religiösen Sprachen im Neuen Testament und in seiner Umwelt*, NTOA 90, Göttingen 2011.

SMITH, P.L. – NEUMANN, H., «Brief», *DNP*, II, 771-776.

SODEN, H.F. VON, «ἀδελφός κτλ», *ThWNT*, I, 144-146.

STÄHLIN, G. – GRUNDAMNN, W., «ἁμαρτάνω», *ThWNT*, I, 267-320.

STEFANI, P., «Mosè», *TTB*, 887-892.

STEGMAN, T.D., *The Character of Jesus. The Linchpin to Paul's Argument in 2Corinthians*, AnBi 158, Roma 2005.

———, «Paul's Use of *Dikaio-* Terminology: Moving beyond N.T. Wright's Forensic Interpretation», *TS* 72 (2011) 496-524.

STEGMANN, A., «Ὁ δὲ μεσίτης ἑνὸς οὐκ ἔστιν, Gal 3,20», *BZ* 22 (1934) 30-42.

STEINHART, M., «Korintische Vasenmalerei», *BNP*, VI, 738-742.

STOCK, K., «Figlio di Dio», *TTB*, 495-502.

STRECKER, C., *Die liminale Theologie des Paulus. Zugänge zur paulinischen Theologie aus kulturanthropologischer Perspektive*, FRLANT 185, Göttingen 1996.

STRECKER, G., *Theologie des Neuen Testaments*, Berlin – New York 1996.

STROBEL, K., «Galatia», *BNP*, 4, 742-745.

STROBEL, K. – EUSKIRCHEN, M., «Kelten», *DNP*, VI, 387-404.

TANTIONO, P.T., *Speaking the Truth in Christ. An Exegetico-Theological Study of Galatians 4,12-20 and Ephesians 4,12-16*, TG.T 164, Roma 2008.

THISELTON, A.C., «Sosthenes», *NIDB*, V, 358.

THRALL, M.E., *A Critical and Exegetical Commentary on the Second Epistle to the Corinthians*, I–II, Edinburg 1994, 2000.

THURSON, B.B., «Timothy», *NIDB*, V, 601-602.

TREVIJANO ETCHEVARRÍA, R.M., *Estudios paulinos*, PT 8, Salamanca 2002.

TRUMMER, P., «Τιμόθεος, ου», *EWNT*, III, 860-862.

UMBACH, H., *In Christus getauft–von der Sünde befreit. Die Gemeinde als sündenfreier Raum bei Paulus*, FRLANT 181, Göttingen 1999.

UNNIK, W.C. VAN, «Reisepläne und Amen-Sagen, Zusammenhang und Gedankenfolge in 2. Korinther 1,15-24», en ID., *Sparsa Collecta. The Collected Essays of W.C. van Unnik*, I, NT.S, 29, Leiden 1973.

VANHOYE, A., «Un médiateur des anges en Ga 3,19-20», *Bib* 59 (1987) 403-411.

———, «La composition de 1 Thessaloniciens», en R.F. COLLINS, ed., *The Thessalonian correpondence*, BETL 87, Leuven 1990, 73-86.

———, *Lettera ai Galati*, LB.NT 8, Milano 2000, ⁴2010.

VANHOYE, A. – LACOSTE, J.-Y. – LOSSKY, N., «Foi», *DCT*, 568-579.

VANNI, U., *La struttura letteraria dell'Apocalisse*, Aloisiana 8, Roma 1971.

VEGAS MONTANER, L., «Testamento de Moisés», en A. DÍEZ MACHO – A. PIÑERO, *Apócrifos del Antiguo Testamento*, V, Madrid 2009, 217-275.

VEGGE, I., *2 Corinthians – A Letter about Reconciliation. A Psychagogical, Epistolographical and Rhetorical Analysis*, WUNT.NF 239, Tübingen 2008.

VISOTZKY, B.L., «Midrash», *NIBD*, IV, 81-84.

WALDE, C., «Allegorie», *DNP*, I, 523-525.

WALLACE, D.B, «Galatians 3,19-21: A *Crux Interpretum* for Paul's View of the Law», *WTJ* 52 (1990) 225-245.

WALLIS, I.G., *The Faith of Jesus Christ in Early Christian Traditions*, MSSNTS 84, Cambridge 1995.

WALTON, F.R., «The Messenger of God in Hecataeus of Abdera», *HTR* 48 (1955) 255-257.

WALTON, S., «Titus», *NIDB*, 609.

WATSON, F., *Paul, Judaism and the Gentiles. A Sociological Approach*, MSSNTS 56, London – New York – New Rochelle – Melbourne – Sydney 1986.

WEISER, A. – BULTMANN, R.K., «πιστεύω», *ThWNT*, VI, 174-230.

WENHAM, D., «2 Corinthians 1,17-18: Echo of a Dominical Logion», *NT* 28 (1986) 271-279.

WENHAM, D., «The Rock on Which to Build: Some Mainly Pauline Observations about the Sermon on the Mount», en D.M. GURTNER – J. NOLLAND, ed., *Studies in the Gospel of Matthiew*, Cambridge – Grand Rapids, 187-206.

WENHAM, G.J., *Genesis 16–50*, WBC 2, Dallas 1994.

WESTERHOLM, S., «Law in the NT», *NIBD*, III, 594-602.

WHITE, J.L., *The Apostle of God: Paul and the Promise of Abraham*, Peabody 1999.

WHITSETT, C.G., «Son of God, seed of David: Paul's Messianic Exegesis in Romans 2,3-4», *JBL* 119 (2000), 661-681.

WILSON, T.A., *The Curse of the Law and the Crisis in Galatia. Reassessing the Purpose of Galatians*, WUNT.NF 225, Tübingen 2007.

WINGER, M., «Unreal Conditions in the Letters of Paul», *JBL* 105 (1986) 110-112.

WITHERINGTON, B., *Conflict & Community in Corinth. A Socio-Rhetorical Commentary on 1 and 2 Corinthians*, Grand Rapids 1995.

WOLTER, M., «"Das Geschriebene tötet, der Geist aber macht lebendig (2Kor 3,6). Ein Versuch zur paulinischen Antithese von γράμμα und πνεῦμα», en D. SÄNGER, ed., *Der zweite Korintherbrief. Literarische Gestalt – historische Situation – theologische Argumentation*, Fs D.-A. Koch, FRLANT 250, Göttingen 2012, 355-380.

ÍNDICE DE AUTORES

Aguilar Chiu: 124, 125, 269, 273
Aguirre Monasterio: 24, 269
Aletti: 7, 8, 9, 11, 12, 33, 38, 50, 54, 269, 270, 271, 280
Alexander: 19, 270
Allen: 92, 270
Alonso Alonso: 81, 270
Alonso Schökel: 197, 270
Alvarez Cineira: 141, 270
Armitage: 90, 270
Arnold: 29, 270
Avemarie: 67, 68, 102, 274
Bachmann: 76, 79, 81, 200, 201, 270
Baden: 108, 270
Bakhos: 39, 270
Balil: 136, 270
Balz: 136, 141, 163, 174, 175, 263, 270
Bandstra: 81, 270
Barbaglio: 7, 11, 13, 23, 116, 136, 183, 235, 270, 271
Barnett: 142, 144, 145, 146, 149, 155, 271
Barth: 104, 178, 271
Bauer: 26, 27, 30, 34, 271
Baumgärtel: 176, 283
Becker: 35, 271

Behm: 24, 26, 67, 75, 186, 191, 192, 271, 277
Belleville: 99, 271
Berger: 223, 271
Bertram: 92, 271
Betz: 8, 9, 38, 147, 266, 271
Beutler: 183, 271
Biancalani: 191, 271
Bianchini: 12, 25, 27, 38, 143, 271, 280
Bieternhard: 207, 275
Biguzzi: 78, 272
Bjorndalen: 202, 272
Bons: 276
Boore: 126, 272
Bosman: 217, 272
Breytenbach: 229, 272
Brodeur: 4, 5, 12, 24, 26, 32, 38, 45, 54, 71, 92, 140, 204, 221, 224, 241, 245, 246, 272
Broer: 76, 272
Brown: 13, 25, 32, 265, 272
Bruce: 24, 32, 134, 170, 270
Bryant: 8, 272
Bub: 72, 117, 281
Bultmann: 103, 104, 170, 175, 178, 192, 272, 284
Burnyeat: 9, 185, 272
Burton: 171, 176, 272

Buscemi: 34, 38, 51, 62, 63, 64, 66, 69, 70, 73, 76, 77, 78, 79, 80, 84, 85, 86, 89, 90, 92, 94, 96, 97, 112, 113, 117, 120, 121, 122, 124, 273
Busse: 172, 273
Caballero: 86, 273
Callan: 65, 75, 82, 99, 273
Cambier: 25, 34, 273
Cancik-Lindemaier: 199, 262, 273
Carter: 113, 126, 273
Chilton: 46, 206, 273
Christensen: 76, 273
Collins, J.J.: 136, 182, 188, 262, 273, 284
Collins, R.F.: 262
Conzelmann: 123, 171, 273
Cullmann: 81, 273
Davies: 81, 273
Debrunner: 179, 184, 262, 273
Decker-Lucke: 270
Delling: 75, 273
Derrey: 7, 270
Díaz Rodelas: 118, 273
Díez Macho: 279, 284
Dillon: 24, 25, 273
Drux: 199, 273
Duff: 138, 139, 273
Dugandžić: 9, 10, 11, 12, 13, 61, 62, 65, 66, 69, 76, 88, 96, 114, 120, 207, 236, 237, 274
Dunn: 12, 274
Duridanov: 132, 274
Egan: 136, 274
Eggs: 199, 276
Ernest: 270
Eßer: 67, 68, 102, 274
Euskirchen: 27, 29, 283
Fabris: 14, 24, 27, 29, 30, 33, 34, 36, 274
Fee: 172, 274
Feine: 24, 26, 277
Figal: 199, 278
Findeis: 216, 274
Fitzer: 190, 274
Fitzgerald: 206, 274
Fitzmyer: 10, 24, 25, 27, 29, 30, 37, 43, 76, 99, 134, 135, 265, 274
Foerster: 105, 274
Freese: 172, 274
Freytag: 199, 274
Friedrich: 73, 102, 114, 118, 126, 182, 274, 282
Fuchs: 198, 210, 224, 274
Furnish: 36, 132, 133, 134, 141, 142, 143, 144, 145, 146, 149, 155, 158, 172, 174, 175, 177, 179, 187, 191, 192, 197, 214, 218, 222, 240, 274, 275
Garland: 119, 275
Garlington: 125, 128, 275
Gärtner: 207, 275
Giblin: 80, 115, 116, 118, 275
Giesen: 197, 275
Ginzberg: 80, 81, 97, 122, 275
Giuntoli: 107, 108, 109, 275
Goodman: 32, 275
Goold: 274
Gosse: 110, 275
Goulder: 220, 275
Gräbe: 195, 196, 275
Greenberg: 92, 275
Grilli: 235, 275
Grundmann: 76, 77, 105, 189, 275
Gundry-Volf: 247, 275
Gutbrod: 67, 68, 80, 112, 116, 275, 277
Haacker: 67, 68, 102, 267, 274
Haenchen: 134, 137, 276
Hafemann: 140, 141, 275
Hahn, H.C.: 218, 276
Hahn, F.: 7, 11, 12, 24, 120, 182, 218, 275, 276
Hahn, S.W.: 11, 276
Hamman: 47, 276
Hanse: 276
Hansen: 27, 50, 276

Hanson: 199, 276
Harmon: 111, 276
Harris: 142, 144, 145, 146, 149, 155, 159, 161, 162, 163, 186, 276
Harrison: 197, 207, 276
Hays: 75, 276
Heiligenthal: 87, 276
Hertog: 76, 276
Hesse: 189, 275
Hester: 8, 276
Hickling: 136, 276
Hill: 8, 276
Hotze: 53, 122, 138, 148, 276
Howard: 114, 276
Hubbard: 124, 126, 127, 276
Hübner: 66, 76, 79, 81, 99, 276
Izquierdo: 81, 276
Jepsen: 68, 276
Jeremias: 76, 78, 80, 276
Jervis: 60, 277, 279
Jewett: 35, 277
de Jonge: 189, 275
Joubert: 195, 277
Kallendorf: 248, 277
Kellermann: 71, 72, 277
Kertelge: 95, 96, 277
Killian: 173, 277
Kirby: 184, 277
Kittel: 76, 77, 267, 275
Klein: 76, 122, 277
Kleinknecht: 67, 68, 80, 82, 83, 178, 191, 192, 277
Köckert: 107, 108, 277
Köster: 71, 72, 283
Kreitzer: 125, 277
Kruger: 75, 277
Kuhn: 178, 277
Kümmel: 24, 26, 277
Kutsko: 270
Labahn: 76, 276
de Lacey: 81
Lachs: 176, 277
Lacoste: 284

Lambrecht: 141, 142, 143, 144, 145, 146, 147, 149, 154, 159, 162, 175, 176, 179, 180, 191, 197, 198, 203, 220, 277
Lampe: 176, 277
Langkammer: 100, 277
Lausberg: 9, 38, 42, 56, 57, 58, 72, 88, 89, 111, 139, 143, 154, 155, 156, 157, 158, 172, 173, 174, 175, 176, 181, 189, 199, 200, 210, 264
Le Déaut: 76, 108, 277
Légasse: 29, 32, 278
Lemaire: 73, 277, 278
Lémonon: 41, 45, 48, 52, 53, 56, 58, 64, 69, 78, 81, 82, 85, 88, 90, 97, 99, 116, 123, 278
Liermann: 78, 278
Lilm: 132, 278
Lima Vasconcellos: 228, 278
Lohse: 78, 278
Longenecker: 25, 39, 68, 73, 76, 278, 279
Lorusso: 142, 143, 144, 145, 146, 149, 154, 161, 174, 175, 177, 178, 179, 183, 185, 188, 189, 191, 278
Löser: 199, 278
Lossky: 284
Lüdemann: 102, 103, 183, 278
Lull: 51, 278
Macro: 28, 132, 278
Mädler: 199, 278
Manzi: 140, 144, 145, 146, 149, 278
Marín Heredia: 116, 119, 128, 278
Martin: 136, 142, 144, 145, 146, 149, 155, 162, 163, 174, 178, 181, 185, 263, 278
von Martitz: 181
Martyn: 41, 54, 56, 57, 66, 68, 69, 73, 80, 82, 88, 90, 92, 97, 100, 101, 278

Matera: 13, 27, 32, 36, 57, 66, 76, 98, 99, 105, 125, 141, 155, 157, 161, 162, 166, 175, 178, 194, 196, 204, 205, 235, 237, 244, 245, 278
Matlock: 105, 278
Maurer: 69, 70, 278
McCarthy: 76, 278
Merkel: 134, 213, 278
Metzger: 62, 63, 87, 88, 161, 279
Meyer: 176, 263, 283
Meynet: 42, 44, 54, 104, 279
Michel: 98, 279
Mitchell, M.M.: 10, 141, 196, 197, 198, 200, 222, 246
Mitchell, S.: 28, 279
Momigliano: 43, 279
Morales: 66, 279
Mortara Garavelli: 9, 42, 47, 56, 57, 58, 122, 143, 150, 172, 173, 174, 176, 177, 181, 189, 265
Mühling-Schlapkohl: 199, 278
Muñoz León: 67, 279
Murphy-O'Connor: 34, 36, 37, 115, 183, 184, 279
Mussner: 34, 81, 279
Nakazato: 216, 279
Nanos: 276, 277, 279
de Navascués: 244, 279
Neumann: 25, 283
Neunheuser: 244, 279
Odell-Scott: 221, 279
Oepke: 77, 78, 80, 81, 82, 115, 118, 183, 184, 187, 189, 198, 280
Oksenberg Rorty: 272
Olshausen: 25, 136, 262, 280
Omanson: 61, 280
Onwuka: 36, 280
Orr: 220, 280
Pahlitzsch: 133, 281
Paige: 127, 280
Pattengale: 132, 280
Paulsen: 103, 280

Pellegrino: 137, 188, 280
Penna: 7, 37, 72, 113, 125, 128, 263, 267, 280
Peppermüller: 175, 280
Pereira Delgado: 23, 137, 138, 270, 280
Perrin: 131, 280
Perroni: 280
Petersen: 270
Philip: 128, 280
Piñero: 279, 284
Pitta: 4, 5, 8, 10, 11, 12, 14, 15, 19, 24, 25, 26, 34, 35, 36, 37, 38, 39, 40, 41, 42, 43, 44, 45, 46, 47, 48, 49, 50, 51, 52, 53, 54, 55, 57, 58, 59, 62, 63, 64, 65, 66, 68, 72, 73, 75, 76, 79, 82, 83, 85, 86, 87, 88, 89, 90, 92, 98, 104, 105, 112, 119, 120, 122, 125, 127, 132, 133, 134, 137, 138, 140, 141, 142, 143, 144, 145, 146, 147, 148, 149, 150, 151, 152, 155, 157, 158, 159, 161, 163, 165, 171, 173, 174, 175, 177, 178, 179, 182, 183, 188, 191, 193, 194, 195, 196, 197, 203, 204, 205, 208, 210, 212, 213, 214, 215, 216, 217, 218, 221, 245, 280
Podella: 133, 281
Pola: 76, 276
Polhill: 140, 142, 144, 145, 146, 149, 153, 155, 281
Pollmann: 102, 281
Porter: 162, 281
Poster: 184, 277
Pratscher: 72, 117, 281
Pridik: 177, 281
Puig Tàrrech: 206, 281
Pulcinelli: 51, 281
de Pury: 107, 281
Pyne: 71, 72, 124, 281
Quell: 71, 72, 82, 83, 178, 277, 283

Racionero: 170, 281
von Rad: 76, 77, 275
Radl: 98, 281
Rapp: 9, 281
Rastoin: 15, 39, 40, 43, 45, 46, 50, 53, 54, 55, 56, 57, 63, 66, 69, 70, 81, 83, 84, 88, 92, 99, 281
Reicke: 130, 137, 281
Rhys Roberts: 172, 281
Riesenfeld: 177, 281
Riesner: 27, 32, 281
Ritt: 179, 281
Robertson: 44, 62, 63, 65, 66, 68, 69, 70, 77, 81, 82, 84, 85, 87, 89, 90, 91, 93, 101, 102, 161, 163, 170, 174, 175, 176, 177, 178, 181, 183, 185, 186, 190, 266
Rodríguez Carmona: 24, 269
Romanello: 12, 14, 24, 27, 271, 274, 280
Ropes: 25, 281
Rossé, 132, 133, 134, 281
Sacchi: 138, 215, 282
Sampley: 140, 142, 144, 145, 146, 149, 155, 197, 282
Sánchez Bosch: 24, 25, 282
Sänger: 78, 98, 282, 285
Sass: 9, 10, 11, 12, 13, 14, 35, 36, 38, 39, 44, 45, 46, 51, 52, 70, 73, 85, 86, 87, 107, 109, 110, 111, 112, 119, 126, 127, 144, 158, 178, 182, 185, 186, 187, 192, 211, 224, 236, 237, 282
Sasse: 282
Schenk: 190, 282
Scherer: 224, 282
Schlier: 117, 118, 187, 188, 282
Schmude: 172, 282
Schneider, G.: 103, 105, 133, 135, 170, 263, 282
Schneider, H.: 262
Schneider, J.: 69, 176, 197, 282

Schniewind: 73, 102, 114, 118, 126, 282
Schöpsdau: 282
Schottroff: 91, 282
Schrenk: 87, 93, 95, 96, 99, 171, 282
Schulz: 71, 72, 283
Schweitzer: 176, 283
Schwertheilm: 133, 283
Schwertner: 19, 283
Segalla: 203, 283
Seifrid: 9, 285
Sellin: 200, 283
Sicre: 197, 270
Sigel: 199, 273
Smith: 25, 283
Soden: 183, 283
Stählin: 101, 283
Stauffer: 82, 83, 178, 277
Stefani: 79, 283
Stegman: 92, 149, 155, 283
Stegmann: 121, 122, 283
Steinhart: 136, 283
Stock: 205, 283
Strecker: 191, 203, 283
Strobel: 27, 28, 29, 283
Tantiono: 30, 283
Thiselton: 135, 283
Thrall: 132, 139, 142, 144, 145, 146, 149, 155, 161, 165, 172, 175, 178, 179, 186, 188, 197, 198, 214, 217, 218, 222, 223, 224, 241, 284
Thurson: 135, 284
Trevijano Etchevarría: 125, 127, 128, 284
Trummer: 135, 284
Umbach: 93, 284
van de Watt: 277
van der Woude: 189, 275
van Unnik: 178, 180, 181, 284
Vanhoye: 15, 25, 26, 31, 38, 41, 45, 53, 54, 56, 58, 74, 80, 81, 83, 99, 103, 119, 269, 273, 284

Vanni: 38, 284
Vegas Montaner: 97, 284
Vegge: 145, 146, 152, 155, 156, 221, 222, 284
Visotzky: 39, 284
Vogt: 78, 91, 104, 269
Walde: 199, 284
Wallace: 58, 65, 69, 77, 79, 85, 86, 87, 89, 91, 93, 105, 113, 194, 267, 284
Wallis: 115, 116, 123, 284
Walther: 220, 280
Walton, F.R.: 81, 284
Walton, S.: 136, 284
Watson: 123, 127, 284
Weiser: 103, 104, 284
Wenham, D.: 176, 204, 284, 285
Wenham, G.J.: 109, 285
Westerholm: 70, 285
White: 122, 236, 246, 285
Whitsett: 72, 102, 285
Wilson: 85, 285
Winger: 62, 94, 285
Witherington: 145, 146, 149, 151, 152, 153, 156, 285
Wolter: 199, 285
Zimmerli: 123, 171, 273
Zorell: 66, 69, 78, 79, 84, 89, 91, 93, 96, 97, 98, 99, 100, 102, 103, 104, 165, 170, 171, 172, 174, 175, 176, 177, 178, 179, 181, 182, 183, 185, 186, 187, 188, 190, 191, 192, 268

ÍNDICE GENERAL

RECONOCIMIENTOS 5
INTRODUCCIÓN 7
1. Una teología «retórica» 7
   1.1 Dos disciplinas diferentes pero cotejables 7
      1.1.1 La disciplina retórica: *The New Rhetoric* 8
      1.1.2 La teología paulina: campo de aplicación retórica 9
   1.2 El objetivo de fondo: un ejercicio de teología «retórica» 9
2. Un argumento *ad hoc*: ἐπαγγελίαι θεοῦ 10
   2.1 *Status quaestionis* 10
   2.2 Las «promesas de Dios»: un valor «teo-lógico» pregnante 11
      2.2.1 El método exegético-retórico aplicado 11
      2.2.2 El sintagma ἐπαγγελίαι θεοῦ en concreto 12
   2.3 Aportación de nuestra monografía 12
3. Descripción de la presente monografía 14
   3.1 Recorrido argumental 14
      3.1.1 Parte primera: Gálatas 3,19-22 15
      3.1.2 Parte segunda: 2 Corintios 1,15-22 16
      3.1.3 Parte tercera: Conclusión 18
   3.2 Consideraciones metodológicas 19

PARTE I
GÁLATAS 3,19-22
LAS «PROMESAS DE DIOS» Y SU ECONOMÍA TEOLÓGICA

CAPÍTULO I: *El contexto de Gál 3,19-22* 23

1. El «pre-texto» de Gálatas 23
   1.1 Pablo, remitente de Gálatas 23
      1.1.1 Pablo, fundador de las iglesias gálatas 23
      1.1.2 Pablo, autor de Gálatas 25
   1.2 Los gálatas como destinatarios 27

1.2.1 Galacia en tiempos del Apóstol	28
1.2.2 La identidad de las iglesias gálatas...	30
1.2.3 Ocasión de la carta	32
1.3 *Dispositio* de Gálatas...	37
1.3.1 Prólogo (cf. Gál 1,1-12)	40
1.3.2 *Probationes* (cf. Gál 1,13–6,10)...	43
1.3.3 *Postscriptum* (cf. Gál 6,11-18)..	49
2. Estudio de Gál 3,19-22 en su contexto	51
2.1 Delimitación de Gál 3,19-22	51
2.2 Contexto de Gál 3,19-22...	52
2.2.1 Relación con la *dispositio* de Gálatas...................................	52
2.2.2 Contexto inmediato (cf. Gál 3,15-18.23-28)	54
2.2.3 En relación con la «*propositio* menor»	54
2.2.4 En relación con el resto de argumentos.................................	55
2.2.5 En relación con la «*peroratio* menor»...................................	57
2.3 *Dispositio* de Gál 3,19-22	57
2.3.1 Aproximación retórico-literaria...	58
2.3.2 Primera sección (cf. Gál 3,19-20)..	58
2.3.3 Segunda sección (cf. Gál 3,21-22)	59
2.4 Crítica textual de Gál 3,19-22...	61
2.4.1 Gál 3,19	61
2.4.2 Gál 3,21: el sintagma τοῦ θεοῦ	62
2.4.3 Gál 3,21: otras variantes	63
CAPÍTULO II: *Lectura particularizada de Gál 3,19-22*	65
1. Gál 3,19..	65
2. Gál 3,20..	79
3. Gál 3,21..	84
4. Gál 3,22..	97
CAPÍTULO III: *Síntesis teológica de Gál 3,19-22*	107
1. La revelación de Dios, uno y fiel...	107
1.1 La economía «teo-lógica» de las «promesas de Dios»	107
1.1.1 Las «promesas de Dios» hechas a Abrahán	107
1.1.2 Abrahán, releído a la luz de una alegoría tipológica	110
1.2 La ley en la economía de las «promesas de Dios»	112
1.2.1 La ley y su función no directamente soteriológica...............	112
1.2.2 Relación con la economía de las «promesas de Dios»	114
1.3 La unidad de Dios en la economía de las «promesas de Dios»	115
2. Jesucristo, la «descendencia» de las «promesas de Dios»	116
2.1 Contenido retórico-teológico de la «descendencia»	116
2.1.1 La alegoría tipológica como base retórico-cristológica.........	116

2.1.2 Contenido cristológico	117
2.2 La fe de Jesucristo en la economía de las «promesas de Dios»	119
2.2.1 La fe, don de Dios	119
2.2.2 El creyente que acoge la fe de Jesucristo	121
3. El Espíritu Santo es quien da la vida	124
3.1 El Espíritu Santo en la economía de las «promesas de Dios»	124
3.1.1 Actividad pneumatológica	124
3.2 Consecuencias de la vivificación del Espíritu Santo	126
3.2.1 La Iglesia en relación con el Espíritu Santo	126
3.2.2 Don de Dios en una escatología ya iniciada	128

PARTE II
2 CORINTIOS 1,15-22
LAS «PROMESAS DE DIOS»: UN DISCURSO TEOLÓGICO PREGNANTE

CAPÍTULO IV: *El contexto de 2Cor 1,15-22*	131
1. El «pre-texto» de Segunda Corintios	131
1.1 Pablo, remitente de Segunda Corintios	131
1.1.1 Pablo en Corinto	131
1.1.2 El equipo paulino de evangelización	134
1.2 La Iglesia de Corinto como destinataria	136
1.2.1 Constitución de su iglesia	136
1.2.2 Ocasión de la carta	138
1.3 *Dispositio* de Segunda Corintios	141
1.3.1 Prólogo (cf. 2Cor 1,1-14)	142
1.3.2 *Narratio* I (cf. 2Cor 1,15–2,13)	144
1.3.3 *Probatio* I (cf. 2Cor 2,14–7,4)	145
1.3.4 *Narratio* II (cf. 2Cor 7,5-16)	146
1.3.5 *Probationes* II–IV (cf. 2Cor 8,1–12,18)	147
1.3.6 *Postscriptum* (cf. 2Cor 12,19–13,13)	152
2. Estudio de 2Cor 1,15-22 en su contexto	152
2.1 Delimitación de 2Cor 1,15-22	152
2.1.1 *Terminus a quo*: dónde tiene lugar el *initium narrationis*	152
2.1.2 El segundo beneficio: un viaje postergado	154
2.1.3 *Terminus ad quem*: secuencia II	155
2.2 Contexto de 2Cor 1,15-22	155
2.2.1 Relación retórica con la «*propositio* mayor»	156
2.2.2 Relación retórica con las *probationes* I–IV	156
2.2.3 Relación retórica con la «*peroratio* mayor»	157
2.3 *Dispositio* de 2Cor 1,15-22	157
2.3.1 Los proyectos de viaje (cf. 2Cor 1,15-17)	158
2.3.2 El «Sí–Amén» de Dios en Cristo (cf. 2Cor 1,18-22)	158
2.4 Crítica textual de 2Cor 1,15-22	160

2.4.1	2Cor 1,15	160
2.4.2	2Cor 1,16	162
2.4.3	2Cor 1,17	163
2.4.4	2Cor 1,18	164
2.4.5	2Cor 1,19	164
2.4.6	2Cor 1,20	165
2.4.7	2Cor 1,21	166
2.4.8	2Cor 1,22	167

CAPÍTULO V: *Lectura particularizada de 2Cor 1,15-22* 169

1. 2Cor 1,15 169
2. 2Cor 1,16 172
3. 2Cor 1,17 174
4. 2Cor 1,18 177
5. 2Cor 1,19 180
6. 2Cor 1,20 185
7. 2Cor 1,21 187
8. 2Cor 1,22 190

CAPÍTULO VI: *Síntesis teológica de 2Cor 1,15-22* 193

1. Dios, fiel a «sus promesas» 193
   1.1 La fidelidad, misericordia y gracia de Dios 193
       1.1.1 Dios es uno 193
       1.1.2 Dios es poderoso y fiel 194
   1.2 La «confirmación»: horizonte teológico de las «promesas de Dios» 198
       1.2.1 Horizonte retórico-teológico de las «promesas de Dios» 198
2. Dios confirma en Jesucristo, el Hijo de Dios, «sus promesas» 202
   2.1 El «sí» de Dios a «sus promesas» en Cristo 202
   2.2 Las «promesas de Dios» se confirman en el Evangelio 205
       2.2.1 Jesucristo es Uno y fiel 205
       2.2.2 La mediación de Jesucristo en las «promesas de Dios» 207
   2.3 La vida de Dios en Cristo 209
       2.3.1 La reconciliación, confirmación de las «promesas de Dios» 209
       2.3.2 Dios reconcilia al mundo consigo en la muerte de Cristo 212
3. La «prenda del Espíritu»: consecuencia de la confirmación 213
   3.1 Actividad pneumatológica 213
       3.1.1 El Espíritu, Uno y fiel 213
       3.1.2 El Espíritu Santo, en comunión con Dios Padre y Jesucristo 215
   3.2 Antropología pneumática 217
       3.2.1 Una antropología de la confianza referida a Dios 217
       3.2.2 El hombre responde a Dios por el Espíritu 219
   3.3 Una eclesiología pneumatológico-sacramental 222
       3.3.1 La Iglesia como un *plurale ecclesiologicum* en el Espíritu... 222

3.3.2 El bautismo: sacramento del Espíritu y de la Iglesia............ 224

PARTE III
CONCLUSIÓN

CAPÍTULO VII: *Teología retórica sobre las «promesas de Dios»* 227
1. Cotejo de Gál 3,19-22 y de 2Cor 1,15-22... 227
   1.1 Síntesis de Gál 3,19-22.. 227
   1.2 Síntesis de 2Cor 1,15-22.. 228
   1.3 Semejanzas entre Gál 3,19-22 y 2Cor 1,15-22 229
      1.3.1 Una semejanza retórico-dispositiva................................. 229
      1.3.2 Horizonte trinitario 229
      1.3.3 La «teo-logía» de la unidad de Dios................................. 229
      1.3.4 La Escritura, fundamento «teo-lógico» 230
      1.3.5 Dios, fundamento real de la Iglesia................................. 230
   1.4 Diferencias entre Gál 3,19-22 y 2Cor 1,15-22 231
      1.4.1 Una *dispositio rhetorica* diversa 231
      1.4.2 Acentos diversos en la argumentación 231
      1.4.3 Las «promesas de Dios»: entre confirmación y don 232
2. Definición de rasgos que conducen a un discurso teológico 233
   2.1 El Antiguo Testamento: entre fidelidad y novedad hermenéutica... 233
   2.2 Teología sobre «la existencia de Dios» (*Deus ad intra*)................ 236
      2.2.1 La unidad, nota «teo-lógica».. 236
      2.2.2 La revelación del Dios uno y rico en su unidad 237
   2.3 Antropología teológica de la gracia (*Deus ad extra*)..................... 239
3. Teología sobre las «promesas de Dios».. 239
   3.1 Definición de las «promesas de Dios» 239
      3.1.1 Argumento bíblico-cristiano 239
      3.1.2 Relectura de la Escritura en clave pretrinitaria 241
      3.1.3 Una «teo-logía» eclesiológica 241
      3.1.4 Una «teo-logía» de salvación antropológica 242
   3.2 El cumplimiento definitivo de las «promesas de Dios» 242
      3.2.1 Horizonte de plenitud: el día del Señor Jesús.................. 242
      3.2.2 La escatología en la vida presente: el valor del amor...... 243
   3.3 Criterios teológico-retóricos 244
      3.3.1 La retórica, vehículo de contenido teológico 244
      3.3.2 Carácter *in fieri* del discurso paulino 245
      3.3.3 Criterios retórico-teológicos importantes 246

GLOSARIO DE TÉRMINOS TÉCNICOS 251
SIGLAS Y ABREVIATURAS 261
BIBLIOGRAFÍA 269

ÍNDICE DE AUTORES 287
ÍNDICE GENERAL 293

TESI GREGORIANA

Desde 1995, la colección «Tesi Gregoriana» pone a disposición del público algunas de las mejores tesis doctorales elaboradas en la Pontificia Universidad Gregoriana. Los autores se encargan de la composición, según las normas tipográficas establecidas y controladas por la Universidad.

Volúmenes publicados [Serie: Teología]

[Vol. 1-150: cfr. *www.unigre.it/TG/Teologia/index.php*]

151. VARSALONA, Agnese, *Il dialogo e i suoi fondamenti. Aspetti di antropologia filosofica e teologica secondo Jörg Splett e Walter Kasper*, 2007, pp. 300.
152. GEORGE KOCHUTHARA, Shaji, *The Concept of Sexual Pleasure in the Catholic Moral Tradition*, 2007, pp. 518.
153. SCARDILLI, Pietro Damiano, *I nuclei ecclesiologici nella costituzione liturgica del Vaticano II*, 2007, pp. 418.
154. PALACHUVATTIL, Mathew, *«The One Who Does the Will of the Father». Distinguishing Character of Disciples According to Matthew. An Exegetical Theological Study*, 2007, pp. 404.
155. BARBOSA FILHO, Domingos, *A vontade salvífica e predestinante de Deus e a questão do cristocentrismo. Um estudo sobre a doutrina de João Duns Escoto e seus ecos na teologia contemporânea*, 2007, pp. 496.
156. ONWUKA, Chidolue Peter, *The Law, Redemption and Freedom in Christ. An Exegetical-Theological Study of Galatians 3,10-14 and Romans 7,1-6*, 2007, pp. 374.
157. JANÉ COCA, José M., *«Ser hallado en Él». La reciprocidad intersubjetiva entre Pablo y Cristo. Un estudio exegético-teológico de Flp 3*, 2007, pp. 608.
158. SHABANI, Louay, *Santificazione e valore salvifico del matrimonio. Studio esegetico-teologico di 1Cor 7,12-16 ed Ef 5,25-33*, 2008, pp. 325.
159. ABBATTISTA, Ester, *Origene legge Geremia. Analisi, commento e riflessioni di un biblista di oggi*, 2008, pp. 355.
160. SPRONCK, Joël, *La patience de Dieu. Justifications théologiques du délai de la Parousie,* 2008, pp. 356.
161. EDERLE, Rubén Alberto, *Discípulos y Apóstoles de Jesús. La relación entre los discípulos y los Doce según Marcos*, 2008, pp. 368.
162. CARIA, Roberto, *Lo stato nelle teorie politiche di I. Kant e J. Maritain. Una legittimazione tra razionalità e fede*, 2008, pp. 306.

163. MACALA, André, *A escatologia no livro do Apocalipse. Da sua realização no presente litúrgico à conslusão da história*, 2008, pp. 394.
164. TANTIONO, Paulus Toni, *Speaking the Truth in Christ. An Exegetico-Theological Study of Galatians 4,12-20 and Ephesians 4,12-16*, 2008, pp. 302.
165. ZICCARDI, Costantino Antonio, *The Relationship of Jesus and the Kingdom of God According to Luke-Acts*, 2008, pp. 584.
166. BRADY, Patrick J., *The Process of Sanctification in the Christian Life. An Exegetical-Theological Study of 1Thess 4,1-8 and Rom 6,15-23*, 2008, pp. 322.
167. ROCHETTE, Joël, *La rémission des péchés dans l'Apocalypse. Ébauche d'une sotériologie originale*, 2008, pp. 628.
168. SHENOSKY, Joseph T., *The Development of Late Twentieth Century Catholic Ecumenical Theology in the United States of America: A Comparison of the Contributions of Gustave Weigel, S.J., Carl J. Peter, John F. Hotchkin, and Avery Dulles, S.J.*, 2008, pp. 404.
169. IWUAMADI, Lawrence Oscar I., *«He Called unto Him the Twelve and Began to Send Them Forth». The Continuation of Jesus' Mission According to the Gospel of Mark*, 2008, pp. 308.
170. ASCENSO, Adelino, *Transcultural Theodicy in the Fiction of Shūsaku Endō*, 2009, pp. 354.
171. HODŽIĆ, Mislav, *La genesi della fede. La formazione della coscienza credente tra essere riconosciuto ed essere riconoscente*, 2009, pp. 276.
172. SHORTALL, Michael, *Human Rights and Moral Reasoning. A Comparative Iinvestigation by Way of Three Theorists and Their Respective Traditions of Enquiry: John Finnis, Ronald Dworkin and Jürgen Habermas*, 2009, pp. 438.
173. SÁNCHEZ CASTELBLANCO, Wilton Gerardo, *La voz como modo de revelación. Investigación exegético-teológica del término* φωνή *en el cuarto evangelio*, 2009, pp. 356.
174. RODRIGUES DE SOUSA, Mário José, *«Para que também vós acrediteis». Estudo exegético-teológico de Jo 19,31-37*, 2009, pp. 404.
175. RYAN, Dermot, *Method to Mission: The Ecclesial Vocation of the Theologian. As Exemplified in the Works of Francis A. Sullivan SJ in the Context of Method at the Gregorian University*, 2009, pp. 448.
176. SALMAN, Wasim, *La Wirkungsgeschichte de Hans-Georg Gadamer dans la théologie de Claude Geffré, David Tracy et Wolfhart Pannenberg*, 2010, pp. 244.
177. BRUTÉ DE RÉMUR, Guillaume, *La théologie trinitaire de Louis Bouyer*, 2010, pp. 382.
178. NSONGISA KIMESA, Chantal, *«L'agir puissant du Christ parmi les chrétiens».Une étude exégético-théologique de 2Co 13,1-4 et Rm 14,1-9*, 2010, pp. 290.
179. CORNIÉ Thomas, *La primauté de l'évêque de Rome dans la théologie catholique francophone du vingtième siècle. Les études de Pierre Batiffol, Charles Journet et Jean-Marie Roger Tillard*, 2010, pp. 352.

180. GIORDANO, Maria Teresa, *La parola della croce: l'itinerario paradossale della sapienza divina in 1Cor 1,18–3,4. Composizione retorica del testo. Implicazioni esegetico-teologiche e sua funzione in 1Cor 1–4*, 2010, pp. 302.

181. CAVICCHIA, Alessandro, *Le sorti e le vesti. La «Scrittura» alle radici del messianismo giovanneo tra re-interpretazione e adempimento: Sal 22(21) a Qumran e in Giovanni*, 2010, pp. 540.

182. COMPIANI, Maurizio, *Fuga, silenzio e paura. La conclusione del Vangelo di Marco. Studio di Mc 16,1-20*, 2011, pp. 296.

183. VILLAGRA CANTERO, César Nery, *«Poder» Y «Anti-Poder». Contraposición dialéctica entre ἐξουσία salvífica y ἐξουσία del sistema terrenal en el Apocalipsis*, 2011, pp. 494.

184. PATSCH, Ferenc, *Metafisica e religioni: strutturazioni proficue. Una teologia delle religioni sulla base dell'ermeneutica di Karl Rahner*, 2011, pp. 634.

185. SICHKARYK, Ivan, *Corpo (σῶμα) come punto focale nell'insegnamento paolino. Ricerca esegetica e teologico-biblica*, 2011, pp. 512.

186. PUCA, Bartolomeo, *Una periautologia paradossale. Analisi retorico-letteraria di Gal 1,13–2,21*, 2011, pp. 214.

187. PUNDA, Edvard, *La fede in Teresa d'Avila*, 2011, pp. 328.

188. SURLIS, Tomás, *The Presence of the Risen Christ in the Community of Disciples: An Examination of the Ecclesiological Significance of Matthew 18:20*, 2011, pp. 432.

189. QUISPE LÓPEZ, Ciro, *La nueva alianza durante las enseñanzas de Jesús en el Templo de Jerusalén. Análisis retórico bíblico y semítico de la secuencia de Mc 11,27–12,44*, 2012, pp. 394.

190. GARCÍA MORALES, Juan Jesús, *La inspiración bíblica a la luz del principio católico de la tradición. Convergencias entre la* Dei Verbum *y la Teología de P. Benoit, O.P.*, 2012, pp. 490.

191. MANZINGA AKONGA, Roger, *Le dernier cri de Jésus sur la croix (Mc 15,34). Fonction pragmatique de la citation du Ps 22,2a dans le contexte communicatif de Mc 15,33-41*, 2012, pp. 432.

192. FICCO, Fabrizio, *«Mio figlio sei tu» (Sal 2,7). La relazione Padre-figlio e il Salterio*, 2012, pp. 454.

193. JOJKO, Bernadeta, *Worshiping the Father in Spirit and Truth. An Exegetico-Theological Study of Jn 4:20-26 in the light of the Relationships among the Father, the Son and the Holy Spirit*, pp. 440.

194. SERRANO PENTINAT, Josep-Lluís, *Palabra, sacramento y carisma. La eclesiología de E. Corecco*, pp. 314.

195. SOLICHIN RUBIANTO, Vitus, *La figura del seme e il suo compimento. Analisi retorica del discorso parabolico in Mc 4,1-34*, 2012, pp. 220.

196. CAMPAGNANI FERREIRA, Eduardo, *«Impossibile erat sine Deo discere Deum». O problema teológico da afirmação de Deus, segundo o Cardeal Henri de Lubac (1896-1991)*, 2012, pp. 662.

197. COUTINHO LOPES DE BRITO PALMA, Alexandre, *L'esperienza della Trinità e la Trinità nell'esperienza. Modelli di una loro configurazione*, 2013, pp. 348.

198. EKE, Wilfred Onyema, *The Millennial Kingdom of Christ (Rev 20,1-10). A Critical History of Exegesis with an Interpretative Proposal*, 2013, pp. 322.
199. CORREA D'ALMEIDA, Bernardo, *Unidade segundo o quarto Evangelho. Testemunho do discípulo amado no contexto judaico e greco-romano do I CE*, 2013, pp. 378.
200. NIU, Zhixiong, *«The King Lifted up His Voice and Wept». David's Mourning in the Second Book of Samuel*, 2013, pp. 316.
201. SWAN, William Declan, *The Experience of God in the Writings of Saint Patrick: Reworking a Faith Received*, 2013, pp. 430.
202. FERMÍN VIVAS, Alfredo Raúl, *Jesús se rodea de su familia. Análisis retórico bíblico y semítico de Mc 3,7-35*, 2013, pp. 270.
203. ARTYUSHIN, Sergey, *Raccontare la salvezza attraverso lo sguardo. Portata teologica e implicazioni pragmatiche del «vedere Gesù» nel Vangelo di Luca*, 2013, pp. 624.
204. SAKOWSKI, Derek, *The Ecclesiological Reality of Reception Considered as a Solution to the Debate over the Ontological Priority of the Universal Church*, 2013, pp. 486.
205. ORDUÑA, César Javier, *Los principios interpretativos en Romano Guardini. El camino de la intuición*, 2014, pp. 540.
206. CESARALE, Enrichetta, *«Figli della luce e figli del giorno» (1Ts 5,5). Indagine biblico-teologica del «giorno» in Paolo*, 2014, pp. 620.
207. DEÁK, Viktória Hedvig, *«Consilia sapientis amici». Saint Thomas Aquinas on the Foundation of the Evangelical Counsels in Theological Anthropology*, 2014, pp. 447.
208. ABALODO Sebastien B., *Structure et théologie dans le Trito-Isaïe. Une contribution à l'unité du Livre*, 2014, pp. 364.
209. RIVAS PÉREZ, Eugenio, *La escatología como comunión. Una propuesta desde la perspectiva metafísica de Maurice Blondel*, 2014, pp. 410.
210. DOS SANTOS FREITAS MAIA, Américo Paulo, *A in-habitação de Deus na alma em graça nos escritos teológicos de João de São Tomás, o.p. (1589-1644)*, 2014, pp. 366.
211. ACEITUNO DONOSO, Marcos, *Las «promesas de Dios» en San Pablo. Estudio exegético-teológico de Gál 3,19-22 y 2Cor 1,15-22*, 2014, pp. 298.

Finito di stampare nel mese di Novembre 2014
presso Scuola Tipografica S. Pio X - Roma